一個堅持和無數巧合的人生

吳澧培——著

吳澧培

一九三四年生，彰化縣人。台大經濟系畢。美國堪薩斯州立大學（Fort Hays State University）工商管理研究所碩士，哥倫比亞大學（Columbia University）商科研究所商業銀行決策人員進修班畢業。曾在彰化銀行任職七年。曾任美國阿拉斯加銀行資深副總裁兼財務長、阿拉斯加北方銀行總裁、美國萬通銀行及萬通銀行控股公司董事長兼總裁，亦爲前總統府資政。

〈前言〉

我的人生：一個堅持和無數的巧合

吳澧培

我常常想，假如不是我的家庭因素，並和謝聰敏成了摯友，早年或許就不會參與島內的台獨運動。如果沒有參與台獨運動，就不致於遭國民黨特務監視，風聲鶴唳，逼得我急於出國以避免遭到迫害。

當我在彰化銀行工作了七年之際，好友余新旺經營的公司資金週轉出現困難，我因此替他向銀行同事貸款作擔保，假使他的公司垮了，還不起貸款，我不但顏面無光，銀行的工作很可能也將不保。在這種情況下，我只能硬著頭皮辭去銀行的工作，攘臂爲好友跨刀相助以求「救人保命」，參與公司的營運。

意外的是，我辭去銀行工作進入余新旺的公司這件事，看在銀行同事眼裡，他們都以爲吳澧培敢丟下銀行「金飯碗」，顯然余新旺這家公司不是大有來頭就是潛力十足，結果這些老同事爭相要借我錢調度。在這樣的意外逆轉之下，資金充裕了，再加上余新旺主外衝業務，我主內掌財政調度，分頭努力，合作無間且經營得法，公司財務改善，我出國所需的龐大費用也有了著落，讓我及時離開被白色恐怖所籠罩的台灣。

在這之前兩年，因爲好友洪詵明的介紹，妹妹季珍到台北「伊藤忠商事株式會社」工作，並在那裡認識了我的妹婿丁博均。妹妹原本不是會想要出國的女孩，卻因爲與妹婿「一見鍾情」，在愛情的助燃之下，反而先我一步去美國留學，並與丁博均結爲連理。妹妹是個體貼又能幹的女性，幸好有她和妹婿在美國，幫我這個大懶人兄長找學校、打申請表格、寄發申請信函等。因爲我希望就讀的學校能盡量離妹妹家近一些，也希望學費能盡量低一些。她任勞任怨地主理一切，替我寄出近百封申請書函，幫我申請到學費廉宜的大學。

就在風聲鶴唳、擔心被抓的情況下，因爲財源解決了，也找到合適的大學，就出國了。

去美國的本意是想以台獨運動爲主業，找個穩定的工作維持家計，讓妻兒生活無虞，我就可以放手從事台獨「本業」。只是台獨運動的進展十分有限，反倒是「副業」闖出了成績。

從美國堪薩斯州立大學研究所畢業之後，老天爲我鋪了一條道路，到阿拉斯加國家銀行的國外部任職，展開我在美國的銀行業生涯。

在台灣的彰銀工作七年，進去時是辦事員，離開時還是辦事員。不過來到阿拉斯加銀行，同樣工作七年，進去時是實習生，七年後我已升到資深副總裁兼財務長。

其實能在阿拉斯加銀行從實習生晉升到資深副總裁兼財務長，也是另一次意外之旅。阿拉斯加國家銀行聘我到國外部服務，是因爲當時在阿拉斯加的普拉德霍灣發現了大油田，並計畫進行開採。石油一旦出產，將會吸引許多亞洲買主，尤其是能源缺乏的日本。銀行看準這一商機，趕緊準備擴大國外部人力，並且延攬通曉日語的人才。我英、日、台、華語都難不倒，因而順利獲得這個職缺。

只可惜，開採原油牽涉到輸油管的興建，這個問題引起原住民及環保團體的憤怒抗爭，並演變成長期的訟戰。這一發展阻擋了原油的開採，我在即將任職的國外部成了冗員，很可能就要丟了飯碗。

銀行在阿拉斯加州南部邊陲有一個分行，那裡還有一些日本客戶在開採林木和經營漁業。因此我沒被炒魷魚，但銀行想把我調到那個更荒涼、更偏遠的地方去。當時眞是心酸，但我告訴自己，一定要努力再努力，把握任何機會，先把根扎下來。

意外的是，我的銀行生涯在這個時刻意外開啓了新的篇章。當時銀行主計室的主管因水土不服請假，導致人力不足，人事部門看我履歷上寫「有會計經驗」，就把我暫時借調到主計室幫忙。就因爲這個轉折，借用了兩個星期之後，我反而成爲主計室的正式職員，然後憑著努力及苦幹一路晉升。七年後，我成了銀行的「資深副總裁兼財務長」。

我一生當過三種國民。小時候是日本人，後來變成了中華民國國民，來美國後又成爲美國人，並在美國奮鬥而於銀行界打出一片天地。

從台灣到美國的移民常遭到主流社會的歧視。但實際上，我人生前二個階段，不管是當日本國民或中華民國國民，不也都遭到歧視嗎？當日本人或中華民國國民都不是我心甘情願，是被迫、不得已的。到美國留學定居之後，我則是懷著歡喜的心當美國國民。我沒有受到美國主流社會的歧視嗎？當然有，我在阿拉斯加國家銀行表現令人刮目相看，但最後卻毅然選擇離開，正是對抗歧視的行動。

雖然也遭遇歧視的忿恨難平，但我還是很感謝美國這塊土地，讓我即便身處充滿歧視的環境仍然能夠盡情發揮，並最終獲得主流社會的肯定與讚譽。

書寫這本回憶錄，就是想以我的人生經歷爲例，告訴台灣的年輕一代，人生要有所堅持，面對困境或打壓一定要挺直腰桿，憑藉實力據理力爭。

就在我辭去阿拉斯加國家銀行資深副總裁兼財務長的職務之後，我的人生又有了極爲關鍵的轉折，那就是應聘到北方阿拉斯加國家銀行擔任經營團隊的第二把手。這家銀行當時的總裁正是法蘭克．穆考斯基。

在穆考斯基的團隊工作，我受到他極爲尊崇的禮遇。我也沒讓他失望，因爲我的大力整頓，北方銀行度過低潮、克服危機，轉虧爲盈，經營平順。這樣的成績讓穆考斯基頂著「成功的銀行家」的光環，大步邁向國會，當選了美國聯邦參議員。

在銀行經營團隊中，我成了穆考斯基的事業最佳拍檔，而私底下我們也成爲情誼深厚的好友。正因爲這樣的公私情誼，穆考斯基成爲我推動台美外交關係中最堅定的盟友。過去這些年，我能夠與美國國會議員及美國官員頻繁互動，爲台美外交略盡棉薄，若無穆考斯基先生適時襄助，實在也是不可能的事。所以在這本回憶錄裡，讀者也將讀到一些未曾公開的歷史，更能了解穆考斯基協助台灣走向民主的貢獻。

我的人生路上有一些極爲特殊的際遇，也經歷、親睹過不少迄未公諸於世的歷史，這本回憶錄或許能彌補台灣民主運動及台美關係歷史裡的一些空白，因爲它們在台灣的歷史長河中是極具意義的。希望透過我的見證，讓台灣歷史更爲完整。

穆考斯基有意進入政壇之前，就極力推薦我接任銀行總裁的職位，只是董事會不肯接受他的建議。他當選參議員後，仍堅持由我接任他的遺缺，雖然董事會心不甘情不願地接受了，但總裁和董事會關係日趨緊張。就在我全力整頓，並把銀行從困境中救起之後，我又被迫離開銀行。這也是種族歧視又一活生生的例子。

在那樣的人事變化下，我轉戰到洛杉磯，才會有加入Western Airline經營飛機公司的寶貴經驗。而接下來的萬通銀行也是個意外的際遇。因爲這個意外的際遇，萬通銀行成爲我人生最後一份銀行業的工作，也是我最成功的一項事業。

就在經營萬通銀行期間，台灣的反對黨成立了。我在洛杉磯，天時、地利加上人和，正好可以協助台灣的反對黨在海外形成一股力量。所以我投入極大的心力，參與支持台灣的民主運動。

在美國的奮鬥過程中，我遭遇到種族歧視的痛苦，但也在這個民主國家得到盡情發揮的快樂和果實，讓我能自豪地說，我對美國社會也做出一份美國人應該有的貢獻。二〇〇四年，我放棄美國國籍準備回台灣定居之際，美國眾議院司法委員會主席柏曼和另外兩位眾議員，聯手提出「向吳澧培致敬」決議案，表彰我在台、美關係的影響與貢獻。經國會議員們通過後，正式納入國會紀錄，這在美國國會歷史上是極爲罕見的殊榮。

在美國這個國家，外來人要生存必須先有正確的觀念，腳踏實地，努力打拚才能爭取到和其他族群同樣的福利和待遇。沒有「天上掉下來的禮物」這回事。台美人常以「種族歧視」來搪塞自己的不足。我認爲縱有「歧視」發生，也應把它視爲一種激勵的動力來鞭策自己。同時，台美人身爲少數族群更應團結，相互提攜，養育我們的子子孫孫成爲更優秀的台美人，我在這方面確實著力不少，「番薯不驚落土爛，只求枝葉代代湠」是我的希望。

所以，在經營萬通銀行期間，我除了參與、推動第一代台美人的公共事務之外，更鼓勵台美人第二代團結自立，避免受到任何不公平的待遇，更希望透過他們各方面的專業，貢獻美國社會。我一方面要爲台灣的民主獨立盡一份台灣人的力量，一方面也幫助第二代台美人做一個「堂堂正正的美國人」，因爲第一代台灣人的「他鄉」，已經是第二代的「故鄉」。

若不是這麼多年在海外的投入，應該也不會促使我在耄耋之年放棄美國國籍回來台灣，繼續爲台灣的民主運動奉獻。

更沒想到的是，回到台灣的這些年，竟又遇上極不可思議的風浪。

因爲在美國時即積極參與台美的民間外交工作，所以從美國銀行界退休後回到台灣，曾多次就台美外交的議題向阿扁總統提出建言，可惜都沒獲得採納。一直到要卸任總統時他才告訴我，其實我的建議都很好，並拿了一筆錢要我協助開展台美的外交。只是這件美事後來竟差點讓我碰上牢獄之災。這當然也不是我計畫中的人生，而是意外中的意外。

甚至到了最近，我的回憶錄都快完成之際，「台灣獨立行動黨」組黨的事也成了我「驚奇人生」當中的一個小漣漪。

這源起於金恆煒先生找彭明敏教授談組「台灣獨立行動黨」。彭教授想，一生從事台灣獨立運動，都沒有一個以台灣獨立爲名號的政黨，此時組「台灣獨立行動黨」是個很好的想法。彭教授接受了金先生的邀請成爲發起人。他希望我也加入成爲發起人，金恆煒並特地來訪，告訴我彭明敏、陳師孟等都已簽署當發起人。

在討論過程中，我表達了立場和想法。第一，現階段必須和蔡英文的民進黨合作，聯手打破國民黨在立法院一黨獨大的局面。第二，要把小黨整合起來，取得不分區立委名額，甚至在區域立委選舉中能有多人勝出。

我主張，若與「時代力量」等其他友軍能夠整合成功，則應該在總統大選支持蔡英文也與民進黨保持友好，不予攻擊。立院選舉要努力取得不分區立委名額。若政黨輪替，蔡英文執政，這個整合後的黨才能在立法院監督、制衡民進黨。目前小黨林立，若各自戰鬥，很難個別突破百分之五的門檻取得不分區立委名額，這對民進黨及所有小黨都不利。

其實，我們這些出來擔任發起人的「大老」都是老人了，談組黨，實在是「有老將，無兵丁」，所以在能夠與友軍成功整合之前，這個黨只是個空架子。

對於台灣獨立運動，我絕不考慮一己之私，所以我的立場很明白，我們尋求合作、整合的夥伴如「時代力量」等友軍，他們早已擁有資源，且已展開選舉的布局，我們應該以全力配合的方式來進行整合。我個人在乎的是整合，黨名問題對我而言並不是當務之急。

金恆煒於七月二日向媒體發出「台灣獨立行動黨」組黨的消息，自由時報記者立即訪問我。雖然有點驚訝，不過我向媒體重申我的立場與主張。

只是「組黨」的消息公開之後，金恆煒先生卻還是在他的專欄文章攻擊蔡英文與民進黨，讓我很意外，也覺得心灰意冷，想乾脆退出參與組黨的工程算了。彭教授要金恆煒來和我溝通，金恆煒說他對蔡英文及民進黨的批評係以「專欄作家」的立場提出針砭之言。我無法接受這樣的說法。

後來，「時代力量」的黃國昌先生來和我深談，他對於整合一事展現了極大的誠意。

我向他傳達籌組中「台灣獨立行動黨」的想法，我們希望能把「台灣獨立、建國、制憲」的理念明文化，把「獨立」放入黨名，「建國、制憲」放入黨綱。黃國昌建議不把「獨立」放入黨名，而將「台灣獨立、建國、制憲」全部放進黨綱，因爲「時代力量」已經展開選舉造勢活動，旗幟、傳單等各種文宣都已印製好了，全部再重新印製，對他們而言，時間和費用方面都十分困難。

我聽了也覺得黃國昌的說法合情合理。

只是沒想到，這個想法並未獲得籌組「台灣獨立行動黨」金恆煒等人的認可。

我認爲，「台灣獨立行動黨」連內政部的許可都還未拿到，而且群眾基礎仍然非常薄弱，實在不應該因爲黨的名稱而破壞了整合小黨凝聚力量的共同目標。於是我決定退出組黨的事務。

就在本文付梓前夕，台灣的媒體報導：「由金恆煒、陳師孟等獨派人士擬籌組的台獨行動黨，原定今舉辦組黨記者會，但因近期與時代力量交流後，決定暫不組黨，先宣布支持時代力量。金恆煒指出，兩黨都展現出最大誠意，盼爭取國會席次，台獨行動黨決定暫不另行組黨，但期盼時代力量的黨綱能將台灣新憲的理念、黨名加入「台灣」，同時台獨行動黨未來也不提不分區立委名單，不加入時代力量組織運作。」（台灣蘋果日報於二〇一五年八月十日刊登。）

對於這樣的發展，我覺得大家已朝正確的方向前進了，也和我的初衷不謀而合，我衷心祝願這樣的整合力量能在二〇一六年的台灣大選中發揮關鍵性的作用！

回顧這一生，我深深體會人生的不可測性，而且常常是「無心插柳柳成蔭，有心栽花花不開」。我不能肯定有計畫的人生就一定會成功，不過我在人生中的每一個位置上都是盡力而爲的。

我人生唯一的計畫就是打倒國民黨，實現「台灣獨立」，可惜到現在都還沒成功。然而我的銀行事業生涯卻有可圈可點的成果，在美國的銀行界，我所經營的銀行雖然不是最大的，但銀行經營的品質之優秀（銀行賺錢的能力及資產的品質），在全美、甚至全球排名都是一等一的。

而我的一生當中則出現許許多多的貴人。回想當年彭教授參選總統、阿扁競選連任台北市長和兩次總統大選，海外的熱誠襄助，我則盡力地號召、整合，讓海外的力量全力釋放。事後大家把功勞歸給了我，但其實這是因爲海外鄉親、朋友的熱心、毫不計較、出錢出力，才能發揮那麼大的影響力。尤其二〇〇〇年及二〇〇四年，阿扁能夠當選及連任，海外在財力的支援、人力的協助以及大批鄉親返鄉投票，都是阿扁勝選的重要因素。我要感謝這許許多多的貴人相助！

我年事已高，思路不若往昔清晰，寫稿、讀稿、校稿漸漸難以得心應手，這本回憶錄能夠完成，是許多朋友不吝情義相挺相助的成果，這期間有許多人從各方面提供協助與幫忙，我實在虧欠朋友們的情誼！

這本書的完成，最大的功臣當然非張菊惠莫屬。她不但解決我碰到的各種疑難問題，更三次校閱全書，仔細核實文字與史料的正確性，非常辛苦。這本回憶錄的撰寫要追溯至近二十年前。陳文茜小姐是第一個發願要協助我寫書的，只可惜我把許多資料交給她之後，並無進展。事隔多年，那些資料是否文茜小姐還幫我留存著，雖曾多次詢問，均不得要領。後來，我仍在洛杉磯萬通銀行服務時，黃樹人先生開始就回憶錄進行訪談和整理，可惜我返台定居後便沒能繼續。本書的初稿也蒙張炎憲先生的協助，可惜他英年辭世，不勝唏噓。嗣後，又蒙林榮松醫師的夫人石秀文女士，專程回台為本書擬出草稿，也是居功厥偉。後來又有劉永毅先生在這些基本架構上撰寫的初稿。最後張菊惠和我經過三次校改、修訂，終於定稿。其他參與此書校改及修訂的朋友還有：花柏容、陳玫君、林上雲、丁博均、吳秋柔等，謹藉這個機會向他們表示感謝。

我的人生若無我的家人相伴與支持，絕對無法有今天的成就與圓滿。我的賢內助秀珠克勤克儉，持家有方，令我無後顧之憂，讓我能專心於我的專業並從事我喜歡做的事。若沒有這個妻兒和樂融融的家庭，我也不會有今天的成果，所以也要特別感謝無怨無悔、一生相伴相隨的賢妻。

雖然台灣的獨立建國、民主自由、社會公義、福利、人民自決等現況離我的期待尚遠，但我絕不放棄。所謂「老兵不死，只會凋零」正是我心境的最佳寫照。在台灣民主運動的長河，有我敬仰、追隨的前輩，有與我相互扶持的同儕，每個人都有值得喝采的一章，然而我輩已是「古來稀」，殷殷期盼接棒者的茁壯。這個使命是個「傳承」，是眾人的史業，一定要畫上屬於自己的努力，並留下光采的一筆。若說迄今有任何一絲的成就，我也很清楚沒有一件事的成功是我唱獨腳戲就可一蹴而成的，我，只是在這台灣民主化主流中參與的一分子而已。

寫回憶錄，檢視過去的人生，猶如重新經歷一次昔日走過的種種，只是現在能以較成熟的角度來做評斷。雖然我無法改變已成事實的過去，但希望我做錯的，能成爲後來者的戒惕。我做對的，能成爲後來者的鼓勵。當外在的大環境惡劣得使我難以伸展時，我曾消極頹喪過，但在心底的火種從未熄滅，伺機破繭而出的力道更見厚實。我希望這本回憶錄可激起讀者正向地面對人生，正向地思考人生的意義，把不屈服於惡劣環境的精神代代相傳。

八十餘載的人生歲月，恍如一葉扁舟在大海中沉浮，時而風和日麗，水面如鏡；時而驚濤駭浪，險象環生，幸而都能逢凶化吉，終能安全歸岸。我只能總結我的人生是：一個堅持和無數的巧合！

二〇一五年八月十二日完稿

〈前言〉我的人生：一個堅持和無數的巧合　吳澧培　003

楔子　我要飛出去　017

第一部　在逆境中成長

・地主家族的沒落　026
・反骨一家人　034
・十七歲的政治犯　043
・逆來不順受　051
・我的思想啓蒙　060
・困窘的青年歲月　072
・突如其來的姻緣　078
・我是幫會二把手　085
・台灣人民自救運動　091
・白色恐怖幾欲狂　099
・出國覓生路　109

第二部 在美國求生存

- 三十四歲的老留學生 120
- 阿拉斯加，我來了！ 129
- 捉襟見肘新生活 134
- 兩個七年大不同 142
- 維護尊嚴的撤退 146
- 轉戰北方銀行 154
- 扭轉乾坤三部曲 160
- 天下無不散的筵席 164
- 我兩度上了黑名單 173
- 單騎拯救西方航空 182

第三部 萬通銀行風起雲湧二十年

- Mission Impossible 第三回 192
- 上任先處理法律糾紛 200
- 爲銀行注入新血 205
- 傳說中的台獨銀行 209
- 培訓幹部人才 215

・義所當為勇於出手 229
・萬通二十年 236
・離開萬通前的些微遺憾 241

第四部 從美國關心台灣
・我與台獨聯盟 250
・關心台灣和經營銀行，哪個才是主業？ 256
・茶壺裡的風暴 265
・彭明敏回家了！ 278
・關心台灣立足美國 294
・台灣會館好事多磨 304
・拓展人脈護台灣 314
・我的美國政要朋友 323

第五部 歸鄉，為了一個堅持
・阿扁總統與我 340
・不像元首的總統 346
・老兵踏上新戰場 353

• 有心無力的感覺 362
• 總統府裡走一遭 373
• 總統的崩壞 381
• 細說海外洗錢案 389
• 從證人變爲被告 396
• 官司如惡夢糾纏 402
• 爲一生清白奮戰 410

第六部 這些人，一些事

• 好不唏噓謝聰敏 419
• 蔡同榮二、三事 425
• 人稱「變色龍」的許信良 430
• 眞情漢子義雄兄 438
• 精於算計的謝長廷 447
• 堅持的呂秀蓮 453
• 我所見到的國民黨官僚 460
• 樸實剛直蘇貞昌 465
• 鄰家小妹蔡英文 473

楔子

我要飛出去

世界是奮鬥的戰場，人生到處充滿了血滴與火花。不要做一隻甘受宰割的牛羊。在戰鬥中，要精神煥發，步伐昂揚。

——美國詩人朗費羅（Henry Wadsworth Longfellow, 1807-1882）

我於一九六八年一月十九日搭機赴美留學。那一天，是我重生的日子。

當我坐進西北航空經濟艙的狹小座位前，驚慌的心情，猶如在大雨中飛翔的小鳥。事實上，在踏進機艙的前一分鐘，我仍保持警戒，唯恐從檢查護照的官員背後、航空公司的櫃檯、候機室、登機門旁，忽然跳出兩、三個特務，阻攔著我的去路……

忐忑的心情，直到在位子上坐定，才逐漸平息。

逃出白色恐怖

自從好友謝聰敏因「台灣人民自救宣言」一案而遭到逮捕及下獄後，我始終覺得自己被膜封在白色恐怖的空間裡，既掙不開，也逃不掉。

我對「白色恐怖」並不陌生。十五歲時，在台中一中讀高一的二哥就因曾參加讀書會而被特務押上吉普車，一關十二年。爲了援救愛子，父親四處奔走求助，散盡家財卻徒勞無功，從此鬱鬱寡歡，閉門自囚。我家也因此從地方仕紳變成過街老鼠，彷彿身上帶有傳播不幸的病毒，親友避之唯恐不及。

在這壓抑的氣氛中成長，我痛恨國民黨與蔣家政權的極權獨裁，並且發誓要用有生之年與之戰鬥不休。大學時，除了打工維生外，我積極吸收各種理論、知識，與舍友暢論時局、批評政府、臧否時事，並計畫以革命手段求取台灣之獨立、民主與自由。爲此，我甚至參與籌組以革命爲目的的幫派。

雖因種種原因，幫派煙消雲散，但幾個志同道合的朋友並未放棄革命的想法，總是聚在一起高談闊論，討論如何讓台灣走向自由、民主的道路。雖然力量很薄弱，但我願意貢獻一己之力。

好友謝聰敏懷抱理想，有志革命，希望喚起台灣人的民主意識，建設一個新的國家。我在彰化銀行上班，住在宿舍時他常來我家和我討論，並將「革命基金」存在我彰化銀行的戶頭裡。我贊同他的理念，亦盡量支持、配合。他與彭明敏教授、魏廷朝撰寫〈台灣人民自救宣言〉，我提供意見。他計畫印製此一文章並廣發宣傳，我也支持。不幸事跡洩漏，他們當天就被逮捕。

此事勾起我二哥被捕後全家籠罩於白色恐怖的回憶，並開始擔心因與謝聰敏過從甚密而遭牽連，甚至被構陷下獄的可能性。

有很長一段時間，我又活在白色恐怖的恐懼當中。

膜封於白色恐怖多年後，長期監視我的特務好心提出警告：「能逃就快逃。」於是，我不得不藉著赴美留學的名義，逃離台灣。

從此是永別？

坐在靠窗的位子，從小小的圓形舷窗往外看，我可以看到松山機場大樓的送行台上站著許多人。我知道，父母親、妻子和兩個兒子，一定都在那裡。我坐直身子，拚命往送行台看去，尋找他們的身影。

我不由想起方才在機場大廳時，太太抱著剛滿週歲的小兒子，流著淚水的樣子。臨行前的幾個晚上，太太趁我入睡後，偷偷躲在被窩裡哭泣，卻不知我一切都聽在耳裡。面對無法預知的未來，我們的心情很亂，明知離開是不得不的選擇，但還是會擔心：「這一別，何時能再相見？」

此去如何？我自己也不知道。我抱著破釜沉舟的決心：「除非蔣家政權垮台，從此不再回來。」以當時蔣家和國民黨如日中天的氣勢，這一走，極可能就是永別。

我彷彿還看到一向感情豐富的父親，一手牽著孫子，一手頻頻拭淚，而母親卻默然佇立在一旁的景象。

聽聞我即將赴美留學，父母親特地從彰化大城趕來台北，送我上飛機。他們以為我只是出國深造，卻不知道我其實抱著「一去不回頭」的心態。但當時很多台灣留學生，出國後就再也不回來了。他們大概也猜到，以我對國民黨及政府的不滿，很可能從此落地生根，就在異鄉了。我想，他們心裡其實已有數，只是不談、不碰觸這個問題。所以，我也不談、不碰觸。

隨著歲月而日漸衰頹的雙親，不知何時能再相見？想到這裡，心裡不由一陣酸痛。

淚流滿面

飛機關上機門，全體旅客坐定，機長哇啦哇啦講了一段話後，空中小姐站在走道上示範如何穿鮮黃色的救生衣。我完全沒有心情聽，兀自沉浸在離別的情緒中。

飛機開始滑行，飛機奔馳的速度愈來愈快，迅速爬升，擺脫了地心引力的羈絆。隨著飛機升入高空，探頭往窗外看，看到愈來愈小的城市、青翠的山嶺，以及蔚藍色的海洋，原來這就是我居住了三十多年的台灣，如此美麗，如此令人縈懷。只是在此刻，它卻離我愈來愈遠。

待飛機進入平靜的氣流時，我已開始想家、想家人了。出走的選擇，是理性的趨吉避凶，是不得已而為之，來不及細嚼其中的酸楚。直到此時，我才開始眞正品嘗到別離的傷感與苦澀。

想到可能眞的從此再也見不到父母、家人及故鄉了，悲思籠罩著我，卻什麼也做不了，只能將手伏在前座的椅背上，頭埋在手肘裡，哭得唏哩嘩啦。

不知道哭了多久？我哭累了，頭也不抬，沉沉地睡去。

思考未來

睡了不知多久，我忽然醒來。頭痛欲裂，情緒依然糾纏，怒氣忽然勃發。

一下氣起來，我翻出中華民國護照，想要拿去廁所丟掉。我想，如此一來，我便和中華民國再不相干了，不再做它的順民。廁所外排著隊伍，在等待的空檔，我怒氣漸息，冷靜了下來。這時才想到，以後若要到什麼地方去，沒有這本護照也不行。想來想去，決定還是留著護照。當時根本沒有想到，如果沒有護照，到了美國要如何入關？

十多個小時的航程中，我思緒如潮，一直在想：「以後我該怎麼辦？未來的路要如何走？」既然打定了主意不回台灣，我勢必得在美國待下來。但要如何待下來？卻有不同的選擇。

我知道好友賴文雄、鄭紹良等人已在美國加入一個追求台灣獨立的組織。以我和他們的關係，我一定也會被邀請加入。雖然不知道這組織的細節是什麼，但打倒國民黨一直是我的「革命」理想，能夠從事眞正的反國民黨活動，追逐理想，一定是件很快樂的事。

但是，就只是這樣嗎？我想起抱著幼子，默默流淚的妻子，以及抱著我的大腿，兩眼放光，想要和我一起坐飛機的長子。

我是個有妻兒的人。何況，父親和母親尚健在。我決定了，我要先念書，拿到學位後，找工作，賺錢養家，同時做我最想做的事：「革命，打倒國民黨，支持台灣成爲獨立的國家。」

打開舷窗，金色的陽光射進幽暗的機艙，形成一道光柱，剛巧投射在我的身上，讓我產生一種溫暖的感覺。不知不覺，我又睡著了。

呼吸自由

經過了十幾個小時的飛行，飛機抵達西雅圖。我原本計畫在西雅圖停留兩天，和多年不見的老友鄭紹良聚一聚，再飛往洛杉磯和大舅子賴文雄敘舊，然後再飛往堪薩斯州的學校。

通過移民局和海關，我搭乘手扶梯下樓，要去行李處拿行李。手扶梯行至半途，眼前見到一塊大大的螢幕，上面幾個藍、白、紅三色霓虹燈英文大字閃閃發亮：「Welcome to USA！」我終於踏上美國的土地。

提著行李，走出機場大門。自動門一開，西雅圖早晨潮溼而清新的空氣迎面而來。我深深吸了一口氣，心想：「這大概就是自由的滋味吧！」

出國時，太太與兒子到機場為我送別。

在機場，母親與我。

第一部
在逆境中成長

地主家族的沒落

我的故鄉在彰化大城。雖然地名叫「大城」，其實只能勉強稱之爲「小鎭」。唯一的一條街，短短一百多公尺，沒鋪柏油，只是一般的石子路，街旁有二十幾戶商家及住戶，十分寒酸。

大城在中台灣西海岸的「海口」地區，南鄰濁水溪，西接台灣海峽。海口風大，尤其天乾物燥的秋冬季，北風一吹，飛沙走石，遮天蔽日，一張口就滿嘴沙，令人吃不消。風大時，上學無法慢慢走，風會從後面拚命推著我們小跑步。放學就慘了，得倒退著慢慢走回家。

以前外鄉鎭的媽媽嚇唬女孩時，會說：「再不乖，把妳嫁到海口呷番薯！」海口即指大城，我們吳家先祖從泉州渡海來台後扎根的地方。

油車內吳家由盛而衰

吳家在大城算是頗有資財的大家族。曾祖父時代有族人數百，擁有土地七百多甲。西至台灣海峽，南達濁水溪，東到竹塘，北到二林一帶，都有我們吳家的土地。

吳家土地雖多，但海口一帶屬於傳統旱耕地帶，土地貧瘠，沙丘處處，夏有水患，冬則沙害。因缺少灌溉渠道，留不住雨水，能種稻的良田很少，大多是只能種花生、番薯、玉米、甘蔗等雜糧作物的沙地，經濟價值不高。

曾祖父時代曾開設榨油廠，除了自己生產的花生外，還收購鄉人的花生來榨油。製油廠規模雖不大，但在鼎盛時期，據說收購來的花生堆成垛，連遠在六公里外的二林都可以看到。當時榨油的設備叫「油車」，所以我們家族被稱爲「油車內」。以前在北斗郡地區提到「油車內」，人人都知道。

故鄉生存環境艱苦，民風剽悍。一九二五年十月二十二日，台灣史上第一個農民抗暴民族運動「二林蔗農事件」在故鄉一帶發生，實不奇怪。

二林蔗農事件發生的背景，是在日本傾力打造台灣成爲糖業帝國的政策下，財閥勾結官員，執行種種不公平的政策，壓榨蔗農。蔗農辛苦工作，所得卻無法溫飽。

家鄉的情況甚至比台灣其他地區更糟。在家鄉一帶負責收購甘蔗、製糖的林本源製糖株式會社糖廠（簡稱林糖）長期壓榨蔗農，其採收政策和購買程序，不公處遠超過日本廠商。不甘遭到剝削的蔗農在知識分子領導下，組織「二林蔗農組合」向林糖及台中州廳和總督府多方交涉、請願，均無結果。

林糖不理會蔗農要求，並在日本官員撐腰下，請來日本警察坐鎮，雇工強行採收甘蔗，遭到蔗農反抗。二林蔗農以土塊、甘蔗攻擊採收工人，並與鎮暴警察發生衝突，造成一位日籍工人及五位警察受傷。日本政府事後大肆搜捕嫌犯，嚴刑逼供，拷打凌虐，有人因此自殺、致殘，二十四人被判一至四個月不等的徒刑。❶

「二林蔗農事件」引發了台灣一連串的農民抗暴運動，油車內吳家受此一事件衝擊，逐漸步向衰頽。

二林蔗農事件的經濟衝擊

吳家的土地多位於林糖的「甘蔗採收區」內。糖廠要求農民種植製糖用白皮甘蔗，並採取分區輪作方式，占用許多土地資源。林糖不但強制收購，而且條件苛刻。甘蔗的經濟價值在糖廠層層剝削下，幾近於無，蔗農難以維生。佃農如此，身為地主的吳家亦不能倖免。

而且，在「二林蔗農事件」發生的前兩年，三叔公祖吳萬益擔任大城庄長（相當於鄉長），聯合二林庄長林爐、公醫許學，領導蔗農向林糖抗議。後來他又聯合四庄共兩千餘名蔗農向林糖交涉，提高了一些補貼。台灣蔗農首次抗爭成功，但三叔公祖卻在二林蔗農事件後遭逮捕。

為營救三叔公祖，家族上下打點，包括赴日本向國會請願。為了支付官司訴訟的費用，家族賣了一半多土地，只剩下三百多甲。

當我於一九三四年九月九日出生時，家族的經濟情況已呈衰退。我上小學時，太平洋戰爭爆發，美軍飛機不時來台轟炸，家裡所有的生產事業都呈半停頓狀態。林糖的糖廠停業，佃農收成甘蔗後，只好送到我家抵租，在屋後堆成了一座甘蔗山。這座甘蔗山成了小孩的遊樂場，在裡面鑽來鑽去，玩得很樂。但大人心裡卻很苦，因爲損失慘重。爲了生活，不得不開始對外借貸。

家道迅速中落

吳家遷台以來，傳到「培」字輩是第八代。隨著分家及往外地遷移，留在大城的族人沒剩幾戶。在祖父之後，家族並無出色的領導者，遭逢變局卻不知變通，終於計窮勢蹙，淪入家道中落的命運。

家族原有七百多甲地，但蔗農事件之後，爲營救三叔公祖而兩次賣地，只剩三百多甲。曾祖父有五個弟弟及八個兒子，算上孫輩，約一百二十人，每戶能分到的土地有限。不過曾祖父吳振聲、祖父吳連德及父親吳瀛士，都是大房的長子、長孫，依台灣人「大孫頂尾子」的習俗，分家產時比別房多分一份。父親在分家產時分到十幾甲地，比兩個叔叔都多。這些地大部分都交給佃農耕種。有這十幾甲地，坐收田租，本也可過寬裕的生活。

祖父個性剛強又霸氣，說一不二。父親個性感性，浪漫又愛幻想。記憶中，碰到感人的場面，他常會潸然淚下。相形之下，母親吳蕭嬌美精明能幹，個性爽朗大方，只是當時的婦女沒地位，沒說話的權力。而且她極敬愛父親，大小事情都讓父親拿主意，百依百順。

父親是文人性格，浪漫有餘，精明不足。換句話說，不適合做生意。他自命清流，十分同情及認同台灣文化協會，對文化事業也很有興趣，曾經投資台中一家專門出版詩集及和台灣文化協會相關消息的中央書局。中央書局給了父親一個「監察人」的頭銜。但這文化事業投資，最後還是有去無回，血本無歸。

雖然父親曾在農業信用組合（如今日之農會）當過組合長（理事長），但那是因爲看上他地方仕紳的身分，掛個名而已，下面事情自有人做。後來二哥出事，他心灰意冷，足不出戶，閉門自囚，就沒去上班了。

二哥十七歲被逮捕後，父親拚命找關係、鑽門路，想救兒子回來。但白色恐怖背後是政府在主導，沒人敢去碰觸。有良心的人會明白地對父親說：「沒辦法！再大的官也不敢替你關說。」但更多心懷不軌的人在他面前拍胸脯、掛保證。錢像流水一樣花出去，卻無一點好消息返回。

家中經濟本就捉襟見肘，至此更是雪上加霜。沒人賺錢營生，冤枉錢卻不斷流走。家裡沒錢了，只得向別人借。地方無銀行，鄉下的土地也無法拿到大城市向銀行抵押貸款，只好轉向民間借貸。有信譽的人或家族，借錢並不困難。

當時通貨膨脹厲害，民間借貸利率很高，幾乎三個月滾一番。父親借錢利上滾利，又無收入償債，只好借新債還舊債。在「以債養債」的惡性循環下，最後只有賣土地還債一途。家中土地因此越賣越少。

本以爲衰敗已至谷底，又逢政府推出「三七五減租」「耕者有其田」的土地改革政策。前者影響不大，但後者卻是挖我們的根。地主的土地被迫釋放，換回以稻穀償付的土地債券及四大公營事業股票❷。這是國家聯合有錢人剝削小地主的陽謀，股票未上市，根本不值錢，收入銳減的小地主爲了求現，等不到股票上市就得出手換錢。而口袋深的家族如鹿港辜家、板橋林家等，以低價收購股票，待經濟好轉，獲利達數十至數百倍。

有錢的家族因此變得更有錢、有勢，像我們這樣的小家族，就成了砧板上的魚肉。

呼盧喝雉的族人

股票賣完了，我家僅剩的三甲地也保不住，很快就不得不賣掉還債。還好在祖父主持分家後，父親在我五歲時自己建了一棟在當時算是豪華、現代、時髦的西班牙式宅第，有了棲身之所，後來才不致顛沛流離。

父親年輕時充滿浪漫的熱情，到了中、晚年，歷經理想破滅、兒子被捕、祖宗產業被變賣一空的命運後，愈發脆弱，動不動就掉眼淚。我以前曾開玩笑，說從來沒看過比我父親更會哭的男人。只是，每每說到這樣的父親時，我自己眼眶也有一點發熱。

父親自台中一中畢業後，本想赴日本讀大學，卻遭祖父阻止，要他負起長子的責任，留在家族中挑大樑。父親於是偷跑到日本，卻很快就被祖父隨後派去的人將他抓回家。祖父告訴父親：「何必讀大學，以後叫讀大學的來替你提皮包（公事包）！」

想去日本念書的父親未能如願，反倒是一些不愛念書、不會念書的叔伯弟妹，去了日本讀高中或大學。奇怪的是，全家族居然沒有一個人念到大學畢業，拿到學位。還有一些親戚去了中國留學，念的由華僑陳嘉庚所創的廈門集美中學。

那時家族還算富裕，凡是去日本留學的子弟會由族裡統一發津貼。讀大學，一月三十五日圓。讀中學，一月三十日圓。讀多久，發多久。當時日本警察月薪不過二十五日圓。有了這筆津貼，大家在異鄉的日子過得很逍遙，吃喝玩樂，父親形容：「都是到居酒屋念書。」

家族本來就是地主階級，靠收租生活，平日無所事事，閒暇時常聚賭取樂。沒落之後，田園廢耕，上百名族人不想做事，也無能力去做事，閒居終日，整天「抓蝨母相咬」，於是以打牌、賭博排遣時光。

有時賭局一開五、六場，隨便走到哪一房，幾乎都可以看到族人聚在一起呼盧喝雉，四色牌、十胡、撚骰仔、麻將……五花八門，無分男女，不論輩分，你方賭罷我便登場，很是熱鬧。

正因如此，我尚未識字已學會各種賭法，麻將牌隨手一摸就知道是哪一張。上小學時，放學後經過五叔公家，幾乎都可以找到在裡面打麻將的父親。我也索性不走了，跟著混點心、晚餐，甚至宵夜，再等著和父親一起回家。有時父親贏錢，我也趁機撈一點做賭本。

在等待的過程中，當然也順便磨練了我的賭技。

我年少時就因這樣耳濡目染而開始愛好賭博，年長後到美國仍樂此不疲，一有機會就想往賭城拉斯維加斯跑。我自認爲對撲克牌二十一點很有心得，但到頭來還是輸得一塌糊塗。最後發現長期來看，根本沒有人可以贏得過賭場的。老來覺悟，但後悔已經太遲。所以我告誡我的子孫，千萬不可染上這個惡習。

第一堂管理課

爲了去日本國會陳情，拯救三叔公祖，必須籌措大筆現金，主持大局的祖父別無他法，只好賣地換錢。年輕的父親兩度跟隨家族中的長輩，到台中霧峰林家交涉賣地事宜。

爲了這宗買賣，霧峰林家派了許多人來勘查土地。他們態度嚴苛又挑剔，嫌東嫌西，而且看準我們需款孔急，價格一分不讓。因爲價格被壓得太低，第一次賣地所得現金不夠，只好再賣第二次，依然找上了霧峰林家。

這次不一樣了。林家不但沒派人來勘查，對價格也是一口答應，雙方快速成交。父親覺得很奇怪，同樣的交易對手，風格怎麼如此不同？他開口詢問對方原因。霧峰林家的代表本來不想回答，但大概看這年輕人誠心求教，於是告訴他：「恁戇呆，頭一遍恁賣咱的土地，一定是恁所有土地中最差的部分。這一次擱來賣，地一定比上次好，價錢一樣，我何必再花精神去看呢？」

這個從賤賣家族土地得來的寶貴教訓，父親印象深刻。後來，他將此一經驗講給我聽，我於是領會了第一堂管理課：「做事要有效率，別把精神花在不需要的地方。」

❶參見二林社區大學校長謝四海所著〈二林蔗農事件的時代背景與對台灣農運的影響〉。

❷「耕者有其田」政策中，土地被徵收後，補償地主的報酬七成為政府發行的實務土地債券，三成為四大公營事業股票，包括台灣水泥、台灣紙業、台灣工礦、台灣農林公司的股票。

反骨一家人

基本上，台灣人多少都有「反骨」的基因。在明、清兩代，政府實施嚴格的禁海令，沒有一點反骨的人，怎敢違法犯禁，冒著喪命的危險，離家鄉，搭小船，勇渡險惡的黑水溝，來到一個陌生的島嶼，胼手胝足，開荒闢土，以啓山林，建立自己的家園。

而家鄉彰化、雲林海口一帶的人，因爲生存環境惡劣，普遍性格強悍，好勇鬥狠。二林蔗農事件的發生固然有其背景及原因，但家鄉民風剽悍，不做順民的特性也不可忽略。當時擔任大城長的三叔公祖吳萬益就曾率先站出來，帶著兩千多名蔗農去和糖廠談判。

這一行爲可以說是「陳情」，但也可以說是「抗爭」，甚至可上綱爲「造反」。但有著吳家反骨基因的三叔公祖就這麼做了，並且一路抗爭到底。小時候，族中長輩常津津樂道三叔公祖帶蔗農去抗爭，結果我家佃農拿鐮刀將日本警察的腳砍傷的事情，但卻從沒聽過有人抱怨他不該帶頭抗爭，以致家族花了大半家產營救他。

祖父清朝來，清朝去

反骨的基因始終在吳家人身上顯現，祖父就是很好的例子。

一九四五年八月十五日中午十二點，日本天皇發表《終戰詔書》宣布無條件投降。在信用組合工作的父親當天中午前趕回家。一到家就先開燈確定家裡沒停電，他告訴我們，當天中午日本天皇有重要的事情宣告，然後他和大哥、二哥在客廳圍著家裡唯一的收音機，專心聽廣播。當時鄭紹良全家因躲避空襲而疏散至鄉下，暫時寄居我家，我母親和他母親正在廚房煮飯，鄭紹良和我兩個人在客廳和廚房兩處跑來跑去，當「報馬仔」傳告消息。聽到收音機中日本天皇宣布：「日本向盟軍無條件投降」時，大家齊聲歡呼。

父親翻出結婚時穿的正式禮服，穿上禮服並戴上一頂高帽，興高采烈、手舞足蹈地從大城街頭走到街尾，再從街尾走回街頭。五分鐘可以走完的路，他來來回回走了一個下午，進行著個人式的慶祝遊行，欣喜之情溢於言表。當天晚上，族人齊聚我家慶祝重歸「祖國」懷抱，當時因肝癌末期而臥病在床的祖父讓我們將他扶起來，靠坐在床頭，聽族人歡聲談笑。他一改枯槁的病容，精神煥發，面帶笑容，說了一句讓我至今記憶猶新的話：「哈！我清朝來，清朝去。」過了一週，他就過世了。

祖父生於清朝，十九歲時中日甲午戰敗，清廷將台灣割讓給日本，日本對台灣開始了長達五十年的殖民統治。但祖父始終不認同日本，仍視自己爲清朝人。

日本殖民統治台灣時曾推動「皇民化運動」，要求民眾將姓名改為日本姓名、推行國語（日語），順服的民眾可以得到較優厚的配給物資。但對台灣人來說，「姓」是祖先傳下來的，怎麼能改？尤其在鄉下，還是比較注重「我的祖先從哪裡來」，所以祖父一直維持著「吳」的姓氏。

自認為「清朝人」的祖父，並不知道在海峽的另一邊，滿清政府早已在四十五年前就被推翻，換成了民主共和國體制的「中華民國」。當他知道自己即將過世時，台灣居然又重歸故國懷抱，他又變回了清朝人，多麼興奮啊！

每個人都有歸鄉的欲望，「清朝來，清朝去」是祖父最大的安慰，也是他至死不肯認同殖民者的骨氣及堅持，正是鮮明的吳家反骨標章。

對「祖國」懷抱浪漫情懷的父親

從聽到日本戰敗的消息後，始終沉浸在歡樂氣氛裡的父親也和祖父一樣，不肯認同日本殖民者。不過，他認同的「祖國」是改朝換代後的中華民國，而非滿清。

在台灣「光復」前，父親就對祖國充滿了幻想。他對祖國的想念、嚮往，常表現於行為細節中。就讀台中一中時，父親和鄭紹良父親鄭暻文是同窗好友，經常通信。在信中，他們常會提到「祖國」種種，如祖國河山如何宏偉秀麗……談得興高采烈，不過都是出自他們的幻想。而且，他們在信末所署的日期，都是用「民國××年」，而非「大正××年」或「昭和××年」。

有一次，他們在信中討論畢業旅行的目的地時猶豫不決，該選去東京，還是去廈門（當時中日間尚未開戰）？父親在信中寫到：「當然要去廈門。我們祖國最差的都市，也比他們的首都好上一百倍。」

在日本的殖民統治期間，台灣人受的是不平等的「次等國民」待遇，種種例子不勝枚舉。對「祖國」抱著浪漫情懷的父親，以爲被當作次等國民欺負的日子就要過去了。當時很多人都這麼以爲。

二二八事件的震撼

日本無條件投降兩個月後，一九四五年十月二十五日，蔣介石委任的台灣省行政長官陳儀擔任受降代表，來台接受日本總督兼日軍第十方面軍司令官安藤吉利將軍的投降。這一天，台灣人歡欣的心情如醉如狂。但等到陳儀的軍隊來台接管，父親就開始失望了。

國民政府來台後，接收人員貪污、索賄，種種巧取豪奪的情形時有所聞，雖然軍隊並未來到大城這小地方，但大家聽說，當國民黨軍隊去接收日本軍隊駐地時，戰敗的日軍穿著整齊，軍容莊嚴。反而中國軍隊穿草鞋、扛扁擔，背上還背著棉被及鍋、碗、瓢、盆等亂七八糟的東西，軍容慘不忍睹。

當時還聽說，有前來接收的中國軍人，看到都市中的自來水很方便，於是也去買了一個自來水龍頭裝在家裡，卻不見水來。於是跑去五金行和店家吵架：「爲什麼別人家裝就有水，我卻沒有水！」聽多了這類帶著笑謔味道的傳言，讓心嚮祖國的父親既失望又失落。

一年多後，二二八事件爆發，父親才眞正醒悟國民黨軍隊的殘酷。二二八事件發生時，大城因地處偏僻，逃過軍隊的蹂躪。當時交通中斷，訊息隔絕，父親等人守著收音機轉來轉去，嘗試不同頻道，卻只能聽到零星消息。即使如此，他心裡也已駭然，全台灣成了血淚獵場，多少菁英成了獵物，政府及軍隊就是獵人。

當時因聯絡不上就讀台中一中的二哥，父母都很擔心。幾天後，他才一跛一跛地回到家中。他告訴父親，二二八發生時，台中大亂，當時高二、高三年級的學生被徵召和國民黨軍隊對抗。學校的老師跑光了，他先躲在學校，後來糧盡援絕，不得不離開。他想回家，但交通停擺，他只好靠自己，走了兩天多，從台中走回大城，路上一看到軍隊就躲起來，晚上則躲在隱蔽處休息。

驚惶未定的二哥向父親描繪了一路的見聞。他說，軍隊在卡車上，看到人就開槍掃射，路上都是死人。聽到此一殘酷情景，父親無比悲痛，喃喃道：「祖國的軍隊，怎麼會殺自己的人民！「怎麼會這樣子，我們那麼嚮往祖國……」他一心嚮往，甚至爲之手舞足蹈的祖國軍隊，怎麼居然開槍射殺自己的同胞？父親自此對國民黨政府、軍隊，產生強烈的嫌惡及痛恨。

這種反抗的情緒，也影響到年幼的我。

兄弟妹各有個性

我有三個兄弟和一個妹妹。雖然大家個性不同，但多少都繼承了吳家的「反骨」基因，而我是其中最強烈的一個。

大哥溫培大我八歲，小學時罹患了骨結核，脊椎出了問題，爸媽帶他四處求醫，花了很多心血。醫生說，當時並無有效的藥可醫，要保持絕對安靜，也不能亂動。因此醫生根據大哥的身型，用石膏做了一個模子。大哥整天躺在這石膏模子裡，不能動也不能玩，影響了他的發育，所以個子比我還瘦小。

大哥在二哥被捕後就對國民黨無好感，而自從我在海外和「異議人士」經常往來，上了黑名單後，家裡更時常「被訪問」，問東問西，搞得雞犬不寧，他不勝其煩：「一天到晚來問什麼東西！」從此對國民黨十分反感。後來他反對國民黨，一路支持黨外運動。

二哥澍培大我兩歲，弟弟渥培小我兩歲。他們都是運動好手，尤其是二哥，身強體壯、動作敏捷，各種運動、球類，一上手就玩得很好。不僅如此，他的功課也好，小學中學的成績都是名列前茅，因參加讀書會入獄十二年，被關成了信仰堅定的共產黨徒。小弟身體好，天性好動，曾去學拳擊。個性海派，交了許多朋友，常和朋友一起喝酒、打架。

我天生身子孱弱，不喜歡運動，也不太喜歡上課，只喜歡跟在大人身後，尤其特別黏母親。聽母親說，我在兩、三歲時患了腸炎，病情嚴重。當時無特效藥，唯一的方法就是禁食，餓得實在受不了時，才讓我喝一點稀飯。母親說，那時我坐在廳堂的門檻上，一面哭，一面哀哀叫：「我要吃稀飯攪醬油。」她看了都鼻酸。

經此一病，我一直很瘦弱。因此逢年過節殺雞，母親總會把內臟留下來，燉中藥讓我進補，妹妹季珍因此總是埋怨母親偏心。季珍是家中唯一的女孩，長大後幫了我很多忙，念中學時，她還幫我傳信給心儀的女孩子。大學畢業後，爸爸要她回鄉教書，她跑到日本伊藤忠商事株式會社工作，並且打算出國留學。此事遭到父親強烈反對，但在我大力支持下，她如願和未婚夫赴美留學。我後來能夠出國留學，也是靠她大力幫忙才成行。

母親是否獨愛於我，我不知道，但印象中，我挨她打的次數特別多。記得有一次，一大早她要二哥去市場買豆腐，他一去老半天，原來是被市場打拳賣膏藥的表演吸引住，忘了家裡母親正等著豆腐下鍋，直到聽到警察局中午報時的警號才匆匆跑回家。母親拿起藤條要教訓二哥，二哥卻一溜煙不見人影，弟弟一看也趕快溜，只有我杵在一旁，高舉的藤條自然就落在我身上。我不但不閃躲，反而理直氣壯質問她：「我沒做錯事，爲什麼要打我？」她在氣頭上打錯孩子，下不了台，爲了自圓其說，開始數落我過去的不是。這完全無法讓我接受，我更生氣，不但不退，反而還往母親身上蹭，嘴裡碎碎念：「要打，再來啊！」母親更火大，於是成全我的「討皮痛」。這類事情發生過不少次。

其他人碰到母親生氣，能躲則躲，不能躲就求饒，讓母親不痛不癢罵兩句，或忍耐讓她打兩下，消消氣就算了。但我不但認死理，而且很硬氣，如果自認沒做錯事，母親要打我，我不走不避不求饒，站在那裡任她打，但就是不服氣。母親雖然疼我，但因爲我這種倔強，反而成爲全家挨打最多的小孩。

說鬼神，我很鐵齒

我常被「修理」的另一個重要原因是我很「鐵齒」，尤其在鬼神方面。因爲身體虛弱，我不喜歡運動，卻好動腦筋，愛與人爭辯，若對方無法以理說服，我絕不會屈從對方意見，譬如我不信鬼神也不信邪。在普遍崇信鬼神的鄉下，這種態度稱得上「大逆不道」。母親大概怕我惹惱各路鬼神，像打預防針一樣，有事沒事就「修理」我一下。尤其在農曆七月，我被打的機會更多。

在鄉下，逢年過節燒香拜拜是生活的一部分。小時候，母親拿香逼我拜鬼神，我不但不肯，還嗆聲：「拜什麼拜？我要知道拜的是什麼，我才要拜。」母親很無奈，好聲好氣地說：「拜好兄弟。」想不到我一口否定：「哪有什麼好兄弟！」母親急得趕快用手掩住我的嘴巴。後來被打多了，我也學會了「趨吉避凶」的變通之道。表面上我拿香跟著拜，但嘴裡卻低聲嘟囔：「恁若是眞的，晚上我睡在×××，不然恁來找我啊！」

從我家到「墓仔埔」，走路只要三分鐘，我們這些小孩常去那裡玩。農曆七月是鬼月，大人不准我們去墓地玩，我對著墓地揮手說：「哪有鬼？若有影，就出來，有本事來找我！」母親擔心我觸怒好兄弟，一語成讖來附身，氣急敗壞就來搥我。農曆五月端午節，大人說要剪頭髮，不然頭髮會被鬼魂抓去綁肉粽，我故意留長髮，就是不剪，看看誰會來抓我。

小時候，我尤其看不慣長輩在拜神時，一直在和神「講條件」，譬如我的孩子如考上台大，我就請神明看戲，然後去擲筊，看神明是否滿意。如果擲出來的結果顯示神明「不滿意」，那就要加碼。這個過程讓我覺得可笑。接受賄賂的神明能好到哪裡去？這就是中國的文化，不但人貪污，神也貪污。

長大後，我成了無神論者。碰到人家對我傳教，我會先要求對方拿出證據：「你說有上帝，證據拿出來，上帝在哪裡？你說有奇蹟，奇蹟在哪裡？不要老是講那些古早的事，把證據拿出來。」講到牧師都快要翻臉。我舉火山爆發爲例，「地都裂開，一個城都毀滅了，死了好幾千人。」我問他：「這會是上帝做的嗎？」牧師和我針鋒相對，說那不是上帝所爲，我繼續大放厥詞：「如果上帝會懲罰人，那祂眼睛是盲了嗎？三千多人死於火山爆發，難道死者中無一好人？」

年齡漸長，見識愈多，我從無神論者漸漸成爲懷疑論者。因爲世界上有許多微妙、不可思議，以我的知識無法解釋、明白的事。譬如每一次看到斑馬，我心裡都會不由讚嘆：「這到底是怎麼一回事？爲什麼有這麼漂亮的顏色分布，一條白、一條黑，涇渭分明，絕對不會混淆，白的部分不會有黑色的毛，黑的部分也沒有白毛，到底是怎麼做到的？」

到水族館我也常常感嘆。怎麼有這麼多漂亮的魚，紅的這麼紅、綠的這麼綠，顏色摻雜在一起，還是那麼美麗。還有，人及動物的器官如此複雜、細緻、精妙，而且互補互助，到底是出自哪位天工大能的巧手？

我讀過《進化論》，知道「適者生存」的理論，但依然無法完全說服我。

遺傳基因中的反骨

我的個性叛逆，反抗意識強烈，也許有些是來自母系的遺傳。

母親吳蕭美嬌個性堅決果斷，有主見，和父親成強烈對比。母親正式學歷只有小學一年級，但她從小就跟著大舅、二舅在家裡的學堂讀漢學，詩詞琅琅上口，看書讀報也沒問題。二哥被抓及我出國後，她的政治意識轉爲激進，對國民黨政府極其反感。我想，這多少受到二舅蕭玉衡的影響。

年輕的二舅在日據時代考進台灣總督府醫學校（台大醫學院前身），和蔣渭水同窗，畢業後從醫。他在日據時代參加台灣文化協會，和台灣左派人士如楊逵、葉陶夫婦時常往來。二二八事變時，政府胡亂抓人，楊逵夫婦曾躲在我二舅的二林家中逃過一劫。

二舅受左派思想薰陶，反日、反蔣，也反國民黨。他晚年不良於行，每天躺著，耳旁放一個短波收音機，只要和國民黨不同調的聲音，他都想聽聽。一有機會談政治，他動輒滔滔不絕。我年輕時只要碰到二舅，常被抓去當聽眾，所以他也算是我政治思想的啓蒙導師。

十七歲的政治犯

二哥以優異的成績從大城國小畢業後，進入了父親的母校台中一中。

雖然我家在鄉下是小地主，但到了城市，二哥卻有事事不如城裡人的挫折感。在鄉下，上學人人打赤腳，而城裡人都穿著皮鞋。去買鞋時爲了省錢，沒買皮鞋而買了一雙大拇趾和其他腳趾分開，日本工匠穿的布鞋。到了學校同學就笑他：「恁是庄腳慫。」笑他是土裡土氣的鄉下人。

當時台中一中是五年制，不分初、高中部。三、四年級的學生要去做「學徒兵」，參加勞動服務，沒什麼時間念書。入學第一年，學校四月開學，七月放暑假，八月日本投降。十月國民政府接收時，學期已近尾聲。這段時期，學校改制，分爲初、高中制，他在一片混亂中念完初中。

一九四七年發生二二八事件，而一九四九年才剛上高一的他就被逮捕，成了白色恐怖時期的政治犯。

天真少年與讀書會

二二八事件發生時，二哥在台中一中念書。他費了兩天的時間，徒步從台中逃回大城家。一直待到風聲過去，才重回學校上課。

回學校後，大家都在談論這事件。當時台中一中的老師很多來自中國，組成複雜，有社會進步人士、左派開明人士，當然也有共產黨的地下人員及國民黨特務。

當時有些左派分子潛入學校當老師，組織讀書會，教導學生共產黨理論。二哥從同學、老師的談話及散播的訊息中，對中國產生濃厚的興趣，並對共產黨充滿好奇，想知道爲什麼共產黨只有二、三十萬軍隊，卻能打敗坐擁四、五百萬兵力的蔣介石。是用什麼戰略及戰術？他開始讀有關中國的書，問老師問題，想找到答案。

日據時代的統治者對於政治主張的團體，如台灣文化協會、台灣共產黨等，持較開放的態度，除非犯罪，一般不會任意逮捕，令大家失去戒心。求知若渴的二哥在初三時參加了老師組織的讀書會，不但看了許多茅盾、巴金、魯迅的作品，還看了一些政論及外國的雜誌如《觀察》《生活》《時代雜誌》《讀者文摘》等，知道了很多外面世界的事情。這些事情，吸引了好奇的二哥。

以二哥當時的年齡、見識，即使參加了讀書會，也不會懂得什麼叫做共產主義。在他的心裡，也許還認爲讀書會是個可以開拓經驗、學習知識的好地方，不料卻誤觸了蔣介石的逆鱗，造成他被抓、被刑求、被監禁十二年。

二哥被黑色吉普車帶走

一九四九年國民黨撤退到台灣，對中國的失敗進行全盤檢討，結論是國共戰爭之前就被共產黨分子滲透、分裂，未戰先輸，於是必須大量逮捕反政府分子，包括左傾及台獨人士。他們抱著「寧可錯殺一百，也不放過一個」的態度，延續二二八事件後的白色恐怖。

在二哥被逮捕之前，參加讀書會的這批人當中已有人被捕，其中一位是高二升高三的翁啓林。翁是二舅媽家的遠房親戚，他被抓後，二哥還匆匆跑回家報訊。家人記得滿臉驚恐的他一進家門就問父親：「怎麼辦？啓林被人抓走了！」這件事也引起爸媽的驚恐，他們從來沒想到，政府竟會下手抓學生。

我猜想，爸媽當時心裡也很掙扎，不知該怎麼辦？他們更沒想到，自己的兒子很快就會面臨相同的命運。二哥並沒有告訴家人，他可能也處於被捕的危險當中。在家待了幾天後，二哥眼見風聲稍息，便想返校念書，爸媽也未積極阻止。

當時我因爲不守規矩被趕出學生宿舍，自己在校外租屋。我雖未和二哥住在一起，但距離很近，走路只要幾分鐘。

二哥並非毫無警覺，在冒然回到租屋前，他先跑來和我住了幾天，白天去租屋附近觀察，並未發現警訊。過了數日，他以爲風頭已過，沒什麼問題了，於是在四月八日晚上溜回住處。

那天是週六，和他合租同住的幾個同學大多回家了。晚上突然有人上門，大力敲門，發出「咚！咚！咚！」的聲音。房東開門後，幾名男子一擁而入。這些人和房東講了幾句話後，就把二哥帶出門，坐上門口的一部黑色吉普車走了。

二哥被抓的過程被他的朋友李仕藩看到，趕快跑來向我報信。聽到這個消息，我整個人傻住了，二哥怎麼會被開吉普車的人抓走？他還會不會回來？聽李仕藩描述，二哥被抓走前蹲下身子綁鞋帶，雙手都在發抖，幾乎綁不了鞋帶，我不禁流下淚來。

雖然我未親眼目睹二哥被抓，但這件事在我心上留下不可磨滅的痕跡。我的想法很單純：「政府是保護人民的，怎麼反而來迫害人民呢？」我本來並沒什麼強烈的意識型態，但這件事令我不平、憤怒，種下我鄙視、忿恨蔣家政權、國民黨政府，並立下一生以打倒他們爲職志的志向。

從綠島到新店監獄

二哥被抓後，父親到處花錢託人打聽。有些騙子跑到我家大包大攬說可以營救二哥，結果害得父親人財兩失，耗掉家中最後一分底氣。

半年後，家裡忽然接到一封二哥的信，信中竟感謝政府的德政，從輕判他十二年的徒刑，賜他一個再生的機會。我們才知道他是遭國防部保密局的便衣逮捕，罪名是「參加叛亂組織」，被判刑十二年。同案有六十三人，大多數是學生、老師，這些人一生的精華時光就在獄中消耗掉了。

二哥被判刑後，一開始被關在專門囚禁政治犯的火燒島（即今之綠島），探訪非常不方便。一九五四年時，他又第二次受審判。當時美軍派遣顧問團進駐台灣，團長是蔡斯。蔣介石爲巴結美國，接收了美軍在韓戰時俘虜的一萬四千多名解放軍，並宣稱要把他們訓練成反共尖兵。後來這批被稱爲「反共義士」的俘虜也被遣送綠島，個個在身上刺了如「誓死反共」、「殺朱拔毛」之類的反共標語，甚至有人在胸前刺了一個大大的國民黨黨徽。蔣經國請蔡斯來參觀，炫耀這些被改造成功的解放軍。

蔣經國異想天開，也想在政治犯身上如法炮製一番。他以爲這些知識分子、學生、教師也能被改造成反共鬥士。蔣經國帶蔡斯來參觀，所有動作都事先排練過。大家整齊地坐著，當指揮官下達「起立！」口令時，竟然沒人應聲站起。蔣經國大失顏面，下令嚴辦，抓了六位「教唆者」送回台灣審判，二哥也是其中之一。原以「唯一死刑」起訴，判決時全部被推翻，又送回綠島服原刑。

國民黨一定沒想到，二哥被抓去關時只是一個懵懵懂懂的高一學生，對共產主義雖抱好奇心，其實一知半懂。但經過獄中十二年的「再教育」，再經獄友口傳身教，精研共產主義理論，反而越關越純。待他被釋放出來時，已經徹頭徹尾成爲一名信仰堅定的共產主義信徒。

我就讀台大時，二哥從綠島被移監至新店安坑的軍人監獄。我常利用星期四探監的機會帶書去看他。二哥本就是優秀出色的學生，歷史、英文底子很好，在獄中又看了不少書，雖然學歷只到高中一年級，但學問很好。

剛開始時，每次探監只能隔著牆上一個用鐵網封住的小洞和二哥談話。雖能看得到他，也能說話交談，但不能傳遞東西，更別說身體的接觸。有一次，我帶著父親和就讀小學的姪子吳釗燮一起去探監，監獄的情況把活潑的姪子嚇得半死。

服了好幾年刑期後，隨著台灣的民主意識逐漸抬頭，他才比較輕鬆。在監獄做雜役，有時還可在外面勞動，不用一直被關在牢房內。每次看到我來，二哥雖然盡量保持平靜，但看得出來他很高興。除了我之外，他幾乎沒有其他訪客。一般親友怕惹麻煩，避之唯恐不及。父母親年紀大了，舟車勞頓趕來探監，在心理和肉體上的負擔太沉重，來過一次後就不再來了。

怕我們擔心，二哥從來不曾告訴我，他在獄中吃了多少苦。只有一次，我看他走路的樣子不太對便問他，他才告訴我，他在裡面被凌虐、刑訊，打得半死，小腿被打斷過，因此一直走得不好。雖然他臉色平靜，說起來雲淡風輕，但我實在心疼，一個中學生因爲參加讀書會，被刑訊至打斷小腿，這是什麼樣的政府會做的事？

後來他還告訴我，他剛被抓的時候，有一次半夜被帶到荒涼沒人煙的山上，來到一棵大樹下，帶他去的人指指地上，威脅他：「你不好好講，今天就把你埋在這裡。」把二哥嚇得半死。

二哥入獄後，失去自由的其實不只他一人。他一關十二年，父親也在家自我囚禁，足不出戶，連理髮都是師傅登門替他服務。唯一一次出門，就是在二哥從火燒島移送到新店安坑監獄時，父親去探視他一次。探監回來，父親繼續禁錮自己。一直到我結婚、出國，他才慢慢走出來。

那種錐心之痛，唯有過來人方能體會。

政治犯的悲哀

政治犯出獄後，常常成爲社會的邊緣人。二哥出獄時已年近三十。那時家境十分艱苦，繼續讀書是奢望。大哥在鄉下經營西藥房，而我在彰銀當小行員，幫不上他什麼忙。

父親要二哥去找姑媽幫忙，看是否可以幫忙介紹工作。父親和姑丈是同窗好友，在台中一中念書時，與鄭紹良的父親鄭暻文同被稱爲「三劍客」。姑丈去日本習醫，在父親介紹下和姑媽結爲連理。姑丈返台後行醫，在豐原開了大醫院又投資紙廠，富甲一方。我陪著二哥前往，姑丈看見我們，整張臉垮了下來，姑媽雖一向待我們很好，也不敢說什麼，偷偷塞了五千元給二哥，要他以後不要再上門。這也不能怪他們，而是當年可怕的白色恐怖所造成。

白色恐怖時代，誰都不敢接觸政治犯，唯恐惹來麻煩。他們出獄後，繼續被關在沒有高牆的社會監獄裡，成了「棄民」。願意幫助他們的，常常是同被獨裁政府壓迫的難友、獄友。此時同在綠島「深造」，但先他出獄的台中一中學長蔡焜霖，找他和幾位獄友一起去辦後來風行一時的《王子雜誌》，由二哥擔任總管理處處長。

《王子雜誌》雖受歡迎，但廣告收入稀少，收支緊張。而出版社又接連推出《公主雜誌》《幼年雜誌》等同類型雜誌，以致擴張太快，收入跟不上，資金短缺，陷入財務危機。後來蔡焜霖去了國華廣告，《王子雜誌》由二哥處理善後。

處理完《王子雜誌》後，二哥和幾個朋友集資開印刷公司，胼手胝足，忙得不亦樂乎。但沒幾年，印刷市場競爭愈來愈激烈，利潤愈來愈薄，股東錢賺夠了不想再做，於是提議分家。二哥接收了機器，放在家裡，不雇人，自己動手，替人印製各種標籤，騎著摩托車四處奔波接訂單。雖然忙碌，勉強可以養家餬口。他的幾個孩子也很爭氣，長大後都自立賺錢，並把家庭安在二哥家附近，讓他享受了天倫之樂。

二哥是我家中最優秀的孩子，一等一的頭腦，卻承受了非常人能忍受的磨難。還好他性格樂天，撐了過來。二哥被關期間，警察常上門調查戶口。出獄後，他還必須按時到派出所報到，警察也會不時過來問東問西。我們一家人因此對國民黨更加深惡痛絕。

政治異端的家族

被關了十二年，二哥對共產主義的理想不但未滅，反而更見堅定。一九九二年，刑法第一百條惡法廢除後，台海兩岸往來頻繁。他還以台灣代表的身分受邀參加一九九七年香港回歸中國的慶典，並多次受邀爲中國國慶的貴賓，在中國備受禮遇。

甚至在二〇〇六年二月，外傳陳水扁即將宣布廢除國統會和國統綱領時，《聯合報》還編了一條假新聞，說爲了緩合對岸疑慮，我和吳釗燮一起拜訪二哥，請他代向對岸轉達「廢統勢在必行，但絕不會踩紅線」。這雖是假新聞，但也看出他在對岸的「分量」。

最諷刺的是，全家因爲二哥的入獄，各有強烈的政治意識及主張，各自走上不同的政治道路。唯一的共同點就是都厭惡國民黨。

嘗過國民黨迫害的苦後，二哥對於共產主義的信仰益發堅定。大哥雖然討厭國民黨，卻也堅決反對共產黨，每次兩人一碰面談到政治必定吵架。我雖反國民黨也反共產黨，但是我同情時代悲劇留在二哥身上的枷鎖。我在美國參加海外台灣人運動，支持台灣獨立建國，時常發言抨擊國民黨政府，叫國民黨政府頭痛，因此上了黑名單，回不了家。直到政治風潮轉向才能回到家鄉。我因此被歸類爲「獨派」，而我也不否認。

我們兄弟感情很好，但就是不能談政治。每次和二哥見面，若「不小心」觸及和資本主義或共產主義相關的話題，常會爲了自己信仰的理論爭辯不休，家族聚會成了辯論會，誰也說服不了誰。後來彼此也知道無法溝通，只好避而不談。

我們一家從三叔公祖、祖父、父親的反日，到我們這一代的親共、反共、反國民黨，三代的「反骨」傳到下一代吳釗燮身上，他雖和父親、叔父一致，反對國民黨，但一心想當學者，想不到最後卻受民進黨重用，分別出任阿扁時代的總統府副秘書長、謀求兩岸和平共處的陸委會主委，以及代表國家的駐美代表，眞可說是一脈相承。

逆來不順受

許多人說「三歲看一生」，如果此說屬實，那我顯然就屬於「寧缺勿濫，逆來不順受」的類型。

小時候我們全家吃飯，祖父面前的肉我們不敢去夾，等祖父吃飽離開後，母親才分配肉給我們。母親說，看我們兄弟吃飯就知道各自的個性。同樣是肉和飯，二哥向來是先吃飯，再慢慢享受肉的美味。母親稱他爲「先苦後甘」型。果然，二哥坐了十二年冤獄，出獄後也吃了一段苦頭，但現在三個孩子成家立業，都住在同一社區，互相照應，盡享天倫之樂。

弟弟則屬「先甘後苦」型，先吃肉，再吃飯。他個性豪爽，愛交朋友，又愛打拳擊，年輕時酒沒少喝，架沒少打，年紀大了自然毛病就多一點。而我挑食，吃肉，寧餓肚子不吃飯。我自己解釋，做事有自己的原則，富貴不能淫，威武不能屈。最重要的是，寧缺勿濫。

愛玩不愛上學

小時候，我愛玩不愛上學。小學時碰上二次世界大戰，美國飛機幾乎天天來台灣轟炸。我們家雖然常見戰機凌空飛越，但從未遭受轟炸，有驚無險，但我還是很喜歡「躲警報」。那時候，每天早上吃完早飯，我拿了書包就磨磨蹭蹭不肯馬上去上學，在家裡等空襲警報。警報一來，書包一丟，不用上學了。

自從糖廠停工，我家屋後就有一座甘蔗小山。我們幾個小伙伴，包括同族的堂兄弟和鄭紹良，常常去甘蔗山「探險」，順便大快朵頤一番。甘蔗山外層的甘蔗雖經日曬漸漸乾掉，但裡層的甘蔗仍然香甜多汁，我們由上往下，從外往裡，一路吃進去，在甘蔗山裡面啃甘蔗，卻逐漸在甘蔗山裡挖出一個可容身的空間。製糖的白甘蔗外皮極堅，纖維又硬，但非常甜。我

兩位表姊來家裡遊玩時用帶來的相機合影，因幼時家貧沒有相機，所以這是童年時期難得留下的照片。

們一手拿刀，一手執甘蔗，又啃又咬又吸，吃完一小截甘蔗，嘴巴都快抽筋了，但依然樂此不疲，享受那甜甜的滋味。

我雖不愛上學，但卻很喜歡讀課外書籍，包括一些內容較淺、有趣的小說等。伯叔家曾赴日本留學的子弟，即使未拿到學位，也會帶回來一套套日文的《世界文學全集》《世界哲學全集》等日本人翻譯的國際文學、哲學著作經典作品的大部頭套書，陳列在客廳中。其中固然有很深奧、厚重，帶有哲理的作品，如俄國作家托爾斯泰的《戰爭與和平》，但也有通俗易懂的作品，如美國作家馬克吐溫的《頑童歷險記》等，雖然不見得都能看懂，但我很喜歡，常拿來看。久而久之，養成了讀書的習慣。

因爲空襲，我小學有一搭沒一搭地上課，加上愛玩，學校功課自然不是我生活的主題。但成績在班上卻始終名列前茅。五年級時，老師竟然認爲我有實力跳級報考台中一中，於是前去報考，結果落榜。

這次落榜對我有如當頭棒喝。父親和二哥都念台中一中，我認爲我也要讀台中一中。從來沒想過自己會考不上台中一中。視我猶如親孫的五叔公見我整天看著大人們賭博，便向父親說：「這孩子再如此繼續下去，長大了定成廢物。」於是父親安排我到台中念小學。我有一個表姊在台中女中教書，父親決定安排我到她家寄宿，先到附近的大同小學就讀。

一拳襲敵不受欺

大同國小原名明治小學校，學生家長多爲台中有錢有勢的人家。我一個鄉下來的小孩，體型瘦小，土裡土氣，以前還都打赤腳上學。都市的小孩愛捉弄、嘲笑我，我實在忍無可忍，想要給他們一點顏色看看。

知道自己又瘦又矮，要打也得找一個打得過的。於是在那些愛嘲笑我的同學中，選了個子最小的一個當靶子。有天趁他不注意，我慢慢靠近他，然後在眾目睽睽下，冷不防地一拳朝他臉中央揁下去。他的鼻血馬上噴出來，嚎啕大哭，趁大家發愣時，我又補了他兩拳。

當然事後我被老師處罰，但剛好此時學校公布欄也貼出我算術的好成績。這下子，我在學校的形象完全改觀，沒人敢再欺侮我。

後來考中學時，我只報考台中一中，從沒想過去念別的學校。要報名時，老師看我只塡了一個志願，問我：「你只塡一個學校啊？」我大聲地回答：「對！」還好那次我被錄取。很多大同國小的同班同學也考入台中一中，大家又成了同學。而那位被我打的同學，後來成了我的好朋友。

我初中的成績本來不錯，尤其數學更是拿手。數學老師的兒子和我同班，我便想辦法巴結他，慫恿他在考前偷一份考題給我，因此我的數學成績在班上都是數一數二。畢業時很可惜只差一名就可保送直升高中部。保送未成，只好參加考試，誰知考數學時，腦袋一片空白，竟然抱了個大鴨蛋，零分，結果我列爲台中一中高中部備取第一名，眞是罪有應得，還好最後補票上車。上了高中，自知數學基礎未打好，特別用功，想努力趕上，但上到幾何課時仍感十分吃力。因此我後來決定報考文組。

到了高中，因爲二哥的事，我對學校的課程逐漸失去興趣，而且家境艱困，我過著一種既放蕩又自暴自棄的生活。沒有興趣的課就蹺課。尤其是在我初以攻讀政治系爲目標，後又轉念改以經濟系爲第一志願後，不相關的科目如物理、化學、生物等，我也懶得去上。但是學校規定，曠課三小時一警告，五小時一小過，八小時要記大過。剛開始，我找同學在老師點名時代我應付，後來才發現此路不通。畢業時，累積了兩大過兩小過，差一點被開除不能畢業。

那一年是各大學獨立招生的最後一年，我如願考入台大經濟系，雖然數學只得六分，總分還是超出醫學系的錄取分數二十多分，全系錄取一百人，我竟然排名第六，跌破眾人的眼鏡。

有一位教過我的國文老師在搭火車時，遇到我台大商學系的同學廖梧興。他對廖梧興說：「你說奇怪不奇怪，班上第一名的沒考上，卻考上了一個吳澧培。」廖梧興後來模仿那位國文老師特有的鄉音腔調，重述給我聽，我們捧腹大笑，笑得肚子都痛了。

贏了錢做老大

初上台中一中，來自鄉下的我見到城裡一些同學的「派頭」，心裡非常羨慕。在來台中之前，我從來沒穿過皮鞋，都是打赤腳。新同學多是有錢人家子弟，身上穿的是美國卡其布訂做的童軍服，腳上一雙雪亮的皮鞋。我同樣穿制服，但一比之下天差地遠，不但質料差，顏色更難看。至於皮鞋，也是最差的一種。

他們不但穿著好，文具也高人一等。那年代，台灣製造的文具實在不好用，以鉛筆爲例，稍微用力一點，筆芯就會折斷，而筆帽上的橡皮擦也硬得像石頭，根本沒作用。但我那些同學用的是美國鉛筆，上面打印著閃閃發亮的「U.S.A.」英文字，就連橡皮擦看起來都柔軟好擦。

最令我心動的是一些同學常在下課時，從書包或口袋中掏出好吃的零食，尤其是一種叫「巧克力」的零食更讓我流口水。以前我從未見過這種顏色暗暗，看起來怪怪不像糖果的零食，當然更不知道是什麼味道。但有次一個同學請我品嘗。我咬了一口，不得了！那濃郁的口感，甜美的滋味令我著迷，從此巧克力成了我最愛的零食。但巧克力都是從外國進口，很貴，我可買不起。

我們有一位族人吳天憐，是大城的鄉長，小父親兩歲，卻是我的「公」字輩，我得叫他憐叔公。他很愛賭博，尤其做莊家玩撚骰仔是他的最愛。但這位憐叔公牌品不太上道，大家諢稱他「兔子皮，贏驚，輸無忍」，贏了一點錢就想落跑，大家玩得正熱，他卻偏要收攤，走了莊家大家就沒得玩了，非常掃興。而他輸的時候，就纏著大家陪他一直玩到他贏。

在我上初中的一個暑假，有一次他大輸，輸光了身邊的錢，回家拿錢要繼續賭，大家捉弄他，故意一鬨而散。那次我也上場賭，贏了一些錢，散場後就在榻榻米總鋪間睡。憐叔公帶著一布袋錢回來，大家都走光了，唯獨我在睡覺，於是把我搖醒：「倥澧，麥擱睏，再來玩！」

我陪他賭起撚骰仔，結果憐叔公一布袋錢又輸得精光。這次他不回家拿錢，說用麻將牌中的「萬」字牌當籌碼來押，以後再來算帳。一夜下來天都快亮，他輸得快沒籌碼，我贏了他一大筆錢。父親醒來看到總鋪間燈還是亮的，先罵我，又說了憐叔公一句：「恁嘛卡差不多咧！」

和憐叔公賭完後不久，學校要開學了，註冊要錢。父親叫我直接去鄉公所向憐叔公討賭債，隔日他真的把我贏的錢都還我。那是一大筆錢，父親讓我自由支配。

口袋裡揣著大把鈔票，我根本沒有要存起來慢慢花的念頭。有了錢，我立刻去買了兩雙皮鞋，訂做兩件我羨慕已久的美國卡其布童軍服。光是美國鉛筆，我就買了十幾盒，一盒有六打，怎麼用都用不完。後來我的妹妹、侄子、侄女等來台北念書，都是用這種神氣的鉛筆。

獨樂樂不如眾樂樂。我一直很愛打乒乓球，美國製的一〇一乒乓球、球拍都是我夢寐以求的東西。台灣製的品質差，打一打會凹下去，美國的乒乓球品質好，彈性佳，打起來很盡興。以前買不起，現在有錢便不成問題。我買了好幾盒美國製的乒乓球及幾個球拍，拿到學校和同學一起打。

班上很多同學喜歡打籃球，但學校的籃球有限，要借得到球才有得打。因爲身材及體力所限，我根本不是打籃球的料，連球都搶不到，所以平常不太打籃球，但想到同學的「球荒」，我一下就買了十顆籃球供同學下課玩，果然大受同學歡迎。不過自從買了籃球後，同學紛紛來借，甚至還有別班同學跑來借，登記管理很麻煩，我乾脆將球交給同學吳堯峰負責。我最多偶爾在同學打籃球時，在外圍遊走一下，他們有時會丟一顆球過來，讓我去投籃。如果要靠我自己去搶球，可能永遠都碰不到球。

有錢當「阿哥」，買點零食大家分著吃，吃冰、宵夜我請客，馬上人前人後，前呼後擁，備受奉承，感覺很不錯。同學乾脆給我一個日語封號「親分」，就是「老大仔」之意，大家鬧著玩。

看夜場電影被趕出宿舍

台中一中的伙食太難吃，令我痛苦不堪。我吃不下飯，肚子餓了就偷偷溜出宿舍，花幾毛錢到路邊攤喝一碗冰豆漿。一大塊冰中間鑿一孔，將豆漿放在裡面，果然冰涼好喝，是夏天消暑的絕佳飲品。住在宿舍這段時間，我就是靠冰豆漿提供養分。

口袋有錢後，我就想找點子花錢，常常約死黨去台中戲院看電影。白天要上課，我們只好看夜場。當時學生宿舍晚上九點鐘熄燈，我們這些夜遊神，把蚊帳內的棉被和枕頭各自鋪好，看起來就像有人在睡覺，然後翻牆，看完電影後再爬牆回宿舍。

我的身體孱弱，看完電影已是昏昏欲睡，兩個個子高大的同學一左一右把我扛起趕路，我就一路睡。有一次當我們經過台中公園要回到宿舍時。彷彿聽到有人在喊：「你們往哪兒跑，站住！」兩個同學一聽，把手一放各自跑開，頓時我被扔在當場。因爲驀然驚醒，腦筋一時還轉不過來愣在那裡。然後我聽到一聲怒吼：「吳澧培，你往哪裡跑！」我雙腳像被釘住似地，動都不敢動。

原來那怒吼是發自一中的訓導主任譚卓民，結局是我被趕出宿舍，必須在外租屋。也正因爲在外租屋，才讓我經歷了二哥被抓的情況。

在姑姑家寄宿讀書

到高中時，我家已經坐吃山空，羅掘俱窮，只靠大哥開的一家小西藥房在支撐。大哥一人要承擔父母、全家的生計及弟妹們的學費，負荷相當重。有一次，父親實在沒辦法了，於是放下身段去向姑丈借錢。想不到卻被姑丈婉拒，這令父親不但沒面子，更是傷心。

經此一事，正處於叛逆期的我，本不想再登姑姑家的門。但姑姑希望我能住在他家，帶著愛玩的表哥一起用功讀書，考上醫學院。簡單來說，就是叫我「陪讀」。我本不想去，但父親告訴我，家裡實在沒有能力再供我在台中吃住及讀書，如果能在姑姑家寄宿，大哥的擔子會輕一點，我於是去了。現在回想起來，若非住在姑姑家，並且姑姑和就讀台中女中的表妹在那段時間常私下塞零用錢給我，那我可能連大學都上不了。

我在台中一中雖然不太用功，但成績大致還不錯，考上台大醫學院應不困難，姑姑也有意栽培我往醫界發展。但他們不知道，在高二升高三的暑假，我念了一些書，又聽了前輩的一些建議，已經決定去念能「經國濟民」的經濟系了。

父親與我。

兄弟姊妹在大哥西藥房前合影。

我的思想啓蒙

大約在我四、五歲時，五叔公見到我一個人在房子前面的大埕走來走去，往空中丟小石頭，然後用頭去頂，他認爲我很笨，哪有人笨到用頭去接落石！於是笑我：「恁奈這呢倥，用頭去接石頭？」我回答他：「我不就是倥嗎？」這個笑話傳開了，我也得到一個「倥澧」的外號。長輩看到我，常常就是「倥澧」、「倥澧」地叫。

爲什麼用頭去頂天上掉下來的石頭？砸下來豈不會痛嗎？我自己年紀太小，當然無法解釋清楚，家人也制止我再做這種傻事。長大後我才推論，可能是因爲我看人家將花生往天上丟，然後用嘴接住，心裡羨慕，想學這把戲，只是我拿小石頭取代花生罷了！

上了大學後，回想起這件事，卻覺得這件事充滿了「隱喻」，暗指我的思想啓蒙過程。在我的青年歲月，天上不斷落下石頭，大者如國際間的紛爭，小者如二哥的遭遇，而我用頭（思想）去頂，有的能迸出火花，有的砸得我頭破血流，但我依然樂此不疲。心裡似乎還在期盼，天上掉下來的不只有石頭，也許還有禮物。

二段決定人生意義的閱讀時光

進入高中後，我漸漸收起愛玩的心。除了立志要「打倒國民黨」外，也對共產主義產生好奇。我一向不喜歡讀學校的課本，反而愛讀課外書，愛用腦思考。在我一生當中，有兩段時光中讀到的書，促使我決定人生的方向，影響我的一生。

第一段讀書時光是在升高三的暑假。我去兩位雙胞胎同學楊澤民、楊澤生家玩，他們帶我去他伯父楊肇嘉清水老宅「六然居」參觀。時任民政廳長的楊肇嘉，是日據時代知名的地方仕紳，民族意識很強，致力推動台灣文化。雖然當時他沒住在六然居，但各類書籍汗牛充棟，琳瑯滿目，尤以日文的文史哲書籍最豐富。

由於二哥是因參加讀書會，被認爲和共產黨有關係而獲罪，我因此對共產主義特別好奇有興趣。於是我從六然居的藏書裡挖出不少和共產主義相關的著作，包括恩格斯與馬克斯的《共產主義宣言》《資本論》，以及列寧的《新經濟政策》等，我如獲至寶，生吞活剝，拚命閱讀。

談到理想，共產主義的理論非常中聽，尤其對我這十多歲叛逆期的年輕人來說，很容易被感動。我當時對馬克斯的作品特別有興趣，因爲他是人道主義者，所以他的理論飽含道德與人道精神，不是乾巴巴的教條。對於他所描繪的「窮者愈窮，富者愈富的資本主義必敗必亡」的遠景，我也衷心認同。

另一個令我感興趣的是馬克思提出的「產業預備軍」。初期的資本主義常利用此一工具來控制、壓榨工人。例如，一個可雇用一百個工人的工廠，在工人來源充裕的情況下只雇用八十人，而這未被雇用的二十人就是產業預備軍。一旦工廠裡的工人搞怪不聽話，就把他們趕走，再從外面雇工人進來。這二十個產業預備軍因爲餓肚子，都很配合資本家的行動。我雖未親身經歷此一情況，但可以感同身受。

雖然一時之間，我不能完全了解這些理論的內容，但也讀得津津有味，甚至廢寢忘食。我還將《共產主義宣言》譯成中文，寫在日記上。可惜後來因爲我出國後上了黑名單，警察常登門找碴，有二哥的前車之鑑，大哥怕惹麻煩，便將我留在家裡未帶走的書籍、文件、資料付之一炬。

第二次難忘的讀書經驗是在我大學畢業後，經同學介紹欲往埔里初中教書，途中拜訪一位住在竹山的同學，這位同學的父親王美木是位留日老醫生，家裡有許多套日文經典書籍，包括《世界文學全集》和《世界哲學全集》。

王美木醫師聽說我要去埔里教書，立刻說：「幹嘛去埔里教，在我們這邊（竹山）教就好了。」然後馬上打電話，把竹山中學的校長、總務主任都找來，當場就要發聘書。我想了想，說：「好吧！這裡就這裡吧！」於是糊裡糊塗便留在竹山初中教書，主要是如此我便有機會涉獵這些日文好書。

在青少年時期讀到的哲學類書籍，雖然有興趣，但缺少思想基礎，囫圇吞棗。到了此一時期，我已大學畢業，思想有了一些基礎，也受過一些基本的邏輯思考訓練，再有機會讀到這些世界大師級人物撰寫的哲學書籍，收穫更大。這些書籍對我以後的邏輯思考能力，助益甚多。

讀經濟要啣屁嗎？

父親對我的課業向來採取自由、放任的態度，幾乎從不干涉。一生中只破例了一次。這是發生在我考大學前。姑姑和姑丈都希望我考醫科，並答應考上後將有所補貼。迫於現實，父親特別寫信給我：「我們家這麼窮，不然你去考考（醫科）看。」父親的用心我了解，但在六然居的讀書經驗啓迪了我，我想去念「政治」，以便在未來從政，改變社會，造福國家。

高三時，正值白色恐怖巔峰，國民黨政府瘋狂抓人。我朋友柯耀堂的哥哥柯耀南是台大經濟學系四年級生，和李登輝同是台共組織成員，當時正在逃亡避風頭。有一天，柯耀堂找我一起去台中第二市場一家冰果店吃冰，原來他和哥哥約在此地見面。我因此認識了柯耀南，改變了我的一生。

柯耀南問我將來要讀什麼科系。我很堅定地告訴他：「我要讀政治，要改革不公平的社會。」他告訴我，若要眞正改革社會，要從改革經濟做起，因爲經濟主導政治。他引述許多經濟學的理論，說明經濟如何影響政治，他並特別談到共產主義的經濟學，其中提到了「產業預備軍」是資本家壓榨勞工的利器，說資本主義的社會會造成貧富懸殊，衝突加劇，而共產主義、社會主義終究會勝利，達到世界大同。

我剛讀過這些書，記憶猶深，所以深受感動。我恍然大悟，二哥一定也聽過類似的理論。柯耀南告訴我，不要以爲經濟只是爲了賺錢而已，經濟是「經國濟民」的大業。因此我決定攻讀經濟，以台大經濟系爲第一志願。

大學考試前，我身體不適，有血尿的現象，於是在舅父的建議下進台大醫院做身體檢查，在醫院住了兩個月，自我禁錮的父親特地出關來陪我，我也帶了書到醫院用功，結果我考得還不錯，以高分考進第一志願台大經濟系。當時大學考試文商尚未分科，我如果不想念經濟，也可以去念師大。不過，我一心想著經國濟民，對當老師沒興趣。

放榜後，我興高采烈，一位長輩看到我就叫住我：「澧培，聽說你考上台大？」

「是的！」我感到很驕傲。

「讀什麼系？」

「經濟系。」

「讀經濟系？」他對我的回答很驚訝，睜大了眼睛不屑地說：「讀這是要唧（台語，意為「含」）屁哦！」

這句話讓我覺得十分洩氣和委屈，於是不發一語，揚長而去。

台大三舍的熱血議論

進入台大後，我在大二時搬進男生第三宿舍。那時沒有什麼娛樂，而且正是自由主義萌芽，民主風潮抬頭之際，雖然白色恐怖餘波蕩漾，但學政治、法律、經濟的年輕學子聚在一起，熱血一來，高談闊論，毫無顧忌。

在台大男三舍時常聚在一起，高談闊論國家大事的同學有鄭紹良、賴文雄、謝聰敏、莊銘山等人。這些人當中，最活躍、積極、行動力最強的人，當屬讀台大法律系，綽號「阿騙」的謝聰敏。當時中央大員都是外省人，除了一些「半山仔」外，台灣人能在政壇上出人頭地者鳳毛麟角。大家反蔣、反國民黨的心都很強，也都對台灣人淪為次等國民待遇而不滿。

在我和謝聰敏、賴文雄等人的討論中，除批評國民黨不遺餘力外，也對台灣獨立充滿嚮往。鄭紹良常來宿舍找我，我們討論得口沫橫飛，他卻總在一旁默默笑著，不發表意見。但聽多了，他的思想也一步一步發生變化，後來居然成爲台獨聯盟美國本部的主席，眞是讓人始料未及。

我對於國民黨及共生的蔣氏政權不滿，可說是日積月累。從我思想萌芽以來，就認識到這是一個腐爛到骨子裡的政黨，而在此基礎上建立的政權能好到哪裡去？這種不滿，愈來愈明顯。

我的認知是，奉行權威主義的國民黨不但是獨裁政權，並對台灣抱著殖民主義心態。在蔣氏政權下，除非是國民黨，而且是國民黨的權貴要人外，你能做什麼？「國民黨不倒，台灣不會好」的說法，我長愈大就愈明白。

在台大男三舍的高談闊論，我們並未避諱。雖然明知學生中有特務學生，但我們沒想到怕。不是不怕，就是沒想到那麼多。明知道有危險，但還是這麼做了。只能說我們想要革命的心太熱，超過了「害怕」的情緒。對社會、國家的憂心，超過了個人可能被抓的恐懼。

我不再憧憬共產主義

進入台大後，我對經濟系的師資感到失望，除少數科目外，大部分教授根本都在混日子。記得一位教「經濟思想史」的趙姓老教授。用一本老舊不堪的教材講義，二、三十年沒更新過，了無新意的過時內容，依然照章授課，還不肯給大家方便直接影印給我們。後來我想出一個辦法，向修過該課程的同學購買筆記。反正內容沒變，考前讀一讀，就能應付期中考和期末考。

台大四年，我兼了兩份家教，一個一、三、五上課，一個二、四、六，一週六天，每個月可賺六百元，生活尚稱寬裕。大部分的課我只是應付考試而已，但我把精神集中在一些我感興趣的課，我上少壯派學者施建生老師教的經濟學，選修了林一新教授所開的「社會主義批判」和全漢昇教授的「經濟思想史」。

林一新教授曾是周恩來的文膽，對共產主義了解透徹，後來改投國民黨，是評判中國共產黨理論的最佳人選。他說馬克斯認爲資本主義必敗，代之而起的是具有公平正義，能夠各盡所能、各取所需的社會主義。換句話說，整個世界就進入永續和諧的大同世界。

馬克斯認爲資本主義仗恃著「產業預備軍」來壓榨勞工，結果會產生貧富懸殊的社會經濟問題，達到極端後，就會造成社會革命。革命將造成資本主義瓦解，社會主義代之而起。林教授批判，馬克斯認爲共產主義一定成功是錯誤的。因爲他沒料到資本主義有兩帖特效藥：一是工會，工會能透過罷工來和資方談判，爭取合理的工作條件或工作環境。二是政府利用賦稅政策來提高人民的社會福利，降低貧富差距，使社會維持平衡。我覺得他講得很有道理，因此對古典經濟學產生興趣，開始研讀多方經濟學者的理論。林教授的觀點深深影響了我後來看待不同制度的觀點。

全漢昇教授的「經濟思想史」讓我進一步閱讀資本主義各代宗師的大作，了解資本主義的演變，我的想法才慢慢改變。共產主義是大鍋飯，大家都有飯吃，但也僅止於此而已，沒有創新的誘因。相對地，資本主義有誘因，接近人性，鼓勵創新，利用高賦稅也可防止財富過度集中。

於是，我不再嚮往共產主義，我認爲施行福利政策的資本主義社會才是我的理想。我從此脫離了對共產主義的憧憬。

世界上的兩件大事

一九五六年我還在台大的時候，世界上發生了兩件大事。一是被稱爲「二次中東戰爭」的蘇伊士運河戰爭，二是匈牙利爭取獨立事件。這兩件事帶給我莫大的震撼與衝擊。

蘇伊士運河由埃及人民以血汗和生命築成，具有重要的戰略及經濟價值，卻遭英、法運河公司把持。埃及七月革命勝利後，要求收回運河主權。英國雖同意放棄對運河的控制權，並將英軍撤出運河區。但英、法、美等西方國家隨即以埃及向蘇聯購買武器爲藉口，聯手對埃及新政府進行經濟制裁等一連串威脅，並主張蘇伊士運河「國際化」。

埃及總統納賽爾拒絕西方強權的威脅。英、法對埃及施壓，將蘇伊士運河問題提交聯合國安理會討論。

十月二十九日，以色列軍隊入侵向運河逼進，埃及軍隊頑強反擊。英、法派出軍隊登陸埃及，遭埃及軍民英勇抵抗。埃及宣布與英、法斷交，一些阿拉伯國家也隨美與英、法斷交，並實行石油禁運。聯合國大會以壓倒多數票緊急通過停戰提案。蘇聯也向英、法發出最後通牒，聲稱將使用武力。英、法宣布停火，並陸續撤軍。一九五七年三月八日，以色列軍隊從西奈半島撤出，埃及取得勝利，從此收回蘇伊士運河的完全主權。

英、法雖然強大，但在埃及全民團結，頑強抵抗，並得到外援後，逼得英國不得不歸還運河控管權。埃及人民自決的堅強意志及支持，是埃及獲得最後勝利的關鍵。

此外，一九五六年十月二十三日至十一月四日間，蘇聯入侵匈牙利，學生展開反抗蘇聯運動。匈牙利的秘密警察對示威學生及群眾開火，殺了上百人。人民推翻警車並縱火，蘇聯派出坦克車鎮壓。匈牙利青年、百姓發動全民抵抗，手無寸鐵的人民用水罐、汽水瓶抵抗蘇聯的坦克車。他們鋼鐵般的團結意志與氣勢，感動了國際社會，紛紛表態支持匈牙利，促使蘇聯讓步。

這兩事件都是強權壓制弱小國家的血淋淋例子。而且，不論是信奉資本主義的英、美、法，或信仰社會主義的蘇聯，一樣都是弱肉強食，以強凌弱、以富欺窮。蘇伊士運河事件呈現了資本主義國家的霸道，而匈牙利事件暴露了共產主義國家的霸權，如果人民不起而反抗，用血與肉捍衛自己的家園，那什麼都不用再講，乖乖當個順從的亡國奴就是了。

我同情那些被欺侮的國家及人民，更敬佩那些有膽識和勇氣，不屈服強權的青年，敢用汽水瓶丟坦克車。埃及當時什麼都沒有，卻敢和世界強權的英國對抗，這些看似以卵擊石的行動，需要多麼大的勇氣！

人家敢，我們爲何不敢！

信服弱肉強食

年輕的我從這兩個事件中看到現實中弱肉強食的殘酷。不管是資本主義抑或共產主義，其實都信奉弱肉強食、利己第一，只是名稱不同罷了。

曾經有人說：「一個知識分子，三十歲以前從未迷上共產主義是缺少熱情，三十歲以後去做共產黨員是幼稚。」在此之前，我看馬克思等人的共產主義理論著作，描繪的世界是如此美好，不免會陶醉其中。但這兩事件給我的啓示是：這是個弱肉強食的世界。大國吃小國，強的國家吃弱的國家。但即使再小再弱的國家，只要人民能夠自決後團結，挺身反抗，依然大有可爲。

這兩個事件讓我對以往傾心的共產主義打了個問號，蘇聯這個共產主義的老大哥，不是一樣會對付不聽話的小弟嗎？那和資本主義帝國又有什麼差別？哪個制度才是我們能賴以生存的基石？

因爲這個領悟，我終於放下心中對於共產主義盲目的嚮往，開始務實地看待其他的理論。後來我到美國，觀察、思考美國資本主義運作的方式，逐漸覺得這樣的制度比較合理，只要政府的福利政策周全，不問出身，大家都有爬上去的機會。而加強社會福利中對弱勢人士的照顧，接近社會主義的理想，應該是相對較合理、較實際，也較合乎人性的制度。

但我清楚地知道，在弱肉強食的世界，除非人民自己站起來，否則不管是資本主義或共產主義，都救不了人民。台灣要有自己的國家，才是根本的自救之道。我因此主張台獨，後來並成爲我一生的信念，不妥協，鼓勵人民自決，堅持台灣必須獨立。這種主張在當時同學的討論中，雖是相當「激進」，但後來大家也逐漸產生共識。

台灣大學法學院。

大學畢業照。

大學時清楚領悟，主張台獨將是我一生堅持的信念。於是父母過世後，特在墓園前立碑「臺灣心，鄉土情」。

旅遊不忘台獨。

困窘的青年歲月

畢業去竹山教書

大學四年，除了高談闊論外，也沒什麼實際的革命行動。畢業後，我因為體重太輕，體位戊等不用當兵，直接找工作進入社會。

台大畢業生找事情並不難，各類國家考試也大都考得上。但少年意氣，連國民黨的政權正當性都不願承認，何況去考公務員？而當時能找到唯一不需要考試的工作，就是到鄉下教書，台大畢業生尤其受歡迎。那時我有一點自我放逐的心態，心想這樣也好，既然不能兼善天下，不如退而獨善其身，到深山裡教書，也可以離國民黨遠一點。

本來我是應聘到埔里教書，中途路過竹山，拜訪一位朋友，結果卻被這朋友的父親說動，留在竹山教書。教書一個月薪水四百八十元，比大學時當家教賺得還少，不過學校提供宿舍，還會發一點米、鹽、油等生活津貼，否則這點錢還不夠我一個人花。我們三、四個老師偶爾會結伴上田庄的酒家，點一盤菜加一罐酒，即「一碗一罐五十元」的套餐，加上酒店小姐小費十元，在酒家可打發一個晚上。

那段時間，謝聰敏、賴文雄等老朋友常跑到竹山來找我。他們來，不一定都是我請客。有時他們手頭比較寬裕，大家吃完飯就上酒家。酒家的消費不高，開一瓶紅露酒，點一碗豬肚湯，一個陪酒小姐十元，可以嬉戲笑談一陣子。大家一面喝酒一面高談闊論，大鳴大放。

這是一段自我放逐，生活頹廢的日子。因爲我們對現實無能爲力，高談闊論的聲音在狹小的房間裡轟隆作響，但什麼實際的事也沒幹。既沒辦法做什麼，也做不出有意義的事情，無奈在心裡悶悶地燒著。我消極得不去想未來，也沒有什麼作爲。既不喜歡國民黨，也不想吃公家的頭路，那就教書度日子吧！

在基隆戀情受挫

後來台大經濟系同班同學余新旺，打破了我這沉寂如一灘死水的生活，帶我進入另一個世界。余新旺是基隆人，畢業後在基隆光隆商職教書。他得知我的情況後，鼓勵我轉到他的學校教書。因爲有夜校，可以日夜兼課，當導師又有補貼，薪水可以達到每月一千元，是我在竹山教書的兩倍多。而且余新旺還主動提議：「你不用花錢租房，就來我家住。」他家在基隆市有兩棟三層樓房，住沒有問題。所以我在竹山教書不到一年就轉到基隆來了。

朋友也跟著轉檯，常跑來基隆找我喝酒。有段時期，大多是賴文雄、謝聰敏請客，因爲那時候彭明敏教授申請到聯合國一個研究台灣民情的學術案子，有筆研究經費，就請賴、謝兩人深入民間做調查。賴文雄在讀研究所，謝聰敏在服預備軍官役，問卷按件計酬，兩人荷包飽滿，樂得請客。

令我沒想到的是，在基隆教書竟意外發展出一段戀情，論及婚嫁，只可惜最後沒有結果。

因爲我在台大很少去上課，班上同學我認識不多，認識我的更少，當年我又自慚形穢，未興起追求女朋友的念頭。和我同在光隆商職教書的一位李秀珍老師，是李鴻禧的姊姊，在一次交談中，發現原來我們是台大經濟系的同班同學。她很熱情地介紹另一位當時在基隆女中教書，也是我們台大經濟系的同班女同學和我交往。

雖然我一心想革命，不想結婚，也沒條件結婚。但那時我已二十七歲了，年紀不小，父親的催促也讓我有些壓力。我試著和這位同學交往，發現我們在各方面都很談得來，感情進展順利，因此有心朝結婚發展。

這女孩是家裡唯一的女孩，父親已逝，母親經營雜貨店維持生計。我請基隆的姑婆陪我一起去提親，姑丈公曾擔任彰化銀行經理，後來自己創業也很成功，是南港輪胎的董事，也是當地有名望又有錢的人。沒想到我們卻碰了個軟釘子，她母親說：「我只有這個女兒，嫁個教書的，怎會有前途？」

爲了愛情，我打破對自己的承諾——不去國民黨體制下的機構上班。結果我考入彰化銀行，被分派到斗六分行。當時省級銀行只有彰化銀行、華南銀行和第一銀行三家。這是一份被很多人視爲「金飯碗」的工作，我想這下她母親該滿意了。沒想到我和她高興地向她母親報告這好消息時，卻被潑了一盆冷水：「斗六離基隆這麼遠，我要看女兒也看不到。」然後把我轟了出來。

不知該對她說什麼

父親聞知此事，想助我一臂之力，便寫信給這女孩，請她勸勸母親，要求不要這麼多，讓好事得諧。

父親的漢學基礎好，毛筆字又寫得漂亮，幾回書信往返，這女孩對我家有所了解，也很喜歡我的家人。後來父親得知她母親嫌斗六離基隆太遠，於是拜託他一位學長兼老同事，日據時代曾在一信用組合當組合長，時任彰化銀行總經理的張聘三，幫我調到台北市萬華分行。其實我打破自己的承諾，進入公家機關工作，她母親還不領情，心裡已經很嘔了，父親又利用特權，滿足她母親的要求，雖是一片苦心，但也令我氣了好一陣子。

不論如何，萬華要比斗六近多了，何況萬華分行也比基隆唯一的分行來得大。於是我再度登門拜訪。這次她母親嫌我在台北沒房子，又嫌我牙齒裝著銀牙套，斷言我身體一定不健康。我當場火冒三丈，這個女人到底要怎樣？她的要求我一一做到，現在卻來嫌我的牙齒！不喜歡就早講，爲何一再刁難呢？

火大之下，我當場站起來，對這女孩狠狠地說：「妳媽媽不可理喻，要嘛妳就跟我走。要不，妳就留下來，當妳媽媽的乖女兒。」說完我就衝出門外，女孩追出來，跟在我身後一直哭，我當時眞的無法忍受，請她回家。隔日我收到她的限時信，說若無法結成夫妻，可否當兄妹？我沒有回信。

就這樣，大約三年的戀情結束了。後來陰錯陽差，我娶了賴文雄的妹妹，她也另覓夫婿。本沒想到人生還會有再交集的時刻，誰知世事難料，「愛別離」成了「怨憎會」。

一九九〇年我應李登輝總統邀請，回台灣參加國是會議，媒體形容我是「海外異議分子」。一位同學告訴我，他回台時曾遇見她，她曾要他問候我。這位同學同時給我她的電話號碼，我想當年畢竟有過一段愉快的交往，多年不見，也許大家可以坐下來聊聊。想不到，我打電話過去，她卻劈頭就說：「你回來幹什麼？你去當外國人就好了，台灣不需要你這樣的人回來！」我出國多年，好不容易突破黑名單，風光回鄉，卻被她如此喝斥，心中很不是滋味。於是，我吼了回去：「台灣不是妳的，妳沒有權利告訴我這些話。」隨即掛斷電話。這件事令我感傷，我們無緣導致分手，錯不在彼此，又何苦惡言相對？

十七年後，我和她又再次相見。二〇〇七年，台大經濟系每年都開同窗會，通常我不會參加。但這一年是畢業五十週年慶，先餐敘，後旅遊。我只去餐會，沒想到班上一位女同學拉著她來找我，問我是否還認得她？我們相互看著，微笑點點頭，一時也不知道該說什麼，有些尷尬，最終還是沒交談。

一篇論文打入冷宮

感情受挫，事業也不如意，我在彰化銀行被打入冷宮。

本來聽到我要去銀行工作，賴文雄和謝聰敏都嘲笑我：「就你這樣子，怎麼到銀行做事？」他們和我相熟，早看慣了我披頭散髮，外表邋遢，性子懶散，每天穿著軍訓服，好像什麼都無所謂，一副胸無大志的樣子。一個人賭我撐不到半年，一個人賭我一年後一定會離開。沒人想得到，我居然從此在銀行界工作了四十年。

其實好朋友也並不完全了解我。我沒錢，自然能省則省，髮長不去理，老穿軍訓服，這些都是不得已。當我進了銀行工作時，自然就會像個銀行職員的樣子。

彰化銀行每年都有一次論文比賽。以前彰銀的職員幾乎都是高商畢業，到我畢業時，才開始有幾個台大畢業生加入陣容。我想好好發揮一下，於是將我在銀行的所見所聞，以及我對銀行業的了解，洋洋灑灑寫了一篇興革建議的論文，交了上去。滿心期待，等著上司的嘉許。

過沒多久，總行調查課一、兩位和我比較熟的前輩問我：「你是寫了什麼東西？」我理直氣壯地回答：「我沒寫什麼東西，只是建議銀行如要更進步，必須在內部管控、客戶接觸等各方面該做好的事。」他們笑了起來，並且告訴我，因爲這篇論文，許多人都在打聽：「這傢伙是什麼背景？居然敢把銀行的問題都寫出來。」他們還笑我是「憨膽」。

這可把我氣壞了。我滿腔熱誠，用心觀察、分析，提出建議，結果這些人不關心文章的內容，反而打探我的背景，是什麼意思？

結果大家問來問去，問不出我有什麼特殊背景。總行和經理本來還小心翼翼，深怕得罪了潛藏的權貴。搞清眞相後，馬上變臉，毫不客氣。結果我在彰銀七年，進去時是辦事員，離開時還是辦事員。

就因爲這篇論文，和我同期甚至比我晚進彰銀的人都升了官，只有我原地踏步。

突如其來的姻緣

很多青年男女在大學時談戀愛，有不少人還在大學找到一生的摯愛，步上禮堂結爲夫妻。這種情況並未在我身上發生。

在大學時，我忙著當家教賺錢，要不就在宿舍和朋友縱論時事，心裡念著自己的「革命大業」。而且我一直認爲結婚的念頭會妨礙革命，因此雖然曾被女生吸引，但一直沒有結婚的念頭。

另一個考慮很現實。我個子瘦小、家貧如洗，雖然對未來有鴻鵠之志，但當時自己都吃不飽，哪裡還敢拖累別人，何況也沒有女孩子來喜歡我。我早就打算未來要以革命爲妻，以免對無辜的人造成傷害。

莫逆之交賴文雄

我和賴文雄不打不相識。當初我們都沒想到，後來不但成了莫逆之交，甚至結爲秦晉之好。

當年台大有一社團「台中一中台大同學會」，傳統上由大二生當總幹事，同時培養大一新生當幹部，以便隔年接棒，這樣的傳承行之有年。在我升上大二時，大家拱我出來當總幹事。沒料到大三的陳志中想插一腳，最後演變成要競選。大二生支持我，大三生支持陳志中，賴文雄也極力挺他。激烈競爭下，大家自然不會客氣，吵得很兇，賴文雄跟我之間的論戰更是激烈。最後我當選，讓三年級的學長們頓覺臉上無光。我當選後，立即聘任一年級生施啓揚擔任幹事。

大二時，我搬到男生第三宿舍，賴文雄也在同一宿舍，碰面時，我們難免覺得尷尬，但又愛互相論戰。有時討論到政治問題，愈談情緒愈激昂，聲音也愈來愈大，吵得整個宿舍都知道。我們吵來吵去，吵成了莫逆之交。

我們在台灣意識上很契合，但運作的策略卻是南轅北轍，賴文雄常高談闊論如何消滅國民黨，最後我們兩人都認爲國民黨已爛到要用革命手段去打倒它才有效，但直到他出國留學前，都未付諸行動。

賴文雄是台大政治系的高材生，當時的系主任薩孟武曾說：「台大有前三雄、後三雄。」前三雄是彭明敏、劉慶瑞、劉甲一，後三雄則是錢復、薩公昭（薩孟武的女兒）和賴文雄，可見他有多優秀。

賴文雄在台大讀書時是彭明敏教授的學生，畢業後繼續讀研究所。奈何退伍後卻找不到工作，又不願到國民黨體制下的機關工作，於是和兩位朋友在菜市場賣鴨蛋，算是消極的革命派。後來彭明敏教授擔任台大政治系系主任兼研究所所長時，聘請賴文雄回校當講師，不久又經由彭教授的推薦，申請到獎學金赴美深造。

賴文雄後來在美國從事反國民黨政府的運動，數十年如一日，放棄學業和工作，全心投入台獨運動。他始終維持著少年時代的革命理念，在海外不斷地和國民黨戰鬥，一直到他回台擔任國大代表及民進黨中央黨部秘書室主任，都未曾停歇。

好心擔道義成姻緣

賴文雄出國前，我歡送他，先到西門町的大三元吃飯，喝了一瓶啤酒，再去看電影《賓漢》。片子很長，中場休息時我們到走廊抽菸。我看他悶悶不樂，覺得很奇怪，那年代能夠出國留學，又有獎學金，不知羨煞多少人，有什麼好不快樂的？

他嘆口氣，說：「你也知道我父親那種人，他不管事情的，母親也早已回娘家多年。」原來他在擔心他妹妹秀珠。

我和賴文雄交情夠深，所以也知道他家的一些事。他父親是富家子，台中一中畢業後，經人介紹後結婚，婚後夫婦兩人至日本讀書。後來賴文雄祖父過世，父母親趕回台灣，未完成學業。他母親回台灣不能開業行醫，只好去教書。父親更不用說，吃喝玩樂都會，無一技之長，家產到手，先花掉一大半。

賴文雄的父親戰時為陪一位摯友陳新彬醫生至新幾內亞當軍醫，扔下妻子及年幼的兒女不管。這段時期，全家靠母親教書維生，後來戰況激烈，書也沒得教，家境十分艱困。戰後，賴文雄的父親捧著陳新彬的骨灰甕返台，但已跟社會脫節。賴文雄兄妹從小在祖母、叔叔家長大，父親久久才來看他們一次。

賴文雄邊抽煙，邊皺著眉頭說：「我走後，妹妹怎麼辦？她那麼古意，我父親也不會替她作主，我又不知道何時能再回來？」我當時不知道吃錯了什麼藥，眼見好友爲難，竟不假思索地接著他的話說：「這有什麼難，我幫她找男朋友就是了，找不到，我就娶她。」

沒想到約一個禮拜後，他從台中打電話來台北，用英文跟我說：「Your proposal has been accepted.」我丈二金剛，摸不著頭腦，什麼提議？又要接受什麼？我完全忘了我曾經做過的「建議」，卻已經被賴文雄移花接木，轉換成了「求婚」。

賴文雄回說：「你說要娶我妹妹，阮阿嬤、阿叔都說好啊！就來我家訂婚好了！」賴文雄突如其來這麼一招，搞得我啞口無言，也沒有不高興，只是覺得：「欸！怎麼會這樣！」不知道說什麼好。我本想辯解，我只是說要替她找男朋友，沒說馬上要娶她啊！何況我當時並無結婚的心理準備。

但反過來一想，好友把事情都說了，他的家長也同意了，我年近三十，父母盼我成婚，常來催我。「既然要結婚，那就結吧！」我又想，賴文雄相當優秀，他妹妹應該有相同的遺傳基因，台中女中畢業也算不錯的學歷。至於長相如何？在此之前我只見過她兩次。印象中她長得滿清秀，只是人太瘦，不過我也很瘦，所以沒什麼好挑剔。她家窮，我家也窮，稱得上是門當戶對。

「訂就訂吧！」反正我對人生從不規畫，添上結婚這一樁又何妨？賴文雄說：「那麼就約下星期吧，趁我還沒出國！」我被賴文雄的快節奏搞得頭昏腦脹，好像活在古早時代，一樁婚事憑著長兄兼媒人的三言兩語就定親了。

訂婚有不少規矩，但我們兩家都挺艱困，經過商議，男方不用聘金，女方也沒嫁妝。我回老家向父母稟告，爸媽很高興。照理我至少應該準備一對金戒指，後來母親找出了一枚戒指給我，作爲訂婚戒指。

訂婚要媒人，我搭巴士到二林找謝聰敏，要他當媒人，他拖著木屐，也沒換件較合適的衣服，二話不說就起身，催我上路：「走啊！走啊！」賴文雄家人在餐廳擺了兩桌酒席，就算完成訂婚了。訂婚要送給親友喜餅，我也沒準備，後來聽說他們自己訂了幾個喜餅，送給親近的親戚、朋友。

我可以了解賴文雄急切的心情。那時他已經準備要離開台灣，可能再也回不來了，父親是公子哥的派頭，根本不可靠，他當然擔心妹妹。既然有人要照顧自己的妹妹，而且又是知根知底的好朋友，當然樂觀其成，所以大力促成。

貧賤生活累太太

賴家的人對我印象不錯，因爲賴文雄是我的好朋友，全家從他那裡得到的印象當然不錯。太太也對台大學生特別有好感。雖然未來不可知，但能嫁給一個台大畢業生，尤其是哥哥的好友，她並不排斥。一九六三年，我們在台北結婚。

結婚後，我才發現小我四歲的太太屬於舊時代的傳統女性，非常順從，嫁雞隨雞，嫁狗隨狗。她脾氣好，個性很靜，說話輕聲細語，設想也很周到，只是和我的類型相差甚遠，經過一段磨合期後才慢慢適應。如今，我們結婚已逾半世紀。

當時我們住在台北彰化銀行東門分行的宿舍，很小的一間四樓公寓，大約只有十幾坪。一進門是小小的客廳兼飯廳。有兩個房間，一個房間約六塊榻榻米大小。另一個是「新娘間」，其實稱不上是一個房間，只是用一塊窗簾隔起來的小小空間，窗簾後面就是一張床。

房子雖小，但家裡常有親戚來住，人來人往，很是熱鬧。那時大哥住在大城鄉下，我堅持鄉下師資不好，讓大哥的孩子都來台北讀書，吳釗燮及他的姊姊都曾住過我家。還有一個住在彰化二林表哥的兒子，也曾寄居在我家。甚至連賴文雄的未婚妻，從台大經濟系畢業後，等著出國前，也是來住在我家。他們都是睡在那六個榻榻米大的「大房間」，我和太太睡「新娘間」。

孩子生下來後，太太更忙了。除了洗衣、買菜、燒飯、打掃、做家務外，還要帶小孩。每次買菜，她都要拜託隔壁的歐巴桑幫她看一下小孩，然後衝去附近的東門市場買菜。一買完菜，再衝回來，張羅三餐。當時大多是卡其布料的制服，衣料厚，洗起來很費勁，那時沒有洗衣機，她每天要用手洗很多衣服。尤其冬天水冷，更是辛苦。但我從未聽過太太有一句抱怨。

與太太秀珠結婚時合影。

我是幫會二把手

在台大第三宿舍成天高談闊論、紙上談兵的朋友中，謝聰敏是最積極主動的人。他主張台灣要自救，非得採取革命手段不可。

他腦筋靈活、點子多，曾想過找賴文雄讀物理的堂弟研究如何製造炸彈。因我在銀行上班，他也曾和我討論要如何搶劫銀行來獲得革命資金。最後他向父親要了五萬元存入我的銀行帳戶，因為我在銀行上班，行員享有較高的利息。

當時鳳山陸軍官校改制，到政大招募講師，謝聰敏一看，這是「深入敵營」的好機會。謝聰敏的構想是藉思想教育私下接觸、影響軍官階層的政治思想，培養軍校中台灣學生有獨立的意識，讓他們知道民主的眞諦，另一方面從外省掛著手來發展軍中組織。

阿騙的革命大業

在台大男三舍，謝聰敏有一個「阿騙」的綽號，因為他玩牌時總是一副撲克臉，毫無表情，讓人無法猜測他手中的牌，因而每每出奇致勝。

他處世手腕靈活，善於交際，只要是有助於革命大業的人，謝聰敏都會花一番心思去交往。他和我們相處時，同時也和一群外省官二代如包奕明、丘宏達等人交往，同樣是以理念相結合。這些人也深感國民黨需要改變，只是這改變不是台獨，而是民主。謝聰敏對台灣人說：「台灣必須獨立！」對包奕明這些外省權貴第二代則說：「台灣需要民主化，才有辦法抵抗共產黨。」而他主張，不管本省、外省人，大家一起要合作打倒蔣介石的獨裁政權，台灣才有民主化的機會。

謝聰敏交遊廣闊，朋友形形色色，有一部分是以包奕明為中心的同窗，有些是學生，也有些是幫會中人。包奕明打算以幫派的方式運作組織，並要謝聰敏介紹優秀學生加入。可能我在男三舍討論時的言論較激切，所以謝聰敏將我介紹給包奕明認識。

謝聰敏決定到鳳山陸軍官校教書，臨走前來找我，丟給我一句話：「台北的交給你了！」我很納悶，什麼是台北的？又要交給我什麼？後來才知道，謝聰敏向包奕明吹噓他手下也有一票人。那「一票人」，其實就是我一個人。

另外一部分交給我的「台北」事務，就是繼續和他認識的日本大使館實習領事們交陪。謝聰敏常把資料透過他們偷帶出台灣，再轉交給美國的台獨聯盟去發布。他也跟日本《朝日新聞》《讀賣新聞》和《產經新聞》的記者接觸，透露消息給他們，報導台灣的事情。在當時，這些做法都很危險，一旦被抓，下獄是必然的。

包奕明輾轉介紹了十幾個人給我認識，其中印象較深的是省議員李萬居的兒子李南輝，他曾經是籃球國手，知名度相當高。

赴北投呼群保義

包奕明是個做事積極的人。他們那一幫人的想法是：「欲發展革命大業，一定要有組織，而最安全的組織就是組幫會。」說起來，幫會也可以算是政黨的雛型。早期的革命黨人，包括孫逸仙、蔣介石等人，許多都有幫會的背景。更別說國民黨的大護法杜月笙之流的幫會大佬了。

那時台灣的外省掛幫會，多數是由血氣方剛的年輕人組成，例如竹聯、四海、十三飛鷹之類，如果被抓，頂多是當成流氓或幫派分子，送去管訓一、兩年而已，不像政治犯判得那麼重。

我們的目標是以幫會做爲政治的地下組織，所以「政治意識」必須一致。構想是找人組「幫中幫」，吸收各幫會中的老大加入我們的幫會當會員。這個幫會的成員形形色色，我記得有位舞廳的老闆，人高馬大，看起來就很像「大尾鱸鰻」。

他們決定召開創幫大會，地點選在北投公園前一間溫泉旅社。開會時，包奕明交代我：「老吳啊，你總要帶個人來吧！」這支謝聰敏的革命隊伍，老是我一人出席也不像話，但我要找誰來充場面呢？我想到一位張姓朋友，在苑裡初中教書，人高馬大，個性豪放，也住過台大男三舍，以前大家高談闊論時，他曾說過：「若有需要，拚命也要拚下去。」於是我打電話叫他北上，告訴他有重要事情相商。到車站接到他後，馬上一起轉搭前往北投的巴士。坐在巴士最後一排，我才告訴他組幫中幫之事。

他聽我一說，馬上跳起來，說：「你們畢業後做什麼事我都不知情，也沒心理準備，你怎麼可以未經我的同意，就拉我進來？」我回說：「首先，這事情規畫不久，也不是我主導的，再說這種事在電話中也不能明說。過去我們不都認爲台灣只有民主化才有前途嗎？你都強烈認同，我才敢叫你來。」我沒有告訴他，我們的目標是要追求台灣獨立。當時想法很單純，以爲只要打倒蔣介石，台灣就會民主，屆時加上有美國的協防，那麼實質上台灣就獨立了，又何必表明獨立的問題去刺激外省人呢？

他聽我這麼一說，就說他不去了。我心想完蛋了！我已跟包奕明說有一個住在中部，比我更具實力、更有群眾基礎的人會來參加。我一直拜託這位張姓朋友說：「撐過這次場面就好，下次絕對不會再找你來了。至於以後如何向他們交代，那是我的事，我自己想辦法，絕對不會再拖你下水。」

聽我都這樣低聲下氣地請求，況且人也已經坐上開往北投的車了，他才勉強答應。我總算鬆了口氣，以爲事情應該暫時解決了，沒想到驚嚇的還在後頭。

幫中之幫當老二

到達新薈芳旅社，一個鋪著榻榻米的大房間，中間用屏風隔開。我們總共有十來個人，其中有兩、三個是黑社會，也有幾名年輕的知識分子。

平生第一次走入幫會組織，我以前並不知道幫會核心人物各有頭銜，老大叫龍頭，老二叫掌幫，其他還有紙扇（軍師）、雙花紅棍、紅棍等，從老大到排第十二位老么，都各自有個特別的稱號，而且每個人都有角色和職責，我也記不全。

幫會開堂有其程序，儀式包括斬雞頭發誓、歃血爲盟等，十分江湖氣，讓我開了眼界。在這過程中，包奕明被推拱爲龍頭老大，而我成了掌幫老二。

「兄弟們」對我及我背後的「勢力」很好奇。大家七嘴八舌：「澧培啊，介紹一下你的朋友嘛，以後大家都要一起共事的呀！」「張先生，張先生，你說說看嘛，你覺得怎麼樣？」朋友只認得我一人，難免緊張，愣在那裡，我趕快提醒他回應，他卻支支吾吾說不出話來。

那位一看就像黑社會的舞廳老闆不耐煩了，猛然往桌上一拍，吼道：「你以爲這是什麼地方，進得來就出得去嗎？」那殺氣騰騰的架勢令人不寒而慄，何況斬完雞頭沾著血的刀，就在他手邊。我朋友一聽，更害怕。

我一直向他們賠不是，說：「都是我的錯，張先生住在台中，電話中又不便明說，他事先也都不知道我們在做什麼，被我硬拉來的，不認識大家，難免會緊張。」我的朋友也趕忙辯解：「我不知道我來這裡是要做什麼。」眼看對方快翻臉了，我趕緊打圓場說：「我朋友尚未充分了解，給我一點時間，我向他解釋清楚。」拉著朋友到隔壁房間，苦口婆心地拜託他：「今天這個場面，你一定要撐過去，要不然你會被揍死也說不定，我也會被剝皮的。」回到房間，他就說：「我了解，我知道了，我過去也常常有想法、有意識，就不知道你們想要怎麼做……」把宿舍裡高談闊論那一套搬出來唬人。

我們就這樣蒙混過去了。

樹倒猢猻散

兒戲般地開幫儀式過後，我和包奕明接觸過兩、三次，「幫務」也沒有什麼進展。至於這批「幫中兄弟」，更不明白這批人在做什麼事，其中有兩、三人不知何故被抓走後，人心惶惶，幫會不久就散掉了。後來聽說包奕明到美國留學，轉而回歸中國，但因屬於林彪派而遭到無情打壓，最後逃到香港，以賣古董維生❶。其他人則不知去向。

在這票人當中，唯一和我保持聯絡的是李南輝。後來我在金融界小有名氣，時常接受媒體的訪問。大概是從報章媒體的報導中得知我上班的地方，他到夏威夷後曾寫信給我。李南輝是籃球國手，高大挺拔，到香港打籃球時，遇上已嫁給富商的「舊愛」電影明星葉楓，舊情重燃，鬧得轟轟烈烈。我搬來洛杉磯後，他也搬至舊金山，曾帶著葉楓來找我。

回想年少時的行徑，天眞地想以組幫會來發動革命，明知不可爲而爲之。雖有滿腔熱血，但最後終究還是一事無成。

❶參見謝聰敏所著《台灣自救宣言：謝聰敏先生訪談錄》，頁37、38。

台灣人民自救運動

一九六四年九月二十日是中秋節，習俗中這是家人團圓，吃月餅、賞月亮的日子。但傳說中，秋季肅殺，尤以中秋節爲最。就在這一天，謝聰敏、彭明敏、魏廷朝三人因印製並企圖散發〈台灣人民自救宣言〉而遭到逮捕。

〈台灣人民自救宣言〉是台灣獨立運動史上占重要地位的文件，主張實現眞正民主，並以新國家身分加入聯合國，雖說由三人共同討論、起草，但其實謝聰敏是主要執筆人，所以後來此案以「涉嫌叛亂」而遭到起訴，以及法院在審理此案時，被告都是「謝聰敏等三人」。而且他在同案被告中，被判的刑最重❶。

以前大家在宿舍的高談闊論中，都會談到「我們應該做些什麼？」只是到了最後，終究會走到「談這個有什麼意義？」的空談。但謝聰敏卻不僅坐而談，後來並起而行，眞正採取了行動，也就是撰寫了〈台灣人民自救宣言〉。

至於我，說參與也不算參與。說不算參與，我也在其間出了一點小力。中秋節當天，如果不是太太忽然有小產的跡象，我緊急送她去醫院，我可能也會跟謝聰敏等人一起被關進監牢。

謝聰敏從軍校歸來

謝聰敏很開朗、活躍，我眞正會參與這件事，也是因爲謝聰敏的關係。

在此之前，我認定只有走革命路線才能打倒國民黨和蔣家政權，才能救台灣。我們不認爲蔣介石政權會進行民主改革，甚至自廢傳承，它應該被打倒。而台灣在國際上應該是一個主體單位，我們希望稱之爲「國家」。至於該做些什麼？要怎麼走？透過何種方式？仍在摸索中。

我們訂了方向，但一直沒有行動，因爲不曉得如何行動。

謝聰敏在陸軍官校結交了一位理工系主任，對方表示願意做「台灣的拉法葉將軍」，幫助台灣人爭取獨立。這位孫立人系的軍官看穿謝聰敏進官校教政治的用意，要謝聰敏爲他介紹「台灣人的政治領袖」。謝聰敏跑回台北，想請彭教授介紹甫選上台北市長的高玉樹先生。彭明敏教授一聽敘述，立即說：「危險！趕快離開鳳山！」❷他的行蹤已暴露，引起注意，連上課時都會被監聽。眼看苗頭不對，他待不下去了，於是返回台北。

彭教授安排他到國民黨日文宣傳刊物《今日的中國》月刊當編輯。在被捕以前，謝聰敏都是在這裡工作。

有一天，謝聰敏要介紹兩個人讓我認識，說這兩位對我們以後要做的事非常重要。一位是彭明敏教授，另一位是台大哲學系的殷海光教授。殷教授很有意思，第一次見面就說：「不要忘記，以後台灣就是你們台灣人的！」意思是他現在做的，都是在爲台灣人爭取言論自由，這句話讓我印象深刻。那時候他因爲雷震「自由中國」事件的關係遭到軟禁，不能繼續在台大教書了。

山雨欲來風滿樓

回到台北後的謝聰敏，經常在下班後來找我，兩人一面喝酒，一面暢論國事及時勢，其中也包括〈台灣人民自救宣言〉中的一些內容。〈台灣人民自救宣言〉的最後定稿，事先我並沒看到，但他經常來銀行的宿舍和我討論此事，我看過原稿，也提出一些看法。

在修訂「自救宣言」的過程中，他說他請彭明敏教授看過稿子，那時候他沒提到魏廷朝的名字，或許因爲我不認識魏廷朝，他認爲沒必要提及。謝聰敏每次來我家，都是一個人來，沒帶過任何人來。我也不清楚謝聰敏是否和魏廷朝提過我。

太太習慣了謝聰敏晚上來家裡和我喝酒，以及窸窸窣窣地小聲聊天。已懷孕的她，覺得有一股「山雨欲來風滿樓」「黑雲壓城城欲摧」的情緒在蔓延，但又不確知是什麼，只好擔著心，悶悶地自己先去睡覺。

我在彰化銀行上班，存款利息較一般客戶高，謝聰敏向他父親拿了五萬元存入我的帳戶，準備用來支付〈台灣人民自救宣言〉的打字、排版、印刷費用。起初謝聰敏買了一部中文打字機，本打算自己一個字一個字將〈台灣人民自救宣言〉打出來，但怎麼打都打不好，才放棄此念頭。那部中文打字機就放在我家裡。

後來謝聰敏找外面專門代客植字的印刷廠，請他們以鉛字排植〈台灣人民自救宣言〉的版樣。他將文稿中提到「國民黨」的字眼均代以「共產黨」字樣，以避人耳目，讓它表面看起來像是一份反共文宣。最後自己再將這兩組鉛字對換，恢復其本來面目❸。

他們準備印一萬份宣言，郵寄給各界人士。謝聰敏找到萬華一家專印黃色書刊的無照小印刷廠來承印，印刷廠老闆偷印了樣張後，一看內容嚇了一跳，不敢再印，拒絕了這筆生意，並拿那一份宣言樣張去報警。全島的警察和特務都收到通知，有人計畫要印「反政府」傳單。他們全被監視卻不自知。

後來謝聰敏又在台北赤峰街找到一家小印刷廠，老闆答應在中秋節當天替他們印宣言。謝聰敏和魏廷朝從當天早上九點到下午三點，都待在印刷廠裡監工，好不容易才印妥一萬張。

他們兩人將這一萬份傳單，運到附近的小旅館，彭明敏教授在那裡等候。他們將傳單分別裝入兩大行李箱，由彭和魏送到衡陽路一名女性朋友家，打算等弄好郵寄名單後，再向全島發送。謝則在旅館裡休息。

當彭和魏回到旅館，將一些證據、痕跡收拾乾淨後。彭準備離去赴一個約會，謝也打算到我家過節。這時，有人用力敲門。他們還未來得及開門，七、八名便衣衝了進來，喝令他們：「舉手！」謝聰敏從床上要爬起來時被揍了一頓。三個人被押出旅館。一萬張宣言，一張都未發出去。

中秋節謝聰敏失蹤

中秋節那天，一大早約七點鐘，我就聽到了謝聰敏特有，「元氣十足」的腳步聲在樓梯間響起。他是來告訴我：「今天要『做』了」。

因爲事情一直在進行，我也沒感到很詫異。而且那天早上，太太有流產的跡象，情況不妙，必須緊急送醫。我急著要送太太去醫院，沒心情招呼他，只回說：「好啊！」「再說，再說！」「晚上來我家賞月。再聊！」就匆匆分手。

我住銀行宿舍四樓，再上去就是陽台，正是賞月的最佳地點。但那晚謝聰敏終究未出現，我等到很晚，他還是沒來，也沒打電話。我猜想一定出事了。

彭明敏等人被抓後，音訊全無，除了少數消息靈通人士外，沒人知道是怎麼一回事。政府未公布任何消息。我一介平民，也沒管道得知發生何事。

從謝聰敏失蹤起，我每天都仔細看報紙，希望能夠得到一些蛛絲馬跡，但始終看不到有關他的隻字片語。我心裡很焦急，直覺告訴我他出事了！但我不確定，他是逃亡了？還是被抓了？如果是後者，我就有危險。謝聰敏常來我家，過從甚密，而我的帳戶裡還躺著他的「革命基金」，如果我被抓，這些都是無可辯駁的證據。

如果謝聰敏被抓，我不知道他有沒有把我供出來？以國民黨的手段，抹黑栽贓是客氣，刑求逼供屬必然。「三木之下，何求不得」，謝聰敏是讀書人，能熬多久？我不禁想到二哥一跛一跛走路的樣子。我不敢想像，如果我也被特務抓走，那我的妻子該怎麼辦？父母能再承受另一個兒子被抓去坐牢的打擊嗎？我開始生活在恐慌中。

謝聰敏的家人也感覺不對了。他在台北當醫生的哥哥來找我，父母也從二林趕來台北。謝聰敏的失聯讓他們焦急不安。他們找到我，因爲我是謝聰敏的好朋友，而且謝聰敏本來要到我家過中秋節，怎麼就失蹤了？大家一直問我：「謝聰敏到底發生什麼事？」我無從回答，也探聽不到消息。

更令我害怕的是日本《讀賣新聞》和《產經新聞》的記者也跑來銀行找我，因外面流傳謝聰敏失蹤，彭明敏教授也未到台大授課，到底是怎麼一回事？我說：「我怎麼知道，我又沒有和他們一起做事。」

我想讓特務機關認爲，我只是謝聰敏的朋友、親戚，並未參與行動。妹妹季珍在台北上大學，住在我家，我叫她去謝聰敏住處，向房東打聽。房東若問她是誰，就說：「他是我哥哥的同學，因爲他單身，中秋時就叫他到我哥哥家吃飯，也沒去，平時都會通電話的，怎麼都不聯絡？」我得藉此機會撇清一下。

結果，房東告訴妹妹，「謝聰敏回二林去了！」這個謊言表示，謝聰敏一定出問題了。

親身涉險查探

我不死心，咬著牙約了那位一起去北投參加幫會的朋友，只告訴他去找謝聰敏，沒透露我懷疑謝聰敏出事了。他騎著速克達機車，載我一起去謝聰敏的住處。

我早就準備好了一套九實一虛的說詞：「我是他的親戚，也是同學，以前住同一宿舍。他的身體本來就不太好，那天約了中秋節到我家吃飯……」我打算，萬一碰到特務，被人家抓個正著去問話，就拿這套說法來搪塞。確實算起來，謝聰敏和我有遠房姻親的關係。

謝聰敏住的地方在一條窄巷的巷底，當我們轉進巷口時，有一位穿便服的男士過來，問我們是不是要找謝聰敏？我不理他，但巷子太窄了，無法迅速調頭。這時我瞥見這位男士腳上穿的是軍人的黑襪、圓頭黑鞋。我心想：「不妙！」索性將計就計，說我來找朋友，他說：「我也是謝聰敏的朋友，在這裡等他。」我明知他不可能是謝聰敏的朋友，但繼續跟他敷衍周旋。他問我：「你是什麼人要找他，跟我講，我有時間多等他一會兒，待他回來時我再轉告他。」說著從口袋掏出一本簿子。

我按照計畫，將編好的一套說詞說給他聽。我想以情治單位的實力來看，我根本騙不了他們，索性用這一套說詞來誤導他們。

第二天，我打電話到謝聰敏服務的《今日的中國》月刊社。以前接電話的人，一聽口音就知道是外省人，奇怪，現在卻換成了本省口音。

我當下決定不要騙他們，因為騙也沒用，若要抓我，遲早還是會來。我說：「中秋節，謝聰敏說要來我家吃飯，我擔心他怎麼沒來，也沒消息！」對方回應說：「謝聰敏最近身體不好，你是誰，哪裡找他？」我乾脆報上名號，說：「他若回來上班，你跟他講一下，我在找他！」

謝聰敏失蹤一個多月後，英文的《中國郵報》才在十月二十四日的報紙第六頁，刊登了一小塊新聞，標題是「一教授和兩名學生，因叛亂罪被捕」，裡面述及「……彭明敏、謝聰敏、魏廷朝於上月在台北從事破壞行動時，當場被捕……涉及叛亂顛覆罪名，一律依軍法審判」。

我們總算得到具體的消息：「他們被警總抓了。」

餘波仍蕩漾

這是我人生的一大轉折。如果那天早上不是因太太要緊急送醫，我一定和謝聰敏去處理〈台灣人民自救宣言〉的傳單，然後一起被抓。我的命運會變成怎樣？雖然不知道，但一定是走向截然不同的人生。

因爲彭明敏教授是國際上知名度極高的學者，這案子受到國際矚目及關注，案情未再擴大，僅止於他們三人。後來我才聽說，在謝聰敏的起訴書及判決書中，提到謝聰敏叛亂所須的錢從那裡來？上面記載，「拿了五萬元，要做叛亂基金，放在吳澧培那裡……」判決書裡有我的名字，加上二哥的因素，我相信我被列在國民黨政府的危險嫌疑分子名單上。

我估計自己會被盯梢，也做好心理準備，等待特務那一天上門。但我卻一直等嘸人，根本沒有人來抓我。

但是，恐懼，始終未曾止息。

❶ 一九六四年九月二十日三人因此被捕並以叛亂罪嫌起訴。一九六五年四月八日謝聰敏被判有期徒刑十年，彭明敏和魏廷朝各判八年有期徒刑。

❷ 參見謝聰敏所著《台灣自救宣言：謝聰敏先生訪談錄》，頁69-71。拉法葉將軍（Marquis de Lafayette，1757—1834），是法國將軍、政治家，一生致力於各國的自由與民族奮鬥事業。他於美國獨立戰爭時，曾率領法軍援助美軍。

❸ 參見彭明敏所著《自由的滋味：彭明敏回憶錄》，財團法人彭明敏文教基金會，二〇〇四年九月出版，頁130。

白色恐怖幾欲狂

自從謝聰敏等人被捕後，因為擔心自己隨時被警總請去喝咖啡，我心情十分苦悶，以喝酒、麻將麻痺自己，在恐懼中等候命運的宣判。

中秋節太太被送往醫院時，已懷有六個月身孕，但一直有出血的現象。醫生囑我要讓她安心靜養，她需要絕對的安靜。但家裡的情形根本不容她安心靜養。除了上班外，我基本上屬於「四體不勤」的人，家裡大小事都要靠她張羅，再加上因此事所受的刺激，她亦是處於惶惶不安的狀態中。

二哥被抓時，特務是乘一輛無車牌的黑色吉普車而來。那段日子，吃過晚飯後，我就佇在住家的窗口，一語不發地望著大馬路，擔心會不會也有一輛黑色吉普車來抓我？愈想愈難過，愈想愈擔心，但也不知如何是好，心裡也愈感畏寒。看我這樣，太太在一旁默默地流淚。

想到這一點，我一直對她很不捨，覺得很對不起她，怎麼嫁了一個這麼麻煩的丈夫。

糜爛的自污生活

長達兩年多，我們懷著對未知的恐懼，戰戰兢兢地過日子。我每日下班後和同事打麻將、喝紅露酒，過著行屍走肉般的頹廢生活。我相信謝聰敏被捕前一定被跟蹤一段時間了。他常往我家跑，我想我也被盯上了。我希望這種看似頹廢的生活，能讓我免於被監視跟蹤的桎梏。

我的目的很簡單，就是自污。讓你們看看，我就是個混日子的傢伙，胸無大志，流連酒家和牌桌，哪會有什麼高尚的情操和理想去反國民黨反政府，爭取自由與民主。我衷心希望，他們得出一個結論：「這是個沒路用的傢伙！怎麼可能是理想主義者！」

我的長子佐燮，比預產期早出生。那一天，我依例去同事家打牌。那段時間，就讀淡江大學的妹妹住在我家。看到嫂子要生產了，到處找我，但她不知道我打牌的地方，不知去哪兒找我。直到後來找到一位蕭姓同事，也是牌友之一。他答應妹妹來找我。找到我時，他對我說：「你起來啦！讓我打。你太太生孩子了，你還不回去！」因爲他時常叫我起來讓位子給他，而且太太的預產期還有幾天，所以我沒當一回事，以爲他是開玩笑。

等了好一陣子，他才說：「跟你講眞的啦！你趕快回家去看看！」我半信半疑，把位子讓給他。回到家時，太太已經去台大醫院了。

我趕到台大醫院婦產科產房，想找「吳賴秀珠」的名字，卻看到另一個名字，那就是曾與我論及婚嫁的台大經濟系同學，居然和我太太在同一天同一家醫院生孩子。聽說她生的也是男孩。但我沒去看她。

找到太太時，孩子已出生了。我覺得很過意不去，生孩子是人生中多麼重要的一件事，我居然待在牌桌上，讓她自己去承受一切，心裡既慚愧又不捨。

日子就在這種一面想要混過去，同時還得想辦法活下去的掙扎中度過。

余新旺力邀入夥

在這段承受沉重壓力，生活糜爛頹廢的時候，余新旺找上了我。

余新旺介紹我到光隆商職教書後，我還在他家住過一段時間。他的父親是商人，耳濡目染，他一直想放棄教職去做生意。終於，他進入台北一家貿易公司，生意做得很好。他把賺的錢，存入我服務的銀行。他的部門愈做愈好，於是分出來，和原來老闆合資，另起爐灶。

他生意上需要現金週轉，我在放款部幫他申請抵押貸款，向銀行借到了台幣十萬元。在當時，這是一筆很大的數目。他用這十萬元把生意做得風生水起。但余新旺告訴我，公司生意雖然不錯，但國外佣金進帳得慢，開支成本必須先墊在收款前面，周轉上出現困難。

他聽說，銀行行員都會將自己的私人積蓄借給客戶。我一聽，這誤會大了，我每個月靠那微薄的薪水維持家計都困難，日子過得苦巴巴的，哪來積蓄可以借他。他搖搖手，說我誤解他的意思了。他是想請我向同事打聽，看看有無此事？

以前我沒錢，根本沒注意到這種事。聽余新旺這麼說，我才去向同事打聽，果真有此事。同事說，如果我敢背書，他們就借。我一向講義氣，不假思索就答應了。其實我只知道他家有錢，至於他公司經營的狀態，都是聽他說的，也未去查證。他公司主要是代理日本和美國大廠商的標案，客戶對象都是台灣的國營大企業，如石油公司、化學原料公司、台鐵、台電等。於是，後來都是余新旺開出遠期支票，由我背書，不知不覺中，我竟然替余新旺背書了五、六十萬元。

俗話說：「人呆爲保。」替人作保，萬一人家出問題，保人也跟著完蛋。替人背書也一樣，萬一借方還不出錢，貸方就有權要求背書的人代償金額。在銀行上班，看多了因爲替人背書而傾家蕩產的例子。除非爲了賺取高利潤、有擔保品或抵押品，或在情面上實在推不過，否則一般人不會輕易替人背書。而且，要是支票變空頭，違反票據法，保人也會被關。

想一想也很奇妙，我自己一介貧民，居然替有錢人背書借了那麼多錢，萬一出問題，十個我也不夠賠。只因爲我捧著銀行這個「金飯碗」，大家都認爲銀行是好工作，其實是因爲當時沒什麼大企業或外企的高薪人士可做對比。

向銀行同事借來周轉的錢愈來愈多，每張遠期支票都由我背書。有一天，余新旺來找我，說他的生意雖很有潛力，但他快要做不動了，公司十來個職員，他一人要負責內部管理、經營和財務，晚上還要應酬。他說，他整天在外面跑，應付客戶和形形色色的人物，打通關節，根本無暇兼顧公司內部管理。放手給下面的人，辦公室效率一塌糊塗。前方打仗，後方的糧草、彈藥等後勤跟不上來。他說，他實在做不來，再下去公司會倒閉。

我一聽，嚇壞了！他公司如果倒閉，那向銀行、我同事借的錢怎麼辦？他提議我辭掉銀行工作，跟他一起打拚。他說：「我跑外面，你來管裡面，攜手合作，一定可以天下無敵。」

轉換新跑道

余新旺的邀請，讓我不得不思考前途。我一向隨波逐流，從不規畫未來的生涯。但命運已經將

内神通外鬼標案內幕

因爲在余新旺公司工作，讓我對國民黨政府官商勾結、貪腐成性的情況了解得一清二楚，雖然我也是「共犯結構」中的一分子。而最令我難以忍受的是，這些人要拿我們的錢，爲了生存，我們卻毫無辦法，只能予取予求。

我們代理的外國廠商約二十家，爲了方便行事，我們會擅自印製這些廠商正式的信封和信箋，上面有廠商的標誌、部門、地址和電話號碼等資訊，如此一來，公司在價格上造假也不會出紕漏。這些事情，包括外國廠商在內，大家都心照不宣，因爲「國情不同」嘛！

一般美國廠商，如果要他們報價，他們都是玩眞的，有一說一，有二說二。我和他們說：「你們這樣子報價，我們沒辦法做生意，因爲這個價錢太低了。」不將應酬、公關的費用放進報價中，我們一定虧本。有的廠商不願提高報價，但又拗不過我們，只好雙手一攤：「反正這就是我要的價錢，其他的隨你們去處理好了。」於是我們自己來「報價」，外國廠商報一百美金的價錢，到了我這裡，出去的報價就成了一百五十美元。因爲各關卡的吃、拿、卡、要，全都得從這筆差額中開銷。

投標要經過幾道關卡。政府機關要買你的東西，這是第一關。有時還「關內有關」，如石油公司就分兩關卡，一是工程師的頭，一是大老闆。搞定了要買的商品後，國營公司主管會提前洩密給我們：「約一年後他們將購進多少、何種規格的產品，如幫浦、油桶、油槽等標案。」讓我們接洽的外國廠商有足夠時間去修改產品，以完全符合所需的規格。

經過這種「綁標」後，接下來是「議價」。譬如廠商要求單價美金一百元，我們公司先灌水，向國營企業說產品造價是美金一百卅元，開價一百五十元，其中十五元，是承諾要給承辦人員、甚至更高層次主管的回扣。如此一來，表面上我們只賺五美元。經過這樣的事先磋商，招標時，即使別家開價較低，產品也會因不符合規格而無法得標。我們公司「理應」順利得標。帳面上，公司單價實賺美金三十五元。

然而這美金三十五元也不能完全入袋。尤其是接近決標時，管理外匯的審計部、中央信託局都會派員來審標，調查局也往往插一腳。每次決標，都有這些人在把關。不打點好他們，別想做生意。這三個單位，再加上買方的國營事業，一共四個單位，我們都要設席宴請，吃喝玩樂一條龍，都得安排好，才能打通關節。

如果拿到標案，我們會先照美國廠商的報價支付費用，他們也會給我們百分之十的佣金，這是正規賺的錢。至於其他要賺的錢，則要評估打通各關節需要多少錢，然後再把這些「潛在費用」加到投標金額裡。否則我們哪有錢打發他們。這些「公務員」要吃又要拿，吃我們、喝我們，還要拿點暗盤、回扣。沒有人在客氣。

令人身心俱疲的應酬

剛開始時，對於這一切，我既看不慣也吃不消，我和余新旺說：「這些人，你去和他們打交道，我幫你把內部管理好就好了。」但這些公務員，你不找他們，他們會來找你。譬如招待他們去喝酒，喝了第一攤後，我就回家了。他們再喝第二、三攤，余新旺很快也就醉得一塌糊塗，不能動彈了。

每天晚上，至少有兩攤以上的應酬，搞得我精疲力盡。一天到晚騎著五十西西的摩托車，喝到醉茫茫才回家。常常回到家，酒意還未醒，電話又響了：「老吳啊，我們在北投，你要不要過來？」要我去付帳，能不去嗎？心裡再不甘願，也不能拒絕。於是我重新穿上衣服，帶著大把鈔票，又騎車趕去北投，通常是有女人的酒家。

看到他們時，多半是已經吃完晚餐，個個脫得精光，要帶小姐去洗澡。我就坐在那裡，看著這些光著身子的男男女女，毫不避諱地在我面前打情罵俏。一會兒，小姐一個個出來向我鞠躬敬禮，我再一一付錢給她們。陪酒的、陪洗澡的、其他服務的，我都知道行情，喝了酒也不會弄錯。結了帳再回家，已是夜深人靜。不出幾天，又得照樣來一回。

這些經驗令我難以忍受。看著這些裸體的風塵女子，完全激不起我一點色慾。她們對客人的虛僞殷勤，只是想從客人的手上拿到錢。看到她們拿到錢的表情，可以說她們是在資本主義制度造成的貧富差距下被壓迫的階級，但也不免讓我生出「這些人既可憐，又令人厭惡」的感覺。

我似乎在她們身上，看到了自己。

我恨國民黨，厭惡資本主義的階級壓迫，但現在卻爲了賺錢，討好客人，付錢讓他們吃喝玩樂，我和這些墜入風塵的女子，又有什麼不同？也許不同處只在於一個用肉體，而另一個用靈魂去付出罷了。

這讓我對以前念過的書，曾經有過的理想，家庭承受過的苦難，有一種不知如何面對的難堪。

我苦撐著，身心俱疲，一直想離開，但我知道如果我撒手不管，余新旺的公司一定會倒，如此一來，過去經由我向銀行同事借給公司的債，怎麼辦？只好咬牙繼續做下去。如果不是一件事發生，我可能會一直做到撐不下去爲止。

調查員的好心警告

那時爲了做生意，我們和各路的牛鬼蛇神打交道，廣結善緣，應酬很多。當時很多審標，調查局的人員也是我們招待的對象。

有一天，我們如常地宴請調查局人員，主客是調查局台北站站長，台灣人，姓王，是台大的前輩，因二二八事件被追捕，後來自首。他人很聰明，被調查局吸收後，被訓練成監視的幹員，因表現良好而擢升爲調查局台北站的站長。

我們兩人都喝得爛醉，酒酣耳熱之際，他拿著酒杯，看著我，一副欲言又止的樣子，我覺得心裡毛毛的，趕快敬他一杯。乾杯之後，他看了看滿座俱醉的其他人，低聲對我說：「老細，老細仔，我認識你很多年啦！也派人監視你很多年了，你知道嗎？有機會出去，半暝仔也得趕快溜！」

我嚇得全身冷汗，酒意全消，那份唯恐被捕的恐懼感重新來襲。我還以爲自己已經脫離樊籠了，原來我始終在人家的網裡漫遊而不自知。

出國覓生路

調查員的警告讓我本來有些鬆懈的警覺心又緊繃了。這種風聲鶴唳、草木皆兵的日子，不但我難以忍受，家人也無法承受，就算我沒被抓走，大概也會精神崩潰。「這樣可不行！」我想：「我得離開這裡。」

當時台灣仍然處於戒嚴時期，能夠合法出國的途徑不多，一是留學，二是出國做生意、考察。本來我申請商務出國可能比較方便，但這種護照在國外停留的時間短暫，非長遠之計。而且，我不想爲余新旺帶來不必要的麻煩。

我的選擇看起來只有一個：「申請去美國念書，當一個老留學生。」

天助自助者

這時，我三十三歲，離開學校已經十一年了。在學校時，我就對課業沒多大興趣，要我出國留學實在是一大挑戰，何況還有妻小，兩個孩子分別只有三歲、一歲。但前有「殷鑑」，後有「追兵」，我哪有東挑西撿的權利，別無選擇，出國爲上策。

現在想到當年赴美留學，仍然如同作夢一般。若非機緣湊巧，我又在關鍵時刻奮力一搏得手，出國留學根本不可能。

出國留學必須先申請入學許可，在此之前要先考過托福。之前我曾有出國的念頭，但性子懶散，一拖再拖，也沒認眞準備。那時同住彰化銀行宿舍的一名戴姓同事，打算出國留學，約我一同報考托福，還是太太拿了五百元請他幫我報名，沒準備多久我就上場應考，還得了高分。

雖然王站長好心警告，讓我有出國避難的念頭。但我一沒錢，二懶散，三不會打字，加上大學成績幾乎都是低空掠過，根本沒意願去完成申請學校的麻煩手續。要不是妹妹季珍的幫忙，我很可能就抱著「死豬不怕開水燙」的心態，得過且過下去。

幸好當時妹妹正在密斯里州聖路易市華盛頓大學上學。她很擔心我的安全，認爲我應該出國避風頭，所以一直鼓勵我去美國留學。因此，我將申請學校的事情全都交給她代勞。對於學校，我只提了兩個條件。一、學費越便宜越好。二、最好在離她家不超過十二小時車程的範圍內。

妹妹在讀書、打工的忙碌生活之餘，替我打了上百封信申請學校。大部分學校都沒接受我，最後終於找到符合我要求的堪薩斯州海斯堡州立大學，每學期學費只要兩百六十美元。兩學期學費，加起來只要五百美元左右，而且離聖路易也不是很遠，正合我意。這家學校雖非一流學府，但我在那裡學到的東西卻足以讓我應付未來的局面。

後來回想，我不免慶幸。當年季珍大學畢業後想留在台北工作，父親卻要她回大城教書。但我力挺妹妹，向父親遊說，答應讓她住我家，照顧她。最後季珍才能順利進入伊藤忠商事株式會社工作。

後來她認識了未來的夫婿丁博均，丁博均對季珍一見鍾情，季珍也對他印象不錯。但父親反對，認爲丁博均出國在即，這段感情注定不會成功。我和丁博均會面，發覺這個人是難得的人才，學業優，能力強，又已申請到美國大學獎學金，準備出國深造。我相信他會照顧好妹妹的，所以向父親擔保，父親同意他們先訂婚，季珍也努力準備留學考試，一年後就出國和丁博均結婚。

很多事情眞是天注定，當年我若沒有大力支持妹妹，說服父親，妹妹可能無法順利出國留學，並和妹夫結爲連理。小小的舉手之勞，卻在幾年後得到回報，讓我的一生從此不一樣。

大概這就是所謂的「天助自助者」吧！

賺到了學費

出國的費用也是一大難題。我每個月的收入只能勉強支付家用，而且我在搬離彰銀宿舍後，經朋友介紹在民生東路買了一間公寓，每月還要支付貸款。更糟糕的是，我在彰化銀行上班時，有段時間曾經投資股票，本來收穫不錯，但後來遭大盤坑殺，股票被套牢，賠了一萬五千元。

我根本沒有任何存款，也不可能伸手向別人借貸。這畢竟不是一筆小數目，而且我不知道自己何時才能回來，怎麼還人家錢？我曾想向賴文雄、鄭紹良借，以前都以爲在美國的人很寬裕，尤其是在美金一元換台幣四十元的時代，但他們也都有困難。

還好，失之東隅，收之桑榆。我在余新旺的公司工作雖不滿一年，但公司在我主持下，不但內部整理得井井有條，還同時標到好幾個大型標案，收益約有六百多萬元。按余新旺邀我加入公司的承諾，其中有百分之十五是我的，算算可分到近百萬台幣。

當時的一百萬元可不少，就算我要去留學，一年費用也大約十萬元（美金二千五百元）就夠了。我知道，雖然公司帳面上賺了那麼多錢，但其實大部分的錢都還沒進帳。我對余新旺說，這六百萬當中，大部分都是他賺的，而且他自己還欠了很多債，「不用給我那麼多，先給我十萬元結匯當保證金。機票幫我出，其他的不用拿了，如何？」余新旺不願我離開，一直留我，我說：「很多事你不知道，我志不在此。」他只好同意我離職。

我不願依余新旺當初承諾的股份比例拿錢，是因很多工作是在我去之前就立案了，不過我運氣好，在我任職期間標到很多大標案。雖然我覺得自己對公司不無貢獻，但畢竟公司還是以余新旺爲主。我剛去公司時，公司已經快要出問題，我幫他向同事貸款，改善現金的周轉，協助公司穩定下來。這公司是他的，我盡了我的責任，所以拿一部分報酬就好，不要太多。

即使我這麼說，余新旺還是堅持要把我的「分紅」留著。他說：「如果你不回來，我就將這百分之十五分給員工。」我覺得這樣做也很好。後來，我們就是這麼做的。

大學畢業，同學都去當兵，我卻因爲體重達不到服兵役下限的四十五公斤標準，體位被判爲「戊」等，不用當兵。反正我本來就不想當國民黨的兵，樂得省下兩年時間。

不料，到了第二年，服兵役的下限標準改成三十九公斤，我得接受複檢。這下子我頭大了。如果當兵，我會比同學們晚一屆入伍，誰都不認識，興趣缺缺。於是，我禁食、瀉肚子，在體檢前將體重降到三十九公斤以下，又逃過一年。

同樣的折騰持續了好幾年，我才眞正過關。本以爲這輩子都不會有當兵拿槍的機會，誰知道，爲了出國留學，因爲我沒當過兵，教育部要求我參加留學生軍訓。對於這種不合邏輯的要求，我覺得很奇怪，爲什麼出國留學一定要接受軍訓？但人在屋簷下，不得不低頭。

留學生軍訓是在北投的政工幹校舉行，集訓三個月。除了打過一次靶，其他幾乎都是政治思想教育，請來一些學者或官員，替我們洗腦，打思想預防針，而且幾乎天天都在讀蔣介石總統訓詞等。我心裡暗自好笑，不管集訓幾個月，這些對我都沒效！

但我也知道，以我在調查局可能有的紀錄，稍有閃失就會出不了國。所以每天除了寫讀蔣總統訓詞之類的心得外，還寫日記，裡面刻意寫些吹捧的話，放進一些「感激國家栽培，將來一定要報效國家……」等八股的話語。我把日記放在教室的書桌上，留給有心人「查閱」。

這招果然奏效，快結訓前，一位上校長官對我說：「同學，你很優秀，你出國後，黨還需要你！」他鼓勵我加入國民黨，我在彰銀七年，寧願不升職，也不願加入國民黨。但當下我不敢說不要，只回答說：「過去都沒想過，不過經過這三個月的薰陶，對國家的認同、對黨、對國家的處境都有很深的感受，我也認爲出國後應該多做一點事。」洋洋灑灑講了一大篇。至於入黨嗎？我突然靈機一動，想起了省政府秘書長謝東閔。

謝東閔是父親台中一中同窗，我在台大擔任台中一中同學會總幹事時，辦了一本《育才》雜誌，每個月都去他家吃飯，順便領取補助我們辦雜誌的錢，可說是相當熟的長輩。於是我把他的名字抬出來，說：「聽說入黨的介紹人很重要！」「是啊！這當然重要，我們這邊有很好的介紹人啊！」「但是我父親和謝東閔伯伯是同窗，常在他家出入，他也曾向我提起入黨之事。既然我要入黨，就要找他當介紹人才是。」長官沒想到我會這樣講，愣了一下。我繼續說：「我就要結訓了，等結訓完後我就去找謝伯伯辦理。」但他還是把一些資料表格給我，要我填寫，並要我結訓後到和平東路的國民黨服務處報到。

我不再理會這件事，也不知到底算不算入黨，反正我沒宣誓，也沒領過黨證。這一關我安然度過。本來以為自己會覺得屈辱，結果根本不以為意。我把這個過程當作演戲，虛與委蛇一番，心裡毫無負擔。

闖關辦護照

雖然我一直在進行著出國留學的手續，但其實對自己是否能夠順利出去，始終沒有把握。因為我最後還有一關要闖，我得申請一本護照。

在戒嚴年代的台灣，要取得一本護照，需要通過重重關卡，其中一道是由警備總部把關。我家應該算是「黑五類」，而且我又跟謝聰敏有七牽八扯的關係。雖然他們尚未找到明確的事證，但在白色恐怖時代，莫名其妙被牽連的例子多不勝數，即使發生在我身上也不奇怪。我有個同窗劉家順在出國前夕遭警總扣留護照，接著被捕，關了三年。

我雖想脫出樊籠，但又怕自投羅網。抱著戰戰兢兢的心情，一直拖到預定要出國的日子逼近，才去外交部闖這最後一關。當時為了方便出國的留學生，所有和留學生出國業務相關的三個機關部門，外交部、教育部及警備總部，在外交部走廊共同設有一個聯合辦事中心。其實就是擺了三張辦公桌，方便留學生申請護照。

那一天，我一大早就到了外交部。將申請的文件及留學資料塡寫好後，直接交給第一關的外交部。依照一般作業程序，外交部將文件會同教育部、警備總部審核，通過後再核發護照，約需一禮拜。離開外交部回到家，我越想越不妥，如果眞的照正常程序走，那我這一個禮拜可難熬了。而且，這麼長的時間，我的底細如被翻出來，到時我還走得掉嗎？這樣不行，我一定得另想辦法！

依過去數年來和公務員打交道的經驗，我知道公務員看似呆板，但只要能搭上關係，尤其是上對下的關係，他們其實很好講話。我想到了在留學生軍訓時的外交部禮賓司長吳祖禹對我們的承諾，也許可以拿來魚目混珠。

受訓時，外交部禮賓司長吳祖禹曾前來講述，出國後要怎樣替國家做事，以及西方禮儀該注意的事項。吳祖禹的父親吳經熊是國民黨的元老，也是知名的法學學者。吳祖禹本人當過大使、外交部北美事務協調委員會駐紐約辦事處處長。他並告訴我們：「各位同學如有任何困難，不要客氣，眞的不要客氣，隨時來找我。」

抱著孤注一擲的心態，當天下午我又回到外交部，託詞：「我的英文算不錯，讀和寫都可以，就是聽和講不行，學校要我提前到學校補修英文。」在和這位蔡姓承辦人員交涉的過程中，我故意提到吳祖禹，說：「我剛去找過吳司長，吳伯伯說沒問題，給我趕辦，叫我找你就好了！」

果然這句話比什麼都好使。他像被打了一針興奮劑一樣，精神馬上蓬勃起來。他翻查桌上的一大疊申請文件，果然在最下面找到我的申請表，直接拿到最上面。外交部一關順利過了，他親自帶我去跑剩下的兩關。果然朝中有人好做官，在他「解釋」下，剩下的兩關也快得出奇，辦事員根本也不細看，「砰！砰！砰！」就把章蓋好了。

在警總這一關時，我特別緊張，雖然我早已經把戶口從大城鄉遷到台北市，而且每搬到一處，我就除掉原籍，更改成新戶籍。當時沒有戶籍資料電腦連線這回事，但誰也不曉得我的檔案上記錄了什麼。直到帶我「闖關」的蔡先生跟我說：「好了！明天來拿護照。」時，我才如釋重負，舒了一口氣。

冒了一個天大的險，以致第二天再到外交部拿護照時，我都還是小心翼翼，戰戰兢兢，生怕吳祖禹從辦公室跳出來指控我：「這個人是騙子。」

終於拿到了護照。馬上拿著余新旺給的錢和入學許可到銀行結匯、然後到美國領事館辦理簽證。簽證很順利，接下來買機票、收行李，忙得不可開交，心裡一直想著要盡快安排好所有事情，趕快逃離這裡。

直到我辦好一切，機票、護照都拿在手裡了，才感覺到：「我眞的要出國了！」

安排妻兒事

決定要出國留學，我並沒有和太太仔細商量。以她順服的個性，即使商量也商量不出什麼結果。但從我爲了申請留學的事情東奔西走開始，她就知道我的打算。只是當我拿到護照回家時，她還是有點措手不及的樣子。

她看過以前我常和來訪的謝聰敏在客廳一角小聲交談。經歷過事情發生時，謝聰敏家人上門求助的情形，更全程目睹了我的頹廢、自污、擔心的過程。她了解整個情況、我的危機，以及我想要逃出國的心情。所以，她什麼都沒說。

只是有時晚上醒來，會聽到她細碎的啜泣聲。但我能說什麼？一切的安慰都顯得那麼蒼白無力。我只能盲目相信自己做了對的選擇，然後在內疚與期待中再睡去。

出國迫在眼前，妻兒暫時無法跟我出去，得留在台灣。因此，我將先前以四萬元購買的這間公寓以八萬元賣掉，一來一去，賺了四萬元。

因爲不知道何時才會回台灣。我打算在我出國後，讓太太帶兩個孩子回大城鄉下，與我父母同住。而這四萬元，留在太太手邊作爲日常生活支出之用，應該到我畢業都還綽綽有餘。

誰知道，計畫永遠趕不上變化。她的四萬元很快就被她爸爸「借走」了。岳父是不事生產的公子哥，而她是個不會向父親說「不」的人，這筆錢注定有去無回。太太身無分文，帶著兩個孩子住在鄉下。到了冬天，孩子需要買衣服，只好向大哥借錢。

第二部

在美國求生存

三十四歲的老留學生

一九六八年一月我初抵美國，第一站先到西雅圖。在台灣時我已和鄭紹良聯絡好，請他來機場接我，打算在西雅圖停兩天和老友聚聚。飛機在早上五、六點抵達，但出關後等了一、兩小時，卻都未見到鄭紹良身影。我搭電梯上下機場大廳好幾次，就是沒見到他，也不知道出了什麼問題。

初到美國，我因爲人生地不熟，心裡很著急，於是從機場打對方付費的長途電話給在洛杉磯的賴文雄。還好當時是早上，賴文雄還在家。我本想請賴文雄通知鄭紹良，我人已在機場。但當賴文雄問找到人時要如何和我聯絡，我改變主意了。既然找不到鄭紹良，我也沒地方可待，乾脆改行程，直接轉機洛杉磯。於是我去櫃檯更改機票，剛好有一班機正要飛往洛杉磯。

兩個多小時後，我到了洛杉磯。一下機，我就看到了賴文雄。

今天先不革命

多年不見賴文雄，一見面熱情擁抱後，他遞給我一張紙，我一看，是全美台獨聯盟的宣誓書。我在台灣就知道賴文雄、鄭紹良在美國參與了某一組織，進行著反抗國民黨的活動。既然他們加入了，我豈有不加入的道理？他要我讀一讀、塡表簽名，我腦子隨即閃過：「再加這一條，以後會惹來麻煩嗎？」但轉念一想，在台灣都那麼憎恨國民黨了，加入獨盟又有什麼大不了，簽就簽吧。簽完後賴文雄告訴我，我已經正式加入全美台獨聯盟，是獨盟的一分子了。誰知道台獨聯盟裡國民黨特務一大堆，調查局對獨盟了如指掌。

才在想要加入組織，這下就加入了，動作眞夠快。賴文雄當時是台獨聯盟組織部部長，他已完成碩士學位，當過電腦工程師，後來乾脆當起全職的革命運動家。

接下來，他又劈頭一句：「還念什麼書，一起來革命！」他有一部舊車，別人要以五十美元向他購買，他都沒賣，打算留給我，好爲獨盟去招兵買馬。

賴文雄毫無顧忌的提議，確實很吸引我。如果是以前，我可能會和他一樣，跳進去當個全職的台獨運動工作者。但我早就在飛機上想過了，我要先念書。當時台獨運動在美國、日本、南美、歐洲、台灣都有總部，但很少人像賴文雄是全職的運動者，大部分人都是一面讀書、教書，或工作，副業才去從事建國工作。

我並未答應賴文雄留在洛杉磯「革命」的邀請，主要是對家庭的責任。即使無法回台灣，我也不能棄父母親、太太和兩個年幼的兒子不顧。我要先把書讀完，拿到學位，找份工作，把妻兒接來美國，同時致力於我最愛的事——台灣獨立建國的運動。

適應留學新生活

在洛杉磯待了兩天後，我直飛堪薩斯州海斯市，亦即海斯堡州大學所在地。在學校協助下，很快租到了一個住處。房東是一位七十多歲的蘇聯移民，熱心助人，一個月房租才收二十六美元，見我飲食不習慣，他還常拿派請我吃。

海斯市位於美國中西部，冬冷夏熱，是典型的大陸型氣候。一月正值冬季，沒幾天就下雪了。我一向怕冷，以前在台大讀書時，寒流一來恨不得整天裹著棉被窩在宿舍裡。但第一次看到下雪卻非常興奮。

下雪那一天正是開學日。我穿上父親的舊大衣，戴一頂五〇年代流行的硬帽簷紳士帽，腳上穿著皮鞋，就往學校走。想不到才走幾步就滑了一跤。雖然沒有摔傷，但感覺很狼狽，手忙腳亂趕快爬起來。原來路上積雪雖被掃到路邊，但路面仍有一層薄薄的冰，我的皮鞋不防滑，在冰上還特別滑溜。即使我小心翼翼，沒走幾步，又摔了一跤。

當天早上，我深深體會了「如履薄冰」的意義。本來十分鐘的路程，卻感覺走了好久才到。看看老美同學，除了穿著厚外套之外，還有手套、帽子、圍巾、雪靴等禦寒裝備，而我除了舊大衣和帽子外，什麼都沒有。

教授上課當然全都是用英語授課。我大學畢業已十一年，最後一次有系統地學習英文是大一的英文課。幸好我底子還不錯，認眞追趕補強一下，讀、寫都還能夠勉強對付，但聽和說就差多了。

我以前向來對學校的正課不認眞，但在海斯堡大學這一年，卻是前所未有地用功。一向散漫的我也知道，這是我當下能把握的唯一機會。

剛開始，上課就像是鴨子聽雷，愣愣地坐在課堂上，聽不懂老師在講什麼，更不要說做筆記了。爲了彌補此一缺點，所有教科書和老師指定的參考讀物，我都拚命讀，仔細預習內容。下了工夫，慢慢地我也跟上了老師講課的速度，除了一堂「市場學」成績差強人意，拿到一個B^+外，其他科成績全是A。

美國的廣告出奇致勝，小孩看電視長大，各種廣告標語、廣告曲琅琅上口。市場學老師上課動輒舉美國的廣告爲例上課，可惜我連商品都沒聽過，何況廣告？考試時出了一題：「從可口可樂的口號**It is the Real Thing!**（眞材實料）分析可口可樂的行銷策略。」我連Coca Cola是什麼都不知道，哪裡答得出來。

但最令我頭痛的是一門叫「財務管理學」的課。授課的湯瑪斯教授上課通常不照教科書的內容和進度教，天馬行空，口沫橫飛，拿日常生活中的事情當例子，旁徵博引，我猜一定很精采，因爲同學們常常哄堂大笑，討論的氣氛更是熱烈。但我卻笑不出來，因爲完全聽不懂。

最令我擔心的是考試。這堂課每兩週就有一次隨堂考。每次拿到考卷都令我傻眼，這些考試題目怎麼如此陌生？原來他考的題目都來自上課所講的內容，而非教科書。他上課講什麼我根本聽不懂，無從答起，只好繳白卷。湯瑪斯教授發考卷時，習慣依照成績高低發還，好的先發，壞的後發。起初我都是墊底，老是最後被教授叫一聲：「李派吳！」心裡既羞愧又著急，因爲研究所成績只要有一門課落在B以下就畢不了業。

情急之下，我只好向同學求援。班上名列前茅的總是那幾個，尤其有一男一女更是常勝軍。於是上完課後，我尾隨他們到圖書館，等到適當機會，上前說明我的困境，希望能夠向他們借筆記來抄。美國同學人很友善，二話不說就將筆記借給我抄。

吸收了兩份筆記的精華後，下一次考試，老師發考卷，第一個叫的名字就是「李派吳」，大家都吃了一驚，我怎麼突然開竅了？

湯瑪斯教授是貴人

一夕之間我的成績大幅進步，引起教授注意。他可不相信什麼「開竅」的說法，他懷疑我考試作弊，否則成績怎麼會在短時間突飛猛進？

他把我叫到他辦公室質問，神色頗不友善，我結結巴巴地說明了情況，有時說不清楚，就用寫的。我告訴他，我沒有作弊，他可以當場考我。他出了下次要考的題目，我當場作答，寫出正確答案。至此，他才相信我的進步是靠自己努力而來。同時他也了解到，我爲了準備他的考試有多麼地辛苦，頗受感動。

六十多歲的湯瑪斯教授對我的態度從此有了一百八十度轉變。他主動提出，如果我在課業上有疑問，可以放學後到他家，他願意替我義務補課。從此，我經常出入湯瑪斯教授家，成了名符其實的入室弟子。他年紀大了，孩子都不在身邊，碰到我這麼認真的學生非常高興，於是傾盡心力，不厭其煩地教導我、幫助我，拿書給我看，然後要我報告看法，再和我討論。在他的指導下，我對財務管理有了更深層的認識。

臨畢業前，我必須撰寫畢業論文，我選的題目是〈紐約證券交易所和台灣證券交易所之比較〉，湯瑪斯博士擔任指導教授。

我花了相當多工夫來對比紐約證交易所和台灣證交易所的制度、管理方式、防弊機制等。當時台灣證交所的管理非常鬆散，不合理處比比皆是，內線交易更是層出不窮。我在論文中舉的例子都是我的親身經歷。

爲了蒐集資料，我跑到洛杉磯去撰寫論文，並且準備迎接妻兒。最後我在湯瑪斯教授的指導下順利完成論文，並通過口試，取得企管碩士學位。求職時，他也替我寫了很棒的推薦信。

從最不看好我的人變成對我最好的人，湯瑪斯教授無疑是我生命中的貴人，我很感謝他，也一直懷念他。

好心人來幫忙

課業上的困難在我努力之下慢慢克服，剩下最大的難題就是「吃」了。我對口腹之欲不講究，本來對「吃」並不擔心，心想隨便弄弄，不要太麻煩，可以下肚就好，會有多難？

在校外租房而居，伙食靠自己解決。於是，我到超市買了雞蛋、豬腳、豬骨、內臟等非常便宜的食材，回家丟進鍋裡，加點味精、倒些醬油，丟一把蔥，扔一塊薑，滷了一大鍋滷菜。我想，滷菜最符合「方便、吃得飽」的原則了，而且味道還不錯。第一天，我爲我的手藝洋洋自得，並且又「補充」了一些食材。第二天、第三天……之後，我忽然吃不下自己得意的滷菜了。

研究所課程很緊湊，幾乎每天都要上課、考試、交報告，體力耗費很大，營養補充不上，感覺身體日益虛弱。既然中餐不行，只好把腦筋動到西餐上。我所謂的西餐，就是最方便的三明治，在土司麵包上塗上厚厚一層花生醬、果醬或牛油，搭配牛奶，夠營養了！

誰知道我居然有乳糖不適症而不自知。美國的牛奶又香又濃，但我喝了之後，馬上就瀉肚子。

爲了營養，我依然以大無畏的精神，繼續暢飲牛奶，打算強制身體接受。好不容易不拉肚子了，卻開始一直放屁，而且是一連串的響屁，有時在課堂上都控制不了，眞尷尬。

中餐不行，西餐也無福消受，我變得愈來越瘦，甚至比大學時代還瘦。學校的外國學生顧問珍妮佛有一次見到我，嚇了一大跳：「你怎麼瘦成這樣？」珍妮佛是學校聘來幫助外國留學生的職員，很照顧留學生，看到我又老又瘦，非常關心我。

「我眞的吃不消了！」我向她陳述家族的病史，並抱怨自己乏人照顧，全身骨頭疼痛，「不知道我會不會像我大哥得到骨結核？」事實上我心裡想藉這些身體的問題，趁機將妻兒接來美國。

珍妮佛一聽，馬上安排我去醫院接受檢查。檢查結果還沒出來，她就詢問醫生可否開證明，說我有骨結核，她要幫助我申請妻兒來美照顧。醫生很爲難，檢查報告尚未出來，他不願出具診斷書。糾纏不過，才勉爲其難出了一張「懷疑可能有骨頭方面的……罹患骨癌的機率很大，需做進一步詳細檢查」的證明。

同時，我認識的另一位英語女老師芭芭拉也很熱心。她是英語系大四學生，由學校安排來和外國留學生進行英語會話，幫助留學生盡快掌握英語，好進入狀況。她教我英語，糾正我的發音，我們很快便成爲好朋友。在一次聊天中，我和她談起我的情況、國民黨政府的可惡，以及在當時的台灣政治氛圍下，我的妻兒無法來美和我共同生活的種種困難。她非常熱心，很同情我，想盡辦法要幫我達成願望。

她說她和堪薩斯州的一位國會議員有交情，「我請他來幫你的忙。」果眞她請那位國會議員寫了一封懇切的信，說我病得很厲害，應該讓我的家人前來美國照顧我。這封信用國會議員的官方信箋寫，上面還印有這位國會議員的頭銜和聯絡資料，看起來相當正式。

一切為了吃

我將這封信及醫生證明寄給太太，讓她拿這些文件申請出國探親。太太很擔心我的健康，從彰化鄉下坐慢車到台北辦理探親手續。經過打聽，才知赴美探視留學生須經教育部核准。太太持文件去教育部申請，折騰了一、兩個月，申請了好幾次，教育部就是不准。

太太個性溫順，不知道該怎麼辦。我教太太說：「我先生病得那麼嚴重，連美國國會議員都幫他寫信了，你們再不准，這是人權問題，我還要請其他美國國會議員來寫信抗議。」

教育部的人大概不想把事鬧大，只好網開一面：「那妳去就好了，把孩子留著。」

「你要我一個人去美國，把一個兩歲、一個四歲的孩子留在台灣？」連老實的太太都動氣了，詰問：「那我孩子要留給誰看？」

「妳不是有公婆嗎？請他們替妳看。」

「我公公、婆婆已經七十多歲了，連自己都照顧不了，哪還能照顧小孩子！」

對方說不過她，卻不肯爽快答應，最後太太又去吵了好幾次，教育部才核准她帶著兩個兒子前來美國探親、依親。

在太太爭取來美照顧我時，我同時也解決了最煩惱的「吃」。海大一位靜宜女子文理學院畢業的女留學生「小孔」，平常和我很談得來。她小我十三歲，因爲年紀差距大，都稱我「吳老先生」而不名。

見到我因爲吃不好而消瘦，有一次，她提出建議：「吳老先生，這樣好不好，我們來合伙。你洗碗，我煮飯。」一聽有人可以煮飯給我吃，我幾乎熱淚盈眶，馬上答應：「怎麼不好！當然好！」從此，我進入了「食無憂」的生活模式。

小孔不但烹飪手藝好，而且十分好客，到了週末，往往七、八名台灣留學生都聚在我家，準備放輕鬆，大快朵頤一番。後來連在研究所同修一門課的日本留學生也聞香而至，交換條件就是週末開他的車帶我們去超市買菜及日用品。然後有機會帶我去城中的GoGo Girl酒吧開開洋葷。

小孔做的菜撫慰了我飢渴的腸胃和心靈，讓我有體力在學業上衝刺，一年後就拿到碩士學位，功不可沒。後來我在阿拉斯加工作時，小孔畢業返台，曾順道偕男友來訪，我熱情招待。不料，半年後卻傳出小孔因罹乳癌而過世的消息，令我難過良久。

余新旺來訪

當我把研究所的課修完，準備到洛杉磯寫論文時，余新旺突然跑到學校來找我。他沒去住旅館，和我擠一張單人小床，睡了兩天，希望能勸我「學成歸國」。他說，他需要我，因爲他實在忙不過來，而別的人，他信不過。

他說，公司在我離開後賺進六千多萬，如果我回去，他會把當初答應的百分之十五分紅給我。在一九六九年，九百萬新台幣可是一筆很驚人的數目。現成的近千萬富翁很讓人心動，但是我對他說，我應該是不會回台灣了。那筆分紅，如果他願意，就照我們當初的約定，分給其他員工好了。他照做了。

余新旺公司經營很成功，但生活太糜爛，每天喝酒到半夜，四十九歲就過世了。消息傳來時，想到他和我共擠在小床上談天說地，眼角不禁有些溼潤。

阿拉斯加，我來了！

在美國求學還算順利，通過初期的不適應後，進步飛快。到了快畢業時，我卻有些恐慌。來美國念書本是爲了逃離台灣令人窒息的白色恐怖，但那時的當務之急是拿到學位後找份工作留在美國。因此，我平常不交際、不嬉遊，也不交朋友，一心埋頭讀書，唯恐自己不能畢業，找不到工作。這一輩子，我從來沒那麼用功過。

確定妻兒都即將來美團聚後，我壓力更大，如果找不到工作，不得不灰溜溜地返台，等在面前的，想必不會是什麼光明前景。

因此，畢業前的人才召募會對我很重要，這是決定我是否能夠留在美國的關鍵。

量身打造的工作

畢業前的四、五月，各大企業會到學校來召募人才。海斯堡大學雖小，也有一些大公司來獵才。我興沖沖地去投履歷表、面試。由於湯瑪斯教授幫我寫了極好的推薦信，因此獲得了多次面試機會。

我幾乎以全A的成績畢業，專業能力不錯，又有實際工作經驗和一流的推薦信，理應不難找到工作。但接連幾次面試都因我的英語口音和溝通能力不佳而一一損龜，令我既煩惱又擔心。

我的英文基礎不錯，讀、寫沒問題，聽力在上課近一年下來也大幅進步。至於口語能力，以前很少有機會開口講，缺少練習，有點開不了口。赴美留學後，在學校所提供的義務英語個別對話練習後，口語能力已有改善，只是時間太短，效果有限，難免還有一些口音。來自歐洲的留學生，講英文時帶點口音，一般被視爲「迷人」，我則無此幸運。

還好，天無絕人之路。我每天都到校長辦公室外的公布欄看最新的徵才消息。有一天，看到阿拉斯加國家銀行提供一個國外部職員的工作，並且要求應徵者須具備日語能力，以及銀行及國際貿易的工作經驗。我一看，這些條件簡直爲我量身打造。我二話不說，立刻將履歷寄去。

阿拉斯加銀行的人事主任看到我的履歷，一切條件吻合，於是親自飛來學校面試。他並不特別在意我的英語口音，因他們的目標客戶是日本人，能通日文、日語講得好才重要。這一點，我完全符合他們的期望。而且，我還有銀行的經歷及國際貿易經驗，算是加分。

後來才了解，我之所以被錄取，是因爲當時在阿拉斯加近北極海的普拉德霍灣地下發現了大油田，並計畫進行開採。一旦開採，阿拉斯加打算將原油賣給鄰近的亞洲國家，尤其是經濟繁榮卻缺乏能源的日本。根據銀行的評估，日本應該會很歡迎這樣的交易，不但解決了他們的能源需求，還能發展石化工業。看準這市場，銀行才打算擴展國外部，並且徵求通曉日語的人才。當他們知道我是台灣人，除了英、日語外，同時還通曉台語及北京話，簡直太滿意了。

這根本就是老天爲我鋪好的一條道路。

不久後，阿拉斯加銀行就接受了我的工作申請，而且願意等我寫完碩士論文後再上任。他們並提出月薪一千一百五十美元，遷移補助金一萬五千美元的條件。這可比洛杉磯的美國商業銀行所提出的八百美元月薪的條件要優厚多了。

阿拉斯加，不管你在哪裡，我要來了！

輸光生活費

反正沒有其他選擇，所以我也沒考慮太多就決定去阿拉斯加工作了。

我寫信回台灣告訴親友：「我要到冰天雪地的阿拉斯加去工作。」起初，他們以爲我在開玩笑。雖然有些人在搭機往返美國時，曾經在阿拉斯加的安克拉治市轉機或休息，但很少人眞正去過阿拉斯拉。在他們的心目中，阿拉斯加是徹頭徹尾的「化外之地」，一個遍地冰雪、北極熊及愛斯基摩人的地方。除了北極熊以外，其他都對了。

太太雖然拿到出國探親許可，但身上完全沒錢，無法來美。余新旺聽說此事，主動替他們買了來美的機票。爲了妻兒來美，我又去借了兩千多美元。

一九六八年底，我修完研究所課程，搬到洛杉磯，住進賴文雄的公寓，一面寫碩士論文，一面等待與妻兒團聚。接到妻兒後，心裡如釋重擔，踏實不少。兩個兒子看到我，生疏了一些，但過沒多久就和我很親熱。太太看到我時則眼眶紅紅，分離了近一年，夫妻的感情卻拉近不少。

阿拉斯加銀行提供的月薪是一般行情，但實報實銷的一萬五千美元搬家費倒是很慷慨，不過我們來美時日短，沒多少行李，家具更是一件都沒有。除了一家四口的機票錢外，沒什麼好報銷。後來有人告訴我，阿拉斯加的汽車比美國本土貴，最好在洛杉磯買好車，然後運到阿拉斯加，這樣也沒辜負那筆搬家費。

但沒錢怎麼買車？我的兩千五百美元保證金早就花完了，在洛杉磯的生活費也是向朋友借的，並答允到阿拉斯加工作後再還錢，四、五個月下來，借了約六千美元，根本沒錢去買車。不算還好，一算壓力如山。

鄭紹良的弟弟鄭紹洲來美國很多年，克勤克儉，買車買房全是付現買下，銀行有存款，從不借錢。我以爲，找他幫忙一定沒問題。銀行電腦一查，他沒有信用紀錄可查，無法辦理貸款。倒是欠了一屁股債的賴文雄，有借有還，再借不難，最終就由他作保，貸款兩千六百美元，買了一部新車。

買新車，賴文雄比我還興奮，他建議：「買新車，沒開到拉斯維加斯拉風一把，怎麼可以？」秀珠對哥哥一向言聽計從，即使不願意也不會說。我對世界聞名的「賭城」也很感興趣，於是和他開了新車到賭城，順便把身上僅存的生活費五百美元輸光了。

那五百美元本是我到阿拉斯加上班領薪前預備的生活費，也是借來的，回來之後，太太氣得兩個月沒和我說話。

錢輸光了，連機票都沒錢買。幸好這筆錢，只要到了阿拉斯加，向阿拉斯加銀行報到後，銀行就會撥付，我們只需要找人墊付一下。最後是蔡同榮的太太蔡麗蓉刷她的信用卡，替我們付了機票錢。一到阿拉斯加，領到錢後，我就馬上把錢全數還給蔡太太。

蔡同榮每次在各種集會場合提到這段往事，都會眉飛色舞地強調：「若沒有當初蔡同榮借錢，就沒有今天的吳澧培。」我都會糾正他：「不是你，是你太太！」

捉襟見肘新生活

一到阿拉斯加銀行總部所在的安克拉治報到，我就發覺，這裡不只天氣比洛杉磯冷，我的經濟狀況更冷，冷得讓我發抖。

當初答應應聘阿拉斯加銀行，除了機會難得外，也因銀行開出的月薪和洛杉磯美國商業銀行開出的月薪多三百五十美元差距不小。雖然洛杉磯朋友多、天氣暖和，也較方便，但對身上背著六千美元債務的我而言，三百五十美元不無小補。我想，反正已離開故鄉，到哪裡都是陌生地，得靠自己努力才能生存。所以，我沒多想便決定要去阿拉斯加。

到了阿拉斯加，才知道，自己還是太疏懶了，研究不夠，思慮不周，讓一家人陷入困境。

捉襟見肘的日子

阿拉斯加州地處偏遠，氣候寒冷，除了海產外沒什麼農產品，生活物資多由外地運入，還得加上運輸成本，所以物價高昂。

算一算，阿拉斯加銀行提供的一千一百五十美元月薪，其實還沒洛杉磯的八百美元月薪管用。每個月的薪水，扣掉稅後，拿到手上的只有八百多。付完房租、水電費、汽車貸款、台獨聯盟的會費（薪水的十分之一，一百一十美元）外，還要寄一百美元給遠在大城鄉下的父母親。後來透過鄭紹良，我和彭明敏聯絡上。他那時剛逃出台灣，輾轉來到加拿大，經濟不穩定，所以我寄了幾次錢給他，一次一百五十美元。後來他穩定下來，寫信要我不再寄，我才停止。

一路算下來，我的薪水只剩一百多，這要供一家四口人生活一個月，根本入不敷出，更別提還有六千多美元的債務。太太一到安克拉治，先是幫人家看孩子，賺一點保母費，後來到旅館打工，清掃房間，賺些辛苦錢。打工的收入比保母高，她乾脆請保母照顧孩子，自己全職打工。

後來安克拉治成爲歐亞航班的中繼站，從日本飛往歐洲的航班，必須在安克拉治機場停留加油，於是免稅商店順勢開張。免稅商店的日本客人多，太太會講日語，經友人介紹，到免稅商店上班，一做做了許多年。

全家儉腸捏肚，沒上過館子，連我的頭髮也都是由太太一手包辦，從未去過理髮店。兩個孩子的衣服，也是非到不能不買的時候，太太才會去買，而且一定是買最便宜的貨。花了約兩年半的時間，直到一九七二年，總算還清了債務，心裡非常輕鬆，果然「無債一身輕」。那一天，我們全家首次到附近一間家庭式中餐廳用餐，那一餐的滋味分外鮮美。

危機浮現

銀行外部的經理是一位日裔美籍人士。我剛到銀行報到時，他跟我說：「你的日文講得比我還好，以後要多多借重了。」我欣然答應，準備大展長才，驚艷所有人。

不到一個月，事情發生重大轉折，情勢出現驚人變化，我的命運也因此動盪不安。

獲得開採權的石油公司財團計畫興建縱貫阿拉斯加南北的輸油管、開採普拉德霍灣地下油田，但因碰上訟訴官司而叫停。阿拉斯加的原住民愛斯基摩人認為他們世居於此，土地是他們的私產，地下的油田亦然，聯邦政府無權越俎代庖，擅自處置。原住民與聯邦政府的土地紛爭，由來已久，始終未真正解決，這次開採原油使得問題再次浮上檯面。

環保組織也認為，開採油田後，在冰凍土地埋設油管，油管的高溫會融化凍土，不但會影響當地生態環境，造成生態浩劫，還會影響當地氣候及冰原變化。

其他還有許多爭執，包括美國政府認為阿拉斯加是美國於一八六七年，花了七百二十萬美元向帝俄沙皇買來的，因此所有未曾登記的土地都屬於美國聯邦政府。原住民則聲稱，那些土地一向是他們的家園，外人在那裡買賣，他們無法承認云云。

原住民聘請到從最高法院退休的大法官亞瑟．高德堡來代表他們，和聯邦政府打官司，增加不少談判籌碼。

這一場可以上綱到國家層次的大辯論，當然很精采，引人注意。但我只關心：「如果不開採原油，那還需要我嗎？」

一切都為了保住飯碗

油田不能開採，油管興建工程停工，銀行規畫落空，我這個新職員一下成了雞肋。爲了節省成本，一般情況下，銀行會請我走路。

當時我很沒安全感，太太、孩子都跟我來了冰天雪地的阿拉斯加，我需要一個穩定的工作養家餬口。如果我失去了這份工作，人生地不熟，連借錢買機票離開的對象都沒有。因此我戰戰兢兢做事，非常認眞。

那時除了晚餐時能和太太、孩子聊聊天外，其他清醒的時間，我都在忙銀行的事，唯恐自己跟不上腳步而遭淘汰。我沒有太多的時間陪孩子，也未曾花費精力了解他們的學習或想法。我太忙了，顧不過來。

後來，銀行要派我到錫特卡分行工作。該分行在阿拉斯加州的最南端，鄰近加拿大邊境，離安克拉治十分遠。因爲有些日本人在那裡開採木材及從事漁業，銀行也有一些日本客戶，我暫時沒其他事好幹，於是被派去和日本人打交道。

來到阿拉斯加已經夠遠了，想不到還要被放逐到更遠、更荒涼的地方。但我沒有其他選擇，不幹，一家老小要吃什麼？重回洛杉磯，只是再折騰一次，讓自己負債更多。回台灣？那不是自投羅網嗎？

別無選擇之下，只能聽任銀行安排。但我告訴自己，一定要努力再努力，把握任何機會，先把根扎下來。

一篇嘔心瀝血的報告

正在我束裝準備前往錫特卡分行時，銀行要我先去會計部門的主計室幫忙兩個星期。原來主計室人手不夠，人事部門看見我的履歷上填了「有會計經驗」，於是派我上陣。

我在彰銀雖處理過一些會計事務，如收集資料、集中謄寫、檢查收支、清點資產等，但其實並無太多實務經驗。其他的會計經驗，也僅限於在大一時修過六學分的「會計學」，以及在光隆商職時教過會計、統計與經濟學的課程。

但值此關鍵時刻，我哪敢坦承自己實力不夠，只好硬著頭皮上陣。

事實證明我多慮了。主計室的主管因水土不服請假，我又是來幫忙的，根本沒什麼具體工作內容，也沒人盯著我。但我不敢偷懶，積極表現，自己找事做。過了兩週，我發現手頭上的工作愈來愈多，而且人事部門也未再提起要調我去錫特卡分行的事。

主計室的工作之一，就是要收集二十多家分行下一年度的營運計畫，匯整成總行的營運計畫。得益於湯瑪斯教授的嚴格訓練，我在財務運作上頗有心得。因此，當我仔細審查這些分行的營運計畫時，發現了許多不合理之處，例如估算下一年度吸收存款數目和放款數目不成比例，只吸收了十億的存款，卻打算做二十億的放款業務，不夠的錢要從哪裡來？

幾經思考，我決定寫一份報告，向上級長官反映這些不合理的矛盾現象。為了增加說服力，我白天上班，晚上回家蒐集資料，提出理論，對可能的問題提出改進及建議，並模擬可能的結果，總之要提出兼顧理論及執行面的方案。

對我而言，撰寫這份報告，最難的不在理論或技術部分，而在英文的表達。雖然留學一年，但我的英語表達還是不夠好。銀行有一文書處理中心，有十多位打字小姐，專門聽職員口述內容，再打出正式的書面報告，本來我只要「口述」一番，經打字小姐打好報告後，再檢閱、修正即可，但試了一次，我講的英語打字小姐常聽不懂，來來回回地問，不但效率差，我也很尷尬。

因此，當同事都在瀟灑地用口述方式直接「寫」報告時，我都是回家挑燈夜戰，花四、五個小時做好一篇別人花幾十分鐘就可輕鬆完成的報告。翌日，我還得佯稱報告只花了自己半小時。

爲了寫好這份重要的報告，我比寫碩士論文還認眞。每天晚上，待妻兒都睡了，我才開始寫寫停停、塗塗改改。在報告中，我建議總行重新檢討營運計畫，考慮經濟景氣、市場利率變化等因素後，再對資產及存放款管理進行合理規畫，然後再將營運方案及目標下發各分行，才不會「計畫趕不上變化」。

幾乎每天都是過了午夜才能上床睡覺。花了一個月的時間，我才完成這份嘔心瀝血的報告。我這麼賣力不是爲了求表現，而是因爲可能失業的威脅令我不安，有時晚上甚至難以入眠。

You Do Know Everything, Don't You!

完成這份報告時，兩名頂頭上司恰好因病離職，報告直接被交給更高一層的主管，銀行的財務長兼資深副總裁審閱。財務長看完後，又交給了阿拉斯加銀行總裁兼董事長，也是控股近七成的大股東艾默・羅慕生。

艾默・羅慕生是典型的白人菁英，地方的傳奇人物。他本來在石油公司工作，三十七歲的他被召回接棒，擔任銀行董事長。阿拉斯加銀行在他任內成爲阿拉斯加州最大的銀行，他並當過三屆安克拉治市市長。羅慕生個性嚴肅，對看不慣的人或事會大聲喝斥、丟文件，毫不留情。所以每次他走進辦公室，大家便立刻鴉雀無聲。一旦發起脾氣，同事常嚇得臉色發白、發抖，甚至像老鼠看到貓一樣，悄悄走避。

交出報告後，毫無動靜，本來熱烈期盼的心情也漸漸冷卻。有一天，一個小個子的年長男士大步踏入主計室。大家像彈簧似地從位子上彈起來，向他打招呼。我的資歷淺，坐在辦公室角落。他走到我的辦公桌前，逕自拉了張椅子在對面坐下，以一種打量的目光看我。接著，他開口問：「你是澧．吳，對嗎？」我的英文名字Li-Pei Wu是以中文直接音譯，許多老美嫌麻煩，直接叫我Li而不名。

從同事的反應我就猜到了，這個神氣的小老頭一定就是那帶有傳奇色彩的董事長了。我一時緊張，本來就不太標準的發音這下更糟了，看他露出迷惑的神情，我乾脆在紙上「寫」起來。

我們兩人在辦公室古怪的氛圍中交談，不時用筆溝通一下。他問了很多問題，包括對亞洲經濟、開採石油、建構油管、銀行金融業務的看法，我盡量回答，並且重申我在那份報告上的論點。大約一小時後，我們終於「聊」完了。

他站起來準備離開，我也起身恭送國王離開領地。踏出一步後，他忽然轉身，看著我說：「澧，你什麼都懂，可不是嗎？」然後轉身離去。我不知道該如何回答，所以也沒開口。

董事長一踏出辦公室，大家發出如釋重負的一片歡呼聲。我才注意到，原來剛才大家全都屏息靜氣地在聽我們交談。同事告訴我，這還是第一次聽到董事長如此稱讚人。有幾個同事也從此笑稱我是「萬事通先生」。

任職阿拉斯加銀行時期，我與兩個兒子
在台合影，這是我離開台灣後首度回台。

妹妹造訪阿拉斯加時，一同旅遊合影。

兩個七年大不同

過去我在彰銀工作七年，進去時是辦事員，離開時還是辦事員。但來到阿拉斯加銀行，同樣工作七年，進去時是練習生，七年後我已升到資深副總裁兼財務長。

因爲那篇嘔心瀝血的報告，我先成爲主計室的正式職員，然後又慢慢晉升爲部門副總裁。第五年，除了擢升爲主計長外，我還多了個「銀行副總裁」的頭銜。再過兩年，我成了「資深副總裁」。然後，我又很快升爲銀行的「資深副總裁兼財務長」，是銀行的高階主管職。

一個說英語帶有口音的外國人，在七年內，從實習生成爲阿拉斯加最大銀行的高階主管，這種前所未聞的升遷速度，連阿拉斯加報紙都以大篇幅報導我的故事。

職場上的冷暖

隨著職位步步高升，我漸感自己的專業知識有待注入新血，於是我積極尋找進修的機會。後來，我報名參加紐約哥倫比亞大學商學院開設，專供銀行主管進修的「商業銀行決策人員進修班」。銀行不但提供公假，並且支付所有費用。進修班的學員都是來自世界各地銀行的高層主管。進修班學習課程緊湊，上課都以討論案例爲主，大家都踴躍參與，內容不僅多元豐富，還有許多實際經驗的分享，收穫很大。

美國職場上競爭激烈，短兵相接的場面是常態，沒有溫良恭儉讓那種假客氣。不過他們有一個好處，就是認賭服輸。如果他和你競爭輸了，你升上去他們就會服你，不會在背後搞小動作。

在阿拉斯加銀行工作九年，我幾乎都是擔任財務規畫的工作。隨著職位不斷晉升，負責管理的範圍也愈大，銀行的大部分業務都由我控管，責任愈來愈重。我的工作有兩個重點，一、資產與負債管理，以客戶存款、放款管理爲主。二、投資風險管理，亦即評估及選擇投資標的，例如政府公債及公司的債券等。

我的同事幾乎清一色是白人，競爭相當激烈，要說完全公正，根本不可能。當我職位低時，同事們都很照顧我，甚至會爲我的表現鼓掌、歡呼。待我升遷至主管階層後，激烈的競爭便成爲家常便飯。多年下來，我對這種競爭習以爲常。

銀行的營運計畫由我掌控，我必須經常和其他部門討論、溝通，其中掌管投資部門的副總裁布華德和我特別不對盤，兩人時常因觀念差異而爭論。例如在銀行的投資管理中，除了占七成的放款外，投資最大筆的項目就是購買債券。既高又瘦的布華德，個性保守固執，但追求利潤時膽子卻很大，常對風險視若無睹。而我小心謹慎，步步爲營。重要的是，結果證明我的判斷十之八九是正確的。

爲了債券投資，我們常起爭執。我打電話給他，講不到幾句，他就會說：「你在說什麼，我一句都聽不懂。」然後掛我電話。我只好衝到他辦公室，和他爭吵或溝通。這種侮辱人的作風，每每令我氣憤難當，我說話是有一些口音，但我和別人溝通時沒問題，爲何唯獨他聽不懂？拿口音做藉口，陷我於尷尬，擺明了就是歧視。

但我也清楚，指控他歧視，對我沒好處，我很早就知道弱肉強食。不管是在職場或人生，弱小可能會得到憐憫，但絕對贏不來尊重。只有靠實力，才會得到別人的尊重。

聽不懂，那是你的問題！

我和布華德的爭論，大概傳到了董事長的耳中，他做出了處置。

在阿拉斯加銀行工作第五年，我因表現優秀而成了銀行財務的最高主管，當上了主計長，而且還晉升爲副總裁，和布華德同階。工作滿五年，一般就是由上級主管送個紀念品獎勵，但銀行特別爲我辦了表揚會，董事長並親自出席頒獎。

當上台接受董事長頒獎時，我既意外又感動。他很少出席這種場合，能從他手上接過這個象徵我在銀行站住腳的獎，意義非凡。想不到，頒完獎，他並沒有下台，還說了一段話。他說：「澧說的話，大家有時可能聽不懂。老實說，有時我也聽不懂。但我回家後，仔細再想一想就明白了。我的結論是，這不是語言上的隔閡，而是我們和他在知識和智力上的差距。他講得太深奧了，連我在內，都必須經過消化後，才能懂得他話中的精髓。」

聽完這番話，我了解他出面公開挺我的苦心及對我的肯定，從那之後，銀行內就比較沒有人拿我的口音來說事了。

到了第七年，我又升階，成了資深副總裁兼財務長，布華德主管的投資部門也歸我控管，他成了我的下屬。

我請他到我辦公室來，很客氣地告訴他：「我知道，我的英語有口音，但以後我可以慢慢跟你說，甚至我可以寫備忘錄給你，希望以後溝通不良時，不要再掛我的電話。」我發覺，布華德的一雙長腳此時竟然微微發抖。最後，我很直接地告訴他：「過去你聽不懂我說的話，是我的困擾。今後，你若聽不懂我說的話，那就是你的問題了。」

從此，我們之間的溝通一直很順暢，再也沒有發生過任何問題。

在阿拉斯加，閒暇時釣魚。

維護尊嚴的撤退

剛來阿拉斯加銀行工作時，政府和原住民爲土地權益打起了官司。一九七一年，美國國會通過〈阿拉斯加原住民土地索賠解決法案〉，政府歸還土地給原住民，並提供十億美元的永久賠償給兩百個原住民村莊。一九七四年一月二十三日，普拉德霍灣油田開採及興建輸油管線的訴訟完全解決，阿拉斯加油管終於可以動工了。

命運眞奇妙！這四年多的延宕本是我的危機，卻成了轉機。因爲油田開採，我得到在銀行工作的機會。因爲油田官司，我差點失業。還好我有會計的資歷，轉到主計部門，受到賞識而一路晉升。當我升上資深副總裁兼財務長時，本是我上司的日裔國外部經理，已比我低了兩、三階。如按照原計畫，我了不起坐他屬下的第二把交椅，而不是成爲他的上司。

油管興建完成後，隨著原油開採，不僅各大石油公司賺得風生水起，阿拉斯加州政府也因石油稅而成爲美國最富有的州政府。因爲石油，阿拉斯加州快速邁入富饒、豐盛的年代。

當時阿拉斯加的居民不但不用繳州政府稅，而且還會收到州政府發給居民的分紅，稱之爲「負稅」。我們一家四口一年可領四千美元，領了好幾年，一直領到我們遷居洛杉磯。朋友們羨慕不已，從來只聽說政府追著老百姓要稅金，哪曾聽過政府發錢給人民。

看壞景氣忠言逆耳

然而，成也石油，敗也石油。我因普拉德霍灣發現油田而進入阿拉斯加銀行，也因油田的因素而離開。

開採普拉德霍灣油田，需要興建八百哩輸送原油的高架油管，因此從外地帶來了一萬六千名油管工人。這些工人住在由飛機吊掛運來的活動房屋內，公司提供三餐。他們在冰天雪地的環境下工作，還得時常加班，十分辛苦。工作四週才輪休一次。一休假，很多工人就會到安克拉治花天酒地，錢花完了，早上就上教堂懺悔。有一段時間，阿拉斯加的酒吧和教堂一樣多，形成了特殊的街景。

油管工人帶來經濟繁榮。我認識一對來阿拉斯加打工的台灣人夫婦，先生當廚子，太太幫忙整理工人床鋪，三年下來，兩人賺了二十萬美元，變成小富翁。

從一九七四年起，阿拉斯加快樂地享受著石油及油管興建工程所帶來的繁榮。三年後，油管興建完成，工人開始陸續離開。我判斷，阿拉斯加的榮景不再，消費力勢必迅速滑落，經濟景氣兩位數成長的趨勢勢必減緩。

而且，我也預見到美國一九八〇年開始的整體經濟衰退、股市停滯，加上通貨膨脹等問題，聯準會勢必會拉高利率來應對。屆時油管工人的離去、高通膨、可能通過〈空運管制解除法〉及其他航空公司將入侵阿拉斯加航運市場等因素，阿拉斯加的經濟景氣將面臨嚴苛考驗。

我負責審查銀行營業計畫，當然要提出我的觀點：「我認為銀行的盈利將下降，繼續積極擴張的策略會出問題，我建議銀行採取保守策略，也不能對下年度的盈利期待過高。既然阿拉斯加所有銀行的生意量都會減少，銀行應該因應此趨勢，去蕪存菁，鞏固實力，趁亂局時爭取其他銀行的生意。如此雖無法達到董事長『每年至少擴張百分之十五』的要求，但至少不會很差，待景氣復甦時，再進行積極投資。」

想不到這卻觸了董事長的逆鱗。他召喚我到他辦公室，對我大聲咆哮：「我做銀行三十多年，什麼大風大浪沒看過。別人的銀行不能成長，那是他們，我的銀行哪年不成長？」他還說，即使景氣變差，我們只要抱有「阿拉斯加所有銀行的存款都是我們的！」這樣的心態，把人家的業務都搶過來，「那麼銀行就會成長！」「怎麼需要如此保守呢？」

對於他的雄心壯志，我雖然佩服，但卻無法同意。客觀環境畢竟無法隨著主觀意識起舞，豪情壯志如果缺乏務實考量，不過是空談。我們銀行占阿拉斯加所有存款的三分之一，要再從別家銀行搶生意，擴大市場占有率，既非新招，也沒那麼容易。而且，在景氣差時去搶人家的東西，可能會搶到許多爛貨、壞客戶。

我懷疑他根本沒有仔細看我的報告。

遭受歧視的痛苦

董事長以前很賞識我，但這時彷彿失去理性，竟吼出：「你是我的看門狗，而且是一隻最棒的看門狗！」居然將我比喻成狗！我心中充滿憤慨與屈辱。雖然曾經歷家道中落，但從未有人這樣罵過我。我很憤怒，但當場忍了下來，沒有吼回去，也未摔門而出。他年歲已大，身體好像也不太好，我不想成爲殺人兇手。

董事長室旁邊是各高階主管的辦公室，他的怒吼、咆哮、譏諷話語，傳到眾人耳中。正在他大吼大叫之際，忽然秘書走進來，問：「州長在線上，您要接嗎？」想不到，他馬上換了一張臉，怒意瞬時間雲消雨歇，接起電話，發出爽朗笑聲，大聲寒暄道：「嗨！傑，這次的釣魚行如何？」

我心裡很不是滋味，眼前這人翻臉比翻書還快，是他很會掌控情緒？還是根本沒把我放在眼裡？一般人動怒，至少需要一段時間才能平復心情，他剛才明明暴怒，一副馬上就要失控的樣子，怎麼轉眼間就能和別人談笑風生？他是殺雞儆猴，還是根本把我耍著玩？

想到此處，心氣難平，我和秘書打了聲招呼，回到自己的辦公室。一坐下來，剛才那一幕自動重播，一種被歧視的屈辱感油然而生。

被董事長公開辱罵，心裡當然不好受，那種被視若無睹，彷彿是二等公民，甚至被當作工具來操弄的感覺，讓我不爽。董事長是我的貴人，他賞識我，替我解圍，並且提拔我，我的升遷比別人都快。但我一直也很賣命工作，回報他的賞識。多年來，因爲我的策畫，銀行的營運效率提升很多。

再仔細一想，許多以前不以爲意，或者說不願去面對的一些小事浮出來。雖然我已經是銀行的第三把手，但他私下從不和我接觸、往來。聽說他家非常大，富麗堂皇，一位去過的同事形容：「像皇宮一樣。」每隔一、兩個星期，他都會在家裡設宴招待銀行重要的客人。但我從未受邀參加。在美國，只有眞正的朋友才會邀請到家裡作客，我卻從未去過他家。

以前我都不太注意這些細節，或者說不願意去碰觸自己的感覺，並自我安慰：「我負責管理銀行內部，接觸客人不是我的業務。」但是，他一句「看門狗」卻讓以前我不敢、也不想面對的歧視情境一一浮現。「原來，你就是這麼看我！」我的情緒也上來了。

那一句「你是我的看門狗」，似乎也是一種提醒：「雖然你做得不錯，我欣賞你，但我是銀行的老闆，你這小伙子，不要忘了自己的身分，妄想和我別苗頭。」他是擁有銀行七成股份的大股東，向來以「順我昌，逆我亡」的君王態度睥睨屬下，難怪同事都很怕他。

這是我的決定

正當我沉溺在自己的情緒中時，董事長的兒子艾德「咚！咚！咚」地跑到我辦公室來。他顯然聽到剛才他父親對我的怒吼。

艾德子承父業，在銀行擔任執行副總裁，也是乖乖牌富二代。他個子高大，笑口常開，性格和善，沒什麼架子，喜歡和人開玩笑，和他父親完全不同型。我父母曾來阿拉斯加和我暫住一陣子，艾德知道後，還曾邀請我們到他家玩。

董事長年歲已大，很少來銀行上班，銀行的事情都是由總裁、艾德和我三個人做決定。艾德很想重用我，所以極力安撫我。他在我的辦公室批評他父親，說他沒道理向我發脾氣，應該向我道歉，「這個老頭子，脾氣就是這麼糟……」我冷冷地坐在椅子上，看艾德像隻熊一樣地在我辦公室踱來踱去，口中喃喃自語：「不要理他就好了！」

後來艾德何時離開，以及我怎麼在同事的異樣眼光中下班、回家等細節，我已經不太記得，但那種被歧視的感覺，卻始終揮之不去。

第二天，一到辦公室，我立刻提出辭呈。

雖然我還是有生活上的壓力，但當時我在阿拉斯加銀行工作九年了，在銀行界已建立口碑，同業都知道阿拉斯加銀行有一個很傑出的亞洲人銀行家。我估計，即使我辭去阿拉斯加銀行的工作，也不難再找到同級的職位。而且，多年下來，我們也有了一點積蓄，多少有一點信心和力量。

艾德聽說我遞出辭呈，馬上又跑來。他先安撫我，說我對於經濟景氣的看法是對的，他支持我云云。但我保持沉默，一直都沒有再說什麼。最後他說：「你再給我一個星期的時間。」我好奇，他爲什麼要求一個星期的時間？

原來，董事長在前一天把我狂罵一頓之後，第二天自己開遊艇去了加州棕櫚泉度假。從安克拉治開遊艇到棕櫚泉，航程約需兩天。艾德打算搭飛機去棕櫚泉，和他父親會面、談話後，再飛回安克拉治，來來去去，大約要一個星期的時間。「你放心，我一定會說服他，要他爲之前的不禮貌道歉！」艾德拍著胸膛保證。

幾天之後，艾德回來了。他來到我的辦公室，一副興高采烈的樣子。他說事情都已經談好了，也解決了，「他明天早上會來上班，到時你到他辦公室打個轉，去看看他，情形會完全不一樣。」他暗示我，我會得到一個「驚喜」。我心想，這個「驚喜」難道是升遷嗎？因爲艾德提到，他父親年紀已大，以後銀行就由我和他兩人負責決策。

本來，打人一棒再給一顆糖，也是領導統御術的一種，但對我並不適用。我越想越氣，既然我的計畫是正確的，為何我要低頭道歉？對照他之前的理直氣壯、慷慨激昂，但回來後還要我先去示弱，我忍不住譏諷艾德：「怎麼你去之前像是一頭老虎，回來後卻成了一隻乖貓？」

我不想去見董事長，更不願向他道歉。

見我沒動靜，董事長跑到我的辦公室來，問我：「眞的這樣決定了嗎？難道沒有轉圜的餘地嗎？」我也直接回答：「是的。謝謝你這幾年的照顧。」

本以為事情已說定了，想不到，他又來再問我一次：「是不是就這樣決定了？」言下之意，是要我再考慮。但我鐵了心，再一次說：「是的。該是我離開的時候了。」他也知道事情已無可挽回，無奈地說：「好。那我們就對外公布你辭職了。」

第二天，報上刊出我和董事長因意見不合而辭職的消息。

有實力才有尊嚴

到了一九八〇年，阿拉斯加的情勢發展果如我所料，隨著石油公司和油管工人的逐步撤走，所有銀行的營運盈利情況全面下挫，這其中當然少不了阿拉斯加銀行。這證明了我當初的營運計畫是正確的。

事實上，在我離開後，阿拉斯加銀行並沒有如董事長所言，不顧景氣，繼續盲目擴張，而是不斷修正營運方針，採取保守的策略。我不願說這表示董事長向我服輸，而是商人最現實，當大環境改變時，逼得他也不得不調整、改變營運方針。

離開阿拉斯加銀行後，我沒再和羅慕生聯絡。直到一九九一年十一月，《美國銀行家》雜誌以銀行資本額之大小而分類，對全美國的銀行做評比。萬通銀行在全美第三百大銀行（資本額排名二〇一到三百的銀行）中，依據「安全性」和「獲利能力」兩項都獨占鰲頭，並獲專文推崇。而阿拉斯加銀行則在第二百大銀行（資本額排名一〇一到二百的銀行）中奪魁。我於是寫了一封信給羅慕生董事長，恭賀他獲此殊榮，並感謝他當年的栽培。

他迅速地回了信，說自從我離開阿拉斯加銀行後，近十四年來他一直在關注我的動向。他也恭賀我所主掌的萬通銀行有如此卓越的成就，「表示你自己也幹得不錯。」我們又陸續通了一、兩次信，弭平了心中的一絲遺憾。

轉戰北方銀行

當我離開阿拉斯加銀行的消息傳開後，立刻有多家銀行主動和我接觸，其中並有三家銀行開出條件，提出正式聘請，提供高階職位。

這三家銀行中，包括法蘭克·穆考斯基主持的北方阿拉斯加國家銀行（以下簡稱「北方銀行」）。在阿拉斯加銀行工作時，我和時任北方銀行總裁的穆考斯基曾在銀行業的一些活動中碰過面，但僅止於交換名片和短暫的客套寒暄交談，未有深交。

而且，在那段時間中，我心裡一直在考慮：「該去應聘上班？或乾脆白手創業？」

創業與應聘的猶豫

經過阿拉斯加銀行九年，從訓練生一路晉升到資深副總裁兼財務長的歷練，我自信自己可以經營好一家全新的銀行。

洛杉磯的朋友告訴我，美國的台灣人社團正在積極運作，將台灣和中國的移民配額分開，爭取台灣一年兩萬名移民配額。朋友說，在參議員甘迺迪、國會議員索拉茲的幫助下，此法案通過的可能性很高。如果通過，美國的台灣移民就會大幅增加。

來美國已近十年，我能感受到一個新移民在融入新環境的徬徨、無助的心情，更不用說潛藏在不同膚色下的偏見與歧視。但相對地，具有不同文化背景的新移民，也有許多美國人所不具備的優勢。我想，如果能夠開設一家以台灣新移民爲主要對象的銀行，應該可以達到「助人助己」的效果。而如果要開設這麼一家銀行，台灣移民眾多的洛杉磯當然是首選。

要開設一家銀行，第一要事是籌措資金。於是，我去了洛杉磯，考察在洛杉磯開設銀行的可能性，並且和幾位有意投資的金主見面。花了約一個月的時間，但最後只募集了近九百萬美金的資金，仍嫌不足。

穆考斯基以前也曾在阿拉斯加銀行工作過，和我算是前後期「同事」。他父親原擁有一家銀行，後來賣給阿拉斯加銀行，他自己也進了阿拉斯加銀行工作，一直做到副總裁。但他出身政治世家，自己也對政治有興趣，於是他辭掉工作，接受共和黨提名參選阿拉斯加唯一一席眾議員席位，結果落選。於是他和幾個朋友合資，入主北方銀行，並擔任銀行總裁。

北方銀行的前身原是阿拉斯加北方第二大城——費爾班克斯的一家社區銀行。費爾班克斯有六萬居民，北方銀行是當地唯一的銀行。

北方銀行方原來的董事們，是一些平均年齡七十歲以上的地方財主，根本不懂銀行的經營之道，只知道錢借出去收利息，銀行就有收入，沒有什麼國際觀，不過在費爾班克斯這種小地方，這樣也可以生存。

但是穆考斯基和一些朋友，包括後來當到助理國務卿、美國駐巴西大使及航空業大亨等人，慢慢買進北方銀行的股票。待股票累積到相當數量後，他們直接和這些老董事們談判，進入董事會，組成一個融合新舊的董事會。本身是銀行大股東的穆考斯基當上了總裁。

穆考斯基作風積極，北方銀行在他的主持下，向外擴展，廣設分行。北方銀行在其發展鼎盛時期，共有十七家分行，是當時阿拉斯加州第二大銀行。

穆考斯基熱切招攬我加入北方銀行的管理團隊，擔任第二高階的管理職位。他說，他對我做過深入的研究，「你和我正好是天底下最好的配合搭檔，我在外面跑，你在裡面管理。」他並且承諾：「銀行的一切，全權交給你經營。」而且薪水方面，他也很大方：「你要多少嘛！你自己說。」我在阿拉斯加銀行的年薪約五萬美元，但因當時尚未下定決心，不好意思說，一直開不了口。他說：「六萬五，好不好？」增加了一萬五千美元年薪，當然好。

他誠意十足，讓我想起了余新旺。但我仍猶豫不決，下不了決心。

私人飛機送我上下班

猶豫的一個重要原因，就是費爾班克斯太遠，也太冷了。對我來說，安克拉治就夠冷了，何況是再往北四百英里遠的費爾班克斯。

雖然那時我還沒去過費爾班克斯，但聽說那裡到了冬季，氣溫可降到華氏零下六十度，豈非出門就被凍僵了？

費爾班克斯的氣候是典型的冬冷夏熱內陸型氣候，夏天酷熱時氣溫可以飆到華氏一百多度，讓人如身處火爐，冬天時，那裡就像一個大冰窟。我本來就怕冷，到了美國好像好了一點，但碰上天氣冷，我都盡量減少外出的機會。

而且，我不久前才搬到海邊新買的房子。新家既漂亮又舒適，景色絕佳，我實在不想再搬一次家。孩子在安克拉治讀書已經習慣了，而且成績不錯，如果搬家，妻子和孩子又得重新適應。我說出我的難處，並說還需再考慮。

看出我的躊躇，穆考斯基提出讓我無法拒絕的條件。他說：「沒問題！你不用搬家。」至於上班問題，他說：「每天讓銀行的飛機接送你上下班，可好？」此外，他還在費爾班克斯準備一間公寓，如果公事忙，我可以待在那裡過夜。有這樣的安排，確實我就不用搬家了。北方銀行有一架新的噴射客機，是穆考斯基不久前大力說服董事會買下來的「交通工具」。

購買私人飛機，看起來似乎太過豪奢，但北方銀行是阿拉斯加幅員最廣的銀行，若搭民航機視察所有北方銀行的分行，一、兩週也跑不完。若有自家的飛機，一天可以視察四、五個分行，方便多了。

另一個更重要的問題，是我對於銀行總行地理位置的看法。我說：「你有那麼多分行，但總行設在費爾班克斯，會找不到足夠的人才。我希望你能將總行遷到安克拉治來。」穆考斯基也答應了。

不僅如此，穆考斯基還邀請我們全家搭乘銀行的飛機到他家住幾天。他家是一個大宅院，很漂亮，還有溫水游泳池，孩子們玩得很開心。

我被穆考斯基釋放的誠意打動了。而且坐私人飛機上下班似乎很風光，在朋友間也是頭一個。我接受了來自北方銀行的聘約，於一九七八年五月五日正式上任。

接受新職位

當天一大早，我搭乘北方銀行的私人飛機，從安克拉治飛去費爾班克斯上班。一到機場，空姐接過我的公事包，不用排隊通關，飛機在我上機後就直接起飛，一點也沒耽擱。早晚花個兩小時在「通勤」上，我覺得其實和一般人開車上下班也差不多。

在延攬我加入北方銀行前，穆考斯基就答應我，我的職位僅在他一人之下，而他也會充分放手讓我去管理銀行。經過我打聽，穆考斯基確實是有充分授權的作風，這讓我相信，與他共事，可以充分發揮我的長處。

爲了配合我的操作與管理，穆考斯基特別因人設事，設了一個「決策委員會主席」的頭銜給我，由此可以看到他靈活的外交手腕。

北方銀行發展邁入高峰，也和穆考斯基脫不了關係。一九七四年至一九七七年期間，阿拉斯加州興建縱貫南北的油管，大量人員及資金湧入，帶來了繁榮。穆考斯基長袖善舞，有高明的公關手腕，所以他和興建油管的世界級大石油公司如英國石油、埃克森等關係很好。

他遊說這些大公司將大筆資金存放在北方銀行。北方銀行一個社區小銀行，在三、四年間吸收了大量存款，資產從六、七千萬美元迅速增到三、四億美元，成長了六、七倍。成長這麼快，相隨而來的問題不少，只是在成長快速時，這些問題被掩蓋了。

擔任北方銀行總裁時的就職酒會。

扭轉乾坤三部曲

一上任北方銀行，我就發現，銀行的情況不像穆考斯基描繪的那般美好。其實它的情況很糟，正在大量失血，如果不能順利急救，北方銀行就危險了。

首先是存款大量流失。在油管興建工程完工，工人紛紛離開後，石油公司也沒必要再將錢繼續存在阿拉斯加的銀行。一家石油公司退存的金額約爲一、兩千萬美元。短時間內，銀行的存款驟減一億多美元，幾乎去了三分之一資產。

過去景氣好，銀行大量放款。現在景氣差，很多貸款變成呆帳。人事方面，本來銀行核准十幾個分行增加人手，景氣好時雇不到人，都在等缺額。而景氣變差，分行不知應變，還在補充之前核准的人事。

存款變少、呆帳增加、人事開銷龐大，難怪銀行會虧損。這就是一個爛攤子。

壯士斷腕先裁員

穆考斯基在聘請我時，言明一切由我全權作主。爲了能盡快拯救北方銀行，我馬上採取壯士斷腕的政策，大幅裁員，而且幅度高達一半之多。做了這一步，銀行的經營成本立刻減少四分之一。

第二步要做的是處理呆帳。這時回頭審視北方銀行的放款，讓我很無言，簡直是不可思議，尤其是對活動屋的貸款政策。銀行在油管工人大量湧入阿拉斯加時，看準了住屋需求的市場，於是用飛機運送建材，在油管的中繼站拼裝、興建活動屋出售。這個主意不錯，問題出在貸款的策略考慮，一點也不周全。

銀行對活動屋的貸款期長達五、六年。一間造價兩萬美元的活動屋，工人付頭款三千美元即可入住，以後每月向銀行繳貸款。問題是油管在三年完工後，屆時貸款大部分只支付了利息部分，本金仍未清償。果然，油管完工後，工人荷包飽飽，活動屋也不要了，拍拍屁股，直接走人。

這就是油管中繼站附近爲何堆了兩千多間空的活動屋，而銀行的呆帳高達上千萬美元的原因。

上千萬的呆帳，對北方銀行幾乎是一毀滅性的打擊。我於是進行市場調查及評估，發現如果能夠將活動屋運出去，還是有可能再出售。但問題出在交通運輸。興建油管的地方，常是冰天雪地的荒原，往往連路都沒有。當初建屋，可是用飛機將活動屋的建材運到中繼站，再一片片進行組裝。

最好的辦法，就是逆轉原方法。在沒有路的地方，我們將活動屋一片片拆開，然後用飛機運到大都市。有路可通之處，就用大卡車、吊車，採取整屋搬運的方式，將這些活動屋如螞蟻搬家一樣，一路慢慢運回來。不管是建材或整屋，零賣或批發，我們盡量想辦法賣掉。

終於，把所有的活動屋處理掉後，扣除成本，我們還拿回了一些錢。

至於穆考斯基的得意手筆——銀行的私人飛機，我也主張賣掉。我後來了解，一架飛機花費驚人，包括兩位飛行機師、一名空姐的薪水，還有必不可缺的油料費、維修費、降落費，就算停在那裡不飛，都還需要停機費。尤其自從石油價格上漲後，飛一次要燒不少錢，一年近百萬美金的開支，實在划不來。雖然知道我說得沒錯，但穆考斯基十分不捨。我勸他：「銀行都快要倒了，留著私人飛機有何用？」他才勉爲其難地同意賣掉飛機。

果然轉虧為盈

最後一項對策，是將銀行的主要部門及人員，從費爾班克斯遷到安克拉治。

在加入北方銀行前，我勸穆考斯基把總行遷移到安克拉治，如此方能招到優秀的人才，提高銀行品質與競爭力。進北方銀行後，我才發現，阿拉斯加州有一條法律，規定銀行總行每次遷移，一年最多不能超過六十英里。將銀行從費爾班克斯遷到安克拉治，算算大約要三十幾年。

後來，我想了一個變通辦法：「總行還是留在費爾班克斯，但那僅是空殼子，所有銀行的主要營運、行政部門及人員都搬到了安克拉治。安克拉治成了新的營運中心。」

經過我一年多的整頓，銀行的營運漸趨平順，開始轉虧爲盈。穆考斯基對此頗爲得意，他原本就想踏入政界，現在有此「業績」，讓他更有實力去參選參議員。董事會對於我能在這麼短的時間內扭轉乾坤也很高興，於是將我升爲首席行政官，此時離我進入北方銀行還不到一年。雖然穆考斯基還是總裁兼CEO，但銀行實際上是由我全權掌控，事情我說了算。

不久後，董事會通過讓我成爲董事，年薪也調高爲七萬五千美元，並且還提供了認股權。

天上掉下來的麻煩

北方銀行一個月開一次董事會。我很難和董事會中那些年長的地方土豪溝通，而他們的社交活動，通常也不會邀請我參加。

想不到，有一天，董事長來找我，說要請我當銀行總裁。我當下立即反應：「那穆考斯基先生呢？」我得到的答案是：「請他離開！」

我當場愣住。

天下無不散的筵席

董事會打算以我取代穆考斯基，我不但沒有沾沾自喜，反而覺得憤慨不平。我一生中最厭惡的就是背叛。

穆考斯基是遊說我、鼓勵我加入北方銀行的人，在工作上也完全信任我，充分授權，讓我做起事來得心應手。當初他說我們兩個是「完美搭檔」，確實沒說錯。

董事長知道我和穆考斯基交情不錯，但在他們的眼裡，銀行實際上是由我在經營，沒有穆考斯基，銀行照樣可以運轉，所以他們打算讓我「眞除」。這樣的想法，倒也符合美國資本主義的特質：「利益壓倒一切。」也許大多數處在我位置的人，得到此一機會，會毫不猶豫地配合。但我是穆考斯基招攬進來的，做人要講義氣。他對我很誠摯友好，幫了我不少忙，我怎能恩將仇報，搶他的飯碗？

董事長試著要說服我接受他的提議。我只回答他：「讓我考慮考慮。」就離開了。

穆考斯基的合縱連橫

這個「天上掉下來的禮物」，砸得我暈頭轉向，想不出好的對策，於是約穆考斯基一起吃飯，準備將難題丟給他。我本來就被這件事情搞得心情很糟，才來銀行一年多，就碰上這麼一個棘手的難題。我心急如焚，他老兄居然還姍姍來遲，讓我枯等半小時。

一見到他嘻皮笑臉地坐到我對面，我氣不打一處來，嚴肅地說：「法蘭克，這是我最後一次等你這麼久。你最好記住，吳澧培不會再忍受這種事了。」看我生氣了，他馬上向我道歉，並且向我解釋，他是被其他事情耽擱了。我本來就會不時約他一起吃飯，他一下子也沒看出我的異樣。

聊了兩句，兩杯下肚後，我告訴他前一天和董事長見面的經過，以及董事長的要求。我並提議：「我們一起辭職吧！」在我想來，反正董事會本來就要趕他走，而我把消息洩漏給他，董事會也不會再信任我，不如我們一起離開，聯手在銀行業另打天下。

穆考斯基不愧是有志從政的人，具備了政治人「與人鬥，樂趣無窮」的特性。他說：「若我們離開，那就和銀行永遠沒關係了。這樣不對！我們要反擊回去，不能任他們予取予求。」我沒意見，反正我們是同在一根線上的兩隻蚱蜢。

穆考斯基展開合縱連橫策略來處理這件事，因此董事會要將他撤職的事很快就煙消雲散。至於他實際上是如何操作，我也不甚清楚。經過這件事情，我們建立了長久穩固的友誼。畢竟，就某種程度而言，我們算是一同扛過槍的戰友了。

董事會的圖謀被我打斷後，我便成為他們眼中的「抓耙子」，成了比穆考斯基還可惡的人了。

要不要當總裁？

一九八〇年三月，穆考斯基邀我和他一起參加在南卡羅來納州舉行的「青年總裁協會」年會。我們同住在一棟兩層樓的別墅裡，他住樓上，我住樓下。

有天清晨，穆考斯基剛淋浴完，光溜溜地下樓，說有要事和我商量。我從來不知道，原來美國人在商量要事時也有「袒裎相見」的習慣，但我實在不太自在。他問我：「灃，你想當北方銀行的總裁嗎？」

我吃了一驚，怎麼舊話重提？只不過這次換作是穆考斯基在徵詢我的意見。我問他：「為什麼這麼問？」他才告訴我，他打算參選聯邦參議員，因此五月份要辭去總裁職位，全心投入選戰。他說，他相信我絕對可以勝任此一職位，而且也只有我才罩得住董事會。

他的提議，在我心中翻攪。身為一個新移民，我本來只想有個穩定的工作，讓孩子接受好的教育，同時投入台灣事務，余願已足。但穆考斯基提起的機會確實很吸引我，姑且不說我一直在主持銀行的實際運作，能力沒問題。而且「舜何人也，禹何人也，有為者亦若是。」總裁不就是在做我平常做的這些事嗎？何難之有。我鼓勵自己：「大丈夫當如是也。」我確實有信心可以勝任總裁的工作，如果讓別人當家，我可能也不會甘心。

但令我遲疑的，還是之前我將董事會要撤掉穆考斯基的訊息通知了他，董事會一定恨死我了，還會甘心讓我當總裁嗎？他們會充分配合我經營銀行嗎？我將這些顧慮坦白告訴穆考斯基。「沒問題！」他又冒出了口頭禪，「我來和他們溝通。」

我擔心的另一個原因，是我也有短處。以前我一直認為，我的職責是把銀行經營好。所以，我不太願意從事那種很有意義，也很有必要性的社交活動。一來因為要做的事很多，我把所有時間和精力都投注在「做什麼會對銀行更好？」的事情上，大家因此對我有「他很忙，沒空去社交」的成見。二來是我的英語口音較重，如果被人家多「pardon?」兩次，大家都尷尬。

以此詢問穆考斯基，他又是滿口的：「沒問題！」我也沒有其他對策，只好聽他的安排。

董事會的司馬昭之心

穆考斯基果眞在五月辭去總裁一職，投身參議員選戰。在五月份的董事會上，要討論聘任總裁之事。身為當事人，我雖然是董事，但依規定必須迴避，不得參加會議。那天的討論沒有結論，董事會指定我暫代總裁之職。

六、七月的董事會會議，依然沒有結論。我知道有問題了！這種懸而未決的情況，令我難過、生氣，但亦不以為怪。董事會的司馬昭之心，人人皆知，他們如不趁此時機刁難我，那才奇怪！

我問穆考斯基：「你不是說沒問題嗎？怎麼到現在都還沒搞定。」他還是安慰我說他會處理，但也不告訴我開會的過程。後來我才知道，為了我出任總裁一事，他一直和其他董事溝通，但這次畢竟和直接支持他不同，人種不同，親疏有別，過去挺他的人，不見得這次會買他的帳。

八月份的董事會，董事長邀請我出席。在眾董事面前，他問我：「法蘭克推薦你接任總裁，你要如何勝任一個總裁？」聽了這問題，我氣壞了。如果我是一個外來的應徵者，這麼問很正常。但打從我加入北方銀行，穆考斯基就充分放權，事實上我一直都在做總裁的工作。這些董事都親身經歷過銀行出現危機，而我扭轉乾坤，將銀行從瀕臨破產邊緣拯救回來的過程。

說起來，這銀行根本是靠我救起來的，眾董事才能安坐在那裡談笑風生，現在居然問我：「爲何你自認能勝任總裁一職？」眞是欺人太甚又可笑！

再者，姑且不論過去三個月我是「名副其實」的總裁，不到一年前，董事長不是要把穆考斯基趕走，讓我當總裁嗎？

我的一切成績早已擺在那裡，而董事會故意視若無睹，其用心昭然若揭，寧不可氣！我很生氣，也懶得和他們虛與委蛇，只答了一句話：「我的紀錄不言而明。」

說完這句話，我掉頭就走，不再多做解釋。

吳澧培的價値

當我得知董事會成立了一個三人小組來徵選新總裁，我就知道他們無意聘我爲總裁了。

我很不爽，我的能力與成績早就攤在陽光下，而且我已代理總裁好幾個月，適不適任，早有定論，故意捨我而對外進行徵選，可見對我有成見。我只是無法確定，這成見是來自於歧視？還是出於報復？當然也可能兩者皆是。

同時，我也聽到風聲，董事會有意聘請一位年近七旬，來自舊金山的白人銀行家來擔任總裁。穆考斯基向我確認了這件事，但他說，此人的專長在管理分行，而非銀行業務及財務運作。既然董事會中意此人，我想，不出奇招，我就回不去了。

我決定請假去紐約。一方面看是否有就業機會，另一方面放手讓董事長自己去當一回家。北方銀行早已不是他們當初那個小社區銀行了，業務的複雜及困難度大幅增加，想要一下子找到一個能勝任的銀行家，不是件容易事。

我透過秘書放話給記者：「吳澧培要離開北方銀行了。」沒想到風聲一放出去，阿拉斯加的地方報紙馬上刊登了這個消息，北方銀行的股票應聲重挫，簡直是在爲我放禮炮助威。這把董事會嚇壞了，穆考斯基也趁此機會反攻，和董事會進行協商：「沒有吳，人家根本不會信任我們銀行。」並且指出股票跌價就是「吳澧培價値的具體展現」。董事會爲難了，他們人都已經請了，答應給對方總裁的職位，但沒有我，好像也不太行。

經過一陣唇槍舌劍，穆考斯基想出一個「雙頭馬車」體制：「一位當總裁，一位當副董事長。」起初，董事會要我接受副董事長的職位，但我沒答應，誰要做副董事長？什麼權限都沒有，總裁才有實質經營權。我說：「如果要我接受，應該反過來，他做副董事長，我做總裁。」協商後，對方答應當副董事長，坐鎭費爾班克斯總行，管理分行。我留在安克拉治當總裁，負責總行營運及財務管理。

如果時間能倒流，我絕對不會接受這種權責不清、事權不統一，注定無法成功的雙頭馬車制。這種下了我以後離開北方銀行的原因。

雙頭馬車的困境

董事長回頭來請我去當總裁，當然有一番說詞，但想不到他找了一個相當拙劣的藉口。

董事長說，一直沒有讓我「眞除」總裁，是因爲擔心我是「亞洲人」，如果讓我出任北方銀行總裁，唯恐引起客戶包括州政府不滿，將存放在銀行的存款及石油稅收抽走，那會陷銀行於困窘。這是赤裸裸的種族歧視，但他自己又圓回來，說從我傳離職而北方銀行股票重挫一事，可以看出「顧客已經完全接受你當總裁了」。

拿「種族」當藉口，不讓我接任總裁職位，是一個卑劣的作法。而且這和他們之前的動作自相矛盾。不過，他們需要個說詞，讓自己面子過得去。但這些董事們心中的種族歧視那麼深，深到可以不辨是非，甚至抹殺我的專業能力及成績，這確實是我始料未及的。對此，我提高警覺。

按道理，總裁本該統籌整間銀行的營運，奈何在雙頭馬車制度下，這位副董事長卻依他自己的方式管理費爾班克斯的七、八間分行，對我所規畫的營運方針不理不睬，頗有進行「一國兩制」對抗的味道，而我則有「天高皇帝遠」的無奈，但我心裡知道，事權無法統一，終究會出問題。

穆考斯基看我鬱悶，安慰我要有耐心，因爲「六十八歲的人，一下就『不見』（退休）了」。結果萬萬沒想到，先離開銀行的人，居然是較年輕的我。

被算計的離職

韓籍僑民在阿拉斯加約有四、五千人，韓國和阿拉斯加一直保持密切的關係。在安克拉治設有總領事館，專門服務僑民。而且阿拉斯加是美國最大的煤炭產地，只是炭質潮溼，單位發熱量太低。韓國缺煤，但韓國電力公司有處理煤炭的技術，有一家韓國大企業花了十億美元，透過總領事館和阿拉斯加本地企業合作採煤。

由於我是亞洲人面孔，而且北方銀行規模不小，韓國企業和我們銀行來往密切，我和韓國總領事也有一些交情。一九八一年六月，我應韓國總領館邀請赴韓國考察，我趁機先回台灣看父母親，再赴南韓考察，接著從南韓再返台，最後從台灣直接回美國。東奔西跑，前後花了半個多月。想不到，在這段時間當中，北方銀行卻變生肘腋。

回到安克拉治，我發現董事會竟然趁我不在解雇了我的左右手。這兩人都是美國人，一位管財務，一位負責營運。更惡劣的是，負責營運的那位同事正在度假，銀行一通電話就將他解雇了。如此解雇，既無風度也無氣度，擺明了是衝我而來，這兩人只不過是附帶的犧牲品。

我直接衝去費爾班克斯找董事長抗議，詰問他爲何解雇我的左右手？他根本不理我，說我的幕僚不盡職，而且副董事長也同意了。我氣壞了，直接問：「這是針對我來的計謀嗎？」董事長傲慢地回答：「這不是顯而易見的事嗎！」言下之意：「我就是衝著你來的。」既然如此，我對他說：「好，我們法庭見。我對銀行貢獻那麼大，也沒犯錯，你憑什麼解雇我？」說完，我掉頭離開他的辦公室。

美國法律在處理勞資糾紛時，傾向於保護層級較低的職員，若員工沒錯，不能隨意開除。但對於高階主管，大部分的法律傾向於：若公司決定要撤換就換，是否犯錯不重要。不過原則上，法庭還是希望雙方能夠妥協。

走要有走的待遇

穆考斯基打電話向我道歉：「想不到，為了我的事，害你變成這樣。」後來一個老董事來找我，要我主動提出辭呈，我拒絕。我說：「我等你們來開除！我們法院見！」

見我擺出強悍的姿態，他們軟了下來，說：「雙頭馬車實在無法配合，而我們對這位舊金山來的銀行家比較放心。」他們希望我離職，問我有什麼要求？本來就一肚子火的我不客氣地說：「這家銀行要倒閉時，是我救了它，現在你們要過河拆橋，你們應該問問自己有什麼話好說！」

雖然忿忿不平，但該談的還是得談，走也要有走的待遇。我們後來達成協議：總裁即日起僅有名而無實權，辦公室和秘書保留原狀，我繼續領六個月的薪水，條件是我不得對外公布實情，免得股價又慘跌。在對外找新工作時，離職的原因只能說是我不滿意現任的工作，想要尋找新的挑戰。

一九八二年年初，我正式離開北方銀行，在阿拉斯加州銀行界風雲起伏的樂章也畫下了句點。

我兩度上了黑名單

一九六八年第一次出國，我幾乎是逃出去的。當時我以爲，從此一別，可能再也沒辦法回到故鄉了。

出去沒多久後，特務機關就知道了。管區警員一天到晚到我父母家中問東問西。家人不勝其煩，不堪其擾。那時他們才知道爲何我要急著出國留學。

後來，我有點想家，想回家看看父母。一九七六年，我們一家人正式歸化爲美國公民後，曾舉家返台，探望睽違多年的家人。見到本以爲此生再也不可能見到的家人，我們既興奮又激動。我以爲，台灣總算逐漸步向民主開放了。

在阿拉斯加北方銀行工作時，我奉派擔任阿拉斯加州政府代表，準備返台參加一九八〇年五月下旬在台灣舉行的中美經濟合作會議。臨行前，我向國府駐外單位申請簽證，卻遭拒絕。我才知道，我上了台灣的黑名單，回不去了。

返台簽證被拒

從一九七七年起，台美雙方每年召開一次中美經濟合作會議，藉著經貿的往來，提供外交體系外一條民間的溝通管道。會議輪流由台灣、美國舉辦。一九八〇年會議輪到在台灣舉行。

阿拉斯加州因盛產石油，相當富裕，銀行和州政府關係密切。當時我在北方銀行擔任首席營運長，阿拉斯加州政府派了五位代表參加，我是其中之一。但當我依規定申請赴台簽證時，卻被國府駐西雅圖辦事處拒絕。奇怪的是兩年前，我也是代表阿拉斯加州政府回台灣參加這個會議，簽證毫無問題。我問對方：「為何我被拒絕簽證？」他們根本不回答我的問題。

和美國關係良好的中華民國政府，居然拒絕美國阿拉斯加州政府所派出，具有半官方身分的代表入境，這事相當奇怪，必有蹊蹺。我於是請我的上司銀行總裁穆考斯基去替我辦簽證。

穆考斯基在政界人脈頗廣，找了阿拉斯加州共和黨籍聯邦參議員史蒂文森及聯邦眾議員楊格，寫信給當時國府首任駐美代表夏功權，詢問此事，並要求對方給予我赴台簽證。不料夏代表卻一律以標準答案應付：「因政治的原因，我們不能發給他簽證。」

這時我才知道，原來自己也上了在台美僑界惡名昭彰的「黑名單」。對於此一「待遇」，我既驚訝，卻也不奇怪。驚訝的是我已返鄉數次，那時都沒阻擋我，怎麼過了幾年，反而突然被禁止訪台了？是因為以前情報失靈，現在亡羊補牢？還是台灣的民主在開倒車？覺得不奇怪的是國民黨特務機構如果認眞研究我的過去，追查我的行蹤，想必會對我多年下來，和海內外「異議分子」如彭明敏、謝聰敏、林義雄等人時相往來不爽，如此趁機將我拉入「黑名單」。何況，我雖然只是小角色，畢竟也是台獨聯盟的成員。

經過仔細推敲，想起兩年前我回台灣參加中美經濟合作會議時，謝聰敏已二進二出監獄，我很想念他，於是託莊銘山幫忙安排，約在一個燈光昏暗的咖啡廳碰面。我下榻圓山大飯店，他來飯店找過我幾次。

後來謝聰敏出國，到美國的第一站就是阿拉斯加，在我家住了好幾個月。彭明敏也到過我家，下榻數日。林義雄一九七九年應美國國務院之邀，訪問美國，返家途中，也在我家待了好幾天。康寧祥在美國時，曾找過我談話，並在我家留宿。這些黨外人士都到過我家「報到」，難怪他們不讓我回台灣。

我猜想，就是因爲這些事，我被國府特務盯上。二十多年後，我就此事向法務部行文查證此事，才知道外交部曾於一九七八年通知內政部，限制我入境台灣。至於限制入境的原函，「因年代久遠，已無從調閱」。

難道我是二等公民？

透過國會議員協調無效，州政府也兩手一攤，說：「沒辦法！」於是我自行召開記者會。我在會上說：「我沒殺過人，也沒犯過法，不明白我爲何不能去台灣參加會議？」「到底是根據什麼理由？」

阿拉斯加州政府對此事默不吭聲，想要置身事外，我罵州政府「太無能、太不關心人民」，一個堂堂的美國公民，代表州政府，被拒絕到一個所謂的「友好國家」參加會議，州政府居然沒一個人站出來抗議。我質疑：「州長是否曉得這件事情？不曉得他知道後會有什麼看法？」

州長哈孟德回應了：「台灣內政，我們不便干涉。」針對哈孟德州長的回應，我再次藉媒體開炮：「我是美國公民，代表美國一個州去台灣參加會議，被台灣拒絕，這難道不是美國與台灣的國際問題嗎？你說是台灣內政問題，不便干涉，是不把我當美國人，把我當台灣人嗎？」

話語雖強勢，其實心裡很酸楚，明明是台灣人，卻無法以「台灣人」的身分，堂堂正正、理所當然地返鄉。反而不得不用「美國公民」的身分，狐假虎威一番，以打通返鄉的路。這是不得不用的手段，也是所有上了國民黨黑名單的台灣人之悲哀。我並且大聲斥責哈孟德州長：「你這個州長怎麼當的？連美國公民和台灣公民都搞不清楚！」

結果令人意外，但也在情理之中，哈孟德州長公開向我道歉。我還聽說，他又打電話給西雅圖國府辦事處，但對方態度非常強硬，推說無法決定能否發簽證。民主國家和獨裁國家的本質，對照之下，昭然若揭。

那一年，因爲無法取得赴台灣簽證，我缺席了中美經濟合作會議。

找蔣經國解決問題

有簽證的風波在前，我本以爲在台灣獨立建國前，歸鄉路從此遙遙無期。但因穆考斯基的新身分，意外出現轉折。

穆考斯基是我生命中的貴人，不管是公事或私誼上都幫過我很多忙。而爲了幫助我回到家鄉，他做的種種努力，尤其令我感動。

一九八一年一月，穆考斯基就任美國參議員。經由他的幫忙，我才取得簽證，於六月趁韓國考察之便，返台探視父母親。誰知接下來的發展出人意料，令我氣結。

我於一九八二年接掌萬通銀行擔任總裁。考慮到萬通銀行的股東和台灣關係密切，我得常常回台灣，和台灣銀行建立通匯關係。於是我向國府駐洛杉磯辦事處申請簽證，過程很順利，辦事處居然一次發給我為期五年的多次入境簽證。

過了大半年，因公我必須返台一行。臨行之前，我才發現入境台灣的簽證居然被取消了，我再度榮登「黑名單」。無奈之下，只好陣前換將，但這樣可不行！如果我繼續待在阿拉斯加，拿不到赴台簽證就算了，但萬通銀行承辦通匯業務，和台灣金融界往來密切，如果不能自由出入台灣，我的工作無法開展，會妨礙銀行的發展。

於是，我又找上了穆考斯基幫忙。穆考斯基後來因緣際會當上了參院外交委員會下亞太小組主席。台灣「剛好」就在他轄區內。他常受邀前往台灣訪問，備受禮遇，每次都獲蔣經國接見。

穆考斯基在阿拉斯加曾經替我聯絡返台簽證之事，當然願意幫忙，他說：「我再寫信給他們。」我說寫信沒用，他們不理就不理，唯一的辦法就是找蔣經國談這件事情。我告訴他，這件事情，只有蔣經國可以解決，其他沒人敢作主。

後來，穆考斯基趁訪台之便，於私下場合向蔣經國表達了「關切」之意。蔣經國對友善的美國朋友投桃報李，於是向時任北美事務協調委員會駐美代表的錢復交代了這件事。

錢復的推託之辭

爲了這件事，錢復約我去華府的國府駐美代表處談，但我拒絕，於是改在穆考斯基在華府的參議員辦公室見面。

一見到錢復，我就問他：「我到底是犯了什麼錯？」結果錢復推說是特務從中阻撓。我心想：「少演戲了！你們是一家人，一個扮黑臉，一個扮白臉。」我不客氣地說：「你不要跟我說這些鬼話，我問你，我是犯了什麼罪？」錢復既尷尬又氣憤，臉也板了起來。

憋了一肚子氣，我當然不會對錢復客氣，質問他：「憑什麼因爲我講話有影響力，就不讓我回家？」我衝著錢復說：「我當銀行總裁，講話當然有影響力，否則你怎麼會坐在這裡和我談話？美國一些政要名人，罵貴國愈厲害，你們愈去找他，邀請他去貴國參觀、訪問，而我卻上了黑名單，連家都不能回。這到底是怎麼回事？難道我有原罪嗎？」

雖然我故意用「貴國」來稱呼台灣，以「美國人」自況，但心裡其實很難過。國民黨是標準的「寧與外人、不給家奴」，生於台灣的我上了黑名單，不得返家，而一些外國政要名人卻高坐貴賓席，包吃包住包玩還優遇備至。人和人之間怎麼差那麼多？我要回趟家，怎麼那麼難呢？

雖然我心裡知道錢復一定會給我簽證，但能逮到機會詰問高高在上的錢代表，出口胸中惡氣，我也不放過。我催他：「到底能不能回去，給不給簽證，講一聲嘛！」錢復剛說：「我們很民主……」馬上被我打斷：「不要來這一套，到底能不能回去？」錢代表沒有當場答應我，只說回去後要看看怎麼辦理。

過了兩天，國府駐洛杉磯辦事處的處長劉達人來見我並替我辦理簽證。他告訴我，駐外的國安局人員氣焰囂張，一般人不敢得罪，而我的黑名單事件，引起了外交部系統出身的錢復和曾任蔣介石侍從武官，派駐美國的國安局主管汪希苓的交惡。

好幾年後我才知道，錢復發給我簽證後，時任北美事務協調委員會安全顧問的汪希苓來找錢復大吵，說錢不該越權報告，給名列黑名單的「台獨分子吳澧培」簽證。錢因此事乃蔣經國直接交辦，根本不理汪。汪說錢杯葛他，錢氣得拍桌大罵，桌上的咖啡都濺出來了，雙方從此交惡。

這印證了當年錢復並未騙我，明白他的苦衷後，對他有一點不好意思。

白色恐怖如影隨形

一九八三年八月，我因事返台。一進機場，我就被「罰站」了一個多小時，移民局的官員將我的護照看了又看，又打了電話。過了好長一段時間，我居然看到台中一中的一位老同學過來。原來他是警備總部駐機場的主任。

「你是在搞什麼？」打完招呼，同學就一臉緊張地問我。我愣了一下，答：「我哪有在搞什麼。」

「你哪裡沒有！你的紀錄這麼厚，比一本書還厚！」他沒好氣地用手比了比，「還說你是美國的總頭頭，幹什麼都是你在牽線。」他還替我解釋：「不然爲什麼彭明敏、林義雄、謝聰敏、康寧祥都往你那裡跑？還住在你家？」

「原來我的行蹤都被監視了！」我心想，但也懶得多做解釋，「這些話都不要再講了。我只問你，我可不可以出去？」同學很乾脆，說：「可以啦！我就是來帶你過海關，享受特權的。」

本來回到家鄉，心裡頗有感懷，卻被這件不愉快的事驅散了。不想打擾家人生活及顧忌家人安危，我下榻一家當年許多日本人常住的旅店。一進房間，我就打電話給住在台北的弟弟。我說：「我回來了。」想不到弟弟毫不意外，說：「我知道。」「眞奇怪，你怎麼會知道？」「已經有三批人來過家裡了，問你會住在哪裡？」這三批人分別是警備總部、調查局及市警局外事科，打聽我何時會回家。他們把家人嚇壞了，還以爲我犯了滔天大罪，否則怎麼一波波治安人員來追問？

「他們會不會再回來？」我很過意不去，還沒見到家人就先給家人帶來麻煩。弟弟不知道，「他們沒有說。」再打電話給在彰化大城的大哥，情況類似，早有警察上門查問：「你弟弟不是說要回來嗎？哪天回來，你們知道嗎？」這實在太過分了，爲難我就算了，還打擾我的家人。

本想乾脆到弟弟家等這些人上門，看看他們要做什麼？誰知我一開門，門口坐著兩個人。而且我走到哪裡，他們跟到哪裡，也不掩飾行跡。不管我到哪裡，一離開，他們就會跑去問我剛才說了什麼話，做了什麼事，毫無顧忌。看到他們的囂張行徑，才眞讓我害怕起來。我覺得，我的生命可能受到威脅。

在我回來的前兩年，才發生了陳文成命案。我可不想這種事也發生在我身上。去國多年，想不到白色恐怖的威脅依然揮之不去。但這種明顯的威脅行爲，不只令我害怕，更激怒了我。

不得已的越海告狀

當時接近午夜，算算華府時間已近中午。我直接打電話給穆考斯基，請他找幾個同僚，聽我訴苦一番。

穆考斯基很快就找了幾位國會議員，和我進行越洋連線。我描述了回台灣後的待遇，包括被特務跟監及家人被打擾的情形。我說，我和家人都感受到生命的威脅，身爲美國公民，我希望議員們能盡快向台灣政府反應，說有美國公民遭受人身威脅。

這招果然有效。隔天一大早七點，我就接到外交部程建人的電話，問我：「到底有什麼誤會？」我聽程建人一上來就將事情定性爲「誤會」，沒好氣地頂他一句：「哪有什麼誤會！監視我沒關係，但錢代表不是明明答應我，不會騷擾我家人和親戚、朋友。」程建人只好說：「我派一部車過去接你，能不能請你過來一趟，我好好向你說明。」

八點多，到了外交部。和我談話的過程中，程建人和錢復一樣，痛罵特務橫行，但我心想：「還不是一樣在演戲給我看。」

單騎拯救西方航空

穆考斯基對於我被北方銀行董事會設計離職一事，一直心懷歉疚。他跑掉了，讓我承受了所有砲火。

於是，他積極地利用人脈幫我找工作。只是，相當於銀行總裁職位的工作並不多。起初他想推薦我去阿拉斯加州政府當商業廳廳長，但已被人捷足先登。當時阿拉斯加州要籌備一個商展「阿拉斯加一九八四博覽會」，於是他和州長情商，暫時讓我到那裡當顧問。

顧問待遇優渥，一個月領一萬美元薪水，根本沒事幹，工作乏善可陳。雖然待遇比銀行好，但我知道，這只是臨時性的工作，沒有保障，過渡期而已。

我不會搞飛機啊！

穆考斯基繼續幫我到處打聽，結果問到了尼爾．柏特。柏特是穆考斯基的朋友，也是我在北方銀行擔任總裁時的董事。我們不但認識，而且還是鄰居。柏特對我在阿拉斯加銀行及北方銀行經營的斐然成績有所知悉，但在穆考斯基告訴他我的情況以前，他並不了解我當時的處境。

柏特早年是飛行員，個性豪爽，敢承擔風險，做一般人不敢做的事。在越戰時，他帶著貨運機隊在戰火中飛進飛出，運送補給、彈藥，賺了很多錢。戰後他繼續操持本行，經營航空貨運，非常成功，公司很賺錢。他曾經被稱爲「阿拉斯加最有錢的男人」。

年僅四十五歲的柏特，剛入主岌岌可危的西方航空，擔任董事長及執行長，他深信我在財務管理上的才能可以幫得上忙，於是開出十八萬美元的年薪，邀請我擔任西方航空總裁，他自己擔任董事長，一起來挽救、經營瀕臨破產的西方航空。我說，我雖然懂財務及管理，但我不懂航空業，他說：「這東西很簡單，你懂管理，那你什麼都懂了。」

既然他這麼說，暫時我也沒其他地方好去，於是便答應了。但我知道這工作只是暫時的，於是僅接受「資深顧問」的職位，年薪十萬美金。

新工作必須到西方航空的洛杉磯營運中心上班。太太和孩子不願離開阿拉斯加，所以他們先留在安克拉治。西方航空有飛安克拉治的航線，我一、兩個星期就可回家一趟，反正坐飛機免費。

柏特特別在風光明媚的瑪麗安德爾灣濱海區替我租了一個公寓，還安排了一輛車給我。除了吃飯自理外，其他全由公司負擔。

我心裡也知道，這工作既非本業，也非我興趣所在，應該不會是我此生最後一份工作。但柏特對我的優遇，點滴在心。我一定要盡展一身本領，讓雇主心滿意足，物超所值。

大廈即將傾倒

一九七一年尼克森總統宣布終止美元兌換黃金並且控制工資和物價，一九七三年十月，世界石油出口國組織阿拉伯成員國，因爲報復美國在阿以戰爭對以色列的支持，所以削減石油產量，提高原油價格，並且禁運石油到美國。原油價格由一桶三美元上漲至近十二美元。物價不能調升，進口的材料成本上漲，公司只好大量裁員，聯準會爲防範通貨膨脹，提高利率，這些因素造成美國七〇年代的「停滯性通貨膨脹」，經濟蕭條，物價高漲，失業率上揚。

自一九三八年以來，美國一直對航空業採取高度管制和保護政策。票價、航線和新航空公司的成立都受管制，航空公司的盈餘是被保護的。在七〇年代，民主黨籍參議員愛德華·甘迺迪力推解除政府對航空業的管制，提出符合資本主義自由市場原則的〈空運管制解除法〉，這法案於一九八〇年在美國國會通過。航空業以前是旱澇保收，但以後得八仙過海，各顯神通了。果然，市場立即反應。例如洛杉磯至紐約的票價從原來的好幾百美元，馬上降至九十九美元。

一九七八年至一九八一年因爲伊朗的革命和伊拉克戰爭，原油由一桶十四美元一度暴漲至四十美元。漲幅驚人，飛機的燃油料是航空公司成本很重要的一部分，而機票價格卻因市場競爭反而下降。當時的西方航空，在這種惡劣的大環境下，經營得非常艱困，外界一致不看好。眼見大廈將傾倒，公司亦是人心惶惶，人人自危。

西方航空公司並不是唯一瀕臨破產危機的大航空公司，它和大陸航空及環球航空，被航空雜誌評估是「一定倒閉」的航空公司。柏特因此才有先墊資一億美元，入主董事會，並進行以小吃大的併購行動。

西方航空公司有一萬五千名員工，和柏特自己的小航空公司相較，完全無法相提並論。因此亟需一位懂得管理的人來協助，而這正是我所擅長的。

出奇招增加流動資金

進入西方航空，我並不是要去經營某個部門，而是去了解財務狀況，研究如何扭轉危機。當時最急切之務是改善流動資金的週轉。航空公司最主要的支出成本是飛機燃料費和員工薪資。

我想做的，也是我能做的，就是想辦法讓這兩大項支出的給付時間延長。

西方航空公司每個月支付的薪資約五千萬美元之多。若能將支付時間延遲一至二週，就可以增加一筆可觀的流動資金。

首先我把支付員工薪水的帳戶，設在佛羅里達州南部一個小銀行。西方航空是以美國西岸爲主軸的航空公司，大多數員工分布美西各地，而銀行卻遠在東南隅的小地方。當時銀行之間電子資金轉帳沒有現在發達，員工將薪水存到自己銀行戶頭後，再回到開票銀行，進行交換。一週以上是常態，而這能讓公司的流動資金在手上多留一陣子。

從應收應付帳款下手

同樣地，我也把這方法用在支付各大油公司的燃料費。我在阿拉斯加州最北邊的巴羅市的一家銀行分行開設一個帳戶。所有支付給油公司的燃料帳款，一律用此帳戶的支票給付。

油公司以郵戳日期為我們付款的日期，所以我們把支票寄出去，油公司收到時常是三、四天之後，接下來油公司將支票存進他們的帳戶，巴羅一個星期只有兩班飛機。一張支票常要花二十天才能寄到巴羅的銀行完成交換。

油公司財大氣粗，根本不會在乎支票要多花幾天去交換。而且，他們一般是銀行的大客戶，銀行也不敢將他們的支票持票太久。

除了「應付帳款」外，我也對「應收帳款」的流程做出改善。

經過了解，西方航空公司有近兩百個據點，遍及美國加州、阿拉斯加州、德州及墨西哥等地，每個據點都有售票的業務。以往公司並未嚴格規定此一業務的作業程序，各據點設有銀行帳戶，賣票收入到了月底，才將該月扣除一些小額開支後的盈餘匯往總公司。這筆錢分開來數額不大，做了什麼調度，但匯合起來不在少數。結果這些錢都躺在各據地帳戶裡睡覺，成了「死錢」。眞是「飽人不知餓人饑」，公司都快破產了，還把可以調度運用的資金放在帳戶裡發呆。

我馬上建議各據點將每月改成每天，把錢匯到總公司，如此一來，等於將應收帳款收到的時間一下提早了約十五天。

用這種一面縮短應收款入帳的時間，一面延長應付款支付的時間，西方航空帳上的流動資金多了一億多美金。因為有這一億多美金，讓瀕臨破產的西方航空多了喘息的空間，而這也是當大陸航空及環球航空紛紛如航空雜誌所料，提出破產申請時，西方航空卻出人意料地依然穿梭於天際的原因之一。

施展開源節流手段

我又建議董事會，將所有的飛機賣掉，然後再將飛機回租營運。這等於將資產變現，可以讓我們得到大筆可運用的現金。這種買賣、租賃的交易，只需要紙上作業，一賣一租。

此一建議經採納後，讓航空公司又得到許多流通資金，使存活的機會又大上幾分。

在銀行界工作多年，我深知銀行對於收回即將倒閉的公司來抵貸款的意願並不高，因為即使接收了，也不見得能夠經營獲利，反而容易變成燙手山芋。只要公司提出可行的企畫書，銀行大都會接受，再給一次機會。

西方航空公司當時已向銀行貸了十幾億美元，算是銀行的「大客戶」。於是，我做了一份營運策略及計畫書，召集了十幾家銀行的代表。向他們說明我們的計畫，包括裁員多少人、裁減不賺錢的項目……等，以及公司如此可以省下的成本。我並未要求銀行降低貸款利息，只要求他們展延還款期限。銀行都很樂意配合，使西方航空公司的還債壓力減輕不少。

我使盡諸般手段，讓西方航空流動資金的週轉大幅改善，但最後仍不得不建議最後一招——裁員。這是在挽救西方航空公司的任務中最艱苦，也最讓員工害怕的一步。

西方航空公司多年來始終未整頓人事，既然財務陷入危機，乾脆一次清理。一萬五千多名員工，經過檢討，要資遣一半左右的員工。換言之，會有近八千名員工失業，受到影響的家庭難以計數，這眞是件令人難過的事。但這也是沒有辦法的事，不這麼做，公司就要倒閉，屆時全體員工都將受害。而西方航空的裁員，比北方銀行那次裁員更複雜，更困難。

西方航空公司員工眾多，包括機師、空服人員、技師、地勤人員、空廚人員等，都各有其所屬工會。工會與公司之間訂有契約，其中在解雇方面，有一保護資深員工的「擠壓制度」。這種擠壓制度，容許資深員工在被解雇後，可以擠走另一部門的資淺員工，取而代之。這對人事管理實在是一大惡夢，但又無權干涉工會事務。

即使如此，西方航空公司還是裁了約一半員工，不如此做，公司根本無法維持。不過，我在四樓的辦公室窗戶出現了幾個彈孔，應該算是對我的不滿及警告。

神來一筆遷移營運中心

身爲一個銀行家，對航空業的營運全然是外行人，但我仔細研究了西方航空的航線分布圖，覺得不甚合理。西方航空的飛航路線，北到阿拉斯加，南至墨西哥，幾乎全以洛杉磯爲營運中心，在美國西岸進出，其航線呈扇形分布。相較之下，其他航空公司的航線圖，幾乎都是以營運中心爲中心，呈放射狀分布。

在公司營運部門的會議上，我提出質疑：「爲什麼別的航空公司航線分布圖呈放射狀，而我們公司的是扇形？」以及「爲什麼公司的營運中心要設在洛杉磯？」他們告訴我，當初總公司將營運中心設在洛杉磯，本打算以此爲中心來發展航線，但隨著航線發展，營運中心始終維持在原定點，才會出現扇形的航線分布圖。

我看看圖，發覺西方航空的飛航分布，似乎以鹽湖城最接近中心。於是，我建議他們進行研究與規畫，評估看如果以鹽湖城爲軸心，在飛機運用及使用上，效率是否會提高。經過研究，如以鹽湖城爲營運中心，可以增加百分之六的效率。這將帶來相當大的收益。於是，西方航空將營運中心遷至鹽湖城。

我在西方航空只待四個月，卻對當時奄奄一息、坐以待斃的西方航空，做了起死回生的整頓。當初西方航空不但積欠銀行多達二十億美元，而且仍在虧錢，連柏特先墊的一億美元也即將告罄，營運情況跌落谷底。

在大陸航空及環球航空紛紛倒閉、破產後，充裕的流動資金幫助西方航空度過了最艱困的關頭，依然如常營運，安然度過難關，並未如航空雜誌預測的破產、關門。

西方航空營運漸漸起色，脫離困境。柏特因爲併購不成，後來辭去董事長，離開了西方航空。西方航空終於在一九八七年四月股市市場不錯時，與達美航空公司合併。

以一個門外漢去整頓一家瀕臨破產的航空公司，在短短四個月的時間，竟然做出這樣的成績，讓我感到幾分自豪！

後來《亞洲華爾街日報》報導我挽救西方航空公司的來龍去脈，標題是「A Little China Man Li-Pei Wu Saved Western Airlines（小個子中國人吳澧培救了西方航空）」，雖然我是顧問，只提供意見交給董事長柏特去執行，但媒體都知道西方航空公司的確是因爲我的策略而轉虧爲盈。

《亞洲華爾街日報》是一份很專業、很有公信力的報紙，對我的肯定令我欣慰，但稱我爲「China man」卻抵觸了我堅持「我是台灣人」的原則，令我很不高興！

第三部

萬通銀行風起雲湧二十年

Mission Impossible第三回

六〇年代初，有一部描寫特工人員以完善的規畫、種種匪夷所思的手法，完成一件件艱鉅任務的美國電視影集《虎膽妙算》（*Mission Impossible*），這部電視影集於三十年後改編成電影《不可能的任務》，一樣大受歡迎，不可能的任務因此成爲流行語。

一九九〇年十月時，由美國五百家知名投資公司及一百三十五家少數民族中小企業集團所組成的「全國投資協會」選我爲美國六大傑出企業家之一，並頒給我「最傑出扭轉危機企業家」的殊榮。我曾相繼將阿拉斯加北方銀行、西方航空公司及萬通銀行，從瀕臨破產的邊緣挽回，重現生機，無異完成「不可能的任務」。

在這三回「不可能的任務」中，我對萬通銀行感情最深。因爲我花了最多時間，付出最多心力，終令其攀登巓峰，成爲我一生事業的里程碑。

萬通銀行二十年，是我一生中最寶貴，也最珍惜的一段時光和經驗。

瀕臨破產的台資銀行

接受西方航空公司之聘前去洛杉磯工作的前一晚，在安克拉治的家中，我忽然接到一通來自洛杉磯的電話。打電話的人自稱是Julian Wu，中文名字是吳貞良，他說，想來向我請教有關銀行的問題。後來我才知道他是台南幫元老——台南紡織企業家吳尊賢的公子，萬通銀行的董事。吳家一位親戚吳英哲，和我妹夫丁博均都曾經在聖路易市華盛頓大學就讀，有次聊天時，吳英哲提及萬通銀行面臨財政困境，我妹夫因此告訴他我在阿拉斯加經營銀行的成就，以及因銀行內部的權力鬥爭，我已離開阿拉斯加北方銀行。

「怎麼那麼巧！明天我就要到洛杉磯去，有事見面再談吧！」我心裡納悶，該不會是離開阿拉斯加國家銀行後，前來洛杉磯集資籌辦台資銀行的風聲傳了出去，這些人因此感興趣？

翌日，在洛杉磯一下飛機，吳貞良和幾位年輕人來接機。後來他們陸續邀我吃了幾次飯，但電話上所提及要向我請教銀行之事，卻絕口不提，只是閒聊，探詢我的背景及對經營銀行的看法。

我忙著處理西方航空的財務危機，非常忙碌，而且我本來就對集資籌設台資銀行有興趣，於是直接問他們：「你們不是要問我有關銀行的事嗎？」他們才說，他們幾個朋友，以台南幫吳家的年輕一代爲核心，於一九八〇年集資六百六十萬美元，在洛杉磯創辦了當時美國唯一的台資銀行，請了一位白人當總裁。但這個新銀行經營不善，虧損嚴重，所以來向我取經。但他們怕重蹈覆轍，不敢馬上提出聘約，只好一直打聽我的背景，進行評估，再決定要不要聘請我。

經過和這些年輕董事們的接觸，我慢慢地了解，台南幫吳家拿錢辦了一家銀行，主導了董事會，並讓擁有數學博士學位但無金融背景的吳平原擔任銀行二把手，顯然是要培養他成爲家族銀行的掌舵人。這種情形在台灣人中很常見。

這家經營才一年多的銀行，客戶存款有一億多美金，但問題愈來愈多，成立第二年就虧損了兩百萬美元，而且情況持續惡化。一九八二年初，已預見該年將虧損四百萬美元，加上前一年虧的近二百萬，資本額幾乎快賠光了。

話既然講開了，他們也不諱言地說那位老美總裁有問題，但他們找不到問題出在哪裡，想把他辭退也師出無名。他們想先請我去擔任萬通銀行執行副總裁，然後由我想辦法找出總裁的問題，有了理由，董事會才可以解雇老美總裁，扶我上位。聽到這裡，我啞然失笑，心想，如果願意使用這種手段，我在阿拉斯加早就有機會，何必還等到現在？

我認爲，部屬去找上司的問題，有違長官和部屬間的基本倫理道德。再者，聘用、監督及更換總裁，本是董事會最重要的工作。如果董事會無法履行職能，表示它失能，那麼我也不想在其下工作，何況我已在規模大過萬通好幾倍的銀行當過總裁，到一家瀕臨破產的小銀行當副總裁，除非有充分理由，我的意願不高。

於是我婉拒了萬通銀行。

從種種跡象看來，這個董事會中沒有財經專業人才，亦無專業的銀行家，一定很難溝通，除非董事會授予我全權經營的權力，否則我不想自找麻煩。當時我已在西方航空工作了四個月，一連串的措施效果很好，西方航空已漸漸擺脫財務困境。柏特非常賞識、器重我，只是我未把航空業當作自己的終極事業，始終心存不確定感。

對台資銀行的不捨

雖然未接受萬通銀行的聘請，但我心裡還是想找銀行總裁的工作，一展所長。在北方銀行最後半年遭到的不公平對待，讓我想要「從哪裡跌倒，就從哪裡爬起來」。只是銀行總裁的職位可遇不可求。

客觀來講，萬通銀行的條件雖稱不上多好，但機會確實難得。而且它合了我的心意。我本來就想在洛杉磯創立一家台灣人的銀行，服務台灣新移民。從感情上來講，我也不願意看到唯一台灣人創設的銀行倒閉。

一九七八年在轉進北方銀行工作前，我曾希望能集資一千五百萬美元，在洛杉磯創辦一家台資銀行。結果只籌到約九百萬，而穆考斯基又釋出優渥條件，邀我加入北方銀行，讓我擱置了創辦台資銀行的念頭。

同年十二月美國宣布和台灣斷絕正式邦交，很多台灣的友邦也陸續和台灣斷交，眼見中國對台灣的威脅愈來愈大，台灣的有錢人都想移民來美國。而美國國會於一九八一年通過的移民法案讓台灣獲得每年兩萬移民配額，這些新移民爲台僑界注入新血，同時也爲台資銀行帶來豐沛活水。擁有天時（氣候良好）、地利（離台灣近）、人和（台僑多）的洛杉磯，成爲多數台灣移民的落腳處。這些人擁有資財，在美國卻沒有可查證的信用紀錄，主流銀行不見得願意提供他們需要的金融服務。有台灣背景的銀行將會吸引他們前來交易。

若能由我來經營萬通銀行，以董事們和台灣企業的關係，再加上當年我在彰化銀行的許多同事，在台灣的銀行界都已位居高層主管，我相信我能讓萬通銀行起死回生、轉虧爲盈。對我和萬通銀行而言，這都是一次機會。可惜萬通銀行提出來的條件及職位我無法接受，只好放棄。

不久之後，他們又來找我，說銀行的內部問題已經處理好了，董事會要聘請我擔任總裁。

決定加入萬通的考量

雖然我對自己頗有信心，但在做決定之前，我要充分了解萬通銀行的情況，於是我列了一份清單請董事會收集資料，然後我再利用週末去銀行審閱這些資料。

根據審閱的資料，我發現了幾個問題，其中尤以放款和存款的利率差額問題最大。銀行的放款多是長期固定利率，存款則以短期定存爲主，利率隨市場波動，由於萬通銀行對資產和債務之間，缺乏有效控管的機制，在當時利率持續上揚的大環境下，放款利率甚至低於存款利率。在此情況下，即使萬通銀行全無壞帳，也沒有營運支出，還是會繼續虧本。

要解決此一問題，首先一定要增資，然後才能和貸方重新議約，設法改變原初貸款的條件，譬如將原來的固定利率改成浮動利率。新的利率和期限，必須配合存款的利率和其他投資的回報率。如此，新貸款的盈餘逐漸彌補舊貸款的虧損，銀行才能在一段時間後轉虧爲盈。

其他一些放款問題，如放款的審核不夠嚴謹。有人用人頭來貸款，借新債，還舊債，遲早會出問題。壞債要抓出來，有救的快救，能救回來最好。無法救的，趕快註銷，一次虧本了結。

以當時萬通銀行的資產額和規模而論，銀行的人事費用太高。銀行有一百五十多名員工，存款一億多，但多爲高額定期存款，一、兩百萬者大有人在，活期存款客戶很少。平日來銀行的顧客不多，大多是來爲定存續期或換期。

讓我感到不解的是，銀行居然有一個資訊工程部門及「資訊操作中心」，不但自己發展電腦軟體，還替多家銀行處理業務電腦資訊。一般上了規模的大銀行才有資訊操作中心，小銀行都是將此類工作外包。萬通銀行的情況反常，令我擔心，果然有幾宗訟訴官司正在進行。後來我才知道，原來這個團隊是前總裁從他以前工作銀行拉過來的「近衛隊」。

「法律糾紛」也是我要了解的一部分。我請董事會列出所有訴訟官司的資料，一一審視。還好，除了電腦業務的糾紛外，看不出其他有什麼重大的訴訟官司。

當然，我也理解，有些問題，是無法從書面文件中看到，必須要在坐上位子後，真正的狀態才會逐漸浮現。

毅然決定接受挑戰

審閱完董事會提供的資料後，對萬通銀行的狀況，我大致有數了。

隨後，我向萬通銀行的董事們說明，要解決問題，翻轉局面的成本不斐。按我初步估算，萬通銀行當年起碼要虧四百萬美元以上，增資勢在必行，否則只有關門一途。股東答應增資，我也承諾會幫忙找投資人。至於增資金額，必須在實際經營兩個月後，我才能提出接近事實的數目。

除了要求增資外，我並要求完全掌握人事任免權。根據經驗及對台灣人的了解，我對董事會提出要求：「銀行處於艱困情況，要我來主持，是信任我。既然信任我，就完全授權讓我好好經營。」我並且明白表示：「誰不好好做，我讓誰走路，誰就得走路。如果我做不好，董事會可以開除我。」

當然我也歡迎董事們舉薦好人才，而我一定會盡力去了解對方再做出決定，「但請大家不要一直追問，追問容易造成雙方尷尬。」

核准放款的權力比人事權更複雜，更需要控管。因此，我提出董事會與總裁之間應彼此牽制。超過一定金額（董事會核定）的案子雖由我負責推薦，但必須經過董事會認可。而在我權限範圍內的貸款，就請董事會授權我直接和客戶談判，才不會處於被動。至於董事推薦的貸款，一樣「推薦後請不要追問，大家心照不宣」。

這些條件，董事會都同意了。

基於前車之鑒，我也先把「醜話」講在前面：「我知道各位董事都是我的老闆，我也了解我們台灣人的習俗是彼此間多增進感情。但我必須用全部的精力來拯救銀行，發展銀行的業務。」這番話的潛台詞是：「雖然我希望和諸位多來往，歡聚談心，但此刻銀行岌岌可危，我要把所有的精力和時間放在銀行營運上來挽救銀行，人情應酬就無法奉陪了，希望大家諒解。」

見我這麼勇於任事，一心爲公，大家只有高興的份，哪裡會計較我不陪他們一起玩，還有人居然鼓起掌來。

董事會欣然接受的條件

當時我在西方航空的年薪是十八萬美元。萬通銀行開出的薪水是六萬五千美元，差距很大。我要求的條件是銀行日後若賺錢，我可以分紅。此外，我理當獲得股票認股權。

我提出自己的分紅公式。以當年年初銀行的資本淨值爲基準，若銀行該年稅前盈餘在基準線一成內，我分文不取。但若超過基準線一成，我的紅利爲超過部分的百分之三。盈餘若超過兩成，分紅比例累進至百分之四。例如，如果銀行的總資產是一千萬美元，該年的稅前盈餘是一百萬美元，我拿不到任何紅利。若稅前盈餘爲一百五十萬美元，則我可以拿到五十萬美元的百分之三，即一萬五千美元。一般來說，一家銀行的稅前盈餘若能達到百分之十，已是很賺錢的銀行，若超過百分之十，那是一流的銀行。

至於股票認股權，銀行讓我每五年續簽一次。在第一個五年內，我可以一股三美元的價格認購十萬股。後來萬通股票上市，股價增值好幾倍，我曾多次把這些股票捐給台、美社團或慈善團體。以萬通銀行當時情況，這些條件實在稱不上優渥，銀行連資本額都快虧光了，新總裁居然願意等到銀行獲利超過資本額十分之一後才分紅利，這是多麼自抑的作法！而股價三美元的股票認股權，不知要等多久股票才能漲到三美元？他們都覺得「很合理、公平」，深得人心。

董事們欣然同意我的條件，於是我正式接受萬通銀行的聘約，擔任總裁。

柏特的臨去祝福

做出決定後，我向柏特提出辭呈：「經過幾個月的努力，現在西方航空公司的財務已經大致脫離險境，但航空業終究不是我的專長，我也沒有把握能把它經營得更好。」

柏特很賞識我，也很體諒我，而且西方航空併購其他航空公司的企畫遭到一些阻力，他自己也處於前途不明的狀態。於是同意我離開，「你若覺得回到本行對你更好，那就放手去做吧！」

他祝福我：「回到本行後要大展身手！」我答：「一定會的！」

上任先處理法律糾紛

一九八二年五月五日，是我在萬通銀行工作的第一天。

五月五日似乎是我的「開工大吉」日，我到阿拉斯加國家銀行上班，是在一九六九年五月五日。到北方銀行工作，也是從一九七八年五月五日開始。

上班第一天，意外地迎來了一份「天上掉下來的禮物」。

天上掉下來的不是禮物

當天早上，我開車至洛杉磯城中商業區的萬通銀行總行走馬上任，一路上都在心中籌畫該如何挽救銀行。

遠遠地，我看見銀行門口擠了一圈人，馬路邊停著幾輛漆著電視台標誌的採訪車，但我不以為意，以為是附近有新聞事件發生。進了銀行，才發覺銀行裡的人臉色怪異，空氣中有一種奇怪的氣氛。沒多久，銀行的電話響了，媒體要求訪問銀行總裁，也就是我。

「還眞想不到！」我小小吃驚了一下，心想：「這麼小的銀行，居然還挺有能量，自己這個新總裁第一天就職，就吸引了媒體來採訪。有這麼風光嗎？」可惜事情並非如我所想，電話中媒體要我發表對於「性騷擾」的看法。

「什麼性騷擾？」匆匆了解了一下狀況，我才知道，有一位本來在銀行房地產貸款部門的林姓女職員，不久前被銀行解雇，今天帶媒體來銀行指控，稱她在銀行工作時被性騷擾。門外的那些媒體正是為此而來。

在董事會給我的資料中，沒有任何和這宗法律糾紛有關的文件或說明。狀況不明，一時之間，我只能擠出標準的官式回應：「這件官司已經進入了司法程序，我唯一能說的是，希望這件事能得到澄清，相信司法將還我公道。」

在美國社會，職場上「性騷擾」的指控非常嚴重，更別說這位女士還提出了天價的賠償金。一下子主流媒體都報導了此事，華文《國際日報》更是直接翻譯美國報紙文章，新聞刊在頭版頭條，並預測萬通銀行無法熬過這一關，今年一定倒閉云云。

這一報導可不得了，萬通銀行的主管被控性擾騷、非法開除員工，已經讓銀行名譽受損，現在華文媒體又做出「一定倒閉」的預測，果然引起僑社的驚疑，發生了小小的「擠兌」風波不說，但我更擔心，在此關頭推出銀行增資計畫，投資人一定卻步不前。至於我個人，多年之後偶爾還需要解釋：「那個性騷擾的人不是我，我只是代銀行出面來澄清罷了……」

人家常形容意料之外的好事是「天上掉下來的禮物」，但根據我的經驗，天上掉下來的東西，鳥糞居多。

惱人的性騷擾官司

這個突發事件若處理不好，銀行也不需要再救了，可以直接宣布破產。

這位林女士本來是萬通銀行房地產貸款部門的副總裁，她個性活潑，講話比較隨性，又喜歡和同事開玩笑，其中不乏比較露骨的玩笑。也許因爲林女士平常言行比較開放，因此當她向董事會舉發她的主管趁和她出差時對她性騷擾時，董事會便掉以輕心，在兩造說詞中選擇偏袒主管。

林女士不忿被上司性騷擾，銀行未公平處理，於是一狀告上加州銀行局。州銀行局是銀行監管單位，去信銀行要求回覆。董事會慌了，找了個「房地產景氣不好」的藉口，裁了幾個人，其中包括林女士在內。

林女士更生氣，深感委屈，覺得裁員是針對她，於是揚言提告。銀行局又於此時通知銀行，要派人來調查、究責。董事會一看事情不妙，於是又請她回來上班，並給予補償，雙方和解。風平浪靜不到一個月，在一位董事主張下，銀行又把她開除了。

這徹底惹惱了林女士。她這次不找銀行局抱怨了，直接遞狀告銀行。她的律師是洛杉磯地區著名的人權女律師葛洛麗亞·阿爾里德，已代林女士提出六百萬美元的賠償要求。

林女士的先生在電視媒體工作，和各媒體記者都很熟。所以我到任當天才會有那麼多的主流媒體到場採訪。

以誠意化解威脅

銀行聘請的律師，仔細研究了資料後搖搖頭說：「你們的問題大了！」阿爾里德在業界威名赫赫，更不要說這件案子，董事會犯了太多錯誤，敗訴、賠錢幾乎是必然。

更麻煩的是，因爲這件官司，對方提出的天價賠償將使銀行的增資平添阻礙，甚至完全失敗，畢竟沒人願意投資的錢被用來付給官司賠償。如果沒人敢對萬通銀行增資，導致增資失敗，那已不是我能不能經營好萬通的問題，而是根本沒有機會經營。我很想直接和林女士一談，但找不到門路。而且，她可能也不願意和我談。

說來湊巧，有一天，好友的弟弟李錦聰會計師和我談起此事，語氣中透露出他和林女士頗有交情。我一聽，馬上問他是否可以居中安排，讓我和她私下會談。他雖沒把握，但還是答應了居間穿針引線，林女士居然也答應和我「巧遇」。

說服她？我沒有把握。既然沒有其他辦法，只能以誠相待，訴之以理，動之以情。一見到她，我第一個動作是代表銀行向她道歉：「對不起！這是銀行的錯誤，完全沒有藉口。」我的坦白認錯讓她冷峻的臉色和緩不少。她開始訴說委屈，並抱怨銀行對她的處置不公。我說：「可惜當時我不在這裡，如果我在，這事情不可能發生。」因爲我的同理心，她對我相當和善。

我也介紹了自己的背景和願景，包括我放棄高薪來萬通，是想爲台灣鄉親服務，在他們發展事業時提供協助。我說：「我相信妳和我一樣，都有一顆爲鄉親服務的心。我想整頓萬通銀行，成功了，許多台灣鄉親才能受益。」她先默然不語，然後主動談起官司。她說，她的律師告訴她，這場官司她一定會贏。

我了解她很氣萬通銀行，我也坦率以對：「以銀行現在的狀態，如果妳一定要告下去，妳會贏，但銀行一定破產、倒閉，不但妳拿不到錢，而且這唯一的台資銀行一定會倒！」

「我很有信心，也很有心要把銀行做好。」我對林女士說：「所以我今天在妳面前，很誠懇地談這件事。在銀行可以存活的範圍內賠錢給妳。」我告訴她，讓銀行賠六百萬美元是不可能的，如果她還是堅持要打官司，我說：「我只好另找頭路了。」

林女士沒有當場答應我，只說她會考慮。我們約好，不論她有問題或答案，可以直接聯絡我或透過李錦聰安排。

過了幾天，我們又見面，經過一番商談，她最終被我說服，同意接受四十萬美元做爲賠償，雙方和解。這個數目，我並未經過董事會授權，而她也未和律師商量。這件官司已經花了兩、三個月的時間，再不解決，銀行的增資遙遙無期。若賠償四十萬美元可以解決問題，銀行的增資計畫才有投資人願意參加。

私下和林女士達成和解，因我事前未向董事會報備，有些董事很不高興。但經我解釋後，大家也沒話說。

到了法庭開庭日，法官問我們：「兩造是否願意庭外和解？」我們都點頭稱是。阿爾里德向我抱怨：「我不曉得你是怎麼跟她講的，怎麼可以在未和我討論下，就答應了以四十萬美元和解。」我趕快推說：「再大的金額，我們也付不起了。大家合理來解決問題，才可以安心做事嘛！」

這件事情的意外收穫，就是我和李錦聰成了好朋友，他並成爲我的會計師。

爲銀行注入新血

任職萬通銀行前兩、三個月，官司接踵而來，占用了我許多寶貴的時間。

這些法律糾紛，主要來自我覺得「不解的」電腦部門。萬通銀行的電腦部門承攬了多家中小型銀行業務的電腦資訊處理。每天銀行營業結束後，這些銀行將當日所有交易的資料，傳送到我們的「資訊操作中心」來作帳。這些作業必須在翌日股市開盤前完成。

銀行是政府高度控管的行業，所有要求的報告必須準時、詳實和完整。以萬通銀行的規模，根本沒辦法延攬優秀的電腦業專才，也沒能力購置新進的設備，結果把這些銀行的帳目做得錯誤百出。

這些銀行發現帳目不清、報告不實後，紛紛將萬通銀行告上法庭，不僅要求損失賠償，並要求懲罰性賠償。

這些訴訟官司，一直到一九八七年才完全解決。

因爲林小姐的性騷擾官司，增資的腳步延緩了一些。還好我迅速弭平這樁官司糾紛，並且開放外界增資。當年十一月，我們順利地增資八百五十九萬美元，有了這筆新資金，銀行才能開始和貸款人重新議約，調整貸款的利率和條件，逐漸縮小銀行的虧損。

裁員要畢其功於一役

當時萬通銀行的資產只約一億，卻有一百五十多個員工，又有一個在經濟、法律風險上和銀行的規模不成比例的電腦資訊操作中心，人力的精簡勢不可免。

但我沒有冒然採取行動，只按兵不動，我必須了解當時銀行各部門的機能、職員的能力和品質，我和總行及兩家分行的各單位主管一一會談。詢問他們的工作內容及操作方法，看他們的能耐及心態，並要求他們提供建言。

我還讓銀行全體員工知道，我辦公室的門永遠敞開，歡迎大家對銀行有任何的抱怨或建議，隨時都可以來向我陳訴。於是各式各樣的投訴接踵而來：×××歪哥亂罵人、亂雇用人……什麼罪名都有，罄竹難書，小報告更是如影隨形，但我都答以：「知道了！」暫時不處理。

這些投訴、抱怨中，不少潛藏著族群間的衝突。萬通銀行的第一任總裁是白人，曾在比佛利山莊銀行負責營運。來萬通任職時，帶了一些幹部過來出任高階主管，萬通銀行的員工，白人和東方人之間，在人事和業務上的處理方式常有爭執。

有員工以爲我一上任就會雷厲風行，結果毫無動靜，其實我在暗中審視，蒐集資料及證據，進行通盤規畫，企圖一次處理到位。我不能讓林女士的案件重演。

經過六個月的觀察，我得出一個結論：萬通銀行是一個毫無章法、溝通無門、組織不健全的團體。所以不說「組織」，而說「團體」，因爲它毫無組織可言。大家都很忙，忙著做一些需要別人擦屁股的事。愈忙，犯錯愈多，簡直一場糊塗，沒有人知道自己在做什麼，以及該做什麼。一言以蔽之：「亂七八糟。」難怪才成立兩年多就虧了近六百萬美元。

對銀行內部有全盤的了解後，我決定銀行必須精減一半的人力。我除了要再三確認是否非如此做不可外，我還得完成通盤規畫。根據收集的資訊，經過仔細分析後，要裁的人、要留的人都已清楚後，我決定一次處理到位，畢其功於一役。除去積弊沉痾，才能展開新氣象。如果頭痛醫頭，腳痛醫腳，今天讓幾個人走路，明天再資遣幾個人，大家怕都怕死了，好的人才一定會想辦法先跳槽，這樣對萬通的發展不利。

總之，銀行快要倒閉的風聲已經傳開了，員工如驚弓之鳥，惶惶不安。

下次裁員先裁我自己

我們做足準備，循著程序進行裁員，大概要被裁的人也心裡有數，過程相當平和。

留下來的員工還是有些驚魂未定，我得盡快安撫他們，穩定人心，免得大家都無心好好工作。於是，我將所有留任的員工召集起來，告訴他們：「今天銀行遣散這麼多人，實在有不得已的苦衷。若銀行無法生存，所有人都將沒有工作。我的規畫都已妥當，現在留下的員工就確定會留下，但是如果犯錯，還是可能會被開除。」聽我這麼說，臉色凝重的員工，才露出如釋重負的表情。

「你們都是我想留下的人。」大家聽到這裡，高興地拍手，我停了一下，再說：「我保證，不會再有第二次裁員。如果再有裁員，我會第一個裁掉我自己！」

一九九三年九月，在洛杉磯曾獲「艾美獎」的電視節目《少數族裔成功的故事》對我做了一個專訪，節目的標題就引用了我這句話。

萬通銀行的脫胎換骨，是從裁員後跨出第一步。我在裁員的同時，也在安排新的人事及公司的組織，我和留任的員工說明銀行要做什麼樣的銀行？該如何運作？每一部門的人該如何配合政策而調整、改善服務內容。我將自己建立的標準作業程序公布，其中包括每一部門及每一職位行事應遵遁的準則。各部門也以此爲準繩，針對工作性質，對部門員工進行短期訓練，讓大家能很快地進入狀況。這些以基層員工爲主的訓練，讓裁員後動盪不安的人心一下子穩定下來。

傳說中的台獨銀行

任職萬通銀行之初，當時洛杉磯台北經濟文化辦事處的處長劉達人約我餐敘。首先他恭賀我當上萬通銀行總裁，並說很樂見萬通找到對銀行經營有豐富經驗的我，只是他們不免有一份隱憂，就是擔心我上任後，萬通銀行會被台獨人士利用，那將影響我的社會地位和萬通銀行的業績。

聽了這種看似關切，實含威脅的話，我滿肚子不爽。我說：「老實告訴你，我們萬通銀行就是專門給台獨人士利用的。」聽到我的說法，他愣住了，不知如何回應。我繼續說：「也是專門給您劉處長利用的，因爲您知道美國的法律，不允許銀行業對任何客戶因爲種族、信仰、政治立場或性別而受歧視，所以劉處長，難道您要我違反美國的法律嗎？」我接著說：「劉處長，難道您眞的以爲萬通銀行是台灣政府管轄的嗎？萬通是一家加州登記立案的銀行。」

劉達人以一種奇怪的眼光看著我。但我依然沒理他，逕自「闡述」我的理論。

在我看來，橋歸橋，路歸路，雖然我本人有台獨立場，但萬通銀行卻是面向大眾、服務大眾的銀行，並沒有「限定服務對象」這樣的問題。

事實上，我不但從來不隱瞞自己台獨的政治立場，甚至會主動和員工說：「或許你們已經聽聞，我是支持台獨的人。我確實是。我有我的理念，但我要你們了解，我有立場，萬通銀行沒有立場。你們也可以有立場，不一定要和我一樣。我們在銀行裡不談政治，這一點很清楚。」

在我接掌萬通銀行初期，確實是鎖定了「台獨」客戶，包括政治上主張台灣獨立的「台獨」，以及將妻兒送來美國，一個人留在台灣打拚的「內在美」的「台獨」。但到了中、後期，萬通銀行不但將服務對象擴及其他少數族裔，也有許多來自國民黨的官員，甚至中國高幹的客戶。他們存款的數目往往不在小額。

我想，可能「台獨銀行」反而提供了他們一些安全感。因爲國民黨和共產黨都沒有管道來查對帳戶資料，所以「台獨銀行」反而更安全。

這倒是我始料未及的事。

鎖定利基市場

洛杉磯地區從台灣來的新移民，許多是從商的人士，和美國其他各地以留學生爲主的台僑聚集地不同。這些人大致分兩種，一種是先前提過的「內在美」族群，另一種則是家裡本來就從事台美生意，全家移民來美後繼續做台美間的生意。

當時萬通在洛杉磯地區是唯一的台資銀行，從一開始我就決定將萬通銀行定位是台灣人的銀行，這些具有台灣文化背景且財力雄厚的新移民，就是銀行的目標顧客群，銀行要根據他們的特質，提供符合他們需求的服務。萬通銀行的利基就落在他們身上。

這些從台灣來美的新移民，很多會把大部分台灣的財產變現，帶著大筆現金來美國定居、置產或做生意。這些客戶的需求，包括存款、房屋貸款、信用卡、商業貸款、進出口融資及信用狀等國際金融業務。

根據這種顧客的結構和特質，萬通以優渥的利息招攬大額存款，將銀行的主力放在房地產貸款、商業融資和國際金融業務。至於像汽車貸款、信用卡等需要大量人工及完備電腦系統來處理資料的業務，爲了客戶的方便，我們也提供服務，但僅作爲附屬業務，基本上會找其他銀行合作，由合作的銀行承辦業務，低調地做，並不宣揚。我們也會在必要時爲初抵美國的客戶提供擔保，依照客戶銀行帳戶的存款額，提供一定比例的信用擔保。待客戶有了信用紀錄後，額度自然會升級。

我強調要提供顧客「個人化服務」，在每家分行設了一個「貴賓室」，重要客人來銀行若是事先通知，銀行會安排專人服務，讓客人直接到貴賓室接受親切招待及服務。這個現在十分普遍的觀念及設置，在一九八〇年代卻很新鮮，看似來自我的「靈機一動」，其實經過大量思考及分析。在正式全面推出前，我抱著做實驗的心態，如果客人喜歡，感覺舒服，才要推廣。結果「貴賓室」的設置很受歡迎，成了銀行的特色之一，對招攬客人幫助很大。後來其他銀行紛紛起而效尤，「貴賓室」成了標準設置。

我要提供一個讓顧客有「賓至如歸」感受的環境。顧客一上門，行員就要親切地招呼他，讓他覺得受尊重。我要求行員，只要有三個以上的顧客在排隊，即使是主管也要暫停手邊的工作，來替客戶服務，不能讓客戶久候。除此之外，我們還在等待處準備了茶水或咖啡供顧客享用。這些都是建立萬通銀行口碑的細節。

因爲目標明確，加上合理有效率地運用人力及資源，讓我們做到了「用最少的成本賺最多的錢」。

我上任後第二年，原本瀕臨破產的銀行已轉虧爲盈，銀行員工士氣大振。

高效率服務客戶

記得剛從學校畢業，在洛杉磯準備去阿拉斯加上班時，本想申請一張信用卡，卻被銀行打回票。後來不管買汽車或機票，若非朋友幫忙保證或刷卡，根本買不成。當時洛杉磯尚無台資銀行，只有由香港與猶太人合資的國泰銀行，一些新移民的金融需求，多半還是要向主流銀行申請，只是結果常是令人失望。那時我就體會到新移民的痛苦，不管一個人在台灣的商業信用有多好，美國的主流銀行一般不會相信他，更別說借錢給他或替他辦信用卡。

因爲我們和銀行的主要客源同樣來自台灣，因此我們比較能了解他們的文化和商業上交易的習慣。來美國留學前在彰銀工作七年，很多當年的同事開枝散葉，在台灣銀行界都身居重要職位。一般銀行碰到查詢，都只給些表面訊息，但我可以透過個人的管道，得到更多、更詳細、更深入的資訊。例如：一般放款情形？有無退票等。根據這些資料審核貸款所做出的決定，幾無失誤。

基本上，萬通銀行承做的貸款業，以短期貸款爲主，如營建貸款，最多一、兩年。而進出口商業的授信額度，最多一年，如此貸款回籠快，風險相對小。至於長期的貸款，我們就把它轉賣，只賺取服務費和利率差額。我跟客戶本身不一定有直接的接觸，但對於他們的商業信用度，大致都有一定程度了解，尤其是重要客戶。當我審查客戶資料時，對於大筆金額的出入，一定會探究原因，透過管道查詢客戶在台灣的背景、存款實力和信用品質。我們的客戶在美國商界可能是新手，但做生意卻不是新手，這我們知道，但是別家銀行不知道，因此，當客戶一開口要貸款，我們可以馬上下定論，這是別家銀行做不到的。

萬通銀行貸款也因此贏得「一分鐘說Yes」的口碑。

美國著名的商業雜誌《富比士》於一九八九年一月刊登了一篇對我的跨頁專訪，標題是〈吳先生了解他的客戶〉。這篇報導中介紹了萬通銀行獨樹一幟、聯通美國和台灣的「信用局」，審查新客戶的信用背景，創造了貸款幾無呆帳的奇蹟。文中指出萬通銀行成功最重要的一點，就是我了解我的客戶是誰，以及知道如何去滿足他們的需求。

香港《資本雜誌》直接翻譯這篇文章，並將標題改爲〈化腐朽爲神奇：小銀行如何賺大錢〉。

重返母校享榮耀

這篇《富比士》專訪出刊後，許多親朋好友和銀行界的同行都打電話來祝賀，堪薩斯海斯堡州立大學校友會訊更以「校友吳澧培轟動銀行業界」爲題，直接引用《富比士》的報導，宣稱該校「物超所值」，學費低廉卻造就我這樣的金融界專才。校長不但打電話來恭賀我，甚至還來洛杉磯拜訪我。

母校當時設有「校長講座」，每年邀請一位傑出企業界人士來校演講。校長邀請我於一九九〇年回去母校，擔任第三屆「校長講座」的主講人。我是該講座首位以「校友」身分被邀請的。演講當天，演講廳坐得滿滿的，不只全校的教職員都來了，連市長、議長、國會議員等也來參加。

我先以一名三十四歲的老留學生初到美國的感觸當引言，感謝美國許多善良、富有公德心、又樂於助人的人，包括我的老房東、學生顧問珍妮佛、英文家教芭芭拉，以及幫助我最多的湯瑪斯教授。他們讓一個異國遊子感受到溫暖，並且幫助我在美國立業。在海斯堡州立大學的一年，在我人生中只是一個中繼點，但我有幸得到那麼多「貴人」相助，讓我的人生從此大不同。最後校長贈送我一尊象徵母校的老虎銅雕，我一直珍藏至今。

一九九五年，我榮膺傑出成就校友。並在一九九八年學校九十六週年校慶時擔任遊行的大閱官，我和太太坐在紅色的凱迪拉克敞篷車裡向路邊的群眾揮手時想著，如果已逝的湯瑪斯教授此刻能在我身邊，一起接受此份榮耀，那該有多好。

Chairman Li-Pei Wu with clients Sonia Li and Bobby Bruce Levy

Immigrant banking, Eighties-style, is not quite a matter of tending the needs of huddled masses.

How does Los Angeles-based General Bank return 30% on equity, earn double the industry average on assets and have almost no nonperforming loans?

Mr. Wu knows his customer

By Gretchen Morgenson

LAST SPRING, after Los Angeles-based General Bank knew that its net income for the first half of 1988 would be sky-high, some board members approached the bank's chairman, Li-Pei Wu with a suggestion. Why not, as a [redacted] for the outstanding results, throw a corporate shindig in Hawaii? Six years earlier, after all, an anxious Federal Deposit Insurance Corp. had practically been camped on General Bank's doorstep, and now the bank was earning 30% on shareholders' equity. Wasn't a celebration in order?

Wu liked the idea just fine, and so it came to pass. But they do things differently at General Bank. The attendees paid their own way.

Clearly, in today's world of plundered thrifts and multimillion-dollar regional bank writedowns, Li-Pei Wu, 54, and his General Bank ($400 million in assets) typify an anomaly—a growing number of small but highly profitable commercial banks in southern California that cater to local entrepreneurial Asian populations.

Immigrant banking, Eighties-style, is not quite a matter of tending the needs of huddled masses of the tired and poor. Many Koreans and Taiwanese who migrate to southern California do so with plenty of money in their pockets. No surprise, then, that the bankers who help finance their enterprises—and who speak their language—are flourishing. Last year GBC (formally GBC Bancorp) returned around 2% on average assets, twice the industry average.

General Bank is run primarily by Taiwanese immigrants for Taiwanese customers, a population that continues to grow and prosper in and around Monterey Park, east of Los Angeles. Many of its customers run export-

《富比士》專訪報導。

培訓幹部人才

入駐萬通後第二年，銀行已轉虧爲盈，業務有了顯著的起色，第一年裁員裁掉了約一半的員工，但爲了銀行的長期發展，我預見萬通需要一群優秀的幹部人才，於是建立一個「幹部人才培訓計畫」，有計畫地培養、訓練未來需要的幹部。

這個計畫主要是召募剛從學校畢業的企管碩士，因爲他們多數沒有職場工作經驗，可塑性高，最有可能成爲具有萬通特色的幹部。起初這些人大部分是來自台灣，後來也擴及其他族群。

在一到兩年不等的訓練期中，我親自督軍訓練，讓他們到銀行各單位實習。他們要歷練銀行的每項業務，如分行門市部、商業貸款部、房地產貸款部、國際部門，甚至於行政部門、市場行銷部門等，都要透過實地操作而深刻了解。在培訓的過程中，每一單位的實習都需要撰寫報告。最後，看他們自己有哪一方面的專才、興趣或衝勁，再派遣到對應的單位服務。

銀行每一部門的業務息息相關，也許將來他們只是「專一」部門的主管，但我的目標是把他們訓練成掌握銀行通盤業務的「操盤者」，因此他們必須熟稔銀行的每項業務，才能準確掌握銀行的脈動。

爲了加強這些學員的專業能力，我還送他們到西雅圖的「太平洋銀行學院」接受爲期三週的專業訓練，這不僅在華資銀行中絕無僅有，即使主流銀行也少見。因爲送去受訓的人不少，這所學院後來還請我擔任董事。

每年至少一、兩次，我會邀請這些學員到我家聚會，鼓勵他們發表意見，一開始我就聲明：「今天是你們做老闆的日子，什麼都可以講！罵我也沒關係！」因爲已建立了互信的基礎，大家可以無拘無束地喝酒、聊天，即使喝醉了也無妨。在這些場合中，我自己不發言，只聆聽他們的心聲。

會後，我再找機會私下和每個成員單獨討論，針對他們發言中的想法、疏漏或錯誤，提出我的看法，幫助他們重新審視自己的想法或建議。有些人在一開始被糾正時，會生氣、失望、沮喪、傷心……甚至卻步不前，但當他們了解，糾正是要幫助他們進步時，所有的負面情緒一掃而空，一舉轉爲正面、積極的力量。

銀行每年準備新年度的計畫時，我會要求這些學員參與主要幹部，提出他們的見解及建議，評估銀行成長的機會。眾志成城，他們常會提出一些好點子。如果建議有疏漏之處，我也會找機會告訴他們，讓他們自己去思考、改善。

這些銀行培訓出來的人才，成爲萬通主要幹部的儲備軍。當萬通銀行的業務蒸蒸日上快速擴展時，他們陸續進入各部門的主管崗位，負責操盤，在我掌舵的二十年，萬通令人讚嘆的亮麗成績，他們的貢獻和功勞無可置疑。

我常告訴他們，萬通銀行有長期的發展藍圖，他們每個人都有獨當一面的機會，因此「不要輕易離開萬通銀行」。

萬通的人才很搶手

萬通培訓出來的這些幹部人才，堪稱千錘百鍊，是別家銀行爭相挖角的對象。但很少人會跳槽，即使少數有意離去，經我懇談後，大部分都會留下。我會強調，縱使別家給的薪水較高，還是比不上快速成長的萬通銀行紅利。但如果別家銀行剛好缺主管，提供高位階、高薪水，萬通無法比照辦理，雖然不捨，我也只能犧牲，咬著牙讓他走。

在我和許多學員共同打拚多年後，我們已不再只是上司下屬的關係，反而更像是共同打拚事業的伙伴。

當我離開萬通後，萬通銀行和國泰銀行合併時，各家銀行爭相招攬萬通銀行的職員，很多不僅升階，薪水也多了兩、三成。留下的主管高升至資深副總裁，他們回台灣時常會特地來看我。我去美國時，他們也常爭著請我吃飯。後來在所謂的「陳水扁海外洗錢案」中，台灣檢方故意將我牽涉在內時，他們紛紛挺身而出，爲我打抱不平，甚至願意當我的人格證人，令我十分感動。

適才適所安排人事

將一個員工適才適所地安排在正確的位置，其所發揮的戰力不可以道里相計。銀行賺錢不能單靠策略，執行策略的員工才是關鍵。如何有效地使用人力、適才適所，以及提供適當的報酬與獎賞來留住人才，都是掌舵者的責任。身爲銀行的領導人，我在人事安排方面花了很多心思，而「適才適所」是我的基本原則。

每個員工都是銀行的資產，但每個人都有強項和弱點，我總是希望能讓員工適才適所，發揮最大潛力。因此，我訓練主管用持平的眼光去評估員工，人事室最後拿出的報告一定要包括員工的強弱項，這樣我們才知道如何讓員工人盡其才。

有位基層出納員老是算錯帳，拖累其他相關員工加班對帳。分行經理想開除他，但我從他的同事得知，他人緣很好，有當主管的特質，非常適合帶領出納員的工作。於是我要分行經理仔細評估，看哪個職位最適合他。果然，換了職位後，他表現突出，顧客也很喜歡他，這就是適才適所的實例。

重視敬業的員工

在信奉資本主義的美國社會，對個人能力的強調常高過對員工忠誠度的要求，有辦法跳槽，並且獲得更高職位或薪酬待遇的人，常被視爲「有辦法的人」，受到重視。這種企業文化也造成許多自認能力高人一籌的員工會積極要求加薪或晉升，不滿意則拂袖而去或伺機跳槽。對於這種心態或文化，我並不苟同。

在工作上，我要求工作態度必須嚴謹，做事穩扎穩打不抄捷徑，還得講求效率，對每件事情要先有自己的判斷，有正確的工作方針，不能每天窮忙而一事無成。每個行員要清楚認知自己的職務，不明白的地方得不吝請教，絕不能以「不知道」來敷衍因應。

我從不找那種自認有能力，期待快速晉升的人。因此，面試員工時，看到三年換五個工作，一個職位做不到幾個月的人，這種人不可能安於其位，我一定不會錄用。我不要雇一個「呷碗內，看碗外」，把萬通銀行當作墊腳石的員工。

我要讓所有的員工對銀行有信心，相信銀行不會辜負潔身自愛、努力做事的人。因此即使在上司不欣賞的情況下，他們也能好好把事情做好。畢竟「鐵打的營盤，流水的兵」，底下的人與上司不合，可能明天就會換一個上司，而且再上一級的長官可能會欣賞你。只要公司在成長，而且人事組織健全，總是會有人欣賞一個好員工。

因此，對於一心想著哪裡有空缺，就要往哪裡鑽的員工，我對他們的考績只有減分，沒有加分。當然，如果在自己的崗位上發揮得很好之餘，還能積極爲公司謀求更大利益，我當然更歡迎。

萬通的員工知道，只要好好做事，萬通銀行不會虧待、辜負他們，這就是我讓每一個員工發揮最大能力，爲銀行好好打拚的誘因。

注重廉潔的風氣

二〇〇〇年十二月，投資人商業報以〈GBC Bancorp's Li-Pei Wu Integrity And Effort Are Tops in His Books〉的標題，登了一篇我的人物報導，強調我注重「廉潔」的行事作風。

員工的工作能力固然很重要，我更注重員工廉潔的品格。唯有注重廉潔的風氣，才能塑造健康的企業文化。

在阿拉斯加北方銀行工作時，我曾遇過一名出納員監守自盜的案例。這名出納員藉工作之便偷錢，長達兩年才被發現。銀行不甘損失，對他提出控訴，不料他卻說出一番令人瞠目結舌的話。

他說，他偷錢固然不對，但銀行卻不能置身事外，推罪卸責。他的理由是，銀行是管理金錢的組織，理應對內部管理有一套嚴格的內控機制，以防組織內有人上下其手，而這套機制在銀行顯然失效，縱容了他的犯罪。他挑戰我們：「你們不要只怪我，我偷了一年多的錢，你們都沒警覺，這表示你們的經營及內控管理太爛了！」

雖是「惡人告狀」，但這說法不免令我深思。後來我決定讓他賠償偷走的錢，開除後，還是放他一馬，撤銷了對他的告訴。這件事給我一個重大的啓示：員工適才適所固然重要，更重要的是他品格的廉潔，否則再嚴格的管理制度，也防不了有心人偷雞摸狗。

萬通銀行剛成立時，有位從其他銀行轉來的員工，交際手腕一流，爲萬通銀行招攬許多客戶，對銀行貢獻很大。我進入萬通時，他已位居高階，能力很強，但多年後，我發現他在貸款中向客戶收取回扣。當時我主張開除他，但董事會不願意，擔心他將客戶帶走。但在我「絕不容許此種作爲」的堅持下，銀行最後還是不得不將他開革。

我知道，這麼做短期內可能對銀行的業務有傷害，但我不相信會造成長久的損傷。後來風聲傳出去，別家銀行很快就知道他離開萬通的原因，沒人雇用他。他只好跑到中國去做生意了。

這些例子，加上我以前在台灣時見到的種種官商勾結情形，讓我知道，即使制度再嚴謹，心存不正之念的人依然會處心積慮，找出可鑽的漏洞，防不勝防。而要積極有效防堵這些弊病，最重要的是形塑一個廉潔的工作環境，讓有心作惡者亦無從下手。

杜絕浪費，能省則省

為了降低成本，減少開支，我要求員工盡量做到杜絕浪費，涓滴歸公，連一張紙都不浪費。如銀行的影印紙張，幾乎都是雙面使用，將用過的影印紙回收再利用。這不是說銀行窮到一張紙都要省，而是觀念問題，建立一種「盡量想辦法，能省則省，不浪費，不亂花錢」的態度。

對我而言，這些錢都是銀行的錢，若能盡量省下來，年終時就可以回饋給全體員工。因此，當然不能讓少數員工借公務之名浪費掉，包括我在內。

當我在西方航空公司任職時，公務出差都坐頭等艙。但在萬通，即使我身為董事長兼總裁，公務出行一律搭經濟艙，有時碰到認識的人，他們很驚訝，「董事長，您也坐經濟艙啊？」「是啊！」銀行艱困時如此，後來賺錢了，依然如此。如此一來，公司自然沒人申請經濟艙以上的出差費。

剛到萬通銀行時，董事會照例配一輛公務車供我使用。雖然董事會有心禮遇，打算購買一輛新的豪華轎車給我，但我看前總裁使用不到兩年的賓士轎車情況尚好，於是婉拒了購買新車的建議，繼續使用舊車。

數年後，萬通銀行的經營蒸蒸日上，獲利豐厚，十分風光，董事會有意替我更換新的座車，我本欲拒絕，一位黃姓董事提議將他所擁有的一輛賓利豪華轎車轉售給銀行，價格比買新車還低，如此代表銀行出外洽公時也夠分量，我才點了頭。

董事會除了買新車外，還數次提議要雇一名司機給我，我本著「能省則省」的原則，不同意。後來我工作很忙，又常得開車去拜訪客戶或接洽銀行的業務，出了兩次小車禍後，才答應讓銀行請一名專職司機。

事實上，萬通銀行很多年都是被評定爲全美數一數二「有效率」的銀行，英國權威財經雜誌《經濟學人》於一九九〇年四月的期刊，評估萬通銀行的資本報酬率是全美第一的銀行，最重要的是因爲我們能夠將經營成本縮減到極致。

公私分明

從以往在台灣的工作經驗，我知道華人文化中有許多見不得光的事情，因此我戒愼恐懼，有公事到銀行來談，盡量避免和客戶有私下的交往，免得落人口實。曾經有下屬跑到我家來送禮，被我大罵一頓，並命令他將禮物拿回去，他非常尷尬地落荒而逃。這件事很快就在銀行裡傳開，以後就再也沒有人這麼做了。

有一次，一位熟識的朋友和朋友吃飯時大概酒喝多了，隨性提議：「走！我們一起去找吳澧培。」到我家門口已經晚上十點多了，她依然按電鈴。當時我已穿上睡衣，準備就寢。開門一看，兩個人，一位朋友和一位正有業務往來的銀行客戶。我說：「對不起！我已經休息了。」然後將門一關，請他們吃了閉門羹。我聽到她在門口哭了好一陣子，但我也沒辦法管，而她終於在銀行客戶相勸下離去。

對這種事，我執行得很徹底，有時難免落下「不通人情」的批評。但我認爲「要做就做徹底，否則不如不做」，做不徹底，無法服人。

雖然我嚴格要求，但有時也難免碰上需要稍做變通的情況，尤其對方是客戶時，直接拒絕不免得罪人。例如，每年碰上如過年、聖誕節等佳節，許多客戶直接就將禮物送到辦公室來。完全不收，未免太不講人情。於是我折衷處理，價值高於二十五美元的禮物退回，不退回的禮物放在辦公室，最後由員工抽籤、分享。

總之，身爲一個銀行家，固然需要維持與客戶的關係，但不能因爲要維持關係而對原則妥協。一旦妥協，就容易出問題。

我很注重公私的分際，絕不占公家便宜，如果看到公私不分，內神通外鬼的「勾結」或背叛，即使不是在我的企業或社團內發生，依然會很不舒服，更告誡自己不能犯同樣的錯誤。

在萬通銀行工作時，我從來不用公家的東西做自己的事情。即使是隨手可得的辦公用品，如信封、信紙、郵票等文具，我都自己準備，放在秘書那裡。如果是我私人的信函，我會用印有自己頭銜的文具，並貼上自己花錢買的郵票後付郵。我的幾個秘書都很清楚，我不允許自己有一分一毫和銀行扯不清楚。

爲了方便和客戶往來，銀行發給我一張公司信用卡，但我一向只用在和銀行客人應酬往來上，並確定這花費和銀行有關。一般的私人花費，我都是用自己的信用卡支付。每次信用卡帳單來，我會要秘書將每一筆開支的對象及用途一一註記清楚，如「招待客人×××午餐」，一目了然。

除非上下班或與銀行有關的公務外，我不會用銀行的轎車，更別說司機。下班回家後，我從不提及工作上的事情，更吩咐太太不能和我的下屬有私人來往，以免引起不必要的閒言閒語。

由於我樣樣事情都是公私分明，界線森嚴，久而久之，上行下效，蔚爲風氣，很快就產生了明顯的效果。

我不但自己以身作則，並且還要求董事會配合。一九八八年董事們預計當年銀行的盈利會大幅上升，就建議移師去夏威夷度假勝地開董事會。言下之意，當然是銀行買單。大家都很興奮，準備攜家帶眷，開會兼旅遊。我同意了，但說：「所有家眷的費用請董事們自行負責。」董事們知道我的作風，也只好照章辦理。

替員工爭取福利

許多公司都會對員工說：「好好做事，你就會被提拔。」這件事情的難度在於是否能貫徹執行，取得員工信任，相信公司不會辜負潔身自好、努力做事的人。唯有如此，才能維持員工的素質及積極的工作態度，進而產生「命運共同體」的感覺。

雖然提供員工「誘因獎勵」是公平且適當的作法，對銀行的內聚力幫助很大，但我也預見，如果等到銀行賺大錢時提此要求，在董事會過關的阻力一定會增加。所以我早在銀行尚未很賺錢時向董事會提出一項激勵性的分紅政策，即參照我的紅利公式，每年從銀行的稅前盈餘提撥一成五，做爲除我之外銀行所有員工的分紅、鼓勵他們努力工作的「誘因」，並使其制度化。雖然有些董事對於將手裡的大餅分一些出去有些心疼，但我說服董事會：「這筆錢是花在刀口上，不能省。我們的薪水不一定比別家銀行高，沒有這種盈餘分紅的獎勵，人才不穩定。」權衡利害後，董事會通過了此一獎勵制度。

每個員工能分到這份「誘因」獎勵的多少，和考績大有關係。每個單位和單位主管的評估，完全由我做主，不會有利益衝突。我的評估，將決定各單位能夠從這塊大餅分到多大一塊。評估的基礎還是看業績，我完全從我的觀點去評估單位總體及主管當年的表現，包括執行副總裁在內。

考績越高的單位，拿到紅利獎勵的金額也越高。至於單位內每個人分別能拿到多少，則由單位主管全權決定。評估的基礎，完全以成果論英雄。不是努力不算數，而是「以對的方式做對的事」才有意義，如果是「以對的方式做錯的事」，愈努力反而愈糟糕，這不是我要的結果。考量的因素當中，有些可以量化，如招攬了多少生意進來，比較好評估。但很多卻只能看「質」，包括工作的效率、工作完成的滿意度等。

爲了如實評估，我常邀請各單位主管餐敘，詢問他們工作的情況。對他們工作熱忱和認眞的程度進行旁敲側擊，這些都是我對他們考核的基本資料。對我關說、討好都沒用，一切以工作表現爲基準。我同時讓一般員工有申訴的管道，並做合理的處置。

絶對不要當濫好人

單位主管若是做濫好人，不願得罪人，不分好壞，將下屬一律給予高分，結果「大家都是最好的」會變成「大家都是最壞的」，失去評估、獎勵的意義，應當避免。我要求每個單位主管，按零到十分的標準（十是最高分），爲手下員工評分，但所有員工的平均值必須是五。

單位平均值必須是五，表示單位成員表現有好有壞，得到十分者，可在單位所分到的餅中拿到最大塊的紅利獎勵，得一分的拿到最小塊。我允許考績可以打零分，拿到零的人，當年沒有紅利獎金可拿。結果，以往一些主管做濫好人，好壞不分，一體獎勵的事情從此絕跡。

後來銀行的盈餘年年上升，獎勵的紅利也隨著增加，很多人拿到的紅利甚至超過了整年的薪水。

人人都是業務員

大部分的企業，業務部門都是專人負責，別的部門盡量不插手，即使偶有例外，也多是和業務人員私相授受。但我的想法不同，既然我們是小銀行，每一條肌肉的力量都不能放過。而且，只要規範好運作方式和審核的制度，其實大有可爲。

萬通銀行的員工，許多和僑社都有緊密的關係，認識很多人，但除非是負責業務的行員，或者對銀行向心力超強的員工，在介紹生意「有功無賞」的情況下，一般不會多事，鼓勵朋友或親戚去自己工作的銀行進行交易。

休假時，我常去「賭城」拉斯維加斯消遣娛樂。我注意到一件事，任何賭場員工只要能招攬客人到賭場賭錢，都有分紅可拿。即使這位客人贏錢，照拿分紅，不會苛扣。這一制度，激起員工招攬客人的熱情。

後來，我將這一辦法略做調整，也用在銀行裡。當員工介紹沒有直接利害關係的客人來和銀行做生意時，例如介紹朋友來申請貸款，當審核通過後，都可以拿到一筆推介費。至於這筆生意最後是否會變成壞帳，和當初推薦介紹的員工並無關係，而是和負責審核貸款的人有關係。而且，每個月我們都會公開地表揚這些員工。

在金錢和精神雙重鼓勵下，結果造成了「人人都是業務員」的現象。行員的積極性被挑起，提高了對客戶的服務熱忱。而且，另一個意想不到的好處，就是萬通的行員除了專精自己負責的業務外，對於銀行其他的業務，幾乎都有「全面」的認知，對銀行的認同感也愈深。

稍微用點心思，變更一下制度，以對的方法去做對的事情，就會得到對的結果。以此為例，員工既賺到了錢，又賺到了面子和開心，而銀行也能獲益，是再好不過的雙贏。

力求公平

任何企業的經營者，對於員工的表現，一定要適時地給予適當的肯定與獎勵，才會激發他們工作的鬥志。雖然獎自上施，但「公平」的原則得一體應用。因爲如果獎勵做不到公平，還不如不獎勵。

我自己在彰銀時吃過「一篇論文，冷凍七年」的悶虧，所有獎懲升遷制度，在人爲的操控下被置之不顧，我不能讓我的員工也吃這種苦。因此，在萬通銀行，我要求所有員工，不管位階高低，都必須得到「公平待遇」。如果員工提出某些要求，如升職或加薪，或對銀行的建議，我首先會先問自己：「此一問題是否能一體適用？」如果發現是因爲制度上的缺陷或政策有問題而有不公平的情形，我一定要修改到適用於所有員工，才是公平。

「公平」是一主觀的標準，要達到絕對的公平，必須摒除各種偏見，十分不容易。對員工的獎懲、建議或意見，如果上司有心做到公平，而下屬卻不認爲時，我要求員工必須和他的上司平心坐下討論，如果無法達到共識，員工隨時可以到我辦公室申訴，我會盡量客觀地從中了解雙方的情形，並決定處理的方式。

爲了幫助員工，並追求絕對的公平，我實行了「開門」政策，員工只要有事想見我，我一定見。除非辦公室有訪客，否則隨時都可以進來。我歡迎員工在上班的時間來辦公室找我溝通，不管是創意或意見都歡迎。如果有客戶需要和我談事情，我也歡迎員工帶客戶來辦公室和我談。但我絕對不歡迎任何人在未經邀請的情況下，上我家門，不管是自己來，或是帶著客戶的客戶登門都不行。有事要談，請到辦公室。如此作法，從一開始就避開了不公平。

我要在銀行塑造一個企業文化，讓具進取心、積極向上的員工能夠充分發揮，一展才能，並得到適當的賞識與報償，進而對銀行產生「命運共同體」的認同，以身爲萬通人而驕傲、自豪。這是我在萬通二十年始終孜孜不倦，努力追求的目標。

義所當爲勇於出手

一九九〇年代初期，美國經濟不景氣，國防支出大緊縮，造成南加州國防工業大裁員，加上房屋市場崩盤，加州經歷了美國一九三〇年代初經濟大蕭條後最嚴重的經濟不景氣。很多銀行因此不再承做房地產貸款及營建貸款，以往吃香的房地產業，一下子成了拒絕往來戶。日資住友銀行、聯合銀行，甚至美國主流銀行的放款條件變苛刻。銀行不但緊縮銀根，不肯貸款給客戶，甚至還找藉口，要求提早付清貸款。

當時在洛杉磯地區開設、經營購物中心、旅館及汽車旅館的台灣人爲數不少，大部分是向住友銀行貸款。財大氣粗的住友銀行以前能夠提供相對低的利率，稱霸市場，我們難以競爭。但在經濟不景氣時，住友銀行總行下令緊縮銀根，不再承做旅館貸款，手上的貸款也盡量提早收回。這種做法對台灣人業主無疑雪上加霜，許多人甚至無法繼續經營，人心惶惶，一片恐慌。

身為銀行家，當然了解這些銀行的心態，但我卻無法認同這種「晴天借傘，雨天收傘」的行為，於是在《加州商業週刊》上發表了〈我的立場〉一文陳述意見。我認為，銀行不該做得這麼絕，市場一有風險，馬上踩客戶兩腳。銀行要找出和客戶雙贏的方法，讓大家度過難關。我並呼籲政府協助獨立銀行度過難關，不然經濟只會更壞云云。

大銀行把房地產貸款當躲避球，拚命將到手的客戶丟出去。但是我有不同的看法：我認為我們收復失土的機會到了！我了解台灣人，絕不會輕易放棄。而且，經營旅館的台灣人業主，常將現金從帳上抽走，報表雖不好看，但實力其實不錯。因此，萬通銀行在少數族群社區大打廣告：「萬通願為他們融資，歡迎業主來萬通貸款！」萬通銀行不但趁機大幅收回失土，並將業務擴展到其他社區，為將來的發展打下良好基礎。

在重談貸款時，銀行常常能夠拿到比以前更好的條件。對那些條件不夠好、情況不夠穩的旅館業主，我們可以要求他們在銀行多放存款，權充押金。在眾銀行皆推我獨攬的情況下，這些業主也沒太多選擇。

在大環境景氣不好時，萬通銀行把危機當轉機，反而獲得拓展的契機，有機會做出更好的選擇，爭取優質客戶。

果然好心有好報，我們萬通「雪中送炭、雨天借傘」的行動，在一片不景氣的環境下，仍然能持續賺錢。

危機就是轉機

有一天，我接到一通電話。對方自稱是拉斯維加斯的大開發商，手中有上千英畝土地，而且這些土地完全沒有抵押貸款。

他說，以往數十年他們都是和美國商業銀行打交道，但最近向美國銀行貸款進行土地開發，卻遭拒絕。美國商業銀行總行見景氣不佳，下令一律減少承做風險性不動產貸款業務。借不到錢的開發商很生氣，但卻無計可施。

他碰巧讀到我在《加州商業週刊》上的文章，認爲我可能願意貸款給他，他問我：「你們有無興趣？」這番話雖然誘人，但我不太相信，無抵押的上千英畝土地，怎麼可能借不到錢？但想起「危機就是轉機」這句話，我不能放棄這個可能的商機。

我和幾個董事一起去見他，他開了私人飛機，帶我們「巡視」他的土地，並出示了文件，我們知道，他說的都是眞的。

以他們如此深厚的實力，若非遇上銀行政策改變，根本輪不到我們。而且，因爲他對美國商業銀行的怨氣，我們甚至可以拿到更好的條件。

依照他們的計畫，要建造一千間住宅，是個大規模開發計畫，我們最多可貸兩千萬美元。我和他談條件，雖然他急於開發這塊土地，但不可能一次建好一千棟房子。我問他：「我願意承諾提供你建造所房子的貸款，但你可不可以分批建造，先建一批房子，然後邊賣邊建？」我向他說明，我可以提供貸款，但不是一次付，而是先付一部分，讓你蓋一批房子。你一面蓋房子，一面賣房子，賣的錢先還銀行，然後銀行再借你錢，再蓋一批。如此一來，雖說銀行提供全額貸款，事實上我們每次承擔的風險不超過十分之一。何況，我要求他把全部的土地當貸款抵押，銀行承擔的風險可說幾近於無。

而且我要求這筆貸款的規費和手續費是按照全額貸款來計算，並且在一開始就先付，這些條件明顯對我們非常有利。若非景氣不佳，人棄我取，我們可拿不到這麼好的條件。

這個案子讓萬通銀行在南加州各行各業飽受不景氣之苦時，卻能逆勢成長。

涉足高科技創投領域

我有一位外甥女學業優秀，富藝術天分，史丹佛大學畢業後，又去加州著名的藝術中心設計學院進修電腦圖像設計，其作品在一項比賽中得到首獎。著名的基金經理人兼創投家比爾．葛洛斯看中她的藝術才能，以七萬美元年薪召募她到其創辦的「創意實驗室」工作。

她同時也得到另一家大公司提供七萬五千美元年薪待遇，她猶豫不決，無法決定，於是來向我求教。大公司代表穩定，小公司代表機會。我問她：「一年少五千美元，對妳生活有無影響？」「沒有！」再問：「以妳的背景，如果公司要妳走路，妳是否能找到新工作？」「應該沒問題！」我說：「那妳已經回答我的問題了！接下來，我要教妳如何善用機會。」我於是教導她有關股票認購權的知識，以及如何從談判中取得最大利益。

當時葛洛斯手下的公司，包括GoTo.com、CitySearch等網路科技公司。我建議她，在談條件時，要想辦法取得股票認購權。至於要取得多少股權？我說：「多多益善。」她是很高明的談判人才，不但拿到了葛洛斯母公司的股票認股權，並且還取得了CitySearch的股票認股權。後來

CitySearch上市，她成了身價不斐的小富婆。

當時新的電子高科技公司在北加州矽谷如雨後春筍，許多科技專業人才，辭去工作自行創業，我當時判斷，矽谷有很多從台灣來留學的博士，想必其中有不少創業者。

這些勇於創業的人幾乎都是年輕人，通常口袋的錢不多，但有一些有創意的點子，在研發階段，產品能在市場銷售前，公司只有開支沒有收入，這些創業者必須向願意投資的人或企業尋求支援。

從一個創意到發展出有商業價值的產品，在市場出售獲利，成功率不超過百分之十，即使再成功的例子，所需的時間和開銷也很難預估，許多人以「燒鈔票」形容高科技的創業過程，因此創業投資一直被認爲是高風險、高回報的投資。

一九九〇年代中期，台灣移民潮趨緩，南加州經濟景氣不佳，眼見高科技創投的高回報，我相當心動，於是我開始思考如何在高科技融資的架構上，注入高科技創投高回報的潛能。於是我們於一九九四和一九九五年在北加州矽谷高科技區及其鄰近地區開設三家分行，除了全方位的銀行服務項目外，以提供高科技業融資爲主要業務。我們把服務的對象鎖定於已籌募到創投資金，產品已接近生產階段的公司，而且在融資的契約中要求：

公司必須把籌募的創投資金存放在萬通的無息帳戶裡，存款一般至少是融資的五倍以上，當時利率超過百分之五，如果公司向萬通所貸融資是存款的百分之二十，萬通不到四年的利息收入就超過貸款的全額。

公司有萬通的信貸融資，但這信貸額度必須以公司應收帳款和貨存爲比例。如果公司不能生產產品，就無法從萬通拿到信貸。相較坐擁的巨額創投資金，公司未必看得上銀行的貸款，但公司若有銀行的信貸融資，它的信用會得到提升，有助於它吸收其他的資金，因此公司都很願意和銀行協議立約。

公司必須給萬通銀行認股權證，股數依融資額而定。「認股權證」類似股票認股權，只要公司被併購或股票上市，認股權證的價值瞬間飛漲，我的策略是公司一上市，我們馬上將手中的股票認股權脫手。萬通出售這些認股權證的獲利常是銀行融資業務所能獲得的幾十倍。一九九六年，庫比蒂諾一家高科技公司，只貸了五百萬美元，但我們從認股權證賺了好幾千萬美元。

前兩項是把萬通承擔的風險降到最低，除非公司的產品出了問題，應收帳款成了呆帳，而萬通從公司無息存款所賺的利息少於貸款，否則萬通不會賠錢。第三項則是把萬通可能得到的報酬提到最高。如此一來，我們就能把本來高風險的創投公司融資，轉成低風險高回報的投資。

這些高科技公司創業成功後，繼續發展，很快就會用上商業貸款及國際金融等服務，包含進出口融資、進口押匯、進口外匯授信等業務，順理成章成爲銀行的好客戶。

向其他市場進軍

一九九六年萬通銀行的淨盈餘是九五年的兩倍半，我們乘勝追擊，創立「多元文化金融部門」，將觸角伸入其他的少數族裔社區。

和台灣類似，日、韓、伊朗等國家也有很多新移民帶著錢移民來美國，所面臨的情況和台灣來的新移民差不多，不容易找到能提供令他們滿意服務的銀行。這些富有的新移民，正是萬通銀行的理想客戶。

例如伊朗來的新移民，帶來大筆財富住在昂貴的比佛利山莊，我們一秉服務新移民的初衷，以同一模式來擴展業務，提供金融服務，許多人因此成爲萬通的客戶。雖然我們沒辦法像對台僑一樣調查他們在母國的財務背景，但我們請伊朗同鄉會中的領導人擔任顧問，篩選潛在客戶，成果相當不錯。

當萬通銀行的口碑在這些少數族裔社區中傳開後，好客戶介紹其他的好客戶，生意源源而來，助長了萬通銀行成長的氣勢。

My Stand

by Li-Pei Wu
Chairman, President and CEO,
GBC Bancorp
General Bank

How government can help California's independent banks loan more to businesses.

The recession is entering its third year, and Californians have yet to see the light at the end of the tunnel. Capital investment from Pacific Rim countries has slowed and aerospace and defense industries have suffered large cutbacks. As if this were not enough, there were the riots in Los Angeles followed by the recent earthquakes, neither of which helped to restore confidence.

In the past, bankers have been accused of fanning the already overheated economy. We are now being blamed for not making enough loans to help revive today's economy. By and large, we are guilty of these charges. After financing speculative real estate ventures during the peak of the economic boom in the late '80s, many banks are now faced with substantial blocks of repossessed real estate, called Other Real Estate Owned, or OREOs, and can expect more to surface. These and many other bad loans have not only increased loan charge-offs, they have diluted banks' earning power, thus weakening their capital structure.

The Federal Reserve Board has repeatedly lowered the discount rate. However, as we all have witnessed, these measures neither eased the credit crunch nor refueled the economy. In fact, many banks are either hesitant to lend or have simply exhausted their means to lend. Bankers have been too liberal when they should have been conservative—namely, when real estate prices flew sky-high in the late 1980s. And they have been too conservative when they should have been more liberal—in an economy like we now have. Today many banks are paralyzed by the problem that they cannot make more loans in an economy that desperately needs them.

What can be done? California's banking industry cannot revive itself, let alone the businesses that are hurting. These banks urgently need a strong boost from outside. I suggest the following:

1. The structure of the Small Business Administration (SBA) should be revised to allow more liberal lending practices. Because of the distressed state of economy, many small- to medium-sized businesses are finding it difficult to fulfill the banks' lending criteria, and therefore are unable to borrow enough to meet their needs. Now is the most opportune time for the SBA to step in and liberalize its lending criteria, even increase its guarantee ratios, if it hopes to save these businesses from going under.

2. The Federal Reserve Board should provide long-term financing to commercial banks, thus enabling the banks to resume lending—with confidence. The Fed's lowering of the discount rate and its providing short-term financing through the discount window have proven ineffective in helping banks get back on their feet.

3. The Fed should be willing to provide financing to banks using their OREOs as collateral, so that banks would not have to dump real estate into a market that is already suffering.

4. The book value of OREOs should be stabilized. Regulators should allow those banks with substantial OREOs to hold them at present appraised value, without further write-down, for, say, the next two years, even if economic conditions and the market value of these OREOs continue to deteriorate. This would allow banks to preserve their capital positions and prevent the further dumping of real estate into the market.

5. Let these collateralized long-term debts financed by the Fed be considered Tier II capital for a period—say, two or three years—so that small community banks can recapitalize and prevent the loss of deposits. Because of their deteriorated capital positions, many smaller banks are required to increase capital so they can solicit additional deposits or, if their capital positions have plummeted, to maintain current deposit levels. This is the only way that small banks with deteriorated capital positions can make more loans or retain their current loan portfolio. Unfortunately, these small community banks usually don't have access to the capital market to recapitalize, even under normal conditions. With weakened or even negative earnings, they are denied the opportunity to raise Tier I capital.

Certainly, given their previous "reprimandable" banking records, these banks should be willing to accept certain special regulatory monitoring to ensure that public money is prudently managed. If the government does not help now, there may be greater consequences later.

There is no instant cure to this recession, nor can the California banking industry be revived overnight. Amid this recession, there is a major economic restructuring under way. Unusual times call for unusual measures. The government, the Federal Reserve and state regulators should look beyond their existing means and be more creative to find workable solutions. □

Reprinted from CALIFORNIA BUSINESS magazine, Sept. 92, Vol. XXVII, No. 9

在《加州商業週刊》發表〈我的立場〉一文。

萬通二十年

一位好友，也是萬通銀行的董事曾說：「吳澧培做什麼，像什麼。」這句話讓我很受用。

一九九四年當萬通銀行的資產超過美金十億時，許多報章雜誌和電視媒體對萬通及我的報導和專訪不勝枚舉，其中*Professional Services Guide*以〈一位台灣移民實現了美國夢〉爲標題，對我作了一篇人物特寫。文中認爲我是美國最成功的銀行家之一，而將我能把一家瀕臨破產的銀行扭轉成美國最賺錢銀行之一，歸功於我「精通他的企業，了解他的客戶」。

我做事一向全力以赴，務求做到最好。當我在做銀行家時，完全以銀行家的最高標準要求自己，不但將全副心力投入銀行工作，並且時時觀察趨勢，殫精竭慮，希望能洞燭機先，比別人更早一步看到趨勢和機會，並在關鍵時刻迅速採取行動，捕捉「大風起於青萍之末」時的商機。

從破產到美國第一的銀行

一九八二年五月我接掌萬通，銀行的財務正面臨破產的危機，當年十一月我們增資八百五十九萬美金，爲銀行注入新血。一九八八年爲擴展銀行業務，萬通股票在美國那斯達克交易所上市，募資九百五十萬。

我入駐的第二年，萬通就轉虧爲盈，接下來十九年，銀行的業務蒸蒸日上，每年的資產、資本和盈餘都是不斷上揚，二〇〇二年我退休時，和我一九八二年接手時兩相對照，萬通的資產由一億增到二十五億，資本從幾近破產到二億五千萬美元。分行從兩家增加爲二十多家。當初的投資人，包括歷年的紅利、分股與股值都漲了好幾十倍。

萬通二十年間，說我「日理萬機」實不爲過。我篤信「上行下效」，只有偷懶的上司，沒有怠慢的下屬。我常在週末到銀行工作，主管們也會自動加班。雖然事必躬親，但我並不拒絕別人的協助。譬如，我告訴我的秘書：「身爲總裁，我的工作和決定直接影響銀行的財務，因此，身爲秘書，必須替我處理繁雜的瑣事，好讓我能有精力，在關鍵性的決策上做正確的選擇。」他們都照做，而且做得很好。

萬通奇蹟式的成長過程，吸引了許多主流媒體注意與報導。其中包括《英國倫敦經濟學人》、美國世界知名的《富比士雜誌》《美國銀行家》《華爾街日報》《紐約時報》《洛杉磯時報》《加州銀行家》等。

一九九八年，安永會計事務所（Ernest & Young）推選我爲年度企業家，雖然上台領獎的是我，但這份榮譽是由萬通團隊和我共同付出心血和努力而得來的。當年九月，我有幸受到美國前國務卿卡斯珀·溫伯格邀請，上他的節目〈世界商業評論〉受訪。翌年五月，我又應川流講座之邀到英國倫敦劍橋大學做了三天的專題演講。我的題目是「台灣是否能延續它的經濟奇蹟」和「台灣與中國的政治衝突卻經濟依存的關係」。二〇〇〇年五月，《華爾街日報》也對我做了一個專訪。這些得來不易的榮譽，我十分珍惜，更深深感恩。

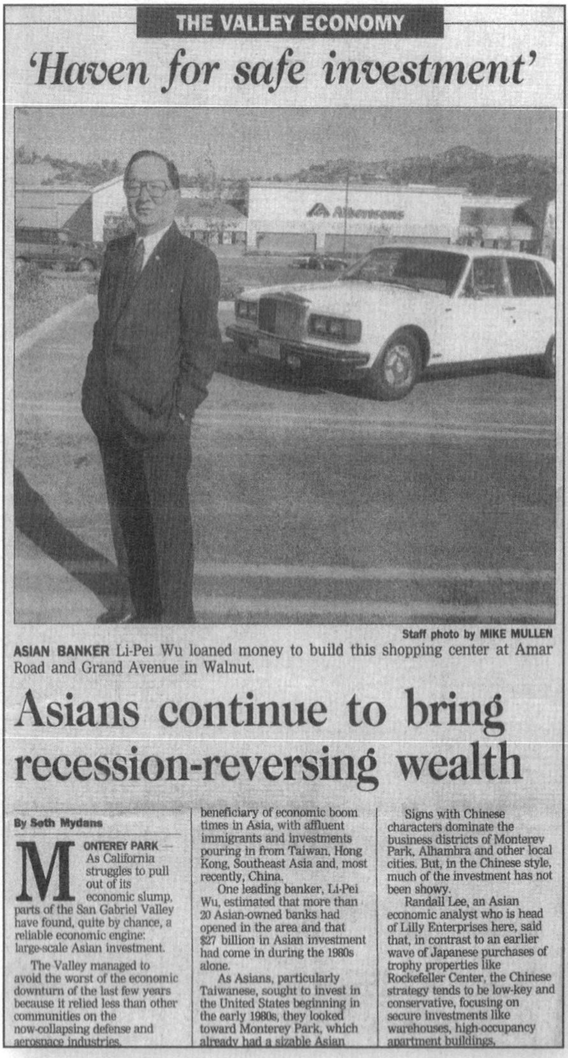

THE VALLEY ECONOMY

'Haven for safe investment'

Staff photo by MIKE MULLEN

ASIAN BANKER Li-Pei Wu loaned money to build this shopping center at Amar Road and Grand Avenue in Walnut.

Asians continue to bring recession-reversing wealth

By Seth Mydans

MONTEREY PARK — As California struggles to pull out of its economic slump, parts of the San Gabriel Valley have found, quite by chance, a reliable economic engine: large-scale Asian investment.

The Valley managed to avoid the worst of the economic downturn of the last few years because it relied less than other communities on the now-collapsing defense and aerospace industries.

beneficiary of economic boom times in Asia, with affluent immigrants and investments pouring in from Taiwan, Hong Kong, Southeast Asia and, most recently, China.

One leading banker, Li-Pei Wu, estimated that more than 20 Asian-owned banks had opened in the area and that $27 billion in Asian investment had come in during the 1980s alone.

As Asians, particularly Taiwanese, sought to invest in the United States beginning in the early 1980s, they looked toward Monterey Park, which already had a sizable Asian

Signs with Chinese characters dominate the business districts of Monterev Park, Alhambra and other local cities. But, in the Chinese style, much of the investment has not been showy.

Randall Lee, an Asian economic analyst who is head of Lilly Enterprises here, said that, in contrast to an earlier wave of Japanese purchases of trophy properties like Rockefeller Center, the Chinese strategy tends to be low-key and conservative, focusing on secure investments like warehouses, high-occupancy apartment buildings,

《紐約時報》報導。

LOS ANGELES BUSINESS JOURNAL

WEEK OF NOVEMBER 7 - 13, 1994

Profile

Tackling the long road to the top

GBC Bancorp Chairman and CEO Li-Pei Wu moved from the deprivation of the Taiwan countryside to reach the heights of L.A.'s banking community

BY LIZ MULLEN
Staff Reporter

TODD FRANKEL / LABJ

Li-Pei Wu remembers walking to school barefoot as a child in Changhwa, the "very, very poor" community on the coast of Taiwan where he was raised.

The village is a farming town, even though the land is too salty for most crops. Wu's family members were land owners, and leased their land to others, who could grow sweet potatoes, peanuts and sugar cane.

But Wu says what affected him most was not the poverty of his surroundings, but the political oppression. When Wu was growing up there, Taiwan was initially ruled by the Japanese and then by the Nationalist Chinese.

"Taiwan was very oppressed," Wu says. "They could arrest you for what you thought," he recalls.

The Nationalist Chinese government did arrest Wu's eldest brother, whose only crime was his membership in a political group. "My brother was the best in my family. He was arrested and put in jail for 12 years," Wu says.

(Currently, the U.S. government does not recognize the Taiwanese in deference to China, which considers Taiwan a renegade province.)

Wu wanted to study political science and help the people of Taiwan. But "looking at my brother's fate and my mother's and father's sorrow, I could not risk (arrest)."

And so as a young teenager, "I determined I would leave Taiwan for good," Wu says.

After working and saving up enough money, he moved his young family to the U.S.

Today, Wu is the epitome of an American immigrant's dream.

Wu is chairman and chief executive of GBC Bancorp, parent company of General Bank, one of the fastest-growing, most profitable banks in California. With almost $1 billion in assets, it is the biggest bank in the U.S. organized by Taiwanese Americans, and the biggest independent minority-owned bank in California.

Under Wu's leadership, the bank has won numerous awards for financial performance while nearly doubling its assets in the last five years.

Several times during a recent interview at his office in the GBC Bancorp building in downtown Los Angeles, the energetic 60-year-old jumped out of his chair and jogged to his desk to answer a ringing phone.

"I give special clients my private number," Wu explains. Wu can speak to those clients in four different languages: English, Taiwanese, Mandarin Chinese and Japanese.

In his family, education was the most important undertaking, Wu says. Wu's father was a high school graduate, which, in Changhwa "made him an intellectual," he notes.

Wu's father had even tried to go to college in Japan, only to have his father, Wu's grandfather, hunt him down and bring him back to Changhwa, Wu says. In a Taiwanese family, the oldest son is traditionally expected to support his family, even if that requires giving up pursuit of a higher education, Wu explains.

Wu was eager to get a college education, seeing as his father had been precluded from achieving that goal.

He received a bachelor's degree from National Taiwan University, widely known as the Harvard of Taiwan, and a master's degree in business administration from Fort Hays State University in Hays, Kan.

After earning his MBA, Wu applied for numerous bank jobs in the U.S., but "because of my language hardship (Wu speaks English with an accent), I was denied jobs or offered mediocre positions," he says.

His best-paying offer was for $800 a month, below what most baccalaureates were being offered at that time, Wu says. Finally, after much searching, Wu was offered a good-paying job – in Alaska.

The biggest bank in Alaska, the National Bank of Alaska, needed a banker who could speak English and Japanese. Wu remembers going to the library and reading up on Alaska, and not looking forward to the winters there. But it was his best offer and "as a new immigrant, you really don't have the luxury of deciding where you want to live."

Wu excelled in Alaska and liked it better than he thought he would. The people in Alaska "have a pioneering spirit," and almost everyone there, like Wu, "is from somewhere else," he says.

At National Bank of Alaska, Wu rose from staff accountant to chief financial officer. He then took a job as a member of the executive committee of Alaska National Bank of the North, the third-largest bank in that state, and he rose to become president.

Wu says he believes he is the first Taiwanese American (he is a naturalized citizen of the U.S.) to head a publicly traded bank.

Then in 1982, the owners of L.A.-based General Bank, a bank owned by a group of Taiwanese investors, were looking for someone to turn around the bank, which was experiencing some financial "difficulties," Wu says.

"They were looking for a president, and they heard there was a Taiwanese American who was a bank president."

Wu did succeed in turning that bank around, and in 1990 won the Outstanding Entrepreneur Award from the National Association of Investment Companies for his accomplishment.

General Bank itself was also given a number of accolades. It was ranked the third most profitable bank in the U.S. by United States Banker magazine in 1992; and it was named a "super premier performing bank" in 1992 by the Brea-based Findley Reports on Financial Institutions.

In 1994, Santa Monica-based California Research Corp. ranked General Bank the top-performing California bank in the $500-million-to-$999-million asset range for first quarter of 1994.

Barry Rubens, president of California Research, attributes General Bank's profitability to Wu's ability to keep expenses down. But Rubens further notes that, while the bank has continued earning money, its non-performing assets (bad loans and foreclosed real estate) have been growing in recent years.

In the past year, General Bank has seen its non-performing assets almost double, notes Karen Dorway, director of research for Bauer Financial Reports Inc., a Coral Gables, Fla.-based bank rating service.

At Sept. 30, 1994, General Bank had $46.8 million in bad loans and foreclosed real estate, compared with $28.7 million on Sept., 30 1993. Non-performing assets "are on the high side, but it's not alarming given their (solid) capital position," Dorway says.

Wu says he has assembled a group of bank officials who are working hard toward reducing non-performing assets. The results of those efforts will be evident in the next few quarters, he says.

Wu adds that, once General Bank's portfolio problems are resolved, the bank will resume its growth, perhaps through acquisitions.

Wu attributes the bank's problem loans to the economic downtown in Southern California, which he describes as the worst recession he has ever seen.

However, Wu says he is seeing some signs which make him feel cautiously optimistic about the Southern California economy. If interest rates don't go up too much, there may be an economic recovery in Los Angeles early next year, he says.

Snapshot

Li -Pei Wu

Native of: Changhwa, Taiwan
Resident of: Glendale
Age: 60
Education: B.S. in economics, National Taiwan University; MBA, Fort Hays State University in Hays, Kan.
Spouse: Jenny Wu

Reprinted by permission of the Los Angeles Business Journal.™

LOS ANGELES BUSINESS JOURNAL™

WEEK OF JUNE 15, 1998

Li-Pei Wu

Li-Pei Wu's banking career began in 1960 at Chaghwa Commercial Bank in Taiwan. After immigrating to the United States in 1968, he led a successful turnaround of the Alaska National Bank of the North, which had been struggling in the post-pipeline recession.

He was recruited to lead another successful turnaround for General Bank (GBC), which had been founded to serve the growing Taiwanese-American community. Li-Pei Wu tripled the bank's assets within five years, then took the bank public. The bank is now the third-largest independent minority bank in California with $1.5 billion in assets. It currently has 16 branches in California, as well as loan production offices in Seattle and New York.

The bank's primary strength is linking California with Pacific Rim countries, with particular concentration on international trade financing for small- to medium-sized companies. On the domestic side, the bank concentrates in real estate, financing to high-tech companies and SBA loans.

Wu traces much of his success to his diverse background, which includes being an instructor of economics, accounting, finance and statistics, and being fluent in English, Mandarin Chinese, Japanese and Taiwanese. One of his strategies has been to appeal to people with diverse backgrounds. To serve the immigrant population, General Bank conducted background and credit checks through extensive networks within their home countries, which allowed it to make loans to deserving immigrants. The bank set up a multicultural group staffed with minority bankers to help fulfill the needs of Armenian, Iranian and Korean entrepreneurs as well as the Latino population.

GREATER LOS ANGELES AREA
1998
Entrepreneur Of The Year® Awards
ERNST & YOUNG LLP

To appeal to such diverse customers, services are based on flexibility and personal involvement. The bank has an expertise in its core products and each can be tailored to the customer's needs. Employees learn all facets of operations through a management training program, which rotates employees through key departments in a one-year span, providing opportunity while fostering loyalty. In addition, many of the officers have business experience in both the U.S. and Taiwan.

As the banking industry consolidates, GBC intends to capture customers who get lost in the mix of these mergers. Wu is leading a variety of efforts to double the size of the bank in the next five years. This growth will come from continued penetration of the technology market, expansion of target immigrant markets and growth in construction lending.

Now as Chairman and CEO of one of the most profitable commercial banks in the country, Wu has come a long way from the days he used to walk barefoot to grade school. Known as an expert on Asian business affairs, he works extensively with chambers of commerce, business associations and civic groups, encouraging ethnic harmony and partnership. Leadership, he says, is the willingness to make tough decisions and to work harder than everyone else in order to set a positive example.

GBC Bancorp

Role
Chairman and Chief Executive Officer

Company Description
The third largest independent minority bank in California

Location
Los Angeles

Major Innovation
Services and programs to serve Los Angeles' diverse cultural communities

Future Plans
Continued growth in Seattle and New York and expanding services for diverse immigrant cultures and businesses

Reprinted with permission of the Los Angeles Business Journal.™

《洛杉磯時報》報導。

安永會計事務所推選我為一九九八年年度企業家。

美國前國務卿卡斯珀．溫伯格邀請我到他的節目〈世界商業評論〉受訪。

離開萬通前的些微遺憾

萬通銀行是我貫徹、實踐理念的地方。過去我在阿拉斯加國家銀行、北方銀行和西方航空公司雖身居要職，但受限於一些因素，抱負無法全面展開。但在萬通銀行，我從基礎的人事、營運策略等入手，一點一滴地建立起一個穩固而成功的銀行。

在長達二十年的過程中，董事會一直很信任我，以最大的力量支持我，讓我能夠放手作爲，有大幅揮灑的空間，造就了萬通銀行的亮麗成績。萬通銀行的成功，董事會功不可沒。而多年下來，我始終很感謝他們的信任。

我本計畫於一九九九年九月九日，年滿六十五歲時退休，故意選這組數字，想留給自己一個有意義的回憶，但董事會卻有意挽留我，一方面是因爲還需要我，另一方面則是希望我安排好接班人，於是銀行又重新和我簽了一份雇傭合約，要我做到二〇〇二年一月一日才退休。

看似平順美好的安排，卻因爲陸續發生有關接班人、一筆不法詐欺的貸款，及出售銀行等問題，讓我在萬通銀行工作的後期，和董事會數位董事產生了一些不和諧的嫌隙，步調因而無法一致，也令我在不無遺憾的情況下離開了奮鬥二十年的萬通銀行，十分惋惜。

接班人的問題

萬通銀行的「接班人問題」，早在我退休前數年就已浮上檯面。

在一九九七年的董事會上，一位吳家董事突然提出：「既然你常提接班人計畫，是不是由吳平原接任總裁，由你擔任董事長兼執行長，培養他接你的棒子？」此一提議顯然是銀行最大股東吳家的共識。我當然了解，吳家發出了他們的聲音，要我表態。

事實上，自從到萬通擔任總裁起，我就察覺，吳家有意培植時任執行副總裁的吳平原爲繼任總裁人選。經過一段時日相處，我發現他人際關係相當好，與人爲善，對我也很客氣、尊重，但對他擔任萬通銀行總裁，掌舵一家資產已達十幾億美元的銀行，我一直心存保留。

剛進萬通銀行時，銀行上下亂成一團，雖然大家歸咎前任白人總裁，但當時吳平原擔任執行副總裁，是第二號實權人物。在董事會裡，他幾乎從未提過任何興革性或開創性的建議，我不放心把銀行交給他。

萬通銀行在我十幾年的經營下，盈利及營運狀況穩定，但經濟大環境瞬息萬變，守成都非易事，遑論創新。

「接班人」攸關企業存亡，任何一家健全的企業，在平時就要培養、儲備人才，不一而足，供企業需要時做出選擇。如果企業內部培養的「表定接班人」無法得到董事會或股東信任，董事會甚至得組成「徵才委員會」，向外尋求理想的接班人。

在銀行的幹部人才培訓計畫中，我曾樂見一、兩位具有擔任銀行總裁條件的成員，值得考慮為接班人選，但董事會從一開始就認定了由吳平原來接我的職位，情況很難轉圜，我不願承諾，只好回應：「萬通現在是一個公開上市的公司，我是董事長，有義務為所有的股東徵選最適合的人，來接我的位置。」「茲事體大，現在做決定，是否草率了一點？是否就是吳平原？也要好好思考。」

當然，這回答讓吳家和挺吳家的董事們不太滿意。連續多年成長後，他們認為吳平原正適合下一階段任務，而我不願交棒，有意阻撓。

被不法詐騙的貸款雪上加霜

十多年來，董事會一直讓我有高度的人事權及貸款審核權，但接班人的議題，吳家決定在董事會利用他們董事席次的優勢來操作。

董事會十三席董事中，吳家占了六席，只要再多一席，就在董事會的投票表決中占優勢。以前銀行情況很好，上下和諧，每一次開董事會，最大的問題是：「今天晚上去哪裡吃飯？」其他每一項「討論事項」，沒人討論，幾乎都是「表決！」「通過。」但事關接班人選，那又不同了。

一九九八年，董事會會議在事先未知會我的情況下，提出聘用吳平原接任總裁的議案，並以多數決通過。身為負責主持董事會議的董事長，我無法阻止董事會通過的決議，但我提醒董事們，董事對所有股東都有責任，其中包括法律責任。

對於銀行的業務及相關的法律責任，我一向很小心，戒愼恐懼，考慮唯恐不周，注意不違法、不違規。所幸十多年來一直沒出過什麼差錯。但在臨退休前一年，卻被一個處心詐欺的不法貸款人所騙，成爲我從事銀行業中最失敗痛心的案例。

此一貸款案子並非由萬通銀行主持，而是參與了一個由聯合銀行主持，貸款金額龐大的聯貸案。貸款人是紐約一名看似穩當的阿拉伯裔進口商，對方表面上從事紡織品貿易，並且在貸款後的一年多內都付款正常，帳冊也通過了權威的六大會計師事務所查帳、審核及發給簽證，讓一票經驗豐富的銀行家都未看出毛病，包括我在內。我雖然曾親身前往紐約觀察，並且交代紐約辦公室的經理注意，但還是被這存心詐欺的貸款人所騙，萬通銀行因此案損失了一千多萬美元。

雖然我在聞訊後立即採取行動，將損失提列壞帳，並對負審核之責的聯合銀行及會計師事務所提出告訴，要求賠償，但銀行損失不貲的事實不容否認。此案例令我痛心之餘，也提醒了我，即使經驗豐富，謹愼小心，卻仍被手法高明存心詐欺的不法之徒所騙。我不願去想像，如果換成一個經驗不足的經營者，會被慘騙到何地步？銀行和董事們又會被「連累」到多深？

自從一九九八年萬通銀行公開上市後，外面持股人的股票總值，已超過董事們手上的股票。這些股票，大多集中在投資法人手中，他們非常關心我退休後的接班人是誰，常追問我：「你的接班人計畫是什麼？」我只能笑而不答。

但不管董事會最後的決議爲何，法人投資者會用股票表達他們的看法。接班人問題，在萬通的最後幾年，確實令我相當困擾。

董事會雖於一九九八年通過由吳平原接任總裁，但他實際上於二〇〇一年才正式上任。我則專任萬通銀行及萬通控股公司董事長，負責督導銀行未來的策略及發展方針，並繼續參與客戶關係和授信等業務。在這過渡期間，我陸續地將管理職權轉移給吳平原，最後交給他一張非常漂亮的成績單，並期待他接手後，萬通銀行仍舊欣欣向榮。

利益最大化的決定

萬通銀行在我手中重建、茁壯，因而吸引許多投資人買股票。我對萬通及股東有責任，在我離開前要遴選一位稱職的接班人。

吳家一心要拱吳平原接班，而我心裡掛念的是我對股東的責任。因此我表明態度：「我對股東負有不可規避的『利益最大化』責任，如果銀行能夠經營下去，繼續賺錢，股東持續獲利，當然最好。如果沒信心做到這一點，則最好能讓股東在價格高點時脫手，賣掉股票，落袋爲安。」

因此，在「利益最大化」的考量下，我主張趁銀行狀態尚好時，尋覓買家出售。這一點，我徹底得罪了吳家。

顧全大局推動銀行出售

萬通股票在第一波上市時就買了很多股票的兩、三位投資法人，後來越買越多，和我很熟。他們一直很關注萬通的動靜，吳平原繼任總裁及萬通銀行受詐騙案之累出現壞帳兩件事，引起他們的警覺。他們表示：「如果沒有信心銀行將來會更好，那麼有機會將銀行賣掉時，你們不能不賣。」董事會的責任是照顧股東利益，不賣有違法之虞。

我向董事會報告了法人的質疑，並建議大家：「至少研究看看，不是非賣不可，但我們有義務去思考此事。」雖然我對萬通有深厚感情，但並不反對「出售銀行」的想法。在美國，一家銀行若經營者認爲市場價格千載難逢，經董事會通過後出售，股東們往往可賺得盆滿缽滿。因此，如果有人釋出理想的價錢求購，當然值得考慮。身爲董事長，我依法告訴董事會，並且決議：「如果有好的出價，爲了股東利益，董事會必須考慮出售銀行。」

多數董事雖然無法反駁我爲了追求股東利益最大化，尋求銀行出售的建議，但他們心裡其實是抗拒的。於是他們使出「拖」字訣，希望拖到我離開後，他們就可以做主了。

因此，每次有銀行提條件欲併購萬通銀行時，董事們均百般挑剔，聲稱是爲了股東利益而愼重考慮。後來我找到國泰銀行，談好了併購的大原則及架構，他們也派了副董事長來談併購事宜，由吳平原和他們磋商、談判。

在我的僱傭合約中，有一項常被用來保護銀行高階主管權益，被企業界稱爲「黃金降落傘」的條款。在我任職期間，萬通若被別的銀行併購，我有權利以簽約時所定的價格購入一定數額的股票。此一認股權，是我在萬通銀行打拚二十年，讓萬通股票增值贏來的權利，以當時的市價，價值上千萬美元。但併購案在董事會拖延了很久，直到二〇〇三年三月七日才公開宣布，十月二十日交易才完成。那時我已離開萬通，當然我那價值千萬美元的認股權已失效。

在此過程中，有朋友告訴我，爲了不讓我拿到這份認股權，以吳家董事爲首的董事會，設法要把併購案拖延至我退休之後。

得知此一內幕消息，我心裡相當難過。他們或許在法律上站得住腳，但竟然以此對待一個多年來盡心盡力，替他們賺錢的我……

我請教律師，律師說，若能拿出證據證明董事會故意延遲交易，董事居間遊說股東，故意不願給付我應得的權益，可以去法院提告。但考慮到要好心通報的朋友出庭作證，未免強人爲難。而我也擔心，如果和董事會對簿公堂，國泰銀行會因怕麻煩而放棄併購。幾經思量，我決定，這筆錢不拿算了，但一定要強力推動銀行併購完成。銀行併購成功後，我打算回台定居，於是將手上的萬通銀行股票全部賣掉。

我本對此事不快，但因爲在萬通銀行服務，我得以過一個不需憂愁退休生活的日子，我釋懷了，不再計較，只是有一點兒遺憾。

二十年在萬通的資歷給我帶來了榮譽和財富，讓我能爲台灣的自由民主做一些我一直想做的事。除了接班人和臨退休前一筆被詐欺的貸款外，我一直耿耿於懷的是，當我全心全力拚事業時，卻疏忽了做父親的職責。一九八九年大兒子在北加州惠普公司上班，有次感冒，同事好意給他感冒藥，不知那感冒藥會令人精神恍惚，他服用後開車回家，車子竟撞上電線桿，車子全毀，人受重傷送醫，當時太太和小兒子回台灣，我接到消息後，竟沒丟下身邊一切馬上趕到北加州，而是打電話給住在北加州的好友李華林，拜託他到醫院處理。幸好我的媳婦（當時是我兒子的女友），不顧學校的期中考試馬上到北加州去照顧他。而且他被送到急診室時，恰好有一位整形外科醫生在場，經過開刀療養後完全康復。我每次想到此事就感到十分歉疚。

唯一一次參與孩子學校的活動，當時大兒子從西北大學 MBA 畢業，小兒子正在芝加哥大學攻讀 MBA。

全家到拉斯維加斯旅遊，穿著睡袍合影。

第四部
從美國關心台灣

我與台獨聯盟

做爲一名主張、追求台灣獨立的理想主義者，我算是一個失敗者。在這過程中，我雖有心，也盡了一點力，努力做了一些貢獻，但畢竟發揮的力量還是太小，成果有限。而且不管怎麼說，我的追求至今仍未成功，理想尚未完全實現。

因爲家庭因素，我在中學生時代就有了「打倒國民黨和蔣家政權」的決心，並且認爲只有藉著「革命」的手段才能達到目標。大學時懷抱革命壯志，時常高談闊論，針砭時弊，並認爲台灣應該進行革命，追求獨立，還因此參與了一些近乎兒戲的「幫派組織」，但尚未採取任何行動即告煙消雲散。

在同伴中唯一採取「行動」的謝聰敏被捕入獄後，我在白色恐怖的壓力下倉皇奔逃出國。一到美國，我就加入了鼓吹台灣獨立建國的台獨聯盟，因爲它「打倒蔣政權，反對國民黨，追求台灣獨立」的目標和我的理想一致。

在阿拉斯加的獨盟盟員

剛來美國時，我只是窮留學生，沒法在金錢上支援聯盟，但若有機會的話，我也樂於當個志工。去阿拉斯加上班前，我在洛杉磯撰寫碩士論文時，就常撥時間幫忙將日本獨盟寄來的《台灣青年》分裝、寄給盟員。雖然只是棉薄之力，但心裡很滿足，覺得自己在為台灣出力。

到了阿拉斯加開始上班有了收入後，除了還債，寄給在大城的父母親零用錢外，我按月將我薪水的十分之一當盟員捐獻寄給聯盟。但因天南地北，很少能參加台獨聯盟的活動，只能視情況捐點錢贊助。

雖然忙於生活，拚命工作，但難得閒暇時，我也會趁隙用「思敏」的筆名，在台獨聯盟發行的《台灣青年》及後來發行的《獨立台灣》雜誌上寫文章，討論台灣的前途。

我曾和幫助彭明敏從台灣潛逃出境的宗像隆幸先生（筆名宋重陽）在《台灣青年》上打了兩回筆仗，討論究竟是國民黨，抑或是中國共產黨，將成台灣的心腹大患？當時持「中國威脅論」的宗像隆幸認為，中國將是台灣最大威脅，而我卻主張消滅國民黨才是當務之急，「現在蔣家騎在台灣人頭上，我們都想不出辦法，哪管得了中國。」後來回顧，他確實有遠見。

以長遠而言，中共必有能力拿取台灣，台灣人應以中國為主要敵人來策定方針。而我則認為，在策略上，當以集中力量打倒蔣政權為主要思考方向。這當然也是因為我對國民黨蔣家政權深惡痛絕，一心以打倒國民黨為職志之故。

在阿拉斯加時，一些關心或投身台灣民主運動的朋友前來拜訪，我都盡心盡力接待，例如省議員林義雄就曾在我家住了好幾天，我們相談甚歡。立委康寧祥也曾來訪。至於舊識謝聰敏、彭明敏等，都曾來阿拉斯加探訪我，並待一段時間，我總是以最大的熱情來接待他們，並盡我的力量來協助或支持他們。

刺蔣案與台獨聯盟

台獨聯盟早期鼓吹「革命」，聲音喊得很大，但始終沒什麼具體行動。後來一九七〇年蔣經國訪美，盟員黃文雄、鄭自才（黃文雄妹夫，時為台獨聯盟秘書長）企圖行刺蔣經國，雖然功敗垂成，但已震驚世界，並把台獨聯盟的聲望推到一個新的高峰。

一九七〇年四月時任行政院副院長的蔣經國受邀訪美。獨盟的賴文雄、黃文雄、鄭自才等人策畫刺殺蔣經國，打擊蔣家政權。在康乃爾大學攻讀博士的黃文雄，主動承擔了槍手的任務。

四月二十四日，近中午時，蔣經國座車抵達下榻的紐約廣場旅館，當蔣要進入旅館時，飯店前的人群中忽然衝出一個人，手持槍，對準正要通過旅館旋轉門的蔣經國，正當扣扳機時，不知誰喊了一聲：「有人要開槍！」一位美國刑警聞聲撲向黃文雄抓住他的手頸，結果子彈掠過蔣經國頭上，擊穿旅館旋轉門的玻璃。保護蔣經國的美國刑警蜂擁衝向黃文雄，將他重重壓制、按倒在地上，他卻說出一句我至今仍記得很清楚的一句話：「讓我像個台灣人般地站起來！」見狀前去搶救的鄭自才也被刑警擊倒在地，頭部受傷流血，兩人被押進警車時仍一直高喊：「台灣獨立萬歲！」❶

「刺蔣案」發生時，我在阿拉斯加工作將屆滿一年，聽到來自僑社的消息時，我興奮之情沸騰，很受鼓舞。身爲盟員，更爲我們陣營中有此革命志士而感驕傲。我對黃文雄和鄭自才不惜放棄一切行刺蔣家政權核心人物的壯舉，深感佩服。

多年後，我在某個場合以五千美元買下鄭自才在獄中畫的一幅畫，紅色爲底，以白色線條勾勒出一人形，在人體的心臟部位畫個圓，雙手往上舉起，一副欲倒之姿，代表蔣經國已命中要害，即將倒斃。我買下後又捐出義賣，得款用來支援台獨運動。這是我對黃文雄、鄭自才這兩位革命志士的小小敬禮。

「四二四刺蔣案」後，黃文雄、鄭自才被美國檢方以殺人未遂等罪名起訴，而台灣獨立運動也受到世界國矚目，台灣的問題一時之間受到注意，掀起海外台獨運動的高潮。

與台獨聯盟漸行漸遠

刺蔣案初發生時，台獨聯盟把黃、鄭兩人捧爲獨盟的革命志士，對外宣稱「我們的志士」如何如何。但後來獨盟因擔心染上暴力色彩，會影響組織在美國的生存，態度丕變，不論是主席蔡同榮在《紐約時報》上的談話，或是獨盟花大錢聘請的律師寇特納在法庭上的辯護，都在切割獨盟與刺蔣行動，辯明獨盟並未參與刺蔣的籌畫事宜。獨盟甚至宣稱暗殺行動違反獨盟所主張的「民族自決」基本原則，在道德上也站不住腳[2]。

這些事情引起許多人不滿，包括賴文雄、鄭紹良（時任獨盟美國總部主席）在內。賴文雄疼惜黃、鄭，說：「英雄需要被人判刑嗎？」主張黃、鄭棄保潛逃，後來黃文雄、鄭自才棄保逃離美國，黃文雄匿跡多年，而鄭自才潛逃出境至瑞典，被捕後引渡回美，經審判後入獄。

因此，身爲獨盟中央委員的賴文雄在「四二四刺蔣案」後便不再負責盟內事情，也沒參與中央委員的開會，漸漸跟獨盟疏遠了。約一兩年後，台獨聯盟進行重新登記，他未接獲通知，也沒去登記，我也沒去登記。

「四二四刺蔣案」戳破了國民黨蔣家政權所宣稱的「台灣人反抗運動已宣告土崩瓦解」的謊言。然而這個本來可讓全世界台獨運動聲勢大漲的事件，卻反而造成一些台獨聯盟重要的盟員出走，是海外民主運動的一次重挫。

不知不覺中，我不再是台獨聯盟的一員，但我一直和獨盟的盟員們維持著友善的關係。獨盟的一些重要人物，如蔡同榮、羅福全，說起來都和我有一些淵源。蔡太太還曾經替我們一家人用信用卡買過飛往阿拉斯加的機票。因此不論革命論交情，大家還是很好的朋友。

接手萬通銀行後，我的經濟情況好轉，獨盟許多募款活動，我還是大力支持，如獨盟一度想在台灣設電台，後又改口要在菲律賓設短波電台，宣揚台獨理念，出售「建國券」募資，雖然我沒親身參與任何活動，但捐款卻絕不落於人後。

我是台獨大老？

我在台獨聯盟所做的事並不多。陳水扁二〇〇四年連任成功後，我放棄美國籍回台灣擔任總統府資政，外界認定我爲「台獨大老」，已逝的黃昭堂先生評論：「吳澧培怎能算是台獨大老？」我從來不敢自稱爲大老，尤其若「台獨」一詞只局限於「台獨聯盟」，我肯定不是。

但若廣泛而言，從頭追溯我有「打倒國民黨政府」的思想，那可是我在初中就有的，而且我出國前就加入打倒國民黨的活動。在美國多年來為台灣努力奔走，一方面幫助援救被逮捕下獄的異議分子，一方面也在民進黨執政後，在美國捍衛台灣的地位與權益，為台灣的民主出力，並從非官方的外交管道推動美國和台灣之間的交流。

以此角度而言，我想我是有資格當「台獨大老」。

❶「四二四刺蔣案」的說法紛紜，我在阿拉斯加聽到的也是人云亦云，此處主要參考張文隆所整理，鄭自才對該案及一些台獨聯盟人士的說法及回應，登載於張文隆的網誌上。

❷參見謝聰敏所著《台灣自救宣言：謝聰敏先生訪談錄》，頁358-360，國史館於二〇〇八年五月出版。

關心台灣和經營銀行，哪個才是主業？

我常戲稱：「關心台灣是我的主業，經營銀行是我的副業。」進入萬通銀行後，不出兩年，銀行業務蒸蒸日上，我開始花更多精力在關心台灣和台美人的公共事務上，朋友們笑稱我一人同時從事兩種事業，不知是爲銀行工作還是爲台灣獨立。其實自由民主以及社會公義的運動才是我的正業。銀行方面我可說做得相當成功，不但替銀行賺很多錢，而且也獲得很多榮譽及肯定。至於後者，我雖付出大量時間和精力、金錢，但結果只能說差強人意，離我的期待仍有一大段距離。

支持台獨運動

白色恐怖籠罩台灣，長達三、四十年之久。初期的獨盟人士，或身受白色恐怖之害者，皆對白色恐怖感同身受，也對蔣政權及國民黨深惡痛絕，因此主張以激烈的手段對付蔣政權及國民黨。因此，獨盟內聚力特別強，當台灣有任何行動時，台美人會團結一致來聲援。例如在彭明敏等人因印製〈台灣人民自救宣言〉而被逮捕後，許多在美留學生紛紛加入台獨聯盟，熱情捐輸，台獨聯盟一時風頭無兩，成為海外反對運動的大哥大。

因此，早年獨盟雖以留學生等「文人」為主，但初期幾乎都以激烈的「要革命」為主調，各種聚會、集會，大家高喊：「打倒蔣政權（國民黨）！」「要革命！」只是，「革命」喊得很大聲，但在「刺蔣案」之前，卻少見有實質行動。而在刺蔣案後，也只有王幸男寄郵包炸彈給國府官員謝東閔、李煥、黃杰，稱得上是「武」的革命手段。

在美麗島事件前來到美國的許信良，一度鼓吹都市游擊隊及武裝革命，並在《美麗島週報》上刊載城市游擊手冊，結果除了讓自己成為通緝犯外，寸功未立。而在離開阿拉斯加前，我也曾參與建立一支「革命游擊隊」的構想，最後也不了了之。

「武派」的「革命」手段，雖然讓獨盟一時聲名大噪，但美國政府對於本土有外國人搞恐怖暗殺事件很不高興，藉聯邦調查局嚴加查緝。獨盟成員許多是學界人士，讀書人叫囂時聲音很響亮，但一見造反不成，聲音也漸漸小了。

眼見「武」的路線不成，獨盟慢慢轉換為不流血的議會路線，也就是「文派」的革命路線，如一九八二年成立的台灣人公共事務會（FAPA），專事對美國國會遊說工作，從美國國會去影響台灣政策，過問台灣的人權問題，包括對於政治犯的捉放及處置等，成績斐然。

這種文攻路線很實際，也是台美人力所能及，「美麗島事件」之後，黨外受難者家屬紛紛投入民意代表選舉獲勝，台灣政局開始改變。更多人認為應該利用海外力量，透過美國國會的運作施壓來影響台灣政局。海內外合作確實有催化民主的作用，促使獨裁政府逐步放鬆戒嚴的桎梏。

到了蔣經國晚年，人民要求民主的聲音無法完全壓制，逐漸開放增額民意代表選舉，讓民意代表的結構更能反映人民的組成，台灣人強烈要求參政，力量也漸漸強大。後來黨外人士組民進黨，蔣經國廢除戒嚴令，開放黨禁、報禁、兩岸探親，台灣的民主快速進步。到了李登輝時代，人民全面直選總統，更是民主進步的體現。這些變化是我以前既想不到也不敢想的。

海外的民主運動也有顯著變化，就是以台灣國內爲主，海外台美人轉爲配合角色。這段時期有多位黑名單的人士紛紛以各種手段返鄉，或偷渡或闖關，寧願被抓也要回去。而他們的返鄉行也掀起海內外台灣人的聲援。

海外台灣獨立運動已漸漸和台灣的民主連動結合，一而二，二而一。隨著台灣民主的進展，以往以海外爲中心的台灣獨立建國運動，重心勢必將轉移回台灣。在海外的台灣人所要做的，就是配合台灣的情勢，盡量在國際上爭取支持。

協助林義雄、許信良出獄

雖然我本身未積極參與獨盟與FAPA的活動，但透過好友穆考斯基，我接觸到許多聯邦參、眾議員，進而培養出私人友誼，可和他們直接溝通。當時，我好幾次透過自己的人脈關係，和聯邦參、眾議員們溝通、爭取他們的支持。他們很同情台灣人在戒嚴下喪失人權，還可能被列入海外黑名單的情況，因此會幫忙向國民黨政府施壓。

到了洛杉磯後，不管是衝撞黑名單，或是返台受到威脅，我都直接打電話向穆考斯基求助，在他的支持下，多年來我才能自由行走台、美兩地。穆考斯基受我的影響，也開始關心台灣民主的進程，甚至愛屋及烏，常應我之託出手幫助我的朋友。

林宅血案發生後，我請穆考斯基及其同僚對林義雄施以援手，讓他早一點出獄。經過美國媒體及國會議員持續地關心林義雄一家人情況，穆考斯基也一再向李登輝總統施壓，林義雄果然提早出獄回家。當時外界毫無林義雄即將獲釋的消息，在他被放出來那一天，穆考斯基第一時間通知我，我立刻轉告大家。

至於許信良，早在他到洛杉磯辦《美麗島週報》時，我就幫過他的忙。當時我對許信良頗有好感，覺得他果然是革命家的料，很願意幫助他。我甚至表示，如果他真要革命，我願意幫他管理財務。

後來他在美國訓練台灣的人才，我也義務充當講師。他和林水泉、謝聰敏等人以偷渡的方式返台闖關，其籌集的五十萬美金經費當中，我也分擔了一份。後來他搭漁船偷渡闖關，被逮捕後關在台北土城看守所。

許太太鍾碧霞拜託我幫忙援救許信良。這段時間裡，我和穆考斯基、索拉茲等人積極聯絡，拜託他們持續關心許信良、林義雄、蔡友全等人的人權問題，深怕他們在獄中受到不正當的對待。由於這些美國國會議員不斷施壓，包括許信良在內的政治犯才能很快地在李登輝總統特赦下出獄回家。

我對台灣獨立的看法

台灣獨立的道路從來不平坦，需要靠人民有意識地去積極爭取，常常要付出自由、鮮血，甚至生命的代價。

台灣雖外有中國虎視眈眈，但多年來內部對國家的認同卻始終無法達成共識，造成進退不得的僵局。國共內戰期間自中國撤退到台灣的新移民，許多仍抱著大中國主義不放，並不認同台灣為一獨立自主的民主國家，統獨問題一直相互拉扯，加上舊獨裁體制的遺毒仍未清除，台灣人民對於民主社會的觀念尚未成熟，因此追求台灣獨立、社會公義公平的路途更為坎坷難行！

但我相信，隨著時代的潮流、民智啓迪發展，只要我們共同努力，形成追求民主、自由的共識大潮，自然而然就會朝向公民自決而後台灣獨立的目標邁進。世界上早有許多這種先例。

在兩蔣時代，體制內改革根本不可能，我一直主張要以革命的方式來打倒國民黨政權。革命是不得已的手段，很辛苦，也不知從何做起，但就是不想妥協。

只是革命的條件一直在變，以武裝革命來達到台灣獨立愈來愈不可能。李登輝總統上任後，說要對國民黨進行體制內改革，我一開始存疑，到後來則抱著一點希望，想看台灣是否能以和平方式進行改革，變成民主國家。如果能是最好，沒有人喜歡流血。

李登輝在位時，台灣經濟成長良好，沒有革命的條件，革命愈來愈不容易。李登輝對台灣民主化有貢獻，國是會議、民選總統、廢除刑法一百條、釋放政治犯、解除黑名單……製造民主契機，讓台灣民主有機會成長，但對國民黨卻無完整改革。在這段期間，我支持李登輝某些對台灣走向民主、自決重要的主張，如總統直接民選。

但我不能接受李登輝和陳水扁「中華民國實質獨立」的說法，因為中華民國是從中國流亡到台灣的舊有政權，用獨裁的方式來控制台灣。雖然總統民選，但憲法上依然主張中國屬於中華民國，無端製造了和中國的衝突，如同所謂的「九二共識」：一個中國，各自表述。對岸只講「一個中國」，不接受「各自表述」。結果他還是老大，任何討論都是以「一個中國」爲原則。在中國力量愈來愈強，威脅愈來愈大的情況下，死抱著中華民國不放，只會讓台灣深陷無法解脫的牢籠。

在這種態勢下，除非能等到國際間出現一個契機，讓台灣人民可以進行和平的公投，才有靠公民自決進而宣布獨立的可能，或是以一種「半革命團體」的樣貌持續出現，譬如巴勒斯坦，人家說它不是一個國家，但它始終堅持自己是一個國家，一直堅持到終於可以進入聯合國爲止。

台灣想被承認爲一個國家，這是很好的借鏡。

以公民自決來達到獨立

一九七九年十二月十五日，美麗島事件五天後，海外十個台灣人社團在紐約組成「台灣建國聯合陣線」。那天我剛好去華府出差，洪耀東帶我去找郭雨新。郭雨新不在家，於是我們在他家聊天等他。郭雨新一回來連連道歉：「對不起！今天在紐約和人吵架，時間拖久了。」

原來那一天，台灣人社團代表彭明敏、賴文雄、許信良、陳唐山、張燦鍙、史明、郭雨新、陳婉眞等宣布組成「台灣建國聯合陣線」，並推舉許信良擔任主席，發表宣言，強烈抗議國民黨的鎮壓及逮捕行動，並要大家簽名表示團結。郭雨新覺得這動作太形式、太花俏。他願意配合行動，但不願簽名，因此和一些人起了紛爭。

前一年，郭雨新在華府宣布競選台灣總統，而後來又傳出郭雨新要去中國訪問的說法。大家懷疑他是要返台參加選舉或要去中國，才不肯簽名。我問起此事，郭雨新說了一句讓我記憶深刻的話：「要討客兄，嘛要少年時去討，討一個卡讚的，怎會老來才去討客兄。」意思是「胡說八道」。我想起他在前一年一月二十一日在華府宣布要參選台灣總統時，曾宣稱：「我們堅信，倘若台灣人民能對政治主張公開表態，他們多數會選擇一個新而獨立的國家。」

我尊敬郭雨新這樣有自己想法，主張台灣公民自決，是不會背棄台灣的人。我對台獨的理念從未改變過，但郭雨新的主張讓我思考：「要怎麼達到台灣獨立建國的目標？」

長期而言，台灣眞正的穩定在建立一個台灣民主共和國。但經過李登輝、陳水扁的和平轉移政權後，台灣已經不再有以革命手段，靠著開槍、流血來建國的空間，必須要以「人民自決」的方式來決定自己的命運。

革命不容易，而且台灣人民的智識與民主觀念愈見成長，我所說的「要如何達到獨立」的思考模式也有所改變。

我認爲，目前首先要做的是加強人民的公民意識，也就是林義雄先生一再強調的「人民做主」，以及近期學生運動中打出「自己的國家（家鄉、學校……）自己救」招牌的心態。人民自己做主，而不是由政府、政黨來做主。因此，我一直支持林義雄多年來，以苦行到各地做小型演講，甚至以絕食的方式來教育人民如何自己做主。

從役男洪仲丘被虐死案後，數以十萬計的年輕人挺身而出，打抱不平，到太陽花學運時，青年學子展現「自己的國家自己救」的沛然能量，可見國內的意識正在改變，這讓本來對獨立建國已經失望的我，重新產生一份期待。

在年輕一代的人民意識、民主意識、公民意識逐漸提高之下，台灣人愈會認清自己的命運及橫亙在他們面前的事實和有限的選擇，如此他們站出來「自決」，並經由自決方式達到獨立、制憲的機會也愈來愈大。

台灣就是一個國家

我們要堅持，台灣事實上就是一個國家。形成一個國家的條件台灣統統具備，爲什麼不能成立一個國家？中華民國這個國號有太多矛盾，至今仍脫離現實，畫地自限。

譬如和中華人民共和國互不正式承認。如果台灣人說，我們成立一個國家，不但絕不反攻大陸，並且正式承認對方，對方是不是也要承認我們？一旦我們承認中華人民共和國的正式地位，台灣等同獨立。但中國既不承認，也不辯論，爲自己的方便，欺騙自己的人民，但這和我們有何關係？爲何拚命按照對方的節奏起舞？

中國不願辯論「一個中國」或「一個中國，各自表述」的議題，但他們自有其長期戰略部署。中國的經濟、特務一直向台灣滲透，我相信總統府內的特務一定不少。

二〇一二年總統大選前，中國曾從台灣叫了幾個人去諮詢意見，其中一位告訴我，胡錦濤接見他們並詢問選舉相關問題，包括「馬英九到底是什麼樣的人？」「民進黨若眞的再度崛起，又有多壞？是不是反而好講話？」等。回到台灣次日，馬英九打電話邀他們到官邸用餐，並問他們：「胡錦濤跟你們講什麼？」原來他們和胡見過面後，第二天，消息就由美國中情局傳過來給馬英九。

但民進黨就一定不會出賣台灣嗎？以前中華民國認爲共和黨反共，最希望美國由共和黨執政，結果第一個出賣中華民國，與中國建交的就是共和黨籍的尼克森總統。民進黨迄今對中國無共識，其中有不少人主張西進論調，但中國經濟霸權能維持多久？台灣不也曾被世界稱爲經濟奇蹟嗎？讓我們拭目以待吧！中國經濟的崩盤是台灣的危機，也將是一個轉機。

目前存在於種種矛盾中的中華民國到底能維持多久？誰也不知道。至二〇一四年爲止，中華民國一共有二十二個邦交國，除了拉丁美洲十二國外，其他以加勒比海及南太平洋島國為主。這情形已持續好幾年了，中國的經濟實力正在橫掃全世界，若以金錢開道，台灣又能撐多久？中共放國民黨一馬，近年比較沒有動作，如果連這些邦交國也倒過去了，國民黨馬上破功。

有民主的獨立最理想

返台後，我第一次接受《聯合報》專訪，談到台獨的理念時，曾經闡述：「我是堅持獨立的人，但如果絕大部的台灣人要統一，我也接受。因為我相信民主。」

我深信，如果台灣獨立後沒有民主，只有獨裁，一樣行不通。只有獨立，加上真正的民主，台灣才有前途。如能以和平的公民自決方式，使台灣成為一個獨立的民主國家，那是最理想不過了。但從蔣家政權結束後至今，經過這些時間，台灣猶未能完全民主。

令人感到欣慰的是，我本來憂心一直聽不到台灣年輕人的聲音，也看不到他們對台灣的期待，近年來才漸漸感受到年輕人為了自己的國家和家鄉而挺身捍衛的熱情，尤其是二〇一四年的太陽花學運，這些年輕人的獨立理念和革命精神，讓我看了既驚又喜，這不就是我們多年來一直在追求的價值嗎？原來不是他們不出聲，只是先醞釀一段時日，等待適當的時機才爆發。

茶壺裡的風暴

穆考斯基是我的摯友，也是我生命中的貴人，沒有第二句話說。

我和穆考斯基的交情，從一九七八年在北方銀行共事時開始。當時他在費爾班克斯總行上班，我在安克拉治負責營運。他每一、兩週就來安克拉治一趟，我們總會共進晚餐。在晚餐時，除了銀行的事外，我們無所不談。我向他介紹台灣的歷史及當時的政治狀況，尤其國民黨的暴斂橫徵與台灣人的苦難更是重點。

他是波蘭裔移民的後代，出身政治世家，長袖善舞，對政治很有興趣，很早就準備從政，立志做國會議員。在兩年共事期間，他也一直在為參選聯邦參議員做準備，果然在一九八〇年如願進入了參議院。

可能因為我們談話中涉及許多外交事務，加上阿拉斯加處亞洲地區門戶位置，讓他對國際事務

與好友穆考斯基合影。

產生興趣，穆考斯基進入參議院後便加入參院外交委員會下的亞太小組。亞太小組的主席本由一位日裔田中參議員擔任。不到一年，田中去世，穆考斯基以初生之犢擔任了主席。

靜默外交的力量

當時美國民主黨在參眾兩院有愛德華甘迺迪、前參院外交委員會主席裴爾及前眾院亞太小組主席索拉茲、李奇四位國會議員經常爲台灣人權問題發聲，替台灣的政治犯及流亡海外的黑名單人士說話。他們支持台灣人民自決及爭取民主的行動，被國民黨政府視爲親台獨的美國政要。

共和黨籍的穆考斯基則和國民黨政府表面關係很和諧，每年都受邀赴台訪問，直接和政府領導人對話。國民黨政府拉攏他，唯恐招待不周。有一次，他和太太在訪問台灣後，向我大讚台灣物價便宜，居然只有美國的十分之一。我一聽就知道是怎麼回事，一笑而過。

穆考斯基固然同情台灣人在爭取民主過程中的犧牲，例如因上了黑名單而歸不得家的台灣人，但他依然和國民黨保持著良好的關係。

「外交不需要時時敲鑼打鼓，」穆考斯基說：「你不要以爲索拉茲、甘迺迪、裴爾就有效，我比他們有效多了。」穆考斯基解釋，這些國會議員對國民黨不是批評就是責罵，雖然聲音大，但除非打通重要的關卡，迫使國民黨低頭，否則效果有限。「國民黨也要面子，不能你一罵他就聽命行事，否則怎麼對內部交代，大家都找參議員來說話就好了！」畢竟大罵國民黨是很爽，可是失了面子的國民黨會不會陽奉陰違，誰都不敢說。他說有時默默地進行「靜默外交」，反而更有效。

「其實美國的參議員很容易與人爲善，」穆考斯基解釋，有什麼事，他們很願意寫寫信、打電話，爲選民服務，但這種形式的「干涉」力道其實很小。我恍然大悟，難怪蔡同榮等上了黑名單的獨盟人士，即使索拉茲及裴爾大力說項，也回不了家。

相反地，穆考斯基說，他和台灣領導人私下講的話雖然直接，但他們都能接受。因爲他不是在講「逆耳忠言」，對方比較聽得進去。

我能為台灣做些什麼？

一九八八年一月十三日，蔣經國去世。二月，李登輝正式繼任總統。這兩場國家的喪、慶大事，美國派穆考斯基擔任美國代表團團長來台灣，一方面致哀，一方面要確保台灣不會爲了總統的繼承問題產生動亂。

在穆考斯基乘坐專機飛往台灣途中，他突然從飛機上打電話給我，劈頭就說：「我在空軍二號上，在此關鍵時刻，我能爲你和你的國家做些什麼？」我一聽就知道他在講什麼。我拜託他兩件事：第一，當時郝伯村擔任參謀總長，獨攬所有的軍權，權勢十分大。我拜託他在會見郝伯村時，明確告訴他美國不支持軍人政府，要他別打歪主意。第二，在公開場合，我希望穆考斯基能稱讚李登輝的民主素養，表示美國樂見並支持台灣走向民主自由之路。

聽完後，穆考斯基說：「我知道了，你放心，我會做我應該做的。」

到了台灣後，穆考斯基公開讚揚台灣民主的傳承，李登輝很適合繼承總統，以及美國不希望見到台灣爲了總統的繼承問題而產生動亂。美國的表態，多少壓制了蠢蠢欲動的國民黨主流派。

穆考斯基後來告訴我，他在私下一個場合見到郝柏村時，特別意有所指地警告他：「你最好想都不要想。」郝柏村似乎很詫異，連連回答：「不會。絕對不會。」

李登輝可能不知道這一段鮮少人知道的軼事，但穆考斯基爲了台灣所做的這件事情，我一直很感激他。

安排穆考斯基和民進黨會面

一九九〇年十一月中旬，民主黨籍的柯林頓贏得大選，當選美國總統，穆考斯基卸任參院外交委員會亞太小組主席，但仍爲該小組資深委員。

穆考斯基應外交部之邀，來台參加爲期兩天的第十四屆中美經濟合作會議，並擔任主講人。這個會議就是十年前我本來代表阿拉斯加州要回台灣參加，卻遭國府拒絕發給我簽證而無法成行。我建議他：「你每一次去台灣，都是國民黨安排，沒有眞正接觸到台灣的企業家、反對黨。這一次你去台灣，前半部讓國民黨安排，後半部由我來安排。」當時並未預料到隨之而來的一堆麻煩，穆考斯基很爽快就答應了：「好啊！」

爲了方便聯繫，穆考斯基給了我一個「顧問」的頭銜，名列拜訪團一員。當我們被安排拜訪外交部時，名單送出去，外交部將我的名字剔除。他去理論，得到的回應是：「你這是官方拜訪團，而他是一介平民。」回來後，穆考斯基告訴我交涉情形，並爲我無法和拜訪團同行而試圖安慰我。但我知道這是國民黨在作怪，提醒他：「這拜訪團中有兩個平民，一個是我，一個是你的好朋友陶力，爲何外交部剔除我，而不剔除他？按照外交部的說法，我們兩個人都應該被剔除才對。」聽了我的話，穆考斯基也覺得有道理，於是向外交部反應，結果陶力也被剔除了。

和以往接受熱情招待的台灣行相比，這次拜訪團似乎受到「冷處理」。以前每次來都會安排他和總統會面的行程，而這次外交部卻稱，李登輝總統行程太忙，排不出時間，僅能由副總統李元簇接待。李前總統後來有打電話向他致歉。之後總統府安排他於官式拜訪結束後見李前總統，他以行程匆忙爲由婉拒。

爲期兩天的官式拜訪結束後，十七日晚上，我邀請了幾位本省籍企業家：張榮發、蔡萬才、陳江章、陳重光等人，在張榮發招待所的宴會廳舉行晚宴，賓主盡歡。晚上在好友吳東昇的邀請下，穆考斯基和我下榻吳家在陽明山的別墅。第二天，中午與新光吳東昇、吳東亮兄弟及企業家第二代一起吃午餐。下午，甫獲特赦出獄不久的許信良和謝聰敏連袂來到陽明山載我們回台北出席民進黨在國賓飯店安排歡迎酒會。民進黨的重量級人士許信良、尤清、姚嘉文、吳乃仁、張俊雄、余陳月瑛等人都與會。當場有幾位記者參加，並對穆考斯基進行訪問。

新聞對我很捧場

我離開台灣二十多年，雖其間返台數次，但對於台灣的媒體並不熟悉。那天出席的記者當中有一位是《自由時報》的記者高天生。他在訪問穆考斯基時問了幾個問題，其中有兩個問題和「民主」與「自決」有關：

問：「前幾天紐約時報在社論中支持美國重新嚴正考慮一個中國政策，你有何意見？」

答：「美國現在全心放在波斯灣危機上，不是重新考慮一個中國政策的時機。『兩個中國』是中國的問題，而對於這個問題，中國一直堅持一國兩制。不過美國重視的是人民自決，這是合乎民主的。同時台灣必須先致力民主化。」

問：「台灣獨立在此聲浪日大，您的看法如何？」

答：「那必須由人民自己來做決定。」

問：「美國支持嗎？」

答：「美國支持民主與人民自決。」

穆考斯基的答話中規中矩，也符合美國一貫的民情國策。這篇新聞在十九日上了頭條，標題是〈美國支持民主及台灣人民自決，美參院亞太小組召集人穆考斯基在台表示〉，內文除描述了穆考斯基來台後未獲李前總統接見，「他為此極表不悅」外❶，還將訪談以問答方式刊出，內容平實，並未有渲染、扭曲的情形。新聞刊出當天，拜訪團行程緊湊，並未特別注意此一新聞。

高天生似乎對我青睞有加，在二十日大篇幅報導了民進黨藉著穆考斯基來台的機會，希望有更多公正人士來台在該屆修憲國代選舉中扮演「監督」的角色。新聞中並稱此次穆考斯基來台和民進黨接觸是透過我居間協助、安排，「意外使民進黨與美國共和黨間的政黨外交有了突破點。」文中也再度提到穆考斯基對於政府的冷淡待遇不悅。除此之外，他還寫了一篇特稿〈吳澧培熱愛鄉土，拓展國民外交〉，細數我在美國金融業的成就以及和穆考斯基的交情，對我不吝讚美❷。

國民黨耍的小把戲

拜訪團和我在二十日啓程返美後，國府外交部將那兩天的《自由時報》和《民眾日報》相關新聞譯成英文，送交穆考斯基，並且向他抗議。抗議的重點在穆考斯基在「台獨」議題上的「由人民自決來做決定」發言，不無支持台獨之嫌，以及形容他在訪台過程中感到「不悅」等。

穆考斯基將外交部的抗議轉發給我。我一看就知道國民黨在耍小把戲，故意讓穆考斯基顯得很被動。

美國政要在碰到民主政治未臻成熟國家的「獨立」或「民主」等議題時，動輒祭出「人民自決」這塊招牌，十分好用。但國民黨政府故意在雞蛋裡挑骨頭，把外交辭令當成偏袒台獨的說法，向穆考斯基抗議。外交部在翻譯新聞時也不懷好意，將矛頭指向我，說是因我主導穆考斯基的行程，才惹出這件事。言下之意，穆考斯基像個傀儡，沒有自我意志，受我影響，才會對國府不滿。

穆考斯基未做什麼出格動作，也沒說什麼驚人之語，想不到很平常的民主概念，卻觸及國民黨的逆鱗。一向殷勤、好客的主人，居然會向他抱怨，說他在媒體發表的「不當言論」，置主人於尷尬之地。他和我談及此事時，分辯：「我沒有說什麼啊！台灣獨不獨立，又不關我們的事。我只是說，人民都有做他認爲適合選擇的自由。我沒有立場去贊不贊成，也沒說要怎麼做，只說自決是你們的權力而已。」

總之，穆考斯基於十二月十日去信給北美事務協調委員會委員長丁懋時，表明他在台灣的言論被報紙「錯誤陳述」，而且他在台灣的行程安排，全由他華府辦公室一手包辦，除了未見到李前總統外，該見的人都見到了。他並聲稱，沒有人從拜訪團名單中被刪除，而且他也未在台灣召開記者會。當然，最重要的，一如以往，他受到了很友善的招待，而非新聞中所指的冷淡對待。穆考斯基並將這封信的副本發給我。

你上當了嗎？

穆考斯基大概覺得自己遭受無妄之災，於十一日發了一封信給我，信中說到該篇新聞的錯誤陳述令他很「困擾」。

他抱怨，事先並不知道民進黨酒會上有記者出席，而且他雖向記者表明自己受到「溫暖」的招待，但記者在新聞中的陳述卻相反。最後他還丟了一句話：「我很想聽到你的回覆。」

我仔細比對新聞原文、譯文，再看他給我的信。在我來看，新聞報導稱不上「錯誤陳述」。於是，我回了一封長信給他，剖析利害。我說，我無意傷害他和台灣政府官員的交情，而且他在接受媒體訪問時，我不在現場，無法評論有無「錯誤陳述」，但「穆考斯基支持台灣人民自決」的說法，「贏得了很多台灣人對你的尊敬。」至於拜訪團受政府官員冷落之說，並非直接引用當事人說法，充其量是記者的感受或意見，這在台灣媒體很常見，無足爲奇。我自己在六月的國是會議時亦嘗過這種待遇，「而我和你的不同處，就是他們不會送一份譯文給我。」

我提醒他，我根本不知道有媒體記者受邀參加，他們又不歸我管。再說，這是具有新聞價值的事件，可與稍早索拉茲議員造訪民進黨總部的新聞媲美，所以記者無論受邀與否都會來參加。

而且我陪他到台灣，安排見台灣一些政治、企業領袖的初衷，是要讓他接觸台灣更多元的觀點及背景，以造福台、美雙方。而所謂「造成令人不快的處境」，可能是國民黨的陰謀，以阻斷他和反對黨發展關係，並且分化我們之間的友誼。我問他：「你上當了嗎？」

我說如果我眞有錯，就錯在我不顧自身安全，試圖爲你提供一個更了解台灣眞相的管道，而爲執政者所不喜。

雖然如此，穆考斯基還是去信《自由時報》，要求澄清一些「錯誤陳述」，包括他未主張兩岸事務應由人民自決，而是「美國支持民主及自決」，此行和民進黨無關，他的拜訪團未有成員被刪減，以及，他受到十分優渥的招待，並未有「非常不悅」之事。《自由時報》將他的來函照登，他滿意了。

我們都以爲這場「茶壺風暴」到此可以收攤了，想不到樹欲靜而風不止。

惡意的扭曲事實

在我與穆考斯基一來一往地筆戰時，另一頭的台灣，卻有一位續伯雄先生，撰寫了一篇毫無根據，肆意扭曲的〈穆考斯基訪台受歪曲之眞相大白〉特稿，並陸續在《台灣日報》《中央日報海外版》《華府郵報》與《新聞鏡》週刊刊出。我一看，這種無中生有、分化挑撥、刻意渲染及扭曲事實的手法，實在是太熟悉了，若說這不是國民黨發動，誰都不相信。

這篇頗有「名嘴」風格的特稿，說穆考斯基於訪台返美後心情很差，因爲他「不忍拂逆多年好朋友吳澧培的『美意』，赴『許信良辦公室』會晤許信良，不料座中有《自由時報》與《民眾日報》的記者，吳澧培卻沒有預先知會他……深感自己有被好友出賣之嫌外，也對那天在座記者斷章取義、歪曲不實的報導，暴跳如雷……」云云。❸

該文引述某「穆考斯基國會助理」的話，詆毀我「別有用心」，不斷在穆考斯基面前「饒舌」，批評國民黨及中華民國，陷他於不義。穆考斯基雖洞悉我的鬼蜮伎倆，但爲友情所困，不得不強自敷衍。而我爲了遂行台獨之陰謀，不但不顧穆考斯基託詞及避而不見，千方百計要安排此次訪台行程，並自告奮勇打前站。此外，我還暗中邀記者出席，破壞穆考斯基的台北行。續伯雄並爲穆考斯基抱不平，說我以前躲在幕後，慫恿穆考斯基批評台灣的民主及人權問題，他念著相交一場，「幫吳一點小忙」，結果落得恩將仇報的下場。

這個想像力驚人的「記者」，編出來的故事粗劣不堪，而且惡意挑撥，把我形容爲一個「賣台奸細、饒舌說客、損友小人」的綜合體，穆考斯基則成了一個「耳根子軟、不辨是非的濫好人、傀儡」的笨蛋。我奸，他笨，正是一對哥倆好。

我把這篇文章譯成英文，寄了一份給穆考斯基。且不說我對這充滿謊言、扭曲及惡意捏造的文章不滿，穆考斯基也受不了被人指爲「被朋友利用的傀儡」，這對政治人物是嚴重的指控。

他於一九九一年二月七日以公函去信四家媒體及丁懋時，要求澄清。在公函中，穆考斯基指出，這篇文章「引用」子虛烏有的談話，讓大家誤會這些消息由他提供，事實上，他和助理並沒有提供任何資料給續伯雄，更未接受過訪問。他開宗明義指出：「該文不只一次指出我的好友吳澧培曾多次影響我的某些政治決定，我認爲其意有誤。身爲美國參議員，我一向依據美國最佳利益獨立斷事。我採納各方建言，包括見解受我尊敬的吳澧培在內。」

穆考斯基也看出這篇文章的攻擊重心在我，便出面相挺：「我對該文所稱『我感到被吳出賣、我因對吳極度不滿而感憤怒』，以及所有暗喻我不信賴吳之友誼等各節文字，表示憤慨。吳和我乃多年好友，我不喜歡文中對吳有利用此種友誼爲己謀利的暗示。」

此外，穆考斯基指稱，文中有多處內容不確實。他認爲種種扭曲、誣衊、不實之處，不但減輕可信度，並且「比該文所欲澄清的原報導還糟」。

穆考斯基要求刊出該文的四家媒體澄清，而這四家媒體在參議員及國府的壓力之下，分別在一九九一年二月至四月間，將穆考斯基的來函照登。

得理不饒人

穆考斯基見到四家媒體來函照登，他滿意了，而我沒有。我說：「爲什麼向你道歉，不向我道歉？那不行！」

我要求這三報一刊及撰文者續伯雄向我道歉，對方拒絕了。他們在光天化日之下打人臉，居然連道個歉都不願意，大概欺負我人單勢孤。我也不囉嗦，花錢請了紐約一位知名的人權律師韋格拉斯，來打這一樁蓄意毀謗、毀損名譽的官司。韋格拉斯只象徵性地收我一千美元就來替我打官司了。

一開始他很認眞地聯絡這四家媒體、在美居住的續伯雄、北美事務協調委員會，甚至國民黨秘書長宋楚瑜，要求澄清此一不實報導，並且登報道歉，但他們都不予理會。於是我再去信給李登輝總統親信城仲模，告訴他我已依他建議，發函宋楚瑜及各媒體，要求道歉。我明白告訴他，我遭到的扭曲、抹黑，造成名譽受損，如果沒人道歉，我會追究法律責任到底，並申請對作者及在美發行的《華府郵報》《中央日報海外版》，甚至國民黨在美分支機構進行假扣押。而這件事既然牽涉到穆考斯基，他可能會接到傳票，出庭作證。

國府將我寄給宋楚瑜的信照會穆考斯基。他告訴我，以後這種事要事先讓他知道，與其打官司，不如用外交手段解決可能還比較有效，於是他向北美事務協調委員會施壓，要他們好好處理此事，不然會很難看。

律師寫給宋楚瑜的信，最後是由國民黨文工會主任兼發言人祝基瀅回信，聲稱要先搞清楚怎麼回事。經過一個多月的律師信往返，祝基瀅聲稱此事乃私人糾紛，他不宜介入。

堅持贏得勝利與尊嚴

在各種壓力之下，首先屈服的是始作俑者的軍方報紙《台灣日報》。

該報總編輯趙立年不想此事繼續鬧大，答應在報上以報紙及作者的名義道歉。他傳來一張小小的「道歉啓事」樣張，我非常不滿意，續伯雄的文章和穆考斯基的澄清函都是一大篇，對我的道歉啓事卻小小一塊，根本是大小眼！我要求他：「要和穆考斯基澄清函一樣大小。」

在我的折騰下，趙總編輯也沒辦法，最後傳眞了一封信，「有關文稿錯誤更正之事，弟悉依吾兄之意爲之」，徹底認輸了。我見人低頭服輸了也不爲已甚，於是親自擬了一份稿子交由報紙刊登。其中除了「混淆視聽」一句被刪掉外，《台灣日報》於一九九一年九月二十九日，依我的稿子，刊出醒目的「向吳澧培先生道歉啓事」全文。有《台灣日報》例子在前，其他報紙、雜誌也陸續跟進。

算算從一九九〇年十一月中旬返台，替穆考斯基安排與台灣企業家及民進黨等反對陣營人士見面，至《中央日報海外版》於一九九一年十月十七在二版刊出道歉啓事，這場茶壺風暴才告收場。

我視這茶壺風暴爲多年來和國民黨在精神、物質對抗的一個小小勝利，小蝦米逼大鯨魚道歉成功，眞是大快人心！

❶參見一九九〇年十一月十九日，美《太平洋時報》一版轉載自台灣《自由時報》第二版新聞。

❷參見一九九〇年十一月二十日，《自由時報》第2頁焦點新聞版「民進黨想藉穆考斯基使力。吳澧培居間安排，接觸不同聲音，要發不同聲音」。

❸參見一九九〇年十二月三十一日之《台灣日報》，續伯雄所撰之〈美國參議員穆考斯基訪台「報導」眞相大白〉一文。其餘《中央日報海外版》《華府郵報》《新聞鏡》亦有全部相同或節錄內容之特稿。

彭明敏回家了！

二〇一三年某一天，彭先生要和當初協助他逃亡的唐培禮牧師夫婦餐敘，請了我作陪。席間談到彭明敏於一九九二年十一月返台時的風光景象，他忽然對我說：「你那時實在好囂張！」「什麼囂張？」我丈二金剛摸不著頭腦，不知他在說什麼？

原來當年他想要返台時，需要有人幫忙處理返台事宜。當時彭明敏找上我來挑此重擔，我猶豫再三，他努力說服我接受，後來我開出條件：「你要我做，你就不能管。」並且還要他當場寫下一張委託我全權負責的授權書。奇怪的是，這事我記得，但逼他寫授權書一事，我就沒印象了。對此，彭明敏自我解嘲：「反正我是坐轎的人，一切聽命於抬轎人。」

因爲彭先生的信任，我挑下這一看就不好挑的擔子，並決定要讓彭先生有尊嚴、有格調，有氣勢、有面子地風光返回久違的家鄉。

亦師亦友彭先生

我和彭明敏先生於年輕時相識，此後一路支持他。我支持他，是因爲他對理想的堅持對了我的胃口。

彭明敏教授三十多歲就當了台大政治系系主任、研究所所長、國際知名的太空法學者、中華民國派往聯合國的顧問、第一屆十大傑出青年，是不折不扣的青年才俊。被逮捕前，他幾乎擁有所有年輕人想要的一切。但爲理想，他放棄了這一切，甚至得不到家人諒解，冒著生命危險，堅持到底。對這樣的彭明敏，除了佩服，我當然一路支持他。

一九七〇年九月底，彭明敏離開瑞典，到加拿大蒙特婁開會。當時他還不能進美國，台獨聯盟的核心要角蔡同榮、賴文雄都是他的學生，特別趕到蒙特婁去迎接他，並在當地召開中央委員會，欲勸說彭明敏進獨盟。

後來彭明敏到了美國，曾到阿拉斯加來探訪我，我們促膝長談，談論推翻蔣介石政權的革命大業。我那時在阿拉斯加銀行界小有名氣，但我表明願意辭掉工作爲他跑腿。他未應承，反而鼓勵我在崗位上好好努力。

後來他在蔡同榮等人力邀之下當上獨盟主席。他是個讀書人，治學一流，但不擅長處理人際關係，甚至不是雄才大略、果斷型的革命領導者，不過卻是個思維縝密，以品格掛帥的領袖型人物。不到一年他就辭職了。

後來他擔任台灣人公共事務會會長時，積極推動會務，爭取會員及募款，結果會員總數增加了兩倍半，分會增加兩倍，反而引起來自獨盟的抵制，彭先生索性辭卻會長職務，和許信良等人另組

「亞太協會」。

一路走來，彭明敏始終維持著讀書人的風骨，寧折不彎，也不虛僞做作。

彭明敏定居美國後，我和他時常往來。每次他來阿拉斯加，或後來到洛杉磯都下榻我家。和彭先生相處久了，我發現他完全是學者性格。很細心，做事像鑽研學問，細節研究唯恐不透徹，而這卻成了他從政的一個弱點，顧慮太多，容易陷在細節中，有時甚至會顧此失彼。有時看到他爲一些細節傷腦筋，我會勸他：「免煩惱，事情都會安排好。」

從私交的角度來看，他始終是一個很好的老師，一個溫和、親切的長輩。我雖是他的晚輩，但他知道我對判斷事情的輕重常常快狠準，做事情又有條理，所以即使他有自己的想法，也會願意聽我的意見。

心裡的疑問

彭明敏辭去獨盟主席後，曾來阿拉斯加找我，鄭紹良也從西雅圖前來相聚，談到台獨聯盟的中央委員對他的不尊重，彭明敏仍怒氣勃勃，難以釋懷。後來我提議我們一起來做些實際的革命之事。當時我們覺得和平革命無望，只好採取激進革命的方法。

鄭紹良談到他認識一些激進人士，其中一位劉先生在西雅圖山上訓練游擊隊，他和這些人有聯繫，可以執行革命行動。彭明敏則表示，他和巴勒斯坦的革命軍有一些關係，如果要革命可以到巴勒斯坦，讓那邊的人幫我們訓練人員。革命需要大筆的錢財支援，錢從哪裡來？當初的構想是透過劉先生的游擊隊，在美國設法籌錢，用此經費來訓練游擊隊，爲革命做準備。

我們打算在執行計畫之前，由我先飛到巴勒斯坦，在當地開設一個銀行帳戶，並讓劉先生拿到錢後也飛來巴勒斯坦，建立將來可能的訓練模式。彭明敏很興奮，連連說好。我們議定聯絡的電話及暗語，以防被監聽。

按照計畫，我負責聯絡彭明敏，鄭紹良則回西雅圖找劉先生，和他講了我們的計畫。我也和劉先生見了面，他也願意加入我們行列。現在回想起來，當時的想法實在太天眞，但大家充滿了革命的熱忱，願意爲台灣奉獻、犧牲。

但當我想要向彭教授報告進度時，他留下的電話卻始終打不通，怎麼也聯絡不上。我想他身邊一定有中情局的人監視，所以也不敢用其他方式和他聯繫，於是計畫便胎死腹中不了了之。這其中到底發生了什麼事，讓彭教授改變了態度？雖然我們日後交往甚密，但他絕口不提此事，我也從未當面求證。這始終是悶在我心裡的一大謎團。

接受彭明敏委託

蔣經國過世後，彭明敏挺身公開宣布支持李登輝總統，並期待李前總統能把台灣帶向自由民主之路。台獨聯盟因此對他大力抨擊。李前總統上任後，爲推動台灣的自由民主，召開國是會議，邀請各方人士參與。我和彭教授都受邀參加，但他因台灣通緝在案，沒有參加。

一九九一年七月，彭明敏主持的亞太民主協會在夏威夷大學東西中心，舉辦「台灣政局的發展」學術研討會，台美兩地朝野知名人士及學者一百多人參加，彭教授透過楊黃美幸，邀請我出席擔任主持人之一。起初我推辭不就，因爲受邀來賓都是政治人物及學者，我兩者皆非。但楊黃美幸說彭先生有要事相商，我才與會。

原來彭明敏想要堂堂正正，有尊嚴地返鄉，期待我替他籌畫相關事宜。彭明敏和台獨聯盟、FAPA之間的關係很不友善，而我和獨盟的幾位重要人物關係不錯，而且人脈廣，動員較易，多位參加研討會人士遊說我接下此重任，但我仍在考慮是否有能力做好這件事，最後彭明敏也親自來和我談，請我主導返鄉事宜。我接受了他的託付，要讓他有尊嚴地、風光地返台。

開始運作後，台獨聯盟百般阻撓，我才發現彭明敏和獨盟的樑子竟然這麼深，尤其南加州檯面上的人物更是如此，使得工作困難重重。在我爲彭教授返鄉舉行募款餐會時，一些獨盟的人就在餐會外面示威抗議，並以各種難聽的口號如「背叛台灣人」、「陷害同志張燦鍙」聲討彭明敏。會後竟然有同學的弟弟打電話以污穢的字眼形容彭教授，質問我爲何還支持他。

張燦鍙爲台獨聯盟遷台闖關被捕受審時，國府以王幸男郵包炸彈案爲由，除首謀內亂外，還加殺人未遂共犯定罪，張燦鍙否認台獨聯盟和王幸男事件有任何關係，彭明敏教授在紐約和華文記者餐敘時，記者突然問彭教授是否知道張燦鍙闖關回台被捕之事。他回答說：「不知道，我很訝異。」記者又問他是否知道張燦鍙否認和王幸男事件有任何關連。彭明敏也回說：「我不知道此事，我也很訝異。」彭教授訝異的是：王幸男事件是台獨聯盟主導，當時身爲獨盟主席的張燦鍙怎麼可能會不知情呢？

彭教授的回答在有心人士的操弄下，被獨盟曲解爲：「當張燦鍙急於和王幸男事件切割時，彭教授沒有替同志說話，形同出賣張燦鍙。因此獨盟對彭教授激烈批評，並且進行抵制。」

我認爲這種抵制對彭教授很不公平。一九七七年王幸男在台被捕時，台獨聯盟在美國大張旗鼓，宣稱同志在台起義成功，並趁勢大舉對外募款。既然如此，表示這事是由台獨聯盟所主導，張燦鍙多年來是獨盟領袖，怎麼否認和此事件無關？彭明敏自然會訝異。

我覺得獨盟如此對待彭明敏這位爲了台灣民主而犧牲自我幸福的理想主義者，實在有欠公平。

克服各種障礙

但我既然答應籌備彭教授返鄉之事，就要克服這些障礙。我希望不只在海外，也要在台灣形成歡迎彭明敏歸鄉的共識。

當時我工作很忙，但仍特地多次向萬通銀行請假回台。有一次我到土城看守所探訪闖關回鄉的張燦鍙、郭倍宏、李應元等獨盟人士。我向他們指出，從打倒國民黨這大方向而言，彭明敏和獨盟是一致的，更何況他在海內外就是反對國民黨的指標，回台更能激發台灣人民的意志，團結反國民黨的力量，讓人民對台灣走向自由民主更具信心。我希望已遷台的獨盟能發表簡短聲明，歡迎彭明敏教授返鄉。如果屆時張燦鍙已出獄，更希望他能代表獨盟到機場歡迎。若仍在獄中，我會建議彭明敏第一站就來探監。張燦鍙不置可否，叫我去跟他太太商量。透過鄭紹良，我見了張太太，卻沒結果。

爲了讓籌備彭教授返鄉一事更順利，我請謝聰敏繼續和獨盟代理主席李應元溝通，希望獨盟發表聲明，歡迎彭教授返鄉，李應元最後答應了。我克服了彭明敏返台的一大障礙。

另一障礙就是彭明敏沒有台灣護照，而他堅持要以一位堂堂正正的台灣國民歸國。爲此我又回台一趟，找黃石城安排和李前總統見面。李前總統在國民黨內勢力未穩，何況彭教授返台之事，早被傾藍媒體拿來大做文章，說李前總統允許彭教授回台，就是要搞台獨。

爲了不增加李前總統的困擾，會見李前總統一事費了好大一番工夫。當時李前總統兼任中華文化總會會長，黃石城爲秘書長，他安排週三下午國民黨開完中常會後，李前總統將「臨時起意」視察中華文化總會。爲避人耳目，我當日清晨七點多就進入會長辦公室等候。中午時，我聽到外面有人走動，猜想是安全人員在進行安檢，但辦公室鎖著，沒人進來。

返台前，我要彭教授寫一封信給李前總統，讓我當面交給李前總統。李前總統看後問我：「彭教授眞的要回來嗎？一個讀書人回來做什麼，會受到排擠的，就像我一樣。」我回答他：「您知道的，彭教授一生都爲台灣犧牲，現在想利用剩餘的生命回鄉奉獻給台灣，順便回鄉終老。」

聽我這麼說，李前總統當場拿起電話，打給駐美代表丁懋時，交待辦理彭教授的護照。李前總統也問我彭教授回台後，若安排他擔任中央研究院院長如何？我答說會轉達此訊息。待我返美時，丁懋時已和彭教授聯絡過了。

前置作業千頭萬緒

爲使彭教授回台灣聲勢浩大，我想組一個「歡迎彭教授返鄉主席團」，於是經謝聰敏、鄭紹良和許不龍事先安排，我四處接觸台灣的學術界、企業界和民進黨等人士。當時行動電話尚未普及，爲方便聯絡，外甥女黃世雅專程從舊金山回台，守在旅館內替我接電話。

考慮到彭教授長年流亡海外，想把餘生奉獻給台灣，卻面臨做事沒經費而導致寸步難移的窘境，也許這是我爲他出力的最後一次機會。我除了在美國替彭教授安排多場媒體專訪，炒熱鮭魚返鄉的話題外，同時偕同彭教援到美國十多個大城市舉行惜別募款聚會，所到之處人山人海，或私下造訪台美人菁英。雖然時有獨盟杯葛行動，絕大多數的台美人都殷切地祝福他。

募款同時，我也號召有志之士一起陪彭教授返鄉。總之，凡是能使彭教授有尊嚴、安全、榮耀地返台之事，我都盡力去做。我的秘書林上雲女士，在繁忙的銀行業務下，承擔起一切瑣碎事務的安排。舉凡聯絡團員、選擇航空公司、預定機票，全由她費心張羅。光機票一項就幾經波折，最後才由彭教授裁定搭乘國泰航空，經香港返台。

彭教授不喜歡也不信賴中華航空公司，故選擇直飛台北、飛安紀錄良好的新加坡航空。我們委託一家熟識的旅行社，以一般大型旅遊團的作業方式，先向新加坡航空公司預訂七十五張機票，名單確定後再補送航空公司作業。但待我們名單齊全，新航卻取消我們的訂位，也未給予合理解釋。我們無法得知內幕，幸好後來國泰航空及亞航都有足夠空位，而且從洛杉磯的起飛時間和原訂新航班機相近，以便洛杉磯以外的同鄉銜接班機。這兩家航空公司也都保證不會臨時放鴿子。

最後有上百位台美人陪同彭教授鮭魚返鄉。這些鄉親平時就常爲台灣的民主自由出錢出力，無怨無悔，不求回報。這次回鄉，他們不僅慷慨捐款，更自行承擔機票、食宿，陪彭教授返鄉。

他們明知此行存在著無法預期的風險，卻爲了見證台灣因彭教授歸鄉而進入新的里程碑，偏向虎山行。這種單純而高貴的情操，令我感動。

得罪了李敖

我們還考慮到彭教授去國多年，年輕一輩也許對他陌生，因此打算將他的《自由的滋味》重印十萬本，送人閱讀。

這本《自由的滋味》在當時台灣的出版市場上有許多版本，相當紛亂，有的甚至是出版社找人將英文版直接譯爲中文後逕行出版，其中有李敖出版社稍早的版本。李敖和彭明敏本是舊識，彭明敏逃出台灣，李敖也是出力者之一。李敖說出版《自由的滋味》是得到彭明敏的口頭同意。當時彭明敏流亡海外，出版他的書必冒風險，一定會遭到警總取締，但李敖還是出了。

後來前衛出版社也出了《自由的滋味》，這是將英文版譯成中文。在諸多譯本中，算是比較認眞的一本。反正，《自由的滋味》好幾個版本，但沒有一家有彭明敏的正式授權，他也沒收到一塊錢版稅。

爲了印這十萬本書，我得選擇一家出版社。本來選李敖出版社理所當然，彭明敏願意選擇讓李敖來印，和李敖是同窗好友的謝聰敏也主張讓李敖來印。謝聰敏送來李敖的估價單，每本要價新台幣一百二十元，十萬本就要新台幣一千兩百萬。彭明敏返鄉的錢全是向台灣鄉親募來的，能省則省，不能浪費。我認爲應該再找別家出版社估價，若同價，則李敖優先。

既然我被賦予重責，當然要貨比三家。到處打聽，最後問到前衛出版社，他們願意以八十元的價格承印。一來一去，就是四百萬元的差距。

聽到此消息，李敖不爽，謝聰敏也不高興。我請李敖降價，但他堅持不肯，而且還翻臉罵人，話也講得不好聽。李敖並寫信給彭明敏，撂下狠話：「你若要聽信在美國那隻幕後黑手的操縱，不回台灣也罷，若是回台，我也不願見你，要跟你絕交。」彭教授爲此非常爲難。

這件事情最後鬧得大家不太愉快，我請示彭明敏，請他做決定。最後因爲印書的成本太高，決定擱置了重印《自由的滋味》的計畫，只重印〈台灣人民自救宣言〉。這件事情，既然彭教授決定了，那就決定了，我也沒多說話。

李敖的父親是我台中一中的國文和歷史老師，北大畢業，學問一流。當時我家窮，李老師很照顧我，叫我到他家「倒茶」，其實是藉機讓我和別人一樣補習而不用繳費。我對年輕時代的李敖有幾分尊敬，因爲他敢反抗國民黨強權，勇氣令人佩服。但後來對他咄咄逼人的態度實在不敢領教。

彭教授想化解心結，幾次要拜訪李敖但都遭拒絕。後來我才得知，彭教授還是背著我，讓李敖印了少量《自由的滋味》。但在一九九六年，彭明敏參選台灣首次民選總統時，李敖出版了《你所不知道的彭明敏》一書，對彭明敏頗多攻訐詰難。彭明敏看了之後氣得臉色發青。後來兩人的交往就逐漸轉淡。

有尊嚴地鮭魚返鄉

按照原訂計畫，美國出發的團隊先到香港，和日本出發的鄉親會合後再一起返台。但由於到達香港後再轉機回台灣，已是夜晚，不適合機場造勢及接下來的歡迎活動。而且，聽說國府已在機場布署警力，對歡迎人潮也有限制。彭教授更強烈反對在蔣介石生日（十月三十一日）當天，踏上他睽違多年的故土。

於是全團決定在香港停留一晚。當時氣氛緊張詭譎，多留香港一晚，只會徒增彭教授人身安全的危險。好友廖梧興半夜被敲門聲喚醒，睡眼惺忪地和彭教授換了房間。隔日醒來，才明白他前一晚充當了彭教授的替身，萬一有任何襲擊，他首當其衝，幸好一夜無事。我相信那晚彭教授該是近鄉情怯、徹夜輾轉難眠吧！而我更是爲了隔日可能遇到的種種狀況，在腦海裡不停地進行沙盤推演，但求不會發生血腥衝突。

台灣亦有民進黨人士前來香港迎接，林豐喜等六人穿著陸戰隊迷彩裝，聲稱要來保護彭教授。大家之所以這麼緊張，是因爲一九八三年八月菲律賓流亡多年的阿奎諾返鄉卻在機場遭襲殺，爲防備國民黨使用奥步對彭教授不利，有人建議他穿上防彈背心。但彭教授說他是回到自己母親的懷抱，因此婉拒了此一建議。彭教授的貼身保鏢魏瑞明身材高大，精通柔道，也教導大家若事情生變時該如何應付，氣氛相當沉重。

雖然我們臨時更改行程，但十一月一日當飛機降落桃園機場時，還是有數萬名鄉親前來歡迎，現場一片人海，人潮中夾雜著各立法委員候選人的旗幟。現場情況完全不受控制，我努力要貼近彭教授，卻被擠開，一下就看不見他了。後來才知道是許信良帶走彭教授，搭上他弟弟許國泰的宣傳車走了。在隨後的記者招待會上，彭教授當場宣布我是他在台灣的唯一發言人。

十一月六日，我們一行人陪同彭教授到林義雄母親和雙胞胎女兒的墳前祭拜。一路上石頭多，很不好走，彭教授和林義雄健步如飛，我卻氣喘如牛。林義雄回頭，說了一句讓我終身難忘的話：「台灣的民主路是坎坷的。」

回到台灣，正值立法委員競選期間，許多綠營候選人要求彭教授站台。彭教授未必都認識他們，需要有人替他做簡報。其中最難應付的就是張俊宏，要我說服彭教授，在他選區裡只爲他一人站台。那時尚非單一選區制，張俊宏認爲，如果彭教授也爲選區裡其他同志站台，形同未支持他。我卻認爲彭教授也應爲其他綠營候選人拉票，才能助綠營增加立委席次。

隨後我們陪著彭教授四處拜訪、演講。其所到之處民眾都熱烈歡迎。在故鄉高雄走訪街頭時，群眾夾道歡呼。在台北中山體育場更是人山人海，萬頭攢動。其他地方的演講也是場場爆滿。

想起彭教授海外流亡二十幾年，這一刻眞的是達成了他的願望：有尊嚴地鮭魚返鄉！

彭明敏參選總統

彭教授返台後人氣居高不下，一九九六年台灣舉行首屆民選總統大選，很多人勸進彭教授代表綠營參選，但他始終未首肯。這段期間，他曾來洛杉磯，住在我家，林水泉打國際電話來鼓吹他參選，我聽見他向林水泉說：「已經說過很多次了，沒意願。」沒想到他返台一個多星期後，突然打電話要我趕快回去，和他一起加入民進黨。

他說民進黨內已有共識，要他代表民進黨參選民選總統，但先決條件是要加入民進黨。原先我答應了，但幾經思考，覺得不妥。彭教授在民進黨內人脈較弱，將來選總統之事有待折衝、協調之處甚多。我若加入民進黨，只是個新兵，若留在外面，至少在反對陣營有些分量，可以居間扮演協調角色，可運作的空間更大。彭教授覺得我說得有道理，所以最終我還是沒入黨。

因爲許信良、林義雄、尤清都有意參選，於是民進黨舉辦初選。第一階段由民進黨黨職、公職人員投票，許信良居首，彭教授居次。第二階段是他們兩位透過政見發表會，由有投票權的出席者當場投票。幾場下來大勢底定，彭教授大幅領先許信良。於是我寫了〈信良兄，這是息戰止爭的時候了〉一文刊於報紙上，勸許信良讓賢及民進黨全力支持彭教授，儲備精力準備迎戰國民黨。

在美國，這是政黨初選時慣用的策略，同黨競爭者若見某一候選人選情看好，常提前退出黨內初選，讓該候選人儲存戰力，好和另一政黨候選人逐鹿。然而許信良沒回應，卻由他的洪姓好友投書，反駁說我並非民進黨員，沒資格說三道四的。其實於公於私，我都有資格如此要求許信良。

雖敗猶榮的選戰

彭教授代表民進黨參選後，所到之處大受歡迎，信心爆棚。選舉到了最後兩週時，他突然從台灣打電話給我：「要準備！要準備了！」我一時不知道他在說什麼，「準備什麼？」「準備接管政府，準備移交。」「啥？」「會上啦！」他很興奮，說情勢一片大好，所到之處，人民夾道歡迎，讓他十分激動。他並且希望勝選之後，要我從美國返台幫他負責政權移交工程。

雖然我心有疑慮，但不動聲色，也不打擊彭教授的信心，只是勸他：「彭先生，現在選情那麼激烈，不要去想這些事情，你先努力選舉要緊。」

當時我在美國成立了海外彭明敏競選後援會，募款並鼓動大家向台灣的鄉親催票。到了選舉最後關頭，我還從美國帶了一團人，返國為彭先生助選。我們自己排行程，自己去跑。有一天，來到嘉義助選，在一整天拜票後，下榻嘉義一家好友的旅館。才要出去吃晚飯，門一開，剛好彭先生和李鴻禧走進來。原來當天晚上他們在嘉義有演講。我們約了第二天早上一起早餐。

第二天早上，我事先約了李鴻禧早一點見面。我問他：「是真的還是假的？」李鴻禧顯然很明白我在問什麼，說：「我也認為會上！人氣太旺了！」我再追問：「那你們有沒有做民調？」李鴻禧連連擺手：「沒必要！沒必要！」後來我才知道，原來有一批狂熱的支持者，一路跟著彭先生的行程跑，場場到場，歡呼加鼓勵，難怪會讓彭先生有「會上」的錯覺。

其實，在選前我就對彭先生能當選總統存疑，只是認為台灣第一次民選總統，綠營需要像彭教授這種高度的參選人才具意義。選舉結果彭教授落選，在四組候選人中居次。我認為在大環境中種種不利因素內外夾擊下，彭教授能得到二百多萬選民的認同，已屬不易，雖敗猶榮。

亦師亦友忘年交

有很長一段時間，我們的命運彼此交錯、重疊，我始終視彭先生為師為友。後來我入總統府擔任資政時，也和彭教授共事，我們一同擬定很多議題向阿扁總統建言。至今他已入九旬高齡，我們仍時相往來。他對台灣民主自由所做的犧牲與奉獻，一直是我景仰與學習的目標。

任何組織或團體，我都會恭請他當主席、會長或理事長，而我做一些執行的工作或擔任副職。在二〇一二年總統選舉期間，我們組了一個「台灣公平選舉國際委員會」，請彭先生出任主席，我擔任副主席。蔡同榮看了笑稱：「彭教授若沒有吳澧培，就不好做事情。」

彭先生對我很好，很關心我，包括日常生活及健康，也不厭其煩地提醒我，例如我得了帶狀皰疹，也就是俗稱的「皮蛇」，彭先生替我安排主治醫生，並督促我就醫。有時我們也一起結伴旅行，去過許多地方。

有彭自遠方來。彭教授到阿拉斯加與我歡敘。

我是標準宅男，不太出門，平常講話也是三言兩言，不喜囉嗦。唯有和彭先生在一起時我會比較活潑，想一起出門走走、逛逛、遊玩一番。電話聊起來常忘了時間，有時聊到電話都快燒掉，讓太太頗吃味。每次彭先生打電話來，她都會笑我：「你爸爸打電話來了！」我只能笑笑去接電話。

彭教授到洛杉磯，在我家庭園前與我及孫子合影。

彭教授返台記者會。許信良當時非常尊敬他，認為彭教授絕對是台灣人的第一任總統，但日後為何又與之競選了呢？（詳見第 430 頁〈人稱「變色龍」的許信良〉。）

關心台灣立足美國

海外的同鄉聚在一起時有兩個熱門話題，一個是家鄉台灣民主的進展，另一個就是我們如何在美國永續生存的問題。

許多朋友和我一樣，家裡都有陸續成年的子女，當然得關心下一代的出路。這些接受西方教育長大的孩子，幾乎確定將來不會回台灣發展，他們如何在美國社會站住腳？萬一在求學或工作上碰到歧視，要如何爭取公平的對待？身爲父母，我們能爲他們做些什麼？這些都是我們關心的課題。

一開始，大家沒什麼具體的概念和想法，但聚在一起就會談起這些事。談多了，漸漸產生共識。我們應該團結起來，組織社團，提供鄉親平台，討論議題，以整體台美人的心聲向主流社會發表意見，我們的聲音才會被重視。

這麼做的目的，是希望我們的後代能做堂堂正正的美國人，在美國這個多元文化社會裡，爭取應得的權益，不要被人家欺負。但在另一方面，希望他們不要忘記台美人的根，記得台灣是故鄉，如有能力，應盡量關心故鄉，爲故鄉做點事。

創立台美公民協會

根據這些理想，我和幾位志同道合、關心台灣，想爲家鄉和美國的鄉親做一點事的熱心朋友，於一九八五年一月十四日，在洛杉磯成立台美公民協會（簡稱TACL）。

這個社團冠上「台美」兩個字有其特殊意義，也代表了我們的自我認同。「台」是指台灣是我們的根，海外台灣人飲水思源，懷念故鄉，也認同台灣。「美」是表示身在美國，也認同美國，腳踏實地，積極參與美國主流事務，關心美國政治，而非台灣的政治。這與台獨聯盟、台灣人公共事務會、同鄉會等將關心對象全放在台灣政治上不同。

在美國出生、成長的第二代台美人，在主流社會首要面對的是「自我認同」的困境。譬如我的孩子就常常面臨認同的問題。上了加州大學洛杉磯分校（UCLA），台灣來的留學生不會視他爲台灣人。美國的學生看他的姓氏、膚色，大部分也不把他當作美國人。那他到底歸屬於哪裡人？他在校刊寫了一篇文章〈I am a banana〉，描述他外表是台灣人，內心卻是十足美國人，眞像外黃內白的香蕉，道盡「自我認同」的徬徨。我認爲最爲貼切的答案該是「台美人」。

這種「自我認同」的危機，是我們創立台美公民協會的原因之一。我相信其他台美人第二代和我的孩子一樣，也會有類似的困惑。他們除追求自我尊重外，更需要被人尊重。

其實，在美國各個領域中都有傑出的台美人，我們結合大家的力量組成社團，以草根的方式參與主流社會的社區活動，不僅做個好公民，更要成爲有尊嚴的台美人。對於外來的歧視、欺侮，一定要反擊，默默地承受只會換來輕視。同時，我們要把台美人的特質宣揚出去，讓別的族群認識，繼而尊敬我們。

台美公民協會在洛杉磯成立後，我又和紐約楊黃美幸、華府洪耀東等人商量，鼓勵他們也成立台美公民協會。一九八九年，我們串連成全國性總會，我被推舉爲第一任總會會長。亞特蘭大、聖地亞哥、舊金山、西雅圖、休士頓、堪薩斯及聖路易斯也陸續成立台美公民協會，至二十週年慶時共有十州十三個分會的代表參加盛會。

反擊種族歧視

洛杉磯台美公民協會成立不久，就遇到「種族歧視」事件。這事件發生在當時台灣同鄉聚集，有「小台北」之稱的蒙特利公園

一九八五年，台美公民協會創立，邀請參議員穆考斯基、美國小姐，以及籌備人員及理事們共同與會。

市，剛好成了台美公民協會的試金石。

蒙特利公園市市議會否決了在該市興建老人公寓的提案。蒙市當時是台灣移民最多的聚集地，否決興建老人公寓，等於剝奪了台美人居住的權益。市議會還通過一法規：警察可以隨時攔下他們懷疑爲非法的移民驗明身分。這一法規雖說旨在打擊非法移民，但執行上卻很容易侵犯人權，尤其是有色人種的人權。

對這種明顯的種族歧視，我們一定要反擊，否則軟土深掘，不知伊於胡底。於是，台美公民協會主導聯合其他亞裔、拉丁裔、非裔等少數族群，發動示威。千人浩浩蕩蕩上街頭遊行，訴求警察不可侵犯人權、種族歧視。同時我們也要求興建老人公寓、強化官方雙語等公共政策。

示威人潮聲勢浩大，市議會及市政府不得不嚴肅檢討，最後收回成命。台美公民協會初試啼聲，展現了動員及組織能力，首次出擊成功，讓我們確定台美公民協會走在正確的道路上。

除了反擊美國社會對台灣移民的不公平對待外，台美公民協會也挺身維護台灣的權益。有一次，好萊塢電影《致命的吸引力》中有一場景：風雨交加，男主角撐的傘，翻轉成雨傘花，男主角以不屑的口氣指出那把雨傘是「made in Taiwan」。導演或製片認爲這是無傷大雅的玩笑，但台灣卻被貼上「不良產品」的標籤，傷害了台灣的商業信譽。面對這種看似無心，其實卻造成實質傷害的「歧視」，如果我們默不出聲，又如何指望得到主流社會的尊敬？

台美公民協會寫信給男主角麥可道格拉斯要求道歉，而他果眞回信表示歉意，並說將來影片有機會修改時，他一定會修改台詞。這是個「人必自重，而後人重之」的好例子，我們只有尊重自己，爲自己站出來，堅持原則發聲，才會受人尊敬。

在台美人聚集的橙縣爾灣市也出現類似的例子。有一年，爾灣市議會決定和上海市徐匯區建立姊妹城區關係，但上海提出的先決條件就是爾灣市要先斷絕和桃園市已建立的姊妹市關係，這引起台美人公憤。包括台美公民協會在內的多個台美人社團挺身抗議，我大兒子是爾灣市居民，也到議會發言反駁議會論點，促使議會重新討論，最後爾灣市和桃園市維持原來的姊妹市。

中國在海外處處阻撓台灣與他國或民間的外交關係，此事件若非台美人挺身抗議，桃園市政府也只能無奈地接受中國的欺凌。

台美公民協會以台美人的身分，展現實力，維護了台灣及台美人的權益，受到主流社會的尊重。但挑戰卻一波接一波，其中尤以在人口普查中爲台美人正名爲最。

在人口普查中為台美人正名

美國人口普查十年一次，政府以問卷方式調查各族群的人數、教育及職業分類等，然後依普查結果決定國會席次、社區服務規畫，以及聯邦經費等資源的分配。人口愈多的族群，得到的福利愈多。美國總統在決定內閣閣員時，都必須考慮任用優秀的少數族群。因此，人口普查對美國少數族裔非常重要。

以前美國人口普查，台灣人被併入「中國人」類別，主因是人口普查問卷上並無「台灣人」一欄可勾選。另一方面，台灣來的移民，本身的「國家認同」也很混亂。過去國民黨政府都是以「我們中國人……」來教育民眾，台灣有許多人自認「我是中國人」。到了人口普查時，這些人自然就會在「原居住國」項勾選「中國」。而自認「我是台灣人」的台美人，卻只能勾選「其他」，再填寫「台灣」。

因此台美人在人口普查統計中少於眞正的人數，因此台美人得到的福利也會相對減少。所以，喚起台美人「我是台灣人，不是中國人」的自覺，並在人口普查中反映出來，成了很重要的課題。

FAPA與台美公民協會等台美人社團，透過非常支持台灣的參議員甘迺迪、眾議員索拉茲等向人口調查局遊說，並經蔡同榮於一九八七年在國會聽證會上作證，說明中國人和台灣人不同，應該將台裔美國人和中裔美國人分開，單獨列為一種「少數族裔」❶。於是，一九九〇年人口普查問卷中第十三項問題所列出的二十一個少數民族「祖先」的例子，其中一個就是「台灣人」。

一九九〇年，台美公民協會義不容辭地接下宣導工作，輔助台美人塡寫人口普查問卷。我當時已卸下會長，但為了推動台美人「在人口普查勾選台灣人」，大家推舉我當召集人。為此我向萬通銀行董事會請假，花了一個多月，全美奔波，和各地台籍社團接洽，鼓勵大家一起推。我們製作了北京話、英語、客語及閩南語四個版本的宣導錄影帶，其中閩南語的版本就是由我錄的，說明這次人口普查的重要性，以及在普查問卷上如何正確地勾選「台灣人」。因為「認同自己是台灣人」是一致的理念，所以大家都很賣力在推動。

經積極宣導後，在一九九〇年的人口普查中，勾選「台灣人」的約有二十一萬人。這個數字當然比實際少，因為很多台灣來的人還是認同自己是「中國人」，而且也有不少人不知如何正確勾選，將「中國人」解讀為「華人」。

很可惜，到了公元兩千年，在人口普查問卷中亞洲人一欄所列舉的族裔中，「台灣人」選項不見了，台美人只能在「其他」一欄空白處塡寫「台灣人」。公元兩千年人口普查結果，「台灣人」數目近十四萬五千人，不進反退。到二〇一〇年人口普查時，人口普查問卷上依然未列出「台灣人」選項。台美人必須在「其他亞洲人」項下方空白處塡上「Taiwanese」。台美公民協會加緊宣傳，包括在台美人聚集地區設攤鼓吹台美人正確塡寫、拍宣傳影片放在網路上，結果調查結果出來，自認爲「台灣人」的人數有二十三萬四千二百三十九人。相對地，全美國自認爲是中國人的人數大約是三百八十萬人。

雖然人口普查的結果，「台灣人」數目遠少於實際人數，但在學歷、職業、經濟等等項目，都顯示台美人的優秀。僅就學歷而言，二〇一〇年美國人口普查的結果：有七三．六%的台美人擁有學士或更高的學位（中國移民爲五一．八%，美國人二八．二%）。

台美人是傑出的族群，値得主流社會重視與尊敬，但先決條件是台美人必須先站出來發聲爭取。順著這個運動，我也在媒體上著文發表〈必也正名乎？〉一文，公開提出「一中一台」的主張，鼓吹大家來爲台灣正名。後來看到台灣人民要求政府正名與制憲的風潮，很欣慰我的主張能得到多數台灣人的共識。

台美子弟百尺竿頭

我很希望，第一代台美人鼓勵年輕的下一代參與美國主流社會的政治，爲台美人發聲、爭取權益。

在和美國政要接觸時，我會拜託他們，提供年輕一代台美人去他們的辦公室實習的機會。每年夏天，台美公民協會動用人脈，向聯邦、州或市的議員辦公室及公家機關爭取寶貴的實習名額，讓第二代的台美人去實習，親自體驗議會操作及公共政策制定的過程。後來我們還安排會員去新聞媒體或電影製作公司實習，這也是難得的經驗。

台美公民協會並提供高中生獎學金、舉辦夏令營，讓有同樣文化背景的高中生及大學生相互切磋，接受台灣文化的洗禮與認同。在這樣的交流下，對他們的「自我認同」及自信幫助很大。

一九九一年洛杉磯台美公民協會之下設了一個「台美專業人士」會（Taiwanese American Professionals，簡稱TAP），後來擴展到全國，有上千名台美子弟參加，其中許多專業人士更是各領域的佼佼者。他們透過網路互相提供資訊，即使平時不容易相聚，也可透過通訊科技互相交流，凝聚感情。例如當協會成員的企業或公司在徵才時，他們會在社群網站發布消息，讓大家多了就業的機會。各專業之間的人才也會在碰到疑難問題時互相求援。

台美公民協會的發展，令我感到很欣慰。

台灣人聯合基金會撫慰台灣心

起源於芝加哥的台灣人聯合基金會專注於宣揚台灣本土文化藝術。後來洛杉磯的林衡哲醫師對音樂很有興趣，想利用這社團從事文化工作，於是便將名稱轉讓給林衡哲。一九八六年，林衡哲找吳西面成立了以洛杉磯爲基地的台灣人聯合基金會。吳西面擔任創會會長，實際上由林衡哲運作。

聯合基金會每年舉辦一次「文化之夜募款餐會」，邀請台灣有名望、受人尊敬的人士來演講，並舉行名家系列音樂會，邀請音樂家或團體來表演。林衡哲舉辦的音樂會偏重於西洋音樂，這與他本人喜好西洋古典音樂有關。當時我很納悶：「聯合基金會的宗旨是要台美人多認識西洋音樂？還是要介紹台灣的文化給主流社會人士？」我和其他理事建議，聯合基金會應著重於把台灣本土文化藝術介紹給主流社會。

後來聯合基金會漸漸轉向，除提供台美人音樂系學生獎學金外，也介紹傑出的台美人音樂家如林昭亮、胡乃元、陳毓襄等人來表演，大家熱烈捧場。但我仍認為欠缺台灣本土的藝術表演。有次終於請來台灣的合唱團演唱，唱的全是台灣民謠，曲曲動聽，聽得台下鄉親熱淚盈眶，主流人士也讚賞不已。

二〇一五年過世的蕭泰然教授，旅居洛杉磯時曾獲得聯合基金會的資助作曲，他是很有台灣心的音樂作曲家，所作樂曲，是台美人聚會時撫慰思鄉之情或相互打氣鼓舞的最佳媒介，如〈嘸通嫌台灣〉〈咱攏是勇敢的台灣人〉等，寫出了台美人的心聲。基金會曾邀請加州紅土交響樂團首演蕭泰然的〈一九四七年序曲〉，這是描述台灣二二八慘案的史詩，由台灣男女聲樂家演唱，更有百位台美人合唱團合唱其中的〈台灣翠青〉部分，動人心弦，全場轟動。

慷慨捐獻推展文化

一九九一、九二年，我連當兩任台灣人聯合基金會的會長。這段期間，我極力地向美國主流社會介紹台灣的文化。

柯林頓政府制定每年五月為「亞太傳統月」。亞洲、太平洋島嶼各國的移民，都會利用此機會舉辦慶祝活動。美國公共電視台也配合播出各族裔的特殊文化。有一年聯合基金會推出侯孝賢導演一九八九年發行的《悲情城市》。這部涉及台灣二二八事件的電影，曾榮獲義大利威尼斯影展最佳影片「金獅獎」的殊榮。我們不僅在公共電視播出，更租下洛市中心一家戲院放映。

在和主流社會人士交涉的過程中，我深深感受到，要舉辦大型文化活動，若無大筆資金，幾乎推不動。

一九九七年十月，林衡哲醫師要返台定居，大家爲他舉辦歡送會。剛好前一年萬通銀行分給我的紅利獎金有一百多萬美元。事先沒向其他人透露，我只跟太太和兩個孩子說我今天要宣布捐款，獲得他們同意。這次捐款，經過深思熟慮。我是台美人，和台灣有深厚的臍帶關係，所以我捐五十萬美元給我認爲最值得信賴、最能執行我理想的台灣慈林基金會。同時，我是台裔美籍（現已放棄美籍），所以也捐五十萬美元給美國的台灣人聯合基金會，用來推展台灣文化。

宣布後，大家都非常驚喜。當時台美人社團都苦哈哈的，辦活動得靠賣票及募款。林衡哲後來在台灣遇到我，不無感慨地說，我眞會選時間捐錢，偏偏選他離開聯合基金會時才捐。事實上他誤會了，我特別選在歡送會時捐款，原意就是「肯定」他在聯合基金會任內推廣文化的努力，同時也期盼基金會能宣揚台灣文化。

長久以來，我捐助許多台美人的活動，但一次捐出一百萬美元，對我來講是一筆很大的數目，連我的家人都嚇一跳。發表感言時我只能調侃自己：「自從有這一筆紅利入袋後，我的胃就一直不對勁，時而絞痛，我想是『錢虱』在咬，在作怪，這下把錢捐出去，把錢虱趕跑，也許我的胃會舒服些，這眞是治療胃痛的妙方。」大家聽了，哄堂大笑，說如有錢，錢虱再咬都得忍住。

台美人的社團除了專業團體、政治團體外，大都是聯誼性的。台灣人聯合基金會是少數文化團體之一，我期待它能扮演好它的角色。文化代表一個民族的特色，台美人要在少數族群中引領風騷，需要廣爲宣傳台灣文化，令其眾所周知。

❶ 參見蔡同榮著《顧台灣》，頁88。財團法人民視文化基金會於二〇一〇年四月出版。

台灣會館好事多磨

根據美國二〇一〇年人口普查統計，全加州約有一百三十萬名華人，其中大洛杉磯地區聚集了約七十萬人。大洛杉磯地區也是全美台僑人數最多的地區。

國府僑委會分別在洛杉磯地區開設兩個華僑文教中心。但台灣來的僑民，尤其是台灣人社團，始終對國民黨色彩濃重的僑教中心缺乏認同感。一直想要建立一個以「台灣人」爲主，有「家」的感覺的聚會場所，專門舉辦和台灣有關的各項活動。

雖然有此需要，但要成就此事，錢、人缺一不可，實非易事，於是一直擱置。但在熱心台灣人事務的王桂榮允諾捐出位於羅斯密市一棟建築作爲「南加州台灣會館」後，台僑社團的心熱了起來，立刻組成籌備會進行募款。

這事我本來沒參與，但好友林榮松醫師在籌款活動陷入僵局時熱心拉我進去，結果整個過程中令我深感挫折無奈的狀況層出不窮。還好雖歷經多次衝突，結果尚稱圓滿，堪稱好事多磨。

成立台灣會館困難重重

當台僑社團熱心人士為催生「南加州台灣會館」而奔走時，卻發現同鄉的反應出人意料地冷淡，還有各種閒言閒語流竄。

最大的爭議是王桂榮要捐出的建築物，市值估價一百六十五萬美元，但仍有五十二萬八千美元貸款。他要求籌備會在三個月內募到一百萬美元，償還貸款後，餘額再充作會館營運基金。有人因此將王桂榮「捐贈」的美意解讀為沽名釣譽，或說王家拋出燙手山芋等等，有人並質疑，以一九九八年加州房地產低迷情況，該房地產的「身價」可疑。

總之募款困難重重。第一次開籌備會才募到一萬五千美元，後來王桂榮接受籌備委員的建議，答應先自行清償貸款，待籌備委員會籌夠五十二萬八千美元的貸款後，王家就辦理產權轉移手續。籌委會並通過提案，任何鄉親只要認捐或募到二萬美元，就可當台灣會館基金會董事會的創會董事。只是有些籌備委員，即使手中握有捐款的支票，也不願交出。他們擔心，若會館事不成，交出的錢又被花掉，搞不好得自掏腰包。

前怕狼，後怕虎，募款工作不順，籌備委員黃三榮、廖聰明、黃茂清、陳正吉等人，在五月六日專程來拜訪我。我問他們是不是王桂榮要他們來找我？他們回答：「是。王桂榮先生拜託你來主持大局。」我一聽便回說：「我沒有意願！」

與王桂榮交手的經歷

因爲在萬通銀行董事會中的角力，我和王桂榮的關係稱不上「融洽」。一九八二年我接掌萬通銀行，擔任總裁，原由前總裁兼任的董事長職位就空著。當年十一月增資，王桂榮投資了一百萬美元，他想當董事長。於是和他太太常請我吃飯，希望得到我的支持。我對他的「熱心」以平常心相待。

銀行由虧轉盈後，王桂榮又來找我。他認爲銀行一定要有董事長，並表示他有「當仁不讓」的意願。我說，事實上我一直在做董事長的事，而且董事長如不懂銀行經營，對銀行本身不好。王桂榮聽到我「婉轉」拒絕，當場就生氣：「那你是一定要爬到我的頭上拉屎才高興嗎？」我回他一句：「就算我在你頭上拉屎，我也不爽！」

王桂榮到董事會，要求擔任董事長。我說：「既然如此，如果你要做，我也要做。」於是董事會投票，結果我擔任了萬通銀行的董事長。

這件事惹惱了他，他對外宣稱，萬通銀行在瀕臨倒閉時，是他召集朋友注資，才救了萬通銀行。連我進入萬通銀行這件事，也是他的功勞，「是我把吳澧培雇來的」，這說法與事實不符。他是我上任萬通銀行那年年底增資時才投資的。

臨危受命折衝成功

我不想主掌台灣會館募款，他們還是不放棄。這次熱心公益的林榮松醫師也來了，他一直勸我參與，說這件事理念很好。明知是燙手山芋，但南加州的台灣鄉親確實需要一個台灣會館，於是我被他說動了，答應挑起籌備會總召集人的擔子。

但我提出幾個條件，並要求這些條件需要經過公開簽字及見證。事情的發展證明了我的擔心並非多餘。既然要做，就要做一個眞正的台灣人會館。爲了日後會館營運著想，我要確定王家答應三個條件：第一，我負責募款一百萬美金，但王桂榮必須自行付清捐出產業的貸款。第二，會館成立後是洛杉磯台美人的公共財產，董事長、董事都由會員選出，不能有王家個人的色彩，王家人不得干涉會館的經營與運作。第三，台灣會館基金會董事會全權管理會館產業，即使董事會決議變賣現址，另覓更大更適當的地產，王家都不得有異議。如果王家不答應這三個條件，我寧願不做。

籌委們答應會轉達我的條件給王家，王桂榮當然不滿，但我堅持。後來，他們通知我王家接受了全部條件，將是「無條件的捐獻」。

五月十一日，我在廖聰明、黃三榮和林榮松等人陪同下，在洛杉磯市中心的瑞迪森旅館和王桂榮會面。洛杉磯《新亞洲報》發行人黃樹人拿出應籌委請託而寫的兩篇聲明，上面很清楚地列出我要求的三個條件。

我和王桂榮及三位籌委相互交換閱讀後沒有異議，決定隔日召開記者會。記者會上，王桂榮發表「鬥陣打拚，咱一定贏」的聲明，公開邀請我擔任會館籌備委員會的總召集人。我亦發表〈無私奉獻，造福海外台灣人〉一文回應。宣布萬通銀行暨董事會同仁合捐美金十萬元，贊助成立會館，並接受總召集人一職。我們共同呼籲鄉親齊心協力，爲迅速成立南加州台灣會館而努力。籌備會並請王桂榮擔任榮譽總召集人。

記者會後，社區捐款滾滾湧進，百萬美元的目標迅速達成。六月十二日在洛杉磯的成立大會，原定「千人餐會，百萬募款」，卻湧進一千七百人。創會會員有六百多位，最年長的是九十二歲的賴高安賜女士，最年輕的是林榮松十二歲的兒子。也有全家三代七口都是台灣會館創會會員的盛況，可見大家對於台灣會館的殷殷期盼。

建會館一波三折

我在成立大會上致詞時說：「台灣會館和僑教中心有什麼不同？差別就在於僑教中心是中華民國政府的，它的錢財通四海，而台灣會館則是所有海外台灣人的家，我們用自己的力量建立起來的家！」王桂榮也致詞，期許台灣會館將是台灣人凝聚、團結的中心。九十多歲賴高安賜女士代表台灣長輩致詞：「我們二十多位長輩，各自捐出一千元美金的老本當會員，一心希望台灣在國際社會出頭，呼籲鄉親捐款繼續支持台灣會館。」有一對姊弟表演「答嘴鼓」時，也說他們捐出「嫁妝」和「娶某本」各一千美元，當會館最年輕的會員。整個晚會歡樂喜悅又溫馨感人，充滿團結的力量與希望。

會館成立後，第一次董事會，大家推舉我擔任南加州台灣會館基金會董事長。我認爲階段性的任務已經達成，該是引退的時候了，於是我在第二次董事會議時提出辭呈。但董事會認爲建館初期，諸事未上軌道，如我引退，鄉親對會館的信心會潰散，營運將有困難，王桂榮也寫了一聲明，希望董事會懇切慰留我。

於是我又被說動了，抱著委曲求全的心理，答應當南加州台灣會館基金會董事長。誰料到，這是惡夢的開始。

依王桂榮的承諾，台灣會館的產權轉移手續本應在成立大會前開始辦理，但大家沉浸於興奮與忙碌中，又有王家「無條件捐出」的承諾在先，不認爲會有差錯。待一切平靜下來，開始規畫會館整修藍圖時，王桂榮卻有許多意見。

他所持的理由是：台灣會館非營利性組織的免稅資格尚未批准下來，他若現在轉移產權，無法得到捐獻節稅的好處。這是一個很合理的理由，我們只好再等待。

經過會計師陳添壽的努力，會館於當年十月十三日取得美國國稅局的非營利性機構資格，但產權仍未轉移。於是有人開始在報紙寫文章表示不滿，王桂榮也動用媒體記者發表「船過水無痕」，暗指會館董事會忘恩負義。雙方協商期間，偏又有傳言說會館地段不佳，一旦過戶，立刻會被董事會出售。謠言滿天飛，雙方僵持不下，彼此不信任。

當初我們是以「王桂榮無條件捐出會址」的名義向一千七百多位鄉親募款，我是籌備會總召集人，現在會館沒有拿到產權，豈不等於我帶領籌備會委員們欺騙鄉親？王桂榮堅稱他未看過我要求三項條件的同意書，更未在上面簽名。結果文件一翻出來，他的簽名赫然在目。他竟稱他沒看文件就被迫草草簽名。只是當天那麼多人見證，隔日還大張旗鼓召開記者會，豈容他出爾反爾？

王桂榮說無條件捐地卻一再反覆。我很生氣，建議董事會採取法律途徑，大家都說不好，跑來替他緩頰：「拜託啦！」「忍著啦！」「他就是這樣的脾氣……」他們提議我再跟王桂榮溝通。對我來說這是件極痛苦之事，但爲了顧全大局，只好百般不願地於聖誕節前三天去王家商量。

王桂榮的兒子來開門，他是萬通銀行董事，跟我談些話之後，王桂榮才從樓上下來，一見我就說：「當初我同意你當召集人，是因爲他們說你若出來將捐數十萬，現在你捐那一點點錢，所有的功勞攏乎你霸占了去！」說完又上樓去了。產權的事情都還沒談，任務尚未達成，我不知他是不是會再下樓來，枯等了很久，他兒子才從樓上下來說：「爸爸不會下來了。」我只好離去。

我覺得很晦氣，從沒如此被羞辱過！

事了拂衣去

原來他不肯交出產權的原因就在這裡。

王桂榮認爲，我當籌備會總召集人，又被推舉當第一任南加州台灣會館基金會董事長，「功勞」都被我拿走了。我曾向董事會提辭呈，王桂榮本人還發函表示：「十分可惜，希望董事會全體能共體創業維艱，發揮團隊精神，懇切慰留吳董事長繼續領導……」怎麼前後態度差這麼多？何況董事會請王桂榮擔任「永遠」榮譽董事長。有什麼功勞好爭？

董事會堅持王桂榮交出產權，整個社區都知道了，輿論也對他不利。碰巧又正值他競選世界台商會會長落選。他覺得都是我從中作梗，壞了他的名聲。

王家召開幾次記者會，甚至透過律師，傳給創會會長林榮松醫師一份契約書，堅持要董事會「立即購買」緊鄰的三間小公寓，剷平後當成停車場，並保證十年內不轉售、抵押會館，王家才肯辦產權過戶。更無法讓人接受的是契約上註明：王家隨時可檢驗台灣會館運作情況，如果不合王家之意，王家隨時都可以用一美元買回會館會址。

這些不合理的要求，迫使招募了一百一十位創會會員的林榮松發表了〈該是爲自己的信用說話的時候〉一文，道出台灣會館建館曲折的來龍去脈。

基於誠信，我們不能動用募來的基金，只好重新募款購買鄰接產業。短時間內再向鄉親募款實在有困難，於是我自己先捐出五萬美元，其他熱心鄉親楊信、呂庚寅等和其他人湊足了美金二十二萬，買下三間小公寓，並承諾五年之內，絕不會變更會館的會址。

總算到了一九九九年三月十一日，產權移交，風波終告平息。當會館人員到羅斯密市市政府辦理使用執照時，市府人員告訴他們，市府非常樂見台灣會館入駐羅斯密市。原來以前的健身中心常開派對舞會，醉漢鬧事，警察疲於奔命。現在南加州台灣會館正派經營，羅斯密市府樂觀其成。

王桂榮於二〇一二年過世後，為感念他捐獻台灣會館，創會會長林榮松建議將台灣會館內的圖書館改名為「王桂榮紀念圖書館」，董事會「飲水思源」。

我擔任南加州台灣會館基金會首任董事長，在吵吵鬧鬧中將諸事就緒，後來又被推舉為第二任（一任兩年）董事長，但為落實成立福爾摩莎基金會的理想，確定會館事務穩定後，第二任我只當了一年，就在二〇〇一年八月八日堅辭。

一起來關心台灣的事

南加州台灣會館後來成了洛杉磯台灣人的公厝，也歡迎台美人社團加入為團體會員，董事會為團體會員保留五分之一的名額。正因為會館能廣納眾議，所以更能整合社區的力量辦活動，得到鄉親響應。

一九九九年台灣發生「九二一大地震」，大洛杉磯地區同時有慈濟、紅十字會等慈善機構在勸募，台灣會館也在短時間內募得美金四十萬元回台灣賑災，足證台灣會館可以凝聚鄉親向心力。

這一規模芮氏七點三級的大地震，是二戰後台灣最大的天然災難，世界各國的救難人員、物資迅速趕送台灣，搶在黃金時間內進行救援。在這人命關天的時刻，中國竟宣稱世界各國紅十字會對台灣的捐助必須事先得到中國紅十字會首肯才能進行，以「避免國際社會有兩個中國的誤解」。

這是很不人道的說法，偏偏美國紅十字會總部主席海利醫師在接受美國國家廣播公司「早安，美國」節目訪問時，竟然因應中國的說法，聲稱：「你知道的，我們會回應其他紅十字會的請求，但若是台灣紅十字會請求幫忙，我非常懷疑我們會有所回應。」

這話居然出自美國紅十字會總會主席口中，冷血之至，令人齒寒，違反了紅十字會基本精神：「紅十字會的人道救援不分國家、種族、宗教或政治立場。」還透過電視向全美國人宣告，台美人怎能坐視不管？我以南加州台灣會館基金會董事長身分，召開主流媒體記者會，公開要求海利醫師重述紅十字會的立場，並為她的不當發言向台灣人民致歉。否則，台美人將發動要求海利下台及抵制紅十字會的九二一募款活動。

我寫信給在日內瓦的國際紅十字會、華府的美國紅十字會總會，以及洛杉磯分會，向他們提出嚴重抗議。美國紅十字會總部接到我們的抗議後，才撥款十萬美元交由國際紅十字會救援，而非直接交給台灣紅十字會。國際紅十字會強調唯一接洽的是台灣紅十字會，沒經過中國的紅十字會；美國方面則陳述他們已撥出多少人力與物資，強調救援沒有受到政治的干擾。

海利醫師在回信中，並透露台灣拒絕中國十萬美金的捐款。一位住在洛杉磯的鄉親，在台灣會館為九二一地震募款時，已捐美金一萬元，得知這消息後憤憤不平，又捐出美金十萬元，說：「我來捐就好，不需要中國！」多麼有骨氣的台灣人，令人敬佩！

二〇〇〇年三月，中國通過〈反分裂國家法〉，南加州台灣會館發動示威遊行，浩浩蕩蕩的隊伍，到中國駐洛杉磯總領事館前抗議。

二〇〇二年十一月，中國南部爆發嚴重的急性呼吸道感染病症（SARS），中國當局隱瞞病情，導致疫情蔓延，多個國家出現病例，造成好幾百人死亡。南加州台灣會館動員捐贈特定款式的口罩送回台灣，並且到中國領事館前，戴口罩、拉布條，示威抗議。

諸如這些大型的運動，各個社團無法獨挑大樑，台灣會館可以發揮整合的功效與力量。

這裡是咱們的厝

南加州台灣會館每年募款都能自給自足，可見台灣鄉親對會館的信賴。會館承接每年五月亞太傳統週的慶祝活動、各式各樣台灣本土文化活動，以及社區的嘉年華會。台灣的九二一大地震、桃芝颱風、日本的三一一海嘯、美國的九一一事件、卡崔娜颶風，台灣會館都擔起領頭的角色，發揮統籌的作用，募款救急。台灣會館並主辦「台美小姐」選拔，並參與主流社會的活動，服務社區。

我辭去董事長一職後，鮮有機會過問會館事務，但在二〇一一年度募款餐會上，我受邀擔任主講人。餐會中，看著鄉親們談天說笑，歡樂相聚一堂，我有一種回到家的感覺。

南加州台灣會館，眞是咱們的厝啊！雖然在其成立的過程，我曾感到沮喪，甚至心力交瘁，但站在台美人社區的角度來看，台灣會館的成立確實是一件很好的事。

拓展人脈護台灣

在美國時，我常和許多政要、民意代表、智庫、學者交往。回台後，我仍然和他們保持聯繫，在爭取台灣的自由、民主和人權的過程中。我常透過他們的奔走和言論得到很多幫助。長年和他們交往的經驗讓我深深了解，台灣人必須在內部有共識，海外才能爭取國際友人的支持。我也體會到和美國政要交往時最好能建立私人間的情誼，而不只是金錢的支持。在和他們討論台灣的議題時，論述必須以美國的利益爲出發點，以創造美國台灣雙贏的局面爲目標。

在許多方面，我是「務實型」的，希望從實務中理出可以實現理想的方法。我替「西藏基金會」募款，就是希望能和他們結盟。成立「政治行動委員會」是想匯集台美人的資源，發揮最大的政治影響力。創立美國福爾摩莎基金會（Formosa Foundation）則是爲了宣揚「一中一台」的理念，追求美國和台灣的共同利益。

尋求與西藏友會結盟

世界諸多領袖當中，我一向很景仰西藏精神領袖達賴喇嘛。他帶領著西藏人民逃往印度，依然頑強抵抗中國，令我尊敬。但我也很困惑：「爲何達賴喇嘛受到各國各界人士如此歡迎、同情與尊敬？他是怎麼做到的？」

西藏之友會在美國有六萬人加入，其中有國會議員、媒體、著名的好萊塢影星等，他們公開爲西藏人發聲，大力相挺。相對地，同是追求獨立，與中國爲敵，爲何台獨無法得到美國人普遍的認同與支援呢？

萬通銀行董事吳文德的夫人是達賴喇嘛的長期追隨者。有一次她提及達賴喇嘛將來洛杉磯爲追隨者開示，我一想，既然台、藏都要爭取獨立，爲什麼不能成爲相互支援的盟友？

一九九九年十一月達賴喇嘛訪洛杉磯時，透過吳文德夫人，我有緣當面邀請他爲台美人演講，他也欣然答應。經過和他的特使Lodi Gyari及西藏基金會代表們協商後，敲定於二〇〇〇年六月二十五日，台美人在洛杉磯環球影城希爾頓飯店爲西藏基金會舉辦一場募款午餐會。達賴喇嘛將親臨演講，主題是「仁愛、慈悲與責任」，影星李察吉爾也將出席致詞。

那次募款午餐會有八百多位台美人參加，募了三十多萬美元。令我很驚訝的是，一些平時不在台美人活動現身的人也都慷慨解囊。

餐會前，我和達賴喇嘛私下會談了將近四十分鐘，他是位和藹可親、風趣慈祥的尊者。對於台灣人和藏人聯盟，互相支援，達賴喇嘛表示十分贊同。

他演講的內容傾向於人道的呼籲。中國、台灣和西藏的政治氛圍非常複雜，他期望台灣、日本和東南亞等國家，在豐裕的物質生活中能追求精神上的淨化與提升。他也期盼台美人能支持西藏人民保留他們的歷史、文化與宗教。翌日《洛杉磯時報》等十幾家主流媒體及華文媒體都大篇幅報導此次募款餐會的盛況，國會議員、影星出席的隆重場面提高了台美人在主流社會的能見度及形象。

好萊塢著名影星李察吉爾的出席讓大家非常興奮。李察吉爾很認同藏獨反抗強權的精神。我一直想拍一部以台灣歷史背景爲主題的電影，李察吉爾是我心目中的理想人選，一直想找機會和他合作。

二〇〇四年陳水扁總統競選連任時，中共小動作頻頻，我覺得李察吉爾的反共理念及支持西藏人民抵抗中國的作風和氣勢可以鼓舞台灣人的士氣，於是想安排他到台灣訪問演講。李察吉爾欣然答應，並放下手邊工作飛到印度待命。

阿扁想利用李察吉爾的人氣，又怕被貼上「台獨、藏獨合流」的標籤，受到對手的攻

幫西藏基金會募款，希望為爭取藏獨與台獨合作盡力。

擊。左右爲難，遲遲未做決定，李察吉爾在印度空等了一個星期左右，其間還傳眞到我下榻的旅館，問我阿扁的意思，是否需要他跑一趟台灣？最後競選總部傳來消息說阿扁沒意願。這令我非常失望，也很爲難，只好硬著頭皮對李察吉爾解釋：「阿扁唯恐外國人的參與會有反效果。」

經此一事，請他拍片的事，我也開不了口，實在很可惜啊！

福爾摩莎基金會

二〇〇〇年陳水扁當選總統後，美國雖樂見五十年來台灣第一次政黨輪替，但我認爲，不論官方或民間，美國對民進黨和陳水扁的了解很少，我想若能設立一個組織，增進台美之間的了解及友好關係，對扁政府應有幫助。因此，我於二〇〇一年創立了美國福爾摩莎基金會（Formosa Foundation），籌畫時本以「台灣基金會」之名登記，但這名字已被使用，只好換名稱。沒料到後來因爲基金會和阿扁在台北的基金會同名，招來

彭明敏、李鴻禧、葉菊蘭、吳釗燮等人協助在各大城市為福爾摩莎基金會募款。

藍營胡亂指控，說阿扁拿了幾百億台幣的黑錢藏在基金會裏。事實上，福爾摩莎基金會是一個美國國稅局立案的非營利機構，不只財務公開，一切收支每年都要報稅。除了在成立時舉辦過一次全美巡迴募款外，福爾摩莎基金會一直都是依賴台美人私人的捐獻來維持。

福爾摩莎基金會的宗旨是以美國人的立場，尋求美國和台灣共同利益為思考方針。具體的作法是打破美國的「一中政策」迷思，宣揚「一中一台」的理念。

美國不合時宜的一中政策

設立福爾摩莎基金會的宗旨之一，是挑戰美國的「一中政策」。我希望透過基金會舉辦研討會，邀請學術界、智庫、媒體具有影響力的人士討論「一中政策」，促使美國政府改變「一中政策」，轉而支持符合時勢的「一中一台」政策。如能達到此目的，台灣的安全就多了保障。

當我提出這主張時，很多人不贊同，認為是「不可能的任務」。但我卻認為，這是台灣唯一的活路。後來FAPA於二〇〇四年在台灣舉行的年會上，明白揭示要挑戰「一中政策」，我很欣慰我的想法終於引起共鳴。

我代表福爾摩莎基金會，在各種場合的多次演講中，都以抨擊美國的「一中政策」為主題。「一中政策」是當年尼克森總統和國務卿季辛吉，使用「中國牌」來對付蘇聯所遺留下來的過時政策。然而冷戰已過，國際情勢已變，美國仍抱殘守缺。近年來，中國在政治、軍事、經濟上的崛起已使整個亞太平洋地區的情勢改觀，「一中政策」不僅賦予中國武力侵犯台灣的藉口，對美國也不利。

我提出的論述，在美國主流也得到許多迴響。國會議長狄雷公開表明他贊同我的主張。美國傳統基金會學者卡席克出版的《再思一中政策》，引起學術界、媒體及智庫廣泛討論。他在贈予我的書上提字：「沒有你的啓發，不可能會有這本書。」前副國務卿阿米塔吉卸任後開了一家國際政策顧問公司，由原主管遠東事務前副助理國務卿史瑞佛擔任執行長，他們在演講或著述中，談到有關台、中、美三方關係時，也會引用我「一中、一台」的論述。可見我的主張已在美國主流社會發酵，並受到重視。

在國會的豐碩成果

福爾摩莎基金會在國會山莊的運作堪稱可圈可點，二〇一一年一月胡錦濤訪問華府時，基金會執行長泰莉．吉利斯說服國會眾議院外交委員會主席依莉安娜．羅斯．雷亭南寫信給歐巴馬總統，強烈批判美國和中國的外交關係，批評中國沒有人權，對內獨裁，對外擴張武力，並以貨品傾銷威脅美國經濟與國家安全。她要求總統採取強硬立場，防止中國霸權，造成胡錦濤不少的壓力。

羅斯．雷亭南又在二〇一一年六月及十月主持了兩場以〈爲何台灣重要〉爲主題的國會聽證會六月聽證會舉行時，正值基金會的親善大使培訓營學員在華府受訓，全體學員出席聽證會，很難得地上了美國國會運作中重要的一堂課。

同年十一月，羅斯．雷亭南在眾議院外交委員會和五位眾議員提出〈The Taiwan Policy Act of 2011〉，即〈台灣關係加強法〉，主要訴求是加強防衛台灣，提升雙方的貿易與投資，支持台灣實質參與國際性組織，並活化兩國間內閣的互訪。後來該法案的修正版於二〇一三年八月一日在美國國會通過。

青年親善大使是未來的希望

福爾摩莎基金會每年夏天都會舉辦青年親善大使培訓營。設立這個年輕學子的培訓營，是我從前眾議員柏克萊加大商學院院長湯姆．康貝爾教授那裡得來的靈感，仿效猶太人為年輕一代所做的訓練工作，規畫出獨具特色的「青年親善大使培訓營」。

培訓營每年從美國、台灣及世界各地甄選大學或研究所的各族裔學生約三十名，其中大多數是台裔，在華府接受為期兩週的密集訓練。第一週，基金會邀請學、政界及媒體等專業人士，訓練學員了解美國國會外交政策制定的過程，如何有效地和國會議員、媒體及大眾溝通，傳達意見。

第二週，我們依學員來的地區分組，安排他們到適當的國會議員辦公室，直接和國會議員或辦公室主任對談，討論台、美關係。由於學員的選區或就讀學校常是議員的選區，很容易就拉近彼此的距離。

基金會每期都安排將近一百六十次的拜會，得到的反應非常好。基金會常收到國會議員的來信褒獎學員的表現。其中有一位眾議員描述他和某位台裔學員的對談，這位學員對她雙親的祖國台灣很關心，說著說著便掉下眼淚，那種自然流露的真誠，絕非受任何人請託來當說客者能做到的。這位議員深深地被這學員感動，在信上說：「以後眾議院有任何有利於台灣的議案，我一定支持！」

這項培訓營迄今已有近三百位學員參與。他們設了社群網站相互聯絡，我希望這些學員將來能發揮所學，繼續為台灣發聲。更希望有朝一日他們踏入各界主流，為台美人爭取權益。

事實上，要眞正去做台灣和美國主流社會之間的橋樑，去說服美國支持台灣，其所花費的金錢和精力不在少數。

我已年屆八十，回台灣也十年有餘，但我依然對親善大使培訓計畫懷抱期望，二〇一四年太陽花學運後，台灣的年輕人讓我對台灣的前途重燃希望。因此二〇一四年的親善大使培訓營，我請負責計畫的人邀請幾位學運的年輕人參加，並且資助他們前往美國的旅費。福爾摩莎基金會若能永續經營，爲台灣發聲，那就再好不過了！

台美人政治行動委員會

福爾摩莎基金會是在美國國稅局登記立案的非營利性組織，捐款人的捐款依法可以抵稅，但基金會的基金只能用來舉辦教育、學術演講等活動，不能撥爲政治獻金。因此和國會議員交往，我們除了議題上的溝通外，重要的就是選舉時集結台美人的政治獻金來支持。於是我成立了「台美人政治行動委員會」。在美國，政治獻金不能抵稅，「福爾摩莎基金會」以論述和美國政要互相交流，「政治行動委員會」則以合法的政治獻金表達支持。這兩個組織在操作上分得清清楚楚，完全獨立，但在效果上是可以相輔相成的。

政治行動委員會以組織的型態對特定政治人物進行政治捐獻，表達支持，這樣政治人物才會對其訴求投桃報李。個人的政治捐獻因缺乏組織，力量零散，無法發揮力量，正所謂「單絲不成線，獨木不成林」。如果台美人組成政治行動委員會，集合眾人火力支持特定政治人物，那就可以更有力地爲台美人發聲，爭取台灣的利益。

我鼓勵美國各地鄉親組織「政治行動委員會」，集中政治獻金捐給他們想支持的議員，並指定一、二人和議員經常溝通、連絡、建立私人情誼。每個地方的負責人並且要負起「教育」的責任，以美國人的利益爲論述基礎，讓他們了解身爲美國人不能不重視台灣的理由，從而影響美國政界對美、中、台的看法。我相信，如果能將各地的委員會連結起來，成爲一個全美性的組織網，一定可以形成一股影響美國對台政策的力量。

台灣要達到主權獨立的目標，我認爲可行之道是透過國際的合縱連橫來達成。而這策略的推動必須有一個前提，就是台灣人民必須團結一致，讓國際看到台灣人的決心。在國際上，必須有可靠且具實力的友邦配合，才可能達到目標，而理想的國際友邦當然非美國莫屬。

我的美國政要朋友

穆考斯基相挺到底

當我小時候在大城鄉下，赤著腳、頂著強烈的海口風上學時，怎麼也想不到，我以後會去太平洋彼端冰天雪地的阿拉斯加工作，並且結識一個高大、帥氣的白人，成為我這一生中的好朋友之一。

在阿拉斯加北方銀行工作時，我常和穆考斯基談起六、七〇年代國民黨在台灣種種反民主自由的情形，受此「洗禮」，穆考斯基對於生為台灣人的原罪非常同情。在他當選聯邦參議員後，凡對台灣有利的法案，一定領銜提案或支持。碰到困難障礙，也會出面幫忙協調。

一九九四年五月，穆考斯基和當時民主黨籍眾議員布朗宣布邀請李登輝訪美，其他議員也陸續提出類似的決議案。在十月，參眾兩院都通過了邀訪的決議案。這些決議案本無約束力，只是表達國會的意願，但同情台灣且支持讓李登輝赴美的聲浪，漸漸成了國會共同立場，也成了民意的潮流。國會扭轉行政部門政策的力量愈來愈強。

在二十二年參議員及四年阿拉斯加州長的生涯中，穆考斯基在關鍵時刻挺身幫助台灣的例子不勝枚舉。穆考斯基在台灣及美國的政界、媒體界，大家幾乎都知道，從國民黨到民進黨政府，他向來都是支持台灣、幫助台灣。因此有人稱，美、台之間最短的距離是經由阿拉斯加。

即使退休後，穆考斯基依然對台灣滿懷感情，願意貢獻心力。

每年冬天，穆考斯基夫婦都會到墨西哥租一間公寓度假兩個月。二〇一二年台灣總統大選時，已從州長任上退休六年的穆考斯基夫婦卻被我一封電子信召來台灣，讓租來的公寓空著，二話不說加入「台灣公正選舉觀察團」，並擔任榮譽團長。

在選舉二天前的晚上，前美國在台協會駐台辦事處處長包道格在接受英國媒體採訪時大放厥辭，說美國不支持民進黨候選人蔡英文。此消息翌日見報後，聲勢正旺的蔡英文，頭上光環一暗。

我馬上聯絡當時正搭乘高鐵前往台中觀察選舉活動的穆考斯基。他連台中高鐵站大門都沒出，直接坐高鐵返回台北，並迅速召開記者會，說明美國立場。

他在記者會中痛斥：「包道格憑什麼代表美國政府，他說是美國政府叫他說的嗎？」當然美國政府無論如何也不可能承認，他說：「包道格是一個退職的在台協會台北辦事處處長，我做過二十六年的美國參議員、州長，難道他講的話比我更算數嗎？我可以保證，美國絕無偏見支持國民黨，美國要見的是公平、合理、不作弊的選舉。」亡羊補牢，爲時已晚矣。

報紙第二天刊出了穆考斯基的說明，雖然效果有限，但我依然很感激他拔刀相助的友誼。

穆考斯基的家人和我家人都很熟，稱得上是通家至好。穆考斯基的女兒麗莎在念書的時候還替我洗車，打工賺學費。後來麗莎克紹箕裘，先選上了州議員，二〇〇二年又接了老爸的位子，當上了聯邦的參議員。她並且繼承了父親「支持台灣」的路線。受我之託，她曾在訪台和馬英九總統會面時，當面促請馬英九注意陳水扁在獄中的人權及醫療問題。

拜穆考斯基之賜，我在阿拉斯加時，也曾和小布希總統有過數面之緣。穆考斯基和老布希交情很好，老布希常來阿拉斯加打獵。因此，學生時代的小布希，在暑假時會到阿拉斯加打工。

當時我在北方銀行擔任穆考斯基的副手，所以和小布希有數面之緣。可惜當時無法預知眼前這位來打工的大學生是未來白宮的主人，可以影響台灣的命運。

柏曼有情有義

曾擔任洛杉磯地區聯邦眾議員的柏曼是猶太裔，我們一開始是藉政治獻金相識，後來成為好朋友，彼此間的關係更穩固。

柏曼每年從台美人拿到的政治獻金並不多，但他需要各族群代表。雖然他非常忙碌，但只要我們求見或拜託他幫忙事情，他都會撥時間來配合。柏曼為人非常謙遜，他常說是Li-Pei Wu等台美人「教育」了他，讓他對台灣有所認識。

返台定居後，我還和柏曼聚了幾次。其中一次是為了請他幫忙將前國民黨中常委，台灣經濟要犯王又曾引渡回台。王又曾以掏空、洗錢、背信、內線交易等手段，從台灣捲走好幾百億新台幣，卻以非法入境的方式進入美國，過著住豪宅、吃香喝辣的逍遙生活。當時柏曼是美國司法委員會主席，移民局也是司法委員會下的一個單位，所以我請他向移民局詢問，是否有辦法將王又曾遞解出境，遣返回台？

本想藉他之助將王又曾引渡回台，以彰顯政府打擊經濟犯罪的決心。但美國政權和治權分明，柏曼去移民局交涉，移民局卻不買帳，答覆是：「王又曾非法入境一案已進入司法程序，是否遞解出境要依法院判決而定。」他雖未使上力，但建議台灣政府向美國訴請，要求引渡王又曾回台灣受審。只是當時政府對此事不積極，錯失時機，後來王又曾出獄，移民局又因他太太是美國公民而核准他申請入籍。

又有一次，是利用他週末返洛杉磯之際和他小聚一番，邀請他參加「台灣公平選舉國際委員會」，以便台灣觀察當年的總統大選，沒想到相談甚歡，占用了他整個下午的寶貴時間。

很可惜後來因爲選區重劃，他在二〇一三年的選舉中敗北。選前台美人明知他的選情並不樂觀，但感念他對台灣的友好，還是爲他募款，熱情支援他。我也寫了一封信去安慰他，並邀他到台灣一遊，他回信給我，說很感激我們之間誠摯的友誼。

見義勇為的布朗

夏洛得．布朗是俄亥俄州的民主黨籍參議員，曾擔任十四年眾議員。在創立福爾摩莎基金會之前，我尚未結識他，但已受惠於他的見義勇爲了。

一九九九年台灣發生九二一大地震，世界各國迅速派員救援，中國卻罔顧人道與人權，阻撓他國救助台灣，我除了訴諸主流媒體與寫信給紅十字會抗議外，我的國會議員好友們也爲台灣發聲，布朗就是其中之一。

布朗發表聲明，抨擊聯合國荒謬的官僚心態：「爲何台灣民眾在爲保存性命而奮戰時，聯合國的官僚卻還擔心觸怒北京的獨裁者？」眞是鏗鏘的正義之聲。九月二十八日眾議院院會無異議通過決議案，對大地震受難者表達最深切的同情，並支持台灣民眾重建的努力。眾議院的其他同僚也抨擊中國政府在台灣發生震災之際仍在玩弄政治，干擾、延宕國際救援行動。

影響所及，美國參眾兩院聯合決議，要求美國總統通知政府及非政府組織等民間慈善機構（如美國紅十字會），在台灣發生緊急災難，需對台賑災時，要以最迅速的方式提供支援，毋須知會中華人民共和國政府。決議並要求美國總統支持台灣加入國際紅十字會、世界衛生組織及聯合國人道事務協調辦公室等國際醫護和人道團體。眾院全會辯論會並譴責北京阻撓俄羅斯援台專機飛越中國領空，導致專機需繞道飛台。

這些美國國會議員們能在台灣遭逢災禍時，和我們站在同一陣線，著實令我們感動又感激。

布朗和我是透過福爾摩莎基金會的一位助理而結識。從那以後，我就和他頻繁接觸。他和台灣人醫師協會、ＦＡＰＡ的人關係也很好。有一次我去華府和布朗共進晚餐。在晚餐上，我再次談到美中台的三角關係，並指美國所奉行的一中政策，終將讓美國嘗到苦果。我並趁機推銷我的「一中一台」政策。他在外交委員會多年，甚是贊同我的觀點。

有一次，在我們的談話中，他表示想更上一層樓參選聯邦參議員，但他必須先得到黨的提名，我認爲他是位值得支持的議員，於是布朗介紹時任民主黨黨鞭，後來擔任眾議院議長的南茜·裴洛西和我見面。我們後來談了近半小時。

二〇〇七年，布朗順利當選聯邦參議員。他一直很關心台灣事務，時常受邀擔任福爾摩莎基金會親善大使培訓營的演講者，連我涉入洗錢案、阿扁入獄，他都寫信來安慰與打氣。

豪門公子洛克斐勒

人稱「傑伊」的傑伊．洛克斐勒參議員，其實全名是約翰．戴維森．傑伊．洛克斐勒四世。會有這麼長的正式名字，是因爲他是一手創辦美國標準石油，全美排名第一豪族「洛克斐勒」家族的後裔，曾祖父就是美國石油大王約翰．洛克斐勒。

他來自較貧窮的西維吉尼亞州選區，但他的身價卻居全美政界人士前五名。他當了約三十年參議員，是參院台灣連線的一員，主張台灣人民自決。

二〇〇三年十月，陳水扁過境紐約，接受國際人權聯盟頒發「人權獎」，並獲准公開活動、演講及開放媒體採訪。我安排了幾位參議員到阿扁下榻的旅館和他共進早餐，其中一位就是洛克斐勒。早餐前，我就到了旅館，來招呼參議員。洛克斐勒突然問我：「你認識Mitsu嗎？」他發日語Mitsu的音，讓我想了一下，不太確定地說：「我是有一個高中的同學，叫巫光雄，大家都叫他Mitsu，不過他過世了，不知道是不是？」「你的同學！」他既高興又遺憾地說：「對！他過世了。」

原來洛克斐勒以前曾留學日本，學習東方文化。他和巫光雄在日本時曾是室友，又是同班同學，兩人交情莫逆，後來巫光雄到和洛克斐勒家族關係密切的花旗銀行工作。巫光雄過世後，他特別懷念，因此碰到和巫光雄有同窗之誼的我，甚是興奮地和我聊他和巫光雄的往事。我也告訴他，我和巫光雄中學時個子都小，一起參加演講比賽的往事。我們一聊，就聊得很開心。

雖然初次見面，交談愉快，但這並不表示這位豪門公子的態度不強勢。有一年，我率隊來參加美國祈禱早餐會，他請同行的五、六人離開現場，說要私下跟我談話，原來他要推薦他以前的公關主任賈泰麗到福爾摩莎基金會當執行長。我當場沒答應，因爲我已遷居台灣，基金會有自己的理事會，晉用人事必須由理事會做決定。沒想到當晚我回旅館，他留下便條說：「我已告訴賈泰麗她被錄用了，當晚她會來旅館找你詳談。」雖然後來賈泰麗很令我滿意，能力很強，欣然雇用，但還是覺得：「這參議員未免也太霸道了吧！」

洛克斐勒曾和我提高嗓門辯論「一中一台」的看法。他在日本留學時讀了不少中文書，對中國文化十分嚮往，所以他認爲不該放棄一中政策，我大聲地問他：「台灣的存在對我們美國有什麼不好？」他才語塞。

因遷廠而翻臉

二〇〇五年，我帶隊赴美參加祈禱早餐會，順便去拜訪他。他正爲了原設於西維琴尼亞州馬丁堡市洛克斐勒科技園區內的華揚史威靈飛機公司總組裝工廠遷往德州聖安東尼之事而光火。華揚史威靈飛機公司成立，除了台灣想要發展航太工業外，也有政治考量。李登輝總統當年爲了順利向美國購買F-16戰機，取得價值數億美元的工業合作額度，經洛克斐勒引薦，促成這項台美合資案。在外交工作掛帥的情況下，公司業務都交給洛克斐勒的親信，台灣並無實質經營主導權。洛克斐勒後來是促成前總統李登輝訪美的功臣之一。

做出遷移決定的前公共工程委員會副主委郭清江，是由陳總統欽點，於二〇〇五年一月底接任華揚史威靈飛機公司董事長。他接任不久後，爲降低成本，決定將大部分操作部門遷移至德州，只留下少數員工在西維吉尼亞州原廠。

洛克斐勒參議員氣壞了。他本想要在他的選區製造就業機會，累積服務選民的成績，希望台灣人能繼續在該州投資。結果郭清江卻把花費好幾百億台幣，至少雇用八百名當地員工的公司搬走了。洛克斐勒非常生氣地找我訴苦，並要我轉告阿扁，結果阿扁一直沒回應。

後來他人追到台灣來，我和他及其他四、五人在麗晶飯店開會。他很嚴厲地說，在李登輝總統時代，他有白紙黑字的合約。阿扁也多次向他保證絕對不會遷廠，現在姓郭的卻捅了個大洞。他說隔日他將會見阿扁，眾目睽睽下他不會讓阿扁難堪，但他當下要把最嚴重的話說給我聽，要我轉告阿扁：「如果再這樣下去，台灣當局會吃不完兜著走。」他說：「別以爲我只是西維吉尼亞州選出的民主黨參議員，我堂兄曾是共和黨福特的副總統，另一位堂兄弟是美國大通銀行的董事長。」果然是豪門公子的氣派，民主、共和兩黨通吃，家族勢力橫跨政商兩界他說出重話：「若沒有我的同意，就別想要申請到飛機執照。」

我傳話給阿扁，此人來者不善，要阿扁有心理準備。阿扁叫郭清江來說明，他說出必須遷廠的苦衷與不得已之處，但終究也無法轉變工廠的頹勢。後來賣掉工廠，賠了大錢，郭清江也惹了一身的官司。

這事也讓我感慨萬千，台美人在海外努力和主流政界交流，台灣政府卻無法全力配合，無法達到相應相乘的效果，可能還適得其反。

羅拉巴克老兵不死

在美國時，我常積極去尋找支持台灣的美國政要，羅拉巴克卻是主動找上我，要幫我們的忙。羅拉巴克的熱情和直率，很難和「政客」聯想在一起，令我印象深刻。

羅拉巴克曾擔任雷根總統的資深演講撰稿人，早年更從事過情報工作，和台灣的特工人員在緬甸一起處理「反共游擊隊」之事。他也是衝浪高手，讀碩士時還兼差當起民謠歌手，「多才多藝」之稱號當之無愧。在美國眾議院中，他被視爲極端保守右派親台人士，以直言不諱著稱。

他經常批評中國，並稱中國政府爲「流氓國家」，主張和中華民國復交。親中媒體稱他爲「反華議員」。但他稱自己是「最親中的議員」，不過這「中」指的是中國人民，而非中國政府。

羅拉巴克非常關注美中台關係。他一向反共，以前支持國民黨。後來國民黨不反共了，他轉而支持民進黨。對此，他坦白表示：「你們現在反共，我當然支持。」

阿扁擔任總統，每次訪問中南美洲邦交國，來回都有機會過境美國。在位八年期間，要看美國的臉色，給予阿扁何種程度的禮遇。最具指標意義的，就是能否和政府官員、國會議員會面，或者允許元首離開旅館參加其他活動。

雪中送炭的溫暖

二〇〇〇年八月，陳水扁總統展開「民主外交、友誼之旅」，前往加勒比海岸的中南美洲友邦多明尼加、尼加拉瓜、哥斯大黎加訪問，過境洛杉磯。因爲柯林頓政府唯恐刺激中國，故美國國務院要求陳水扁在過境時不能有公開活動，不能見美國民意代表，不能會見記者，甚至不能和僑界見面及聚餐等，所以北美事務協調委員會並未安排任何會見行程。

當時南加州正召開民主黨全國大會，旅館難訂，於是陳總統下榻長堤市的威斯汀酒店，雖然國務院不欲國會議員見陳水扁，但羅拉巴克根本不管這些。他不管不顧，直接穿過旅館的廚房，搭乘旅館員工專用的電梯上樓，出現在正和出訪團、僑界人士餐敘的陳水扁總統面前，大家嚇了一跳，不知所措。當羅拉巴克議員進入會場時，美國在台協會理事主席卜睿哲臉色大變。羅拉巴克並沒有與陳水扁多交談，只在向陳水扁握手致意時說：「他們（指北美事務協調委員會）不讓我來，怕得罪國務院，我不怕！我自己進來的。」豪爽義氣，令人佩服。

羅拉巴克在會場上待了近一個小時才離開。他出去後輕描淡寫地表示，他是來看一位台灣來的友人，不算是正式的會面。這是阿扁那次過境美國時唯一見到的官員，當時我也在場，這種友誼在台灣外交處處受阻的情況下，倍感溫暖。

羅拉巴克是眾議院台灣連線（Taiwan Caucus）的創始人之一。對於美中台關係，他認爲，近年來台灣政府的政策向中國傾斜。他說：「如果這就是他們現在的政策，那麼他們已經不需要美國，當然也不需要我羅拉巴克議員了。」羅拉巴克議員後來退出了台灣連線❶。

志同道合狄雷牛仔

湯姆．狄雷是共和黨籍德州眾議員，曾擔任眾院多數黨領袖（國會議長）多年，位高權重，在黨內可謂呼風喚雨。狄雷對中台政策很關心，也是「台灣連線」的一員，台灣曾得到他許多幫助。

我認識狄雷，是透過羅拉巴克，他們同屬共和黨反共保守派陣營。當時我們爲羅拉巴克舉行募款餐會，羅拉巴克那天請狄雷一起來，介紹我認識，並稱我爲台美人社區的領袖。我也曾專程去休士頓參加他的募款餐會。

狄雷對台灣相當友好。二〇〇一年六月陳水扁總統於結束中南美洲訪問後，過境休士頓，接受了狄雷的牛排大餐招待。狄雷還送一頂特製的牛仔帽及一雙傳統牛仔靴給陳水扁。當時狄雷是共和黨眾議院排名第三的政治人物，他與陳總統的「把酒言歡」，可謂是有史以來，在美國本土與中華民國官方會面的美國最高層人士。

二〇〇三年夏天，我應經濟智庫美國企業研究所之邀去華府演講。我是上午最後一位演講者，下午由狄雷主講。那天我準備得很充分，主題是要美國反思「一中政策」的不當，我要把握這機會闡述「一中一台」的主張，推銷「一中一台」的概念。狄雷也出席了，並認眞傾聽。到了下午，他演講時，居然開宗明義就說：「我沒什麼好講的，我百分之百支持吳澧培所講的內容，我們理念一致，美國政府絕對不能走一中路線。」那時小布希政府都尚未提出「一中一台」的構想，由一位美國國會議長講出違背小布希所一再重申的「一中政策」，實在是非常難得，也確實讓布希政府感到尷尬。

隔日《華盛頓郵報》政治版刊登一大篇狄雷對「一中一台」的認同，並闡述我「一中一台」的論點，我也隨著他出名。由於美國企業研究所的名氣，加上狄雷的地位，參與午餐會的記者很多，「一中一台」的理論就此被傳播出去，其帶動輿論的效果，甚於花百萬美金所做的廣告。

與強森的革命情感

台灣人公共事務會經多年努力下，在國會眾議院成立台灣連線，但在參議院卻難以推行。阿扁當總統時希望參議院也能成立台灣連線，當時已有共和黨籍議員願意擔任共同主席，然而民主黨共同主席的人選一直難產。當時駐美副代表蔡明憲努力多時仍無結果，找我協助。我要蔡明憲直接聯絡南達科達州參議員提姆．強森，並以「吳澧培朋友」的名義希望能和強森會面，直接請他幫忙。

一個小時內，我再度接到蔡明憲的電話，他感謝我，因爲強森一口答應擔任共同主席，召集參議員成立參議院的台灣連線。

強森之所以那麼合作，除了同情台灣的立場外，也是因爲我們有一份革命感情。他在競選參議員時，選情非常激烈，依民調可能會輸對手兩、三百票。他來洛杉磯，我替他募款，以「台美人政治行動委員會」的名義支援他。正値緊要關頭，我們再用快遞寄給他美金五千元政治獻金，好讓他在文宣上做最後衝刺。

開票結果，他險勝對手。南達科達州有很多印第安人分居在山區，聯絡不便，開票開到隔日清晨六點多鐘，選票才算清楚。強森非常興奮，一大早就打電話給我，非常感激我。我相信，因爲我們在他競選情況輸贏不明朗時，仍對他有信心地支援，這種不離不棄的態度確實令他感動。

和艾克曼坐失時機

除了在公元兩千年時，我曾在洛杉磯替他募款外，我和來自紐約州的民主黨籍國會眾議員蓋瑞．艾克曼稱不上熟悉，那次也是我第一次和他見面，沒建立什麼交情。後來我參加祈禱早餐會後，也曾進行短暫的拜訪，但也沒什麼收穫。

二〇〇八年，我受阿扁委託，以他在海外的兩百萬美元從事民間外交。收到匯款後，我就開始行動了。鎖定的第一個目標就是艾克曼。聽說艾克曼很可能成爲眾議院外交委員會主席。既然艾克曼和歐巴馬同屬民主黨，我判斷，他應該常有機會和歐巴馬談到美國的外交政策，對美國的外交會有影響力。因此當我聽說洛杉磯的台美人將於六月爲艾克曼募款時，我特意安排前來美國，和他會面。

我打算說服艾克曼，中國對美國的巨大威脅日益成型，美國應暗中進行研究，如何和盟邦如英、法、日、德等國在某一日同步宣布「承認台灣」。這個「異想天開」的設想，在當時中國正拚命發展經濟實力，大氣候未成型的情況下，其實有操作的空間。當然，在所謂的「洗錢案」爆發後，這計畫成了泡影。但此說法在當時並非沒有市場。

原訂一個小時的會面時間，我們卻談了兩個小時。對於一位行程緊湊的國會議員來說，這樣的會面十分難得。更何況，我們在此次談話後，建立了友誼。

我和他深談台、美、中的政局。起初艾克曼對我的說法並不感興趣，甚至可稱之爲冷漠。他說：「這是你們台灣人自己的事。你們站不起來，我們美國又能如何？你們不能一切都靠美國……」他表示美國是民主國家，支持民意，台灣人民選出傾中的馬英九當總統，意味著人民選擇了傾中政策，還談什麼台灣獨立，美國政府又能說什麼？

這種論調，我早就聽多了。但我不放棄，指出兩點：馬英九雖當選總統，但不代表他的民意領先，因爲國民黨選舉時利用種種手段，包括用國稅局掌控選民，不一而足，因此這場選舉絕非公平的選舉，馬英九的民意絕非眞正的民意。再者，馬英九當選後，短期內民調直直掉落，後來甚至掉到個位數。由此可見，美國支持馬英九，並非眞正對台灣人有利，何況馬英九傾中，助長中共的野心，對美國也不利。

我繼續深入剖析中國對美國的威脅，台灣在美中台關係中所能扮演的角色，以及對此一「異想天開」計畫的風險評估……隨著對話的推進，我知道他聽進去了。

我的話讓他動容並被說動了。但是他說，他在紐約的法拉盛選區中，有許多來自中國的選民，所以不太能公開支持這樣的行動。他說：「我很願意幫你們的忙。但我建議，你們應該找一個國際上廣受尊重的人，來幫你們說話。」

他並建議了兩個人：一是南非的曼德拉總統，另一位則是達賴喇嘛。讓這兩人來當使節，遊說日本等諸國才夠分量。但這建議也有困難，兩位諾貝爾和平獎得主，私人基金會可請不起。而且兩人年事已高，到處奔波也不太可能。

雖然他贊成我的想法，但可惜他最後沒登上外交委員會寶座。不過，我並不氣餒，如果我這一論點能說服艾克曼，應該也可以說服另一位外交委員會主席。畢竟，美國的外交思路一致。

可惜，我後來身陷洗錢風暴，自顧猶不暇。後來艾克曼在二〇一三年一月宣布退休，這計畫就不了了之。

沒想到六年後，我對中國的預言成眞。中國屢屢挑釁，意圖擴大領土主權，包括與日本的釣魚台之爭、劃設東海防空識別區、與越南在西沙海域衝突，以及將台灣海峽上空畫一條靠近海峽中線的新飛航路線。美國起訴中國軍官涉嫌使用電腦詐欺、侵入美國電腦系統，獲取資料，利用數位指令破壞電腦，進行經濟間諜，並竊取六家美國公司貿易機密等犯罪行爲。而馬英九的「傾中政策」也讓越南台商在排中事件中，飽嘗財產和生命的威脅。

而我們只能望洋興歎，無力接續起這根幾年前斷掉的線。

與美國國會兩黨領袖會晤搏感情。

❶參見「美國之音」於二〇一一年十月十四日對達納・羅拉巴克眾議員的訪問。

第五部

歸鄉，為了一個堅持

阿扁總統與我

一九九六年李登輝當選爲台灣第一任民選總統後不久，曾有高層人士來試探我入仕的意願，我謙辭，但表明我願意隨時幫忙，隨叫隨到。那時沒想到自己有一天會坐在中華民國的總統府裡辦公。

二〇〇〇年，陳水扁贏了總統大選，台灣第一次政黨輪替，大家覺得任務完成，感到興奮萬分，我祝福阿扁：「你好好幹！」後便打道回美國。不料後來卻有人跑來說：「阿扁要叫你回去幫他做事。」但他本人卻從未和我提過此事。

四月阿扁總統就職前，穆考斯基訪問台灣，除了拜會當時的政府官員外，也去見了陳總統。一回美國，他向我道喜：「恭喜你！」「恭喜我什麼？」我莫名其妙。「你的總統叫你回去。」

奇怪的是怎麼沒人來問過我？

熱情的海外阿扁之友會

我和阿扁雖有公誼，但並無私交。第一次和他接觸是他應台美公民協會之邀來洛杉磯演講，在我家住宿一夜，但因時間匆促所以沒機會深談。

印象深刻的一次，是我於一九九二年返台籌備彭明敏「鮭魚返鄉」活動，爲組成「歡迎彭明敏教授返鄉主席團」，打電話說要去拜訪他，他連稱：「恁是前輩，恁何時有閒，我來看恁。恁若來找我，實在是不敢當。」他是我徵求的對象中，唯一來拜訪我的人。當時的陳水扁立委是大家眼中的「明日之星」。這樣有禮貌的年輕人太難得！至於擔任主席團成員，他自認不夠分量所以謙辭。他謙遜、誠懇的態度，讓我對他好感滿分。

海外鄉親對阿扁極熱情並寄以厚望。一九九八年，他要爭取連任台北市長時，海外台美人鼓吹「打電話回台灣拉票」，大家想支援他，推我出來號召，於是我們籌備成立「阿扁之友會」，後來擴展至包括全球有六十多個分會的海外阿扁之友會。一個市長選舉就獲得這麼多人響應，可見大家對阿扁的期待。

在籌備階段，阿扁親自打電話來拜託我支持，於是我就專注於阿扁的台北市長選舉，僑界一些人則支持謝長廷選高雄市長。後來民進黨中央黨部打出「南長北扁」的口號，合併造勢。海外阿扁之友會也改成「海外長扁競選後援會」。

海外長扁競選後援會成立後，鄉親熱烈參與，不但在僑界募款，還組團回台灣投票及助選，大家穿街過巷，掃街拜票，又累又興奮。但不幸地，有人惡意中傷，四處散布謠言，指控後援會帳目不明、黑箱作業等。我是銀行家，對金錢的處理、法規特別注重，早就請張菊惠女士詳細記錄進出款項，由李錦聰會計師依法審核。募來的款項除捐十萬美元給謝長廷總部外，其他全數轉交台灣的阿扁競選總部，並要求開收據轉寄給各分會。長扁後援會運作的所需費用，全由洛杉磯分會支出。除謝長廷總部未給收據外，帳目一清二楚，所剩款項也全數交回台灣阿扁競選總部。

大家支持的主力在陳水扁身上，覺得他把台北市治理得那麼好，民調數字如此高，一定能夠順利連任。至於對謝長廷選高雄市長，並未抱太大希望，想不到結果出人意料。

選舉當天晚上，大家認爲阿扁篤定當選，在海霸王餐廳擺好了慶功宴，準備一邊慶祝，一邊等待勝利的消息，召開記者會。結果隨著票一一開出來，高漲的熱情逐漸冷卻。首次挑戰高雄市長的謝長廷當選了，施政成績輝煌的陳水扁反而連任失敗。

選上總統要好好幹

落選的失意，瞬間被阿扁「選總統」的希望一掃而盡，煥發更大熱情。阿扁後來寫了兩頁密密麻麻的信給我，除了感謝我爲他努力助選外，也提到他的不足及自省，十分誠懇。選後他到海外各地答謝，處處爆滿。到洛杉磯時，二千五百個座位的大禮堂座無虛席，外頭尙有約五百名鄉親，看電視牆聽他的演說。雖連任失利，但海外鄉親仍以最大的熱情及溫暖相報。

挾著強大民意，阿扁代表民進黨參選公元兩千年總統大選。我們組成「海外陳水扁競選總統後援會」，全力支援。除了積極募款，並極力動員返鄉投票。我們組團回台替阿扁助選，五、六輛選舉戰車載著海外回來的扁友會鄉親，穿著整齊的制服，深入大街小巷，出現在傳統市場或破曉時分的果菜批發市場，發傳單、拜票。晚上則趕場大型造勢活動，在數萬人前上台亮相。我也在人馬雜沓的台北火車站向人拜託、拉票，還碰到洛杉磯回來的朋友，看我在街頭向人哈腰、發傳單，嚇了他一跳。又是開票之夜，雖然殷殷期盼，但我們不敢抱太大希望，幾個從海外回來助選的朋友叫了幾個菜，在彭明敏基金會觀看開票結果，邊吃邊等，一樣是出乎意料，阿扁居然選上了！他選上後，我們總算鬆了口氣，既疲憊又滿足，兩年前該完成的夢，已經加倍實現了。大家一面道別，一面感嘆，互道珍重再見，準備打道回府，回去繼續過自己的生活。我們遙祝阿扁：「我們努力把你推上去了，你可要好好幹！」

陳水扁當選總統之後，後援會轉爲「海外阿扁之友會」，作爲阿扁執政的後盾。每次阿扁訪問中南美洲邦交國，在美國過境時，我們會動員台美人到場歡迎、加油。甚至阿扁去訪問薩爾瓦多、巴拿馬時，我們還組團搭機前往當地歡迎，以壯聲勢，所有的費用都是參加者自理。直到二〇〇八年，阿扁第二任總統期滿後，阿扁之友會才解散。

我們一路支持阿扁，直到最後一刻。

爲了方便聯繫阿扁，剛開始我都是透過當時扁友會總幹事郭漢甫，郭是吳淑珍的親戚。阿扁當選後，郭漢甫來問我：「你想當什麼官？」若能眞正改變台灣一些狀況，即使遍體鱗傷，我在所不惜。但如果是做小嘍囉，隨便做一點小事，就被立法院盯死，上級長官也不會相挺，沒辦法做事情，做官幹什麼？

陳總統派人傳話表示，他有意安排我擔任交通銀行董事長。我當時仍受萬通銀行合約的限制，而且我認爲如要回台灣，就要有所貢獻。交銀雖然規模比萬通大很多，但對國家貢獻不會太大。林義雄來電催我，要我趕快把履歷表寄給他。後來他告訴我，他向阿扁強力推薦我去做財政部長。還好阿扁沒任命，就算有任命，我也不會接受。擔任這個職位「最好」的結果就是被人罵。陳水扁最後用了林全，表現不錯，任內也未傳出歛財或貪瀆情事。吳淑珍當時一心想幫財團牽線說合，財政部長是吃力不討好的工作。

如果眞要回台灣做事，我唯一可能會有興趣的職位是中央銀行總裁。我喜歡大刀闊斧做事，而不是看人臉色辦差，因此需要一些「獨立性」。中央銀行總裁負責規畫國家貨幣政策，不管財政部或經濟部，都需要央行的貨幣政策配合，否則無法做事，這是很大的挑戰。而且，央行總裁採任期制，只要不貪污、不犯重大錯誤，沒人可以逼我走路，總統亦然。另一好處是不需要一天到晚向立法院報告，做出成績再說。

當然，另一件我很想做的事，就是清算國民黨黨產。國民黨黨產不清理，台灣就不會有眞正的民主。如果能夠透過阿扁來做這事，會很有挑戰性，而且有益國計民生。

我把這意思透露給居中傳話的人。沒多久就回話來了。阿扁說，因爲當時在位的彭淮南還有兩年多任期，屆時才會有空缺。既然我唯一認爲能眞正替台灣做事的職位尚無空缺，於是我對陳總統說：「我覺得就現階段而言，我留在美國會比在台灣更有貢獻。」

做了這決定，我自己也鬆了一口氣。如果要馬上放下美國的一切，返台工作，那才叫千頭萬緒，而且我有萬通銀行的合約在身。

無給職資政

五月二十日總統就職典禮，我從美國帶了一群扁友會的鄉親返台參加。這些人當中，有許多當初慷慨捐輸，支持阿扁選總統的鄉親。畢竟海外扁友會在陳水扁競選期間，一共捐出了約三百萬美金贊助阿扁競選。

當時海外返台觀禮的同鄉會等團體非常多，大家都在搶位子。爲了解決鄉親的觀禮席次問題，在就職典禮前，我要求和陳水扁總統的幕僚會面，希望他幫忙解決座位問題。這位幕僚見到我即說：「正要把請帖交給你，這樣至少你可以不必爲自己的位子擔心。」並將兩張請帖交給我。一張參加就職典禮，座位被安排在總統附近。另一張是當晚的國宴請帖。這時我看到請帖的信封上寫著「敬呈吳澧培資政夫婦」字樣，才知道原來自己被阿扁聘爲無給職資政一事。

這時我想起來，阿扁剛選上總統的那一陣子，在新聞上常看到他去向一些國民黨大老、資政、國策顧問如郝柏村、王昇、李元簇、孫運璿等「請益」的消息，明知他有苦衷不得不演戲，但心裡還是不爽：「怎麼你對那些國內的資政、國策顧問都是親自登門造訪，卻連一通電話直接告訴我都沒有，禮貌實在很不周到！」

總統府資政本應是被尊崇的職位，但我在這受聘的過程中卻感受不到誠懇與尊重。但我想想，這工作應是榮譽大過實質，不用上班也沒錢拿，於是就接受了。同時被聘爲資政的，除了彭明敏外，大都是無給職，如蔡萬才、許文龍、林榮三等。國策顧問則有張忠謀、施振榮、殷琪等人，都是新一代的企業家。

一個台獨分子，卻成了中華民國總統府的資政，簡直不可思議！

不像元首的總統

陳水扁總統上任才三個月，八月就首次出訪到中南美洲友邦。阿扁形容這次出訪是「象徵台灣站起來，走出去，讓全世界看到台灣」的「民主外交、友誼之旅」。美國國務院雖然給予阿扁元首通關禮遇，但爲了避免激怒中國而引來外交抗議，不僅要求訪問團保持低調，還不能會見美國民意代表及媒體記者等，待遇規格不高。

洛杉磯時間十三日下午，總統訪問團抵達洛杉磯長堤市。阿扁從抵達旅館起就忙個不停，直到深夜我才進他的房間和他詳談。我主要是來和他討論國政改革。當了不到三個月的總統，他似乎已失去改革的銳氣。

我勸他：「雖然你得票不過半，但就職後，民眾滿意度已提升至六成多了，民氣可用，現在應該大刀闊斧去改革，有什麼好顧忌的？」阿扁總統就職時，連戰、宋楚瑜遠避美國，藍軍人心惶惶，正是阿扁實現「剷除黑金」競選諾言的最佳時機。我建議阿扁，對於國民黨的「集體貪污」，應採取「首惡必究」，而下面的人如果自首則「既往不究」，以此來安撫基層公務員，重新開始新政府的運作。

當時我還不知道，眼下正有一件大事發生。

接任國統會主委爭議

十四日一大早，總統出訪團就飛往第一站——多明尼加。這時，在台灣的總統府代理秘書長陳哲男向媒體透露，阿扁將在海外做出重要宣示，可能會宣布他將兼任國統會主任委員。隨阿扁出訪的媒體也稱：「陳總統將召開記者會宣布接任。」這個消息立即在政界投下震撼彈，綠營及獨派人士立刻站出來反對，而中國則視其爲新政府對於「統一」的態度。才歡迎過阿扁過境美國的僑胞問我：「怎麼回事？我們推上總統寶座的不是民進黨的陳水扁嗎？怎麼換了國民黨統派？」

聽到此一消息，我氣壞了，難道努力了半天，是爲了走向和中國統一嗎？我打電話給人在台灣的彭明敏：「彭先生，這樣行嗎？」他答得很堅決：「當然不行。」並且建議：「乾脆辭掉（資政）算了！」我說：「不行！不應該是這樣。我們應該和他拚，拚到最後一分鐘，不行再辭。哪有不戰而降的事！」話雖如此，要怎麼才能即時阻止阿扁宣布接任國統會主委？

國統會是李登輝爲安撫深藍人士所設立的機構，其宗旨爲終極統一，符合國民黨的政綱。但投票給阿扁的人，卻是認同他所代表的「非統一路線」的民進黨黨綱。

我在電話中和彭明敏商量，決定由我起草一封信，由彭教授修改，直述統一只是一個選項而已，不是必然的結果，即使會走向此一結果，也必須是全體台灣人民的公投自決。所以千萬不可接任國統會主委一職。國統會是一個有預設立場的機構，前提是主張「與中國統一」，暫時無法廢掉也就罷了，我們還可以理解，但「如果您居然決定要出任國統會主委，又將置民進黨同志以及長期以來支持您的廣大選民及追隨者於何地？」我在信中請他「在此一問題上一定要再思、三思！」以及「千萬不能接任國統會主委」。

彭教授將這封措辭強硬的信，透過國家安全會議諮詢委員張榮豐，十八日循國安的管道，在二十四小時內送給人在多明尼加的陳總統。

十七日，阿扁在多明尼加開記者會，宣布由於台灣人民還沒有決定是否要和中國大陸統一，因此他還沒有決定是否接任國統會主委。並說：「統一並不是台灣人民唯一的選項，也不見得是台灣前途唯一的結論。」他講的話很多都和我信中所勸他的內容一樣。

後來我知道，那天在台灣不是沒有反對他的人，只是聯絡不上他而已。彭明敏和我的聯名信卻能透過國安管道表達意願，即時讓阿扁感受到我們的急切心情。

那一次，我的話他聽進去了。這是唯一一次讓我覺得有成就感的事。

從無給職資政變資深顧問

不久後，總統府秘書長張俊雄來電，告訴我政府規定擔任資政，一年內要辦妥放棄美國國籍事宜。

我在萬通銀行的總裁職務尚未交卸，無法棄之不顧。同時我也認爲，民進黨剛執政，和美國的政要人物關係不夠密切，很多國會議員都在問陳水扁是什麼樣的人。所以我想我應留在美國，利用過去的人脈，看是否能夠藉此促進台美關係。日後總統若過境美國，我也可以居中幫忙安排。

放棄資政職位後，不知道誰想出一個怪招，聘請我做總統府顧問，並且送了一張聘書給我。總統府組織章程中並無此職，是體制外的職位，並不需要放棄美國籍，也無法規限制。

一下由資政變顧問，我知道阿扁的爲難處，也看到他的誠意，反正我還是待在美國，做我的本業，也不去多想此事。只是知道此事的一些朋友會開我玩笑，說我被阿扁降級。

「顧問」上任不久，陳總統帶團出訪中美洲友邦。當地台僑人數有限，於是我發動了全美扁友會朋友，大家自掏腰包，飛去薩爾瓦多替他撐場面。爲了感謝捧場，阿扁請從美國趕去的僑胞吃晚餐。

餐後，大家在旅館的小會議廳裡座談。一開始，大家都講些場面話，林榮松這時卻跳出來，問阿扁：「總統啊！咱大頭的吳澧培，一向最挺恁，爲何恁要將伊降級？」陳水扁一下子沒反應過來，不知道他在講什麼，急著分辯：「怎麼可能！我對他很尊重的。」他並且答應回台灣後會對「降職」一事進行了解。

阿扁言而有信，返台後沒幾天又送來一張聘書給我，這次我升官了，由「總統府顧問」升爲「總統府資深顧問」，一樣是不在編制裡的黑官，是個榮譽職，既無薪也無辦公室。擔任資深顧問多年後，行政院長任期屆滿而「畢業」的張俊雄，也被聘任爲另一位「總統府資深顧問」。

對阿扁的人事建言

阿扁就任後，我第一次返台時他就接見我。我們談話時，總統府副秘書長陳哲男坐在一旁，手拿筆和筆記本，準備記錄的樣子。我不喜歡陳哲男，本打算見到陳水扁後要提的意見之一就是：「你怎麼用他當副秘書長？」

看他坐在一旁謹小慎微的樣子，我不客氣地向陳水扁說：「總統，既然你說資政是你的顧問，難道顧問和總統說話時，需要第三者在場嗎？」陳水扁看了陳哲男一眼，他就立刻出去了。於是我馬上問：「怎麼讓他做副秘書長，外面對他風評很糟啊！」我了解阿扁在當台北市長時需要有人去喬一些事情，而時任民政局長的陳哲男八面玲瓏，既有人脈，又有手段，相當好用。阿扁解釋：「我做總統後，他來找我好幾次，想當內政部長，我不願給他，所以調他來做副秘書長，這樣我才看得住他。」他怕我再追問，又加了句：「他沒有權啦！」

我當時心想：「一個總統有多少事要操心，還要把一個有問題的人放在眼前看管，眞是好忙啊！」雖然還想多講幾句，但阿扁都這樣說了，我只好住口。

但最令我失望和傻眼的，卻是經濟部長這個重要的職務，居然在二〇〇二年二月任命了「小白兔」宗才怡擔任。這是阿扁在人事布局上最大的敗筆。我在美國多年，早就認識宗才怡和其前夫陳建隆，阿扁要探聽他們的背景，易如反掌，卻沒那麼做。宗才怡原在加州南部聖地牙哥近郊一個人口約四萬人的小城市包威市市政廳擔任會計主任，一下子叫她去管理台灣兩千三百萬人的經濟，何德何能？這麼重要的職位，候選人的能力、資歷、人格是否適合這工作，難道不用打聽嗎？結果她當了四十八天的經濟部長，說自己是「誤闖政治叢林的小白兔」，不僅貽笑大方，阿扁也逃不掉

「用人不當」的議評。

我向阿扁建言，應該建立起像美國政府的人事審核制度。重要官員的任命，都要先經有關部門逐項調查，如嚴謹的身家調查、人格特質調查，甚至包括由聯邦調查局調查候選人及其親人對國家的忠貞度，經相關單位面談後，再呈交決策者做最後選擇，然後才能託付重任。譬如當年我經穆考斯基向美國財政部推薦，擔任世界銀行的執行董事。我雖通過財政部長的面試，但在聯邦調查局這關卻遭淘汰。因爲聯邦調查局要求候選人必須以美國爲唯一效忠的國家，而我的資料很明顯地處處在爲台灣發聲。

另一項令我不滿的人事布局，就是阿扁兩任總統任期中，都以藍軍外交人馬爲駐美代表，前有程建人，後有李大維。這些和藍營淵源甚深的駐美外交官員，沒扯阿扁的後腿就很好了，難道還會爲阿扁的政策積極辯護嗎？

我曾多次建議阿扁的外交政策應著重於在重要國家如美國、日本、歐盟等地，要用自己人爲代表，至少要積極培養綠營的外交人才，但他一直沒做，最多只有以蔡明憲和李應元爲駐美副代表。

在阿扁第二任總統任期尚剩一年多時，我們在李鴻禧教授七旬壽宴同桌，阿扁告訴我，他決定要調陸委會主委吳釗燮到美國去當駐美代表。我回稱，這當然取決於吳釗燮本人意願，但如果他來徵求我的看法，我會告訴他：「不妥！」除了他個人問題外，阿扁任期只剩一年多，待吳釗燮打通美國政界關節，阿扁總統任期也屆滿，他又如何施展抱負呢？

不過一向遵從長官命令的吳釗燮還是去了，當了一年多的駐美代表，積極任事，不畏勞頓，倒也交出一張亮麗的成績單。

有一點失望的心情

我雖被總統聘爲資深顧問，但我常說這個職銜名不副實，在我任職三年多當中，阿扁從來沒有來「顧而問之」。我如從美國返台，或是他到海外訪問，有機會見到他，我總會主動和他講一些想法，但他從未主動要求我提供意見。

即使在我的金融貿易專業領域，阿扁對我的建言也不重視。我曾建議，由政府資助一點錢，以工商團體爲中心，在全世界各大都市租一個大展覽廳，展出種種台灣可以出口的東西。而我們也可藉機宣揚台灣的主張。但是，這個建議也被忽視了。

一腔熱誠的建議卻總遭忽視，想起來就不免覺得有點灰心和失望啊！

阿扁在洛杉磯與我餐敘。

老兵踏上新戰場

小國無外交，尤其台灣處於這種妾身未明、國家定位尷尬，還有中國強權在旁虎視眈眈，準備隨時出手打壓的狀態，情況更悲慘。

因此，即使貴爲國家元首，台灣領導人也不得不以「元首外交」「過境外交」等方式，主動爭取外交空間。尤其在過境美國時，政府及外界會以過境美國的地點、接待規格的高低，來觀察台美之間的關係親疏。

過境外交有時會呈現「塞翁失馬」的情節，最出名的案例是在一九九四年五月，李登輝總統赴中美洲訪問過境夏威夷，當時美國國務院不准李前總統在夏威夷過夜，只答應在空軍基地的過境休息室予以接待。爲顧及國家尊嚴，李前總統專機抵達夏威夷時，堅持不踏出機門。並穿睡袍夜會美方官員，表達不滿情緒。台灣領袖遭此待遇，令人唏噓，美國國會議員藉此紛紛表達同情及支持台灣，對國務院輕待台灣元首不滿，遂於次年有李登輝訪美，拜訪母校康乃爾大學之行。

辛酸的元首過境外交

陳水扁甫當選總統，過境美國，就受到降低規格的「冷遇」，美國官員禁止他和當地政要、媒體、僑胞會面，而這還不算是最慘的一次。

二〇〇六年，因台美關係惡化，加上中國打壓，美國只允許過境「級別很低」的阿拉斯加，而且沒有接待，導致陳水扁臨時決定放棄過境美國，專機繞過西半球，半途還發生了飛機找不到降落地點而無法加油的混亂情形，最終到達南美洲。此行被外界譏為「迷航之旅」。

藍營的官員、民意代表、媒體趁機大加抨擊，奚落、譏笑、怒罵者比比皆是，不將矛頭對準外面嚴陣以待的敵人，反而怪一心想藉機拓展外交戰場的總統不識相，不肯做中國和美國的乖寶寶，令我們很痛心。尤其是海外的僑胞，深刻體認到國際情勢對台灣的嚴峻，對阿扁更是不捨。

從阿扁任內歷次過境美國的待遇來看，二〇〇三年十月過境紐約，接受國際人權聯盟所頒「第三十四屆人權獎」的一次，算是相當有尊嚴、風光的一次「過境外交」。能夠參與此一事件我與有榮焉。

人權獎實非等閒

國際人權聯盟屬於聯合國體系內的人權諮詢組織，每年頒發一名得獎人，如西藏精神領袖達賴喇嘛、南非總統曼德拉、南韓金大中等都曾是得主。陳隆志在此聯盟當理事，提議二〇〇三年十月的頒獎儀式在紐約舉行，並建議頒獎給陳水扁。得獎一事確定後，馬永成打電話給我，說阿扁請我來安排歡迎事宜。

這可是件大工程。首先，入場費不便宜，頒獎晚會每張餐券價格從美金五百至五千元不等，加上機票及餐旅食宿費用，每人動輒花費好幾千美元以上，非大多數台美鄉親所能負擔。而且大會主辦單位希望該晚我能募到美金十萬元。除此之外，阿扁總統也希望在此次停留期間，有機會和幾位美國國會議員會晤，交換意見。

於是我動員各州的海外阿扁之友會會員參加，光洛杉磯就去了四十多位，我個人也買了五十張餐券，讓財力尚弱的青年學子們與會。加上紐約和鄰近各州的鄉親，結果有近八百位台美人參加，占了全場出席人數約八成，會場內十分熱鬧，猶如在辦自家喜事。既然這麼多台美人支持，募款當然超越目標。

當晚旅館內外皆熱鬧滾滾，場內進行著頒獎餐會，旅館外有歡迎陳水扁的鄉親人潮，也有中共發動的留學生、親共老僑前來叫囂，要阿扁滾回去。說來可笑，一個沒有人權的國家人民居然叫一位來領人權獎的總統滾回去！

當晚的主賓是陳水扁，因此我被指派爲三位共同主席之一。我很榮幸能上台致辭，推崇阿扁得人權獎實至名歸。另兩位共同主席分別是台美經濟協進會會長，和一位臨時代打上陣的軍火商，三人共同負責募款。那晚台美人貢獻最多，其他兩位就遜色不少。

晚餐時，坐在我旁邊的軍火商拿著菜單問我，可否幫他拿去請阿扁簽名。阿扁簽了名，瞄了軍火商的英文名片一眼，也沒有交集。我和阿扁都是第一次見到這軍火商，隔日台灣統派報紙居然煞有其事地指稱阿扁這次去美國，實際上是去和軍火商簽約，由吳澧培居中牽線，大剌剌地在餐桌上簽軍購契約。甚至指控我是那家軍火公司的幕後老闆。能憑空捏造這些內容的人，不去好萊塢發展眞可惜了。

那時距二〇〇四年總統大選只有幾個月，藍軍無所不用其極地扭曲、栽贓、抹黑阿扁，美國福爾摩莎基金會也遭到波及。他們先傳阿扁簽了軍火契約的佣金爲新台幣一百億，然後放大成阿扁拿了幾百億新台幣，藏在基金會裡。消息越鬧越大，越傳越離譜，我特地回台一趟，接受三立電視台的「大話新聞」節目主持人鄭弘儀訪問。我拿出許多證據，如美國福爾摩莎基金會銀行存款對帳表，及向美國國稅局報稅等資料來澄清事實。

阿拉斯加能，紐約為何不能？

人權獎頒獎隔日，海外鄉親和阿扁一同乘船遊曼哈頓港灣，時任美國在台協會主席的夏馨女士也陪同參加，她說美國有位「秘密保護天使」在照顧台灣，指的是小布希，船上同鄉們聽後都對她大聲鼓掌歡呼。

除了領取人權獎外，阿扁總統最期盼的是能邀到多位聯邦參、眾議員在紐約和他會晤並共進午餐。經駐美代表處和多位鄉親奔走，我們共邀到二十來位國會議員參加，和阿扁有著很好的交流。

另一個受數千萬人矚目的場合，就是阿扁到紐約華爾街證券交易所敲槌開市。因他身分特殊，電視、平面媒體都加以報導。總之這次阿扁停留紐約領人權獎，感受到台美人的熱情。國會議員的情義相挺，美國政府的禮遇，確實給了阿扁許多溫暖，台美人也以母國元首能有尊嚴地領獎而感到欣慰與驕傲。

阿扁一行人訪問中南美洲邦交國，回程在阿拉斯加安克拉治停留。州長穆考斯基率領高層官員列隊歡迎，並以紅地毯鋪道，以國賓等級待遇迎接阿扁。阿扁既感動又感慨，即席致辭時說了一句：「這樣的場面，阿拉斯加能，爲何紐約不能？」來答謝穆考斯基的盛情。隨後我們搭乘觀光火車，和州長、美國在台協會主席夏馨女士坐在透明車頂的車廂裡，欣賞阿拉斯加迷人的風景，結束阿扁這次愉快的過境之旅。

我能為台灣做些什麼？

阿扁連任第二任總統後，又來聘請我當總統府資政，這次是有辦公室、有薪水的有給職資政。該不該放棄美國國籍回台灣？我又陷入糾葛。

我已在二〇〇二年底正式從萬通銀行退休。本來我計畫留在美國，享受含貽弄孫的天倫之樂。爲此我還把住了二十年的屋子，加建二樓，重新裝潢，煥然一新，並裝設電梯，以便日後方便上、下樓。但在同時，來美

阿扁訪問中南美洲時，回程受到阿拉斯加州長穆考斯基的款待，左邊兩位即為穆考斯基與夏馨女士。

三十六年來始終沒斷過的「落葉歸根」念頭，又不時在心裡騷動，矛盾得很。

退一步想，美國似乎沒有我非留在此不可的理由。孩子都已成家立業，連我二〇〇一年創立的福爾摩莎基金會在內，都已完全放權，洛克斐勒介紹的主任吉利斯很能幹、負責，獨立運作完全沒有問題。

而且我身子硬朗，頭腦清晰，難道這時候就要讓它們「歸隱」了嗎？在心理上，我也一直想回故鄉，對故鄉作出一些貢獻。

再進一步想，回台灣後，我又能為台灣做些什麼？阿扁能連任總統，表示台灣本土意識已發酵，大環境有改變，我應該能一展抱負。以我在美國的經歷，我相信至少可以擔任國內與海外的橋樑，匯集海外的聲音，就近向阿扁反應。若從經濟層面著手，台商在美國至少有好幾十萬人，我應該有能力協助海外台灣人返台投資。

至於我在美經營多年所建立的各界人脈，回台後仍可善加利用，譬如邀請他們來台灣召開國際會議或研討會，讓台灣有機會聆聽國際人士見解，提高台灣能見度。台灣官方慶典，我也可以邀來夠分量的外國政要、學者參加，一方面這是外交成果的重要指標，一方面可以藉此發展實質外交。譬如二〇〇四年十二月，美國福爾摩莎基金會在台灣召開國際會議。二〇一二年總統大選時，我主導籌備的「台灣公正選舉國際委員會」，還有我擔任美國祈禱早餐會台灣代表團團長，三次代表台灣政府直接和美國政府官員、議員、智庫對談，溝通台美雙方的看法。這些都是我當初接受資政一職時，預期自己可以發揮的部分。

更重要的是我想鼓吹台灣人民自決。當我在美國極力說服政界人士和媒體支持台灣時，最大的瓶頸就在「台灣大多數人民是否和你有一樣的共識？」「台灣人民不是也有很多人贊成和中國統一嗎？」等質疑，常讓我有無以爲繼的無力感。如果台灣人不自己發聲，發展本土政權，展現要求獨立的決心，單靠海外台灣人奔走，效果有限。

兩次總統大選，我觀察到台灣人民對民主自由的渴望已開始萌芽，我只盼能給予阿扁總統具體的建議，讓他能在任期內奠定好基礎，深得民心，讓本土政權持續執政，待人民形成強烈的台灣意識後，進行人民自決，完成獨立建國的大業。帶著這樣的期許，我決定接受阿扁總統府資政一職。

轉戰新戰場

家人都知道我想歸鄉的心意。內心做了決定，和太太商量後，她同意了。兩個孩子自小在美國成長，如今也已成家立業，不可能跟我回鄉。他們理解我對於家鄉的思念及期盼，雖然捨不得，但也只好尊重我的選擇。

要當台灣總統府資政，必須依法放棄美國國籍，我開始著手辦理放棄美國國籍手續。李錦聰會計師替我塡了許多表格，舉凡財產申報、年收入，繳稅紀錄等文件都要準備齊全，然後才能提出放棄美籍的申請。我太太先行返台，尋覓家居。美國新整建好的屋子，美輪美奐，但我們尙未入住，就要把它賣掉了！

我在洛杉磯生活多年，有很多朋友及志同道合的鄉親。要離開他們，回到一個對我而言的新世界，我的心裡既感傷又不捨。

二〇〇四年七月二十四日，洛杉磯的朋友爲我舉辦了一個盛大的惜別餐會，有上千人來參加，大家又唱又跳還帶表演，許多長年來一起爲台灣共事的朋友，回顧往事送上祝福，讓我感動難捨，現場還出現不少令我既尷尬又感傷、好笑的畫面。

眾議員羅拉巴克特地趕來會場致辭送別，並親手送給我一幅國會「認證」，曾在華府國會山莊飄揚過的美國國旗。對一位即將離開美國，日後不再有實質幫助的友人，他還是那麼珍惜，我實在覺得溫馨。

另外，還有三位國會議員派代表送給我裱框好的國會褒揚狀，這是柏曼和另外兩位眾議員聯手向國會提出〈向吳澧培致敬〉決議案，表彰我在台、美關係的影響與貢獻。經國會議員通過後，眾議院公開肯定我在台美外交上的努力，在褒揚狀上鐫刻「Salute to Li-Pei Wu」致敬文，並於七月十五日正式列入國會眾議院紀錄，這是很不容易的事。在惜別餐會上拿到這份表彰證書是對我半生努力的肯定，我的內心澎湃，眼眶發熱、激動不已。

好友穆考斯基夫婦還特地製了一段錄影帶歡送我，稱我回鄉終老是「美國之失，台灣之得」。我百感交集，油然而生「近鄉情怯」之情。要離開這麼多好朋友，是一件很困難的事，但我當時只盼回台灣後所做的一切，會值得所有的割捨。

依據美國政府規定，我必須到美國境外的領事館辦理放棄美國國籍的手續。二〇〇四年八月四日一大清早，我拎著兩只行李，搭機飛往加拿大溫哥華辦理手續，再從那裡搭機回到台灣。

七十歲的老兵，踏上了新戰場。

上千人來參與我的惜別餐會，讓我感動難捨。

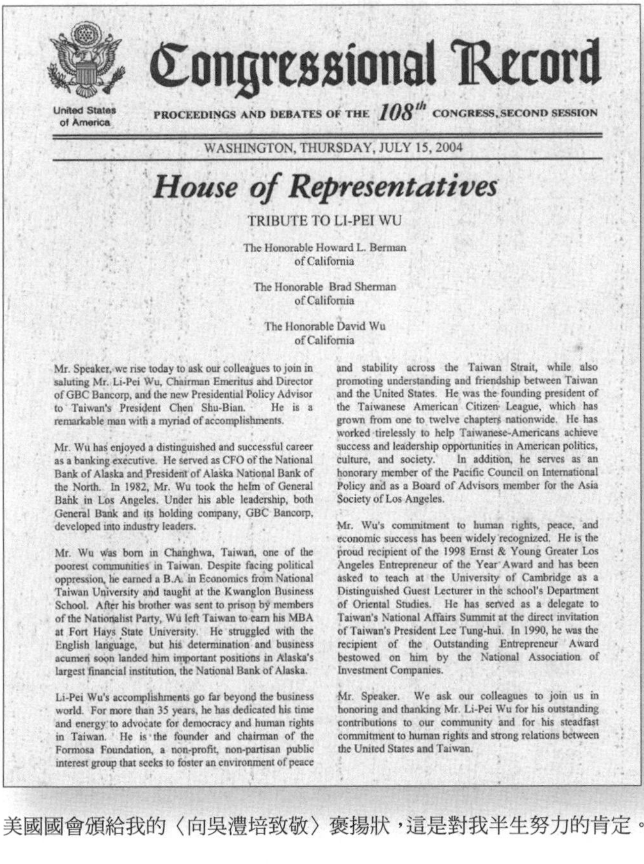

Congressional Record

United States of America

PROCEEDINGS AND DEBATES OF THE *108th* CONGRESS, SECOND SESSION

WASHINGTON, THURSDAY, JULY 15, 2004

House of Representatives

TRIBUTE TO LI-PEI WU

The Honorable Howard L. Berman
of California

The Honorable Brad Sherman
of California

The Honorable David Wu
of California

Mr. Speaker, we rise today to ask our colleagues to join in saluting Mr. Li-Pei Wu, Chairman Emeritus and Director of GBC Bancorp, and the new Presidential Policy Advisor to Taiwan's President Chen Shu-Bian. He is a remarkable man with a myriad of accomplishments.

Mr. Wu has enjoyed a distinguished and successful career as a banking executive. He served as CFO of the National Bank of Alaska and President of Alaska National Bank of the North. In 1982, Mr. Wu took the helm of General Bank in Los Angeles. Under his able leadership, both General Bank and its holding company, GBC Bancorp, developed into industry leaders.

Mr. Wu was born in Changhwa, Taiwan, one of the poorest communities in Taiwan. Despite facing political oppression, he earned a B.A. in Economics from National Taiwan University and taught at the Kwanglon Business School. After his brother was sent to prison by members of the Nationalist Party, Wu left Taiwan to earn his MBA at Fort Hays State University. He struggled with the English language, but his determination and business acumen soon landed him important positions in Alaska's largest financial institution, the National Bank of Alaska.

Li-Pei Wu's accomplishments go far beyond the business world. For more than 35 years, he has dedicated his time and energy to advocate for democracy and human rights in Taiwan. He is the founder and chairman of the Formosa Foundation, a non-profit, non-partisan public interest group that seeks to foster an environment of peace and stability across the Taiwan Strait, while also promoting understanding and friendship between Taiwan and the United States. He was the founding president of the Taiwanese American Citizen League, which has grown from one to twelve chapters nationwide. He has worked tirelessly to help Taiwanese-Americans achieve success and leadership opportunities in American politics, culture, and society. In addition, he serves as an honorary member of the Pacific Council on International Policy and as a Board of Advisors member for the Asia Society of Los Angeles.

Mr. Wu's commitment to human rights, peace, and economic success has been widely recognized. He is the proud recipient of the 1998 Ernst & Young Greater Los Angeles Entrepreneur of the Year Award and has been asked to teach at the University of Cambridge as a Distinguished Guest Lecturer in the school's Department of Oriental Studies. He has served as a delegate to Taiwan's National Affairs Summit at the direct invitation of Taiwan's President Lee Tung-hui. In 1990, he was the recipient of the Outstanding Entrepreneur Award bestowed on him by the National Association of Investment Companies.

Mr. Speaker. We ask our colleagues to join us in honoring and thanking Mr. Li-Pei Wu for his outstanding contributions to our community and for his steadfast commitment to human rights and strong relations between the United States and Taiwan.

美國國會頒給我的〈向吳澧培致敬〉褒揚狀，這是對我半生努力的肯定。

有心無力的感覺

我抱著單純的信念回到台灣，進入總統府，希望能爲故鄉做些事。

我們的人終於執政了，我很高興有給職資政在總統府有間辦公室，讓我能夠就近向他提出建言。我恨不得把自己所有的財經專業知識、對相關政策的見解，以及這三十多年來我在美國的所見所聞，包括關心台灣的國會議員和對台灣政策有權限的官員，都毫不保留地提供給阿扁參考。

我想，既然阿扁信任我，讓我當資政，幫助他掌理國事。我一定要讓台灣更好，擁有更多獨立建國的本錢。

想不到，進駐了台灣這個權力邊緣之後，隨之而來的卻不是榮耀。期望帶來了失望，以及有心卻無力施展的挫折感。

有心無力難施展

我不認爲擔任資政是「當官」。事實上除了一間辦公室，我手下一個人都沒有，連秘書都得自己雇。如果說資政有何功能，唯一就是有機會可以見到總統，適時提出幾句建言。但如果我不找他，他從來不會主動來找我。

本來以爲，陳總統至少會認眞地聽我講話，甚至在決定重要的決策前，找幾個重要的人物去談談，其中當然包括資政及國策顧問在內。但我卻沒想到，左等右等，怎麼都等不到陳總統。

我不知道怎麼一回事，以爲是自己誤會，還是自己有什麼地方做不對，於是去請教已經「連任」的彭明敏資政：「難道總統都不需要資政建言嗎？」想不到，他也很無奈地說：「人家都不來問了，我們要講什麼！」原來陳總統不僅沒來找我，也不常約他。

彭明敏是資深的資政，對阿扁的「顧而不問」也很不耐煩：「叫我們做資政，從來不找我們，什麼都不問，根本沒事幹！」雖然有一小部分的公文會經過我們，但都是些無足輕重的雞毛蒜皮小事。

既然他無事給我做，我就自己找事情做。我寫文章、演講，偶爾與彭明敏資政一起主動去見陳總統，提供建言。他倒是都會排出時間見我們。每次都是由彭明敏先開一個頭，講幾句，接著由我劈里啪啦，直接講一堆。但他也只是聽而已。最多「嗯、嗯。」「欸、欸。」或「我知、我知……」幾句。

雖然感覺他對我們「敬而遠之」，但既然拿了薪水，我當然不能尸位素餐。我還是多次拿著我寫的報告或文章主動去找他，分析世界的局勢，提出相應對策的建議，並詳述我對經濟傾中的憂慮。但是大部分的時間，他都不置可否，只說一句：「我知道了。」或「我了解了。」將報告收下，然後就沒下文了。

我開始想，說不定本來有辦公室的資政就是這樣，給你一間辦公室，把你擺在那裡備而不用？說不定自己只是一廂情願？否則爲何什麼政策都不來找我們商量？

有一次我實在忍不住了，在報告完畢後，直接問他：「總統，你覺得怎麼樣？」本來基於對總統職位的尊重，我不應如此直接詢問一位總統，但我實在是憋不住了。想不到，陳總統卻向我訴苦：「唉！你沒在當家的人，不知當家的甘苦。我有很多難處，不方便跟你說。」

聽懂了他的潛台詞：「我一個頭兩個大，拜託不要再來煩我了。」我急忙告辭。

扁宋會震撼彈

我對阿扁最失望的兩件事，除了他在經濟上向中國傾斜外，另一件就是扁宋會。

中國在二〇〇四年十二月提出《反分裂國家法》草案，並給全國人民代表大會審議。這法案是用來反制陳水扁在二〇〇二年八月提出的「一邊一國論」主張。法律共有十條，除重彈「一個中國」的原則外，最受人注意的是在第八條列明在三種情況下政府得採取「非和平方式及其他必要措施，捍衛國家主權和領土完整」。這三種情況是：台灣從中國分裂出去的事實、發生將會導致台灣從中國分裂出去的重大事變，或者和平統一的可能性完全喪失。

台灣的陸委會和外交部分別回應，除了譴責中共外，也認爲此舉是「藐視中華民國主權、片面改變現狀、升高兩岸緊張、引起台海危機」之行爲。美國國務院也發言，聲稱對該法案通過感到

「遺憾」。

除此之外，二〇〇四年十二月的立法委員選舉結果，也不符阿扁期望。綠營寄望在這次選舉中聯合台聯黨，總席次壓過藍營，才能擺脫「綠營執政，國會被藍營壓制」的局面。按照估計，泛綠陣營要拿到一〇九席，才能在國會中過半。結果，民進黨雖然一舉拿下國會第一大黨，但未能如預期取得較大勝績，和台聯黨加起來才一〇一席，未過半數。泛藍陣營國、親，再加新黨一席，加起來共一一四席，過國會半數。這意味著，未來四年，泛藍在國會依然可以壓制泛綠。

中共的強勢恫嚇，加上選情不理想，一定帶給阿扁很大壓力。他必須尋思破解泛藍在國會壓制泛綠的局面，於是才有了後面的扁宋會。

在立法委員選舉同一天，美國福爾摩莎基金會在台北舉辦一場約六百人的國際會議晚宴，原本排定阿扁總統爲晚宴主講人，馬永成臨時通知我：「失禮，總統決定不來了。」而且接下來兩天也都隱遁不露面。於是，我只好安排多位國際台灣問題專家，轉而到淡水台綜院去拜會李前總統。

拜會時，大家談到綠營在立法院失利的話題，李前總統當場提議：「陳水扁要和宋楚瑜聯手合作，才能控制國會，政府才能運作。」後來阿扁告訴我，李前總統也爲此到官邸找他商討因應之道。李前總統建議他：「都給他，都給他，都給他，要財政部長，要院長，都給他，一定要合作。」結果阿扁強調他什麼職位都沒釋出給宋楚瑜。

但阿扁接下來的動作，嚇了大家一跳。阿扁和宋楚瑜的「扁宋會」於二〇〇五年二月二十四日上午在台北賓館登場。扁和宋會談兩個多小時後，達成十項結論，並且簽署聯合聲明，扁宋確認現階段兩岸關係的最高原則，應爲遵守憲法、維持現狀、共創和平，在兩岸和平的前提下，陳總統承諾，在任期之內堅守四不一沒有承諾。

這兩份看似老生常談的「十點結論」和聯合聲明一出，綠營支持者大譁。如果這些文件是由泛藍陣營提出，大家見怪不怪。但阿扁可是綠營推選出來的總統，怎麼一點立場都沒有？尤其聯合聲明開宗明義：「爲了維護中華民國的整體國家利益，並確保台灣人民追求自由、民主、和平與繁榮的權利……」以及在十點結論中的第二點：「現階段兩岸關係的最高原則……在兩岸和平的前提下，陳總統承諾不宣布獨立、也不更改國號、不推動兩國論入憲。」這把支持台灣進行人民自決，進而獨立的人士惹毛了。

我問阿扁：「到底這聲明是由誰起草，從何而來？」「這麼重要的大事，你找過什麼人商量？」因爲扁宋會一完，我就接到剛卸任總統府秘書長的蘇貞昌來電，說他事先並不知情。我也問過彭教授，他說沒被諮詢。阿扁回稱：「幕僚起草，邱義仁看了兩遍，還說：『如果宋楚瑜會接受這樣的聲明，我們就該躲在眠床下偷笑了！』所以我覺得沒有什麼不妥。」我問阿扁：「如果你沒給他什麼，爲什麼台灣人民會反彈得這麼厲害呢？你再仔細想想看。」

我的疑問是：爲什麼你們的共同聲明中，把「中華民國」當作最大公約數，而不是「對台灣土地的愛以及兩千三百萬人民的福祉」呢？更令支持者憂心的是，宋楚瑜在會後記者會中，強調「台獨不是選項之一」，阿扁卻未反駁，等於肯定或默認宋楚瑜的主張，這叫支持者情何以堪？還有，扁宋會上，宋楚瑜說他是個「道道地地的湖南人」，暗示他是「中國人」來和阿扁比個高下，結果阿扁也未能以「我是堂堂正正的台灣人」來反擊回應。

這些都是根基於台獨分子心中的「基本原則」，如今卻被阿扁雙手奉上，供人蹧蹋。我的心中更有一種被背叛的感覺，難道阿扁不是我想像中的阿扁嗎？

反〈反分裂國家法〉百萬人大遊行

阿扁態度卻很強硬。他認爲，他遵照李前總統的意思，去和宋楚瑜會談，甚至未釋出任何一個職位給宋楚瑜，李前總統不應該責怪他。李前總統的女兒反駁：「就像媒人要你去和他談談，也沒有叫你去和人家上床啊！」

阿扁因爲擔心〈反分裂國家法〉而與宋楚瑜暫時結盟，這是政客的作法，但人民的作法不一樣。爲了反制北京制定〈反分裂國家法〉，以非和平手段威脅台灣，由民進黨、台聯黨等五百多個政黨和社團組成的「民主和平護台灣大聯盟」，發起於三月二十六日進行「民主和平護台灣百萬人大遊行」。這個主意眞教人熱血沸騰，我自掏腰包，在報上刊登「向中國 say NO!」，三二六上街反侵略」的廣告。

當天的遊行是我見過規模最大、最壯觀的。在民進黨地方黨部強力動員下，各地支持者陸續搭乘「民主列車」巴士，到台北參加遊行。示威人士兵分十路遊行，象徵抗議反分裂法的十條條文。豔陽天下，十路遊行大軍浩浩蕩蕩，高呼「保民主、愛和平、護台灣」口號，塞爆了總統府前的凱達格蘭大道及周邊道路。而且，總統陳水扁不理黨內外反對，破天荒上街遊行，成爲台灣有史以來第一位上街抗議的總統。前總統李登輝、副總統呂秀蓮、行政院長謝長廷等都參加了這場大遊行。台北市警局估算超過二十七萬人參加。我當然也參加了。

但在「三二六大遊行」前夕，許文龍公開發表「退休感言」，其中明白表態：「我支持陳水扁並不是支持台獨。」「搞台獨只會把台灣引向戰爭。」「最近胡錦濤主席的講話和〈反分裂國家法〉的出台，我們都很關注。我覺得有了這個講話和法律，我們心裡踏實了許多……」外界懷疑在大陸有很多投資的總統府資政許文龍，在壓力下不得不簽署。後來傳出來，原來許文龍的姪子在中國爲奇美操盤，被中國以「逃稅」的名義抓起來，聽說要被槍斃。在此威脅下，許文龍才會站出來說那些有違本心的話。後來有一次，陳水扁請一些資政吃飯，許文龍在席上道歉，說對不起台灣人。

這個事實正突顯了爲什麼我們要反對〈反國家分裂法〉，以及反對和中國統一的理由與核心價值。

爭赴美扁李心結

我聽過阿扁和李前總統不合的傳聞，但他們之間的心結因扁宋會愈陷愈深，卻是我親身體驗。二〇〇五年，李前總統於一次公開演講前，在貴賓室和我見面，表示了訪美的意願，他尤其希望能到華府訪問，發言較能受到重視。他希望我能替他安排訪美事宜，我答應盡全力安排。我找穆考斯基商量，他表示對李前總統敬仰有加，很樂意以阿拉斯加州長的身分，邀請李前總統到阿拉斯加當州長貴賓，做正式的官方訪問，再以同一身分帶他到東岸及華府。

經過一番協調、安排，敲定當年十月訪美。不料消息走露，在美國國務院例行記者會上，有記者提問此事。發言人回應：「李前總統是卸任總統，是位平民，只要符合美國入境的要件，他當然可以訪美。」記者追問：「李前總統是否也可到華府訪問？」發言人重複上述答案，巧妙避開此問題。這意味著李前總統可以到華府參訪。但沒有書面承諾，李前總統不放心，我也不相信國務院的外交辭令，萬一全部行程都安排好，臨時才被拒絕，那會十分尷尬。

李前總統要我取得文件，保證華府不會限制他的訪問。我只好再度拜託穆考斯基，並和美國國安會溝通，終於得到口頭保證。爲求慎重起見，我甚至建議，既然美國政府不出具書面保證，那麼就由穆考斯基寫信給國安會詢問，從回信中間接地得到答案，用來當憑據。後來，美國官方在行前派人前來詢問詳細行程，甚至要求提供演講內容。這表示李前總統可以到華府參訪。

一切似乎就緒，誰知阿扁決定在九月中出訪，將過境美國。先是美國在台協會代表包道格找上李前總統，告知不到一個月內，前後兩任總統相繼訪美，在政治上比較敏感，希望李前總統能延後訪美。時任外交部長的陳唐山，也拜訪李前總統，做了同樣的請求。李前總統召集我們會談，表示再延下去就是寒冬了，身體會受不了。再等阿拉斯加的春天來臨，要到隔年的五、六月這麼久，他不希望等，要延，頂多延一、兩個星期。考慮到李前總統的身體狀況，我們還是決定在十月啟程。

總統府副秘書長黃志芳來找我，認爲兩位總統相繼出現在美國不適當，似乎在互別苗頭。黃志芳同時也拿出一張駐美代表李大維打回台灣的電報，內容是國務院表示：李、陳訪美的衝突要台灣當局自己解決。如果沒法解決，美國沒法阻止李、陳兩位總統，但可以拒絕陳總統隨行官員陪同參訪。黃志芳也向我說：「現任或卸任總統，哪一位重要？」要我說服穆考斯基收回對李前總統的邀請。我斷然拒絕。我說：「是我拜託穆考斯基安排，現在要我以何立場要他收回成命？」但我也請黃志芳給我一些時間，也許我可以找到兩全其美的方法。

穆考斯基聽了我的轉述後說：「我沒聽到有什麼改變啊！」很快地，他向美國國安會求證，完全沒有什麼拒絕阿扁的隨行閣員之事。他也反問我一句話：「陳水扁內部是否有人在作怪？」事後大家一致推論是台灣國安會有人透過美國國安會一低階人員，向駐美代表處傳遞假消息所致。

起先我很高興兩人都可以訪美，但最後這招令我心寒與氣憤。李前總統對阿扁也很生氣，拉著我的手勸我千萬別辭資政一職，要就近監督阿扁團隊。

李登輝訪美樂呵呵

李前總統要我陪他出訪。平時我鮮少請假，放棄美國籍後，我被限制每年只能停留美國一個月，若另有公務，則可再延長一個月。過去我都是託馬永成向總統請假，但那時馬永成已離職，游錫堃爲秘書長，我託他循例請假，游錫堃表示沒問題。沒想到阿扁稱，我們已通知各地外館以最高規格沿途照料李前總統，吳資政沒必要作陪，所以沒准假。

我只好靠穆考斯基寫信給阿扁說：「沒有吳資政隨行，我沒辦法接待李前總統，因爲只有吳資政和台、美兩方都熟，要特例准假。」按照正常程序，阿扁應將此信歸檔，再另寫便條答覆批准我的請假與否。沒想到阿扁直接在穆考斯基寫給他的信上寫「可」，叫個秘書交給我，可見他心裡有多麼「不甘願」！

我陪李前總統去阿拉斯加拜訪，穆考斯基以紅地毯隆重接機。正式官訪後，穆考斯基也招待我們到他私人的遊艇去參觀。一到海邊，李前總統受不了北極風，不斷發抖，一時間毛毯、暖爐齊來。後來他繼續往東部訪問，而我回洛杉磯安排主流人士和他的午餐會事宜。因爲這場是由美國福爾摩莎基金會主辦，午餐會上來了許多位重量級人物，讓李前總統覺得很風光。當晚的台僑歡迎餐會更盛大，李前總統非常高興。

由於李前總統很滿意這次的美國行，之後在很多和我同時出現的場合，李前總統都要我坐在他旁邊和我談話。

平心而論，我很欣慰這次李前總統能到華府，不僅提高台灣的能見度，同時建立起台灣卸任元首訪華府的先例。就如同過去幫阿扁在台美間做許多穿針引線的工作一樣，我的目的都是為了台灣這國家，絕不是要偏袒哪一位。將來阿扁卸任後，也許可以循同樣的模式到華府參訪，幕僚又何苦阻撓李前總統的訪美之行呢？

請辭資政遭挽留

我對阿扁很尊重。意見不合時，我會尊重他是國家元首。但當理念嚴重不合時，尤其是建言、寫信都無效時，我的選擇眞的不多。過去我從未公開地批評阿扁的政策，但扁宋會的事態太嚴重，非說不可。我上了好幾家廣播、電視媒體，強烈指出扁宋會的不當，以及我對達成的十點共識不滿。當時我心灰意冷，生出「不如歸去」的感慨，講著講著，又氣又悲，竟然哽咽。

我覺得這樣是不對的。阿扁做得不對，但我這樣也有失資政的格，於是我在三二六大遊行前的三月一日就向阿扁遞出辭呈。我在信上寫到：「身居資政之位，應該知無不言，向總統反應輿情及建言，無奈遭培束裝返國至今，對國是參與的機會和管道都極為有限，這次扁宋會更有巨大的無力感……決意向總統提出辭呈。」

在這封近兩千字的辭呈中，我還苦口婆心，做最後一次進言。我提出三大項總統該注意的事：一、不能低估民意，也不應輕忽人民，要以「對台灣土地的愛以及兩千三百萬人民的福祉」為最大公約數。二、做好傷害管控，適時說明，停止製造另一個分裂。三、台灣要小心勿入中國「以經促統、以商逼政」的陷阱。我說，既然無功不受祿，就讓我辭了吧！

我還在最後寫了一段話：「請辭資政之後，仍會致力推展台灣本土意識，讓美國等國際社會了解維護台灣獨立主權的重要性。」這段話其實不太客氣，意思是：「道不同，不相為謀。我和你是不同理想的人。」

辭呈提出，但阿扁沒批准，也沒有下文。我乾脆就連發薪水也不去領，辦公室也不去了。總統府來電，勸我若要辭資政，至少也得先和總統溝通一下，再作定奪。於是我和阿扁談了兩個半小時。

身為總統的顧問，尤其專長在經濟及金融方面，我很憂心台灣的經濟一直往中國傾斜。幾次上報告、向阿扁提出建言，阿扁卻一如平常，唯唯而已，沒有說出什麼有用的話。但他一直慰留，不讓我辭。

令人啼笑皆非的是，一個人進入顧問團有什麼用？我堅辭資政的職位，阿扁又耍了一招。他任命我兼經濟顧問。這個經濟顧問團任命根本沒有意義，一個經濟顧問能幹什麼，尤其是之前的顧問大多有經濟傾中的想法。聽我如此反應，阿扁也有對策：「很快政府就要改組，那時再隨你的意見，看你要什麼人，就給你什麼人。」可能我心中還抱著一絲希望，希望阿扁能撥亂反正，於是接受了阿扁的慰留，並於二〇〇五年五月同意接受總統續聘。

我要辭職的消息傳出去，媒體說，以前也有人辭，但阿扁並未強力慰留，對我則堅不讓辭，因為我是最受依賴的資政，他不能讓我辭。外面也有一些誤傳，以為我和他私交很好。

總統府裡走一遭

利用這次難得的會面，我直陳對扁宋會不滿之因，更毫不客氣地向他提出，他的經濟政策過度依賴中國，是個大問題。而這將把台灣帶向中國「以經促統、以商逼政」的陷阱裡。

阿扁總統府下設經濟顧問小組，早期是以蕭萬長爲首席顧問。我當資政時，是由林信義主持。經濟顧問有五、六人，多是主張「大膽西進」的企業界以及學術界人士，整個經濟政策自然就走向「傾中」，整個都走樣了。我說，黃天麟是財經專家，你聘他爲國策顧問，而且辦公室就在總統府裡，應該重用他。阿扁說他會重整經濟小組，而且暗示將由我來主導。我認爲成員應排除已在中國大量投資、有利益衝突的人士。

當日下午，我回辦公室，經濟顧問的聘書已放在桌上。阿扁不重整經濟小組成員，增加我一人又有什麼用呢？

被當成擺設的經濟顧問

我曾邀請黃天麟、陳博志、王塗發、張清溪和彭百顯等多位學者專家，密集召開多次會議，研究如何降低對中國經濟的依賴。他們都認爲，重要的是政府要下定決心，尋求突破性思維，並採取斷然措施，否則將緩不濟急。

我也和國安會邱義仁、行政院副院長吳榮義，以及經建會胡勝正等人交換意見，結論卻是「降低對中國經濟之依賴的方法」是鼓勵台商到其他國家投資，以便相對降低對中國投資的比例。「降低對中國經濟之依賴」的經濟政策，明顯和政府所宣示的「積極開放」，以及金管會「要設法對中國之台商融資」的策略自相矛盾。這壁壘分明的兩者之中，一定有一方是「玩假的」，而我毫不費力就看出是哪一方。

事實上，台灣對中國大量開放就是從陳水扁開始，而且外移中國的是高科技產業，助長了中國的競爭力，日後反擊台灣，對台灣的出口造成威脅。在李登輝總統時代，「戒急用忍」政策下，政府對於高科技與基礎建設等產業「登陸」持禁止態度，但全球化的浪潮襲世而來，WTO更讓台灣無法自外，所以阿扁才在執政初期提出「積極開放，有效管理」政策，簡化投資中國的審查與分類、放寬投資限額，我一直提醒他要小心台灣經濟向中國大陸傾斜。但爲時已晚，大勢已去，雖然台灣出口的成績看似不錯，但大多是台灣接單，中國製造，實際上對台灣的就業和經濟成長效益不大，反而傷害加深。

到了二〇〇六年，陳水扁總統神來一筆，把「積極開放，有效管理」的口號改成「積極管理，有效開放」，但口號的改變已經於事無補了。

到馬英九執政，更是門戶洞開。阿扁不明確的經濟政策，留下讓馬英九政府誣賴的口實。當外界批評馬政府開放不足時，他就推託是阿扁政府的「鎖國政策」所致，馬政府才要開始起步，若批評過度開放，就推託扁政府是「始作俑者」。

雖然阿扁對於經濟傾中的態度稍有改變，但大勢已成，收效有限。而且到了執政後期，紅衫軍以「反貪腐」進行倒扁，總統跛腳，各種不利的傳聞、輿論甚囂塵上，該出的問題都出了，阿扁的施政滿意度一度掉到百分之十八。

阿扁已經無意於政事了。我這個經濟顧問更成了擺設，發揮不了一點作用。

資政都被撤了

在阿扁慰留下，我接受續聘（資政一年一聘），自覺責任重大，召集了經濟專家學者，忙了好一陣子後，卻發覺自己在做白工，因爲經濟小組裡的成員中有資方、利益衝突、立場不夠超然者，說一套、做一套，把持了話語權，連我的專案報告都敢堂而皇之地換掉，可見言路已然閉塞，我繼續留在經濟顧問小組或總統府意義不大，只是浪費而已。

離我第一次提出辭呈不到八個月，我於二〇〇五年十月二十七日又上了第二次辭呈。除了照實說出我所見情況外，並建議阿扁延攬立場超然、學有專長的專家學者進入經濟顧問小組，才能做出有宏觀、有遠見、以國家長期利益及發展爲目標的建議。我也建議總統將資政、國策顧問以專長分組，才能發揮作用，爲總統籌畫長期國家發展方針。

辭呈送上去，等了一個星期，阿扁還是不准，又來好言相勸。但我這次鐵了心，過了一個週末，兩天長考，我未能說服自己留任，於是又上了第三次辭呈，要求辭去資政及總統經濟顧問兩職。我說自己以後會以民間人士身分，促進民間外交。我並且又提出了三點建言及兩點觀察。

這次阿扁批示：「吳資政為國家不可多得之財經幹才，應予全力慰留，俾輔佐國政。」但阿扁既沒來問我對於經濟的看法，也沒再增加經濟顧問的人數。後來他乾脆把經濟顧問都取消了。本來說要我籌組的國發會，也交給行政院去規畫、執行。於是，我又不去上班，不領薪水了。

過了一個月，十二月七日，我又上了第四次辭呈，這次我也懶得多說，將之前三次辭呈及一些媒體報導全部附上，因為外界已經傳出我辭職的風聲，而出納單位一直催我去領薪水也很頭痛。我說：「澧培對國家應走之方向，未能與總統配合，可謂是一個不合時代，不識時務之人，乃不得不第四次懇求總統准予辭去有給職資政及總統府經濟顧問之職，拜託總統一定成全。」這也是老話一句：「道不同，不相為謀，放我走吧！」

阿扁依然批示挽留：「仍請留任，繼續備詢並參贊國事。」我真不知該說他什麼。留在這，你不聞不問。要走，你拚命挽留，是什麼意思？不過，不到半年，我就不再擔心這件事，因為到了二〇〇六年中，阿扁把資政統統都撤了。

二〇〇六年，藍營立法委員抨擊陳水扁聘請總統府資政、國策顧問是酬庸性質的，沒有實質的效益。阿扁也沒和大家溝通，在五月二十日開始不再續聘。我很不以為然，如果是財政困難，大可把有給職全改為無給職，問題不就解決了嗎？難道陳水扁制定國家政策只需身邊的幾位幕僚就足夠嗎？

後來總統府內只有一專員來詢問我們何時搬走辦公室物件？阿扁對我們前恭後踞，不理不睬，缺少了一份尊重，真令人遺憾。

三次帶隊參加祈禱早餐會

滿懷雄心壯志，總統府裡走了一回，細數下來，乏善可陳，唯一差強人意者，當屬三次帶隊參加美國的祈禱早餐會。

我回台灣當資政後，陳總統連續三年任命我為參加美國祈禱早餐會代表團的團長。台美間無正式邦交，交流得透過各種非官方管道進行，祈禱早餐會即為其中之一。代表團一般會利用早餐會後一個星期，和美國相關政府部門，如國防、國安、在台理事會、參眾兩院、智庫等接觸，進行閉門會談，甚至可以聯合舉行記者會。這是一個外交假期，讓台灣可以施展靜默外交，突破正規管道的封鎖。

這種閉門會談，有時會觸及很尖銳的問題。其中有兩次我印象特別深刻。第一次是二〇〇四年十二月，中共全國人大常委會宣布將審議《反分裂國家法》，若台灣宣布獨立，則中共攻台有其法源的正當性。於是代表團向美國國安會官員強烈抗議。我說：「中共這樣子不是違反了『維持現狀』的原則嗎？而且這種改變現狀，已經到達憲法的層次，讓在中國的台灣人人人自危，中國可以引用此法律入人於罪。這麼嚴重的事，你們怎麼不去干涉呢？」美國官員才說，美國已採取靜默外交方式處理，國安會派了東方部主任，正在跟中國談。

但我並未就此滿意。我說，沒有各方面的壓力和輿論，中國不會屈服。但美國強調「靜默外交」，不願高調聲張。我主張，正因為美國低調，台灣才需要大聲講，不能低調，讓世界都聽見台灣的聲音。要全世界聽到台灣的聲音不容易，我說，所以這次我會見到好幾位國會議員，希望他們代為發聲，讓全世界聽得見，最好能做成決議案。軟硬兼施，對中國施壓。

國務院的官員對我這麼強硬也很頭痛，但國會議員要做什麼，他們也無法控制。在我一一拜訪國會議員之後，國會議員強烈抨擊中國，造成輿論。結果中國也修改了《反分裂國家法》草案，通過了一個比較溫和的版本，而且鮮少再提「運作」面。

第二次是二〇〇六年一月二十九日中午，陳總統在代表團搭機起飛後，才宣布：「目前是認眞思考廢除國統會及國統綱領的適當時機。」這舉動在美國人來看也是「改變現狀」的行爲。而在我們代表團啓程前的簡報，外交部隻字未提。代表團一到達華府，媒體馬上圍攻。我完全狀況外，不知該如何辯護，只能說我們政府從未主張要統一中國，所以國統會沒有存在的意義，用「沒有要統一就是維持現狀」的說法來搪塞記者。

但接下來面對的是美國政府官員，有位官員甚至說：「我們不管陳水扁總統說的是選舉語言與否，我們對他說的每一句話都是嚴肅地看待。」犀利的質問，讓我們難以招架。當年參加祈禱早餐會的代表團，團員包括張旭成、金烜煒、詹啓賢，都屬社會賢達，不是現職官員，被美國官員叮得滿頭包。

美國官員向我們抱怨，台灣有一點事情，就責怪美方不盡力，自己卻去挑釁，違背「四不一沒有」的承諾。而且，「他們（中國）主張統一，你們（台灣）也主張統一，讓那個國統會在那裡不就好了！」

我解釋，「統一」是國民黨時代的主張，而民進黨在執政前即承諾不和中國統一，採民主自決原則決定台灣前途。民進黨爲了顧全大局，才採用讓國統會停止運作，但不直接裁撤或廢除的作法，符合「四不一沒有」中的減少對立。美國向來支持民主自決原則，就不再繼續追殺下去。

第三次出席祈禱早餐會，美國因阿扁在兩岸議題上提出一邊一國，認爲是意圖改變現狀，因此對台逐漸疏遠，只允許兩人成行。我仍被派爲團長。行政院院長卸任不久的謝長廷要求同行，並擔任共同團長。但在第一場早餐會後，就不見他的人影。

代表團和美國安全部門閉門密談後，循例都由駐美代表處安排在雙橡園召開記者會。我並非常駐華府的外交人員，於是請教駐美代表李大維，和美國官員對話，什麼該說，什麼不能說？他回覆：「吳資政，你是專家，你知道的，根本不需要我。」

這是客套？是愛莫能助？還是隔岸觀火？望著雙橡園裡美麗的風景，我無語。

最後的建言

阿扁所謂的國務機要費弊案曝光，二〇〇六年八月十二日紅衫軍開始示威，資政和國策顧問都已不再被續聘了，阿扁才多次找我們會談。我想，除了和我們取暖外，大概也希望透過媒體報導，讓我們替他辯護。這也令我感慨，以前在你旁邊，你不聞不問；我是一介平民了，才要我來「補破網」。

但我對國家滿懷抱負，還是對阿扁做了最後的建言，尤其是在外交政策、台美關係等方面，重複之前向阿扁總統的多次建議，要把台灣的外交重心鎖定在日本、南韓、東南亞國家等在地理位置上和台灣息息相關的國家，以及加強對歐美大國的經貿、政治的交流，不要只仰賴小國家在聯合國提案時替台灣發聲，其他時候就放任他們以和中國建交爲要脅，對我們予允予求。但阿扁仍是不置可否。

他給我的感覺是他認爲困難、不可行，但也不告訴我困難何在。我沒法捉摸阿扁對我的看法如何？也許他聘我爲資政，在他看來是酬庸性質的，我只要安安靜靜地掛個頭銜領薪水就好？或是阿扁認爲我才能不足，無法勝任資政這工作，所以不和我商量國事？還是阿扁想當全民總統，偏重於選票不願得罪藍軍？大概只有阿扁自己知道吧！

擔任總統府資政的成效，和我當初接下這職位時的抱負與自我期許，眞有天壤之別。進出總統府一回，讓我頗有挫折之感。

總統的崩壞

在阿扁的第二任總統任期前，我還一直相當敬佩他，尤其是他在當台北市長和立委時的表現，可說是可圈可點。

因此，從他競選台北市長連任開始，我就盡我之力，動員所有我能動員的人脈、關係、人員、金錢、資源等，來支持他、協助他。我對他除了尊敬之外，還有一份很高的期待，希望他能帶領台灣人民走出國民黨的桎梏，找到能讓台灣人民安身立命，富強康樂的一條路。當然，私心裡，我更希望他能帶領台灣人民，建立一個屬於台灣自己的獨立國家，叫它「台灣共和國」，重要的是不要再受到對岸中國的威脅及牽拖。

我一直認為，阿扁是可能實現我畢生夢想的一個領袖人物。但我沒想到，他竟然崩壞得那麼快。

阿扁執政的隱憂

我一直認爲，阿扁最大的錯誤不是他主動去做了什麼傷天害理的事，而是他的不作爲。如有資政、顧問，卻不聞不問不請益。有些該堅守的立場，他未能堅守，例如管好他的妻子。

憑良心講，以我和陳總統接觸的經驗，我不相信他是個愛財的人，更不要說去貪污了。但他的太太則難辭其咎。阿扁在卸任總統職位時，其實相信自己在四年後還可以捲土重來，再回來選總統，但他低估了吳淑珍所造成的致命打擊。判斷失誤，阿扁付出了慘痛代價。

陳水扁上任總統不久，海外很多人就聽我說：「阿扁會被兩個女人害死，一個是東宮太后，一個是深宮怨婦。」聽到我如此評介，有的人會笑，但大部分的人都面帶憂色。

吳淑珍的表妹夫郭漢甫，在阿扁第一次選上總統後擔任了一屆海外阿扁之友會總幹事。阿扁連任成功後，再請他出來當總幹事，他卻怎麼樣都不肯。實在敵不過我再三拜託，他才告訴我原因。

阿扁第一次選上總統，尚未就職前，郭漢甫有事找他談，但阿扁太忙，很難找，郭漢甫乾脆到扁家去守株待兔。那天等到很晚阿扁才回家。一進門，吳淑珍不由分說，拿起無線電話就扔過去，邊罵：「走到叨位去死了！」然後一連串粗話及髒話。郭漢甫嚇壞了：「我們的親戚，居然這樣對一個即將上任的總統！那他要如何治理一個國家？」他很尷尬，不知道該怎麼辦，事情也沒談就離開了。

不論是陳立委，或是陳市長，阿扁在人前都是無比犀利，從不示弱，但在家卻如同小貓一樣，很聽太太的話。當外間傳出有關第一夫人的種種「理財」招數時，我曾向阿扁反應。我慷慨陳詞完畢，阿扁嘆了口氣說：「希望你了解，爲了我，她半身癱瘓一輩子。我什麼都讓她，因爲她今天這樣子，是被我害的。」怕我不相信，他再次聲明：「我不是怕她！」

「至少公私要分明。家事你讓她，誰會管你。但國事你怎麼讓她？」我毫不客氣地反駁阿扁：「她還利用你的職權。你沒有參與，我知道。但她找人來問股票，報明牌，這可是內線交易……」

想不到阿扁竟如此分辯：「唉喲！她只是做幾百萬，很小，玩玩而已！」我心想，這不是大小的問題，而是第一夫人不適合這麼做的問題。阿扁剛做總統，馬上就有一大群企業主來捧她，狐假虎威，沆瀣一氣。有一次，她公開批評財政部長：「還是叫蔡明忠來做卡贏！」後宮干涉國政，向來不是吉兆，何況如此肆無忌憚，毫不避諱。

「唉！但這是你總統的官箴啊！」我心裡更想講的是：「你就不怕這個女人會害死你嗎？」

一個被慣壞的小女孩

阿扁縱容吳淑珍到了公私不分的地步，讓很多人看不慣。尤其是從美國回來的人，聽到第一夫人的影響力如此強大，直呼不可思議。雷根和柯林頓的妻子，才表現出指手畫腳的樣子，馬上就遭到社會及媒體的無情抨擊，更別說對法案或人事案直接插手。而承載著台灣希望的新總統，形象卻是如此地慘不忍睹。

「國師」李鴻禧曾感慨而言：「伊某確實需要請一位家教，來教她如何做第一夫人。」這家教的責任重大，不但要指導第一夫人的穿著、吃飯、儀態、風度，還要教會她公、私領域間的差別。

吳淑珍不但在家裡失態，亂罵人、亂丟東西，在外面也沒有第一夫人的儀態。有一次，她來美國訪問，扁友會的人都去她下榻的比佛利山莊歡迎她。

那天中午，她和我們一、二十人共進午餐。大概一方面天氣熱，她身體不適應，一方面因爲冷氣被一位「怕風」的女士關掉了。一進餐廳，她就大呼小叫，大聲抱怨：「熱死了！熱死了！這是誰的安排？」然後開始召喚時任總統府副秘書長的吳釗燮：「釗燮！釗燮！這是怎麼一回事啊！」「熱死了啦！我要回去換衣服。」

我們有些傻眼，這哪是第一夫人，分明是個被慣壞的小女孩嘛！幸好前一天晚上，她因身體不適送急診，本來安排她去參觀洛杉磯著名的保羅．蓋蒂博物館，臨時取消，否則萬一她在博物館鬧起來，除了丟臉，我們還能怎麼辦？

勸退呂秀蓮任搭檔

而另一位「深宮怨婦」，也是令人想到就無言以對。

在陳水扁第一任總統任期屆滿之際，一定會競選連任的陳水扁，會選誰爲副手搭檔參選？成爲當時政治的熱門話題。而我受人之託，加上本來也有此意，準備向陳總統進言，請他不要再次選擇呂秀蓮爲副總統候選人。

向阿扁進言此事，不是我起的頭。幾個同爲資政的「老仙仔」彭明敏、辜寬敏等，都曾向陳總統進言，不要再選呂秀蓮爲搭檔，但陳水扁都不理會。

李鴻禧告訴我，他爲了此事，特別去見阿扁。不料，阿扁一見他，立刻就猜出他的來意，在他還沒開口前，阿扁先說：「老師，老師，你來得正好，我有事情要拜託你一下。」「什麼事？」「阿珍怎麼說都不聽，她說一定不能用呂秀蓮，但不用不行啊！拜託你來和阿珍說服一下。」李鴻禧一聽，明知道是被阿扁看破手腳，但要勸阿扁的話也說不出來了，灰溜溜地離開了官邸。

二〇〇三年十月，陳水扁總統赴南美巴拿馬參加總統就職大典。先到紐約接受人權獎頒獎。返回台灣途中再過境安克拉治，啓程前陳總統打電話邀我一起參加元首外交訪問團，並且是「全程陪到完」的全陪任務。

李鴻禧聽說此事後，特地打電話給我，要我勸陳總統不要選呂秀蓮爲搭檔。我一聽，先拒絕，「恁三位老仙仔都沒辦法了，我哪有法度！」「有啦！有啦！我們知道你要陪他出去，時間很多。」沒辦法，只好應承下來。

既然要建言，我要想個能夠說服陳總統的說法。於是，我自掏腰包，花了十五萬台幣，請山水民調做「誰最適合和陳水扁搭檔，參選二〇〇四年總統大選？」的民意調查。在這份民調中，用了好幾項指標，詢問受訪民眾對於包括呂秀蓮、蘇貞昌、謝長廷、林義雄等幾位可能成爲民進黨副總統候選人的看法。結果出來，呂秀蓮在各項指標中都落在最後一名。

爲此我特地寫了一封信，闡述我和三位資政的看法：不宜再選呂秀蓮爲二〇〇四年總統大選搭檔。並且還附上一份山水民調的報告，請陳總統愼重考慮。因爲民調的報告較厚，後來被人誤爲「萬言書」。

由於南美訪問的去程行程安排緊湊，我沒有去打擾陳總統。直到回程時，大家心情輕鬆，我才抓到了進言的機會。

當時坐頭等艙的人不多，陳總統旁的位子是空的。我趁大家慶祝完靜下來時和他報告：「總統，我要和你談一下。」「好。」我坐下來，開始談呂秀蓮的事，說：「你即將決定呂秀蓮做你的搭檔這件事，很多人都非常關心。第二任你要大刀闊斧，做出一些事。如果又和副總統意見不合，這對國家是很不好的事。」我簡短地述說呂秀蓮不適合再任副手的理由：「脾氣暴躁、人緣欠佳、口無遮攔。」

我出示了我做的民調結果，說明呂秀蓮在不同考慮重點的評估下都是殿後，而且差距不小。我推薦已經退出民進黨的林義雄做他的搭檔，他在「爆發力」一項中得分最高。整份民調中，我列舉了蘇貞昌、謝長廷、游錫堃和林義雄等人，與呂比對。

「你講的都對。」阿扁首先回答了有關呂秀蓮的問題，「她的問題，我也知道。但你想想看，要怎麼約束她？是放在裡面好？還是放到外面好？」阿扁似乎早就思考過這個問題，「何況，我如果不選她做副手，我這總統要如何選？每天光應付她爆料、回答她就忙不完了，到時她講一句，我講一句。結果我的對手變成呂秀蓮，而不是國民黨。」阿扁的話，讓我啞口無言。

對於我推薦的林義雄，阿扁也有話說：「你提到義雄兄，我需要向你說明。義雄兄若要出來最好。但是拜託你去問他，要不要做總統？他若要出來做總統，我來做副總統沒問題。因為我這個總統就是他讓給我，而且支持我的，我一輩子都欠他。他讓我做總統，我已經做一屆了，怎麼會想霸住這個位子。」

我雖然知道阿扁這番話不盡確實，但是我講輸他，破功了！無話可說。

無奈的勳章

在陳總統任期屆滿前兩、三個月，總統府說因為要發勳章給我，所以需要量身。「為什麼要頒勳章給我？」我問承辦人，他說：「這是總統交代的。」我本來想拒絕，畢竟一個台獨分子去領

「中華民國」的勳章，感覺怪怪的。承辦人見我猶豫，補了一句：「總統說您對國家貢獻很多，請您不要拒絕。」

我想了想，問他：「跟誰一起領？」答案來得很快：「跟邱秘書長一起。」想起要和國安會秘書長邱義仁一起授勳，我興趣缺缺，於是拒絕：「不用了！不用了！那段時間我要去美國。」

才從美國回來，電話又來了。承辦人這次立場堅定：「吳資政，總統說您一定要接受勳章，您……」又是一大堆冠冕堂皇的話。我覺得自己沒什麼貢獻，還是出口婉謝：「我不要！我不要！」大概任務在身，承辦人不容我拒絕，一再來向我遊說，希望我接受。他也沒有什麼新鮮的辭令，翻來覆去就是那些話，其中最重要的就是總統下令，沒什麼妥協的餘地。我不願意讓他爲難，勉爲其難答應：「好吧！做一個了結也好。」

陳水扁總統頒給我一枚二等大綬卿雲勳章。承辦人告訴我，這是中華民國政府頒給對國家有勳勞之公務員與貢獻卓著的非公務員或外籍人士。

離阿扁卸任兩星期前，總統在總統府舉行授勳。對於接受這個勳章，我始終有著複雜的情緒，無法提高興致。

總統授勳，場面莊嚴，大家一一行禮如儀。看到這個場面，尤其聽到陳總統唸出我的「貢獻」：「吳澧培先生長期致力於台美民間交流……」時，心中更是五味雜陳。當我依例發表感言時，不禁就當下的心情脫口而出：「今日我有一種很複雜的心情。本來不想來，婉拒了好幾次。總統一定要我來，我不敢不來。但是，我是以愧疚的心情，來接受這個勳章。因爲我一生的志業就是想打倒中華民國，不但沒有打倒，現在還接受中華民國的勳章，眞是情何以堪。」我看了看手中美麗的勳章，「所以，我只有看看這勳章，作爲警惕和警戒，我人生的任務還沒有完成。用這勳章來提醒自己，繼續打倒中華民國。」

當時沒有媒體在場，現場沉寂一片，沒有人有任何反應，大家面無表情。我回到座位坐下，身旁的賴英照攬著我的肩膀，頻頻說：「我很感動！我很感動！」

不忍苛責的遺憾

阿扁不能說是一流的政治領袖，我覺得很遺憾，但偏偏又不忍心太過苛責他。國會朝小野大，他無控制力，在他八年總統任期內，始終是一道邁不過去的障礙，更別說國民黨向來未曾善意對待這個將百年老黨掀翻在地的人。他對此頗感頭痛，曾說過：「被逼了，你說要怎麼辦？」讓人不免有些同情。

我常常忍不住想，阿扁做總統，可能還是快了一點。如果公元兩千年那次他沒選上，再多四年歷練，會不會更好？但擔心這種事，不過是換來幾句唏噓。

畢竟，誰都回不去了。

細說海外洗錢案

二〇〇八年二月二日，阿扁幕僚來電稱阿扁有要事相談，要我打電話聯絡。我當場打電話過去，阿扁要我去官邸一趟。我當時正好參加一位親戚的喜宴擔任證婚人，不便離開。他原要我婚禮結束後過去，我說時間太晚不方便當晚就去，阿扁改約次日早晨。翌日是週日，我於清晨八時多赴官邸見阿扁。這是我第二次受邀登上官邸拜訪阿扁。

兩人分賓主坐下後，陳總統對我說：「有人捐了一筆錢，希望支持國際外交事務，我對你充分信賴，想交給你全權運作，不論是建立友台人脈、或是將來出訪之用，都可以思考。」對他的說法，我感到有點奇怪，以前我給過他許多建議，他都置之不理，怎麼臨卸任前卻又「勇於任事」起來？

但是當時我眞的很感動，心想阿扁果然不是麻木不仁，當場就回答阿扁，我多年來一直在做的事就是打破美國「一中」政策，具體的作法就是由美國主動承認台灣，如果可以，我想全力往這個目標布局。阿扁說他完全同意。

聽了這番話，我躊躇滿志，準備大展身手。雖然沒有透露錢是阿扁託付的，我把我大概的構想告訴了彭明敏，他認爲是件好事。

阿扁拿出兩百萬美元

阿扁說這筆錢有兩百萬美元，基於職業敏感，我的第一個問題是：「錢在哪裡？」「錢在新加坡。」「錢是怎麼來的？」「很多人認爲我卸任之後，應該多做一些國民外交、元首外交，因此有人在國外捐錢給我，讓我做國際外交，我第一個想到你。我也和楊甦棣❶談過，他說沒問題，我下任之後就是一個老百姓，隨時可以進出美國，應該沒有問題。」

既然這筆錢是「乾淨的」，而且不用從台灣匯出，我想問題不大。但基於謹慎，我還是要把話問清楚，澄清心中的疑惑。我問他：「爲什麼你在任時不做，而要拖到現在才要我去做這個？」

「其實，過去你跟我講了那麼多，我一直都很同意你的想法、看法和作法，我是絕對要做這件事！」阿扁解釋：「但當時我不能做。現在我下來了，可以做了！我們一起做！」

看阿扁講得那麼激切，我也有點感動。我說：「如果你這麼想，那我們來談得更具體。」當時爲了保住十幾個「友邦」，外交部每年都編列幾十億的預算，除了形式上好看些外，並沒什麼實質幫助。我以前就想過，拿這筆錢到美、日、西歐等地運作，外交的實質成果一定更多。

對於阿扁的想法，我當場提出一個具體的方案。我說，這筆錢要以直接或間接的方式，從非官方管道來影響美國的政治人物，進而想辦法影響美國總統，打破美國的一中政策，「至少讓美國總統聽到『讓中國這樣胡來，十年、二十年後的美國要怎麼辦？』的聲音。因此我建議在美國各地方組織『台灣之友會』，由當地具有影響力的政要、智庫、媒體人士擔任會長，然後全美的『台灣之友會』串聯起來，再找一個最有名望的人來當總會長。我可以動員美國各地的台僑來擔任副手、總幹事或義工，一起來替台灣發聲。」

我說，藉由這樣的運作，我們不需要只靠自己，藉由這些美國友人就可以做很多事。當美國國會要通過和台灣有關的法案時，這些組織就可以發表看法，影響政策。我們還可以進行有關中國的研究，著重於中國對美國的威脅、台灣的現況等，並呼籲美國即早防堵、壓制中國。宣揚「趁現在美國在政治、軍事、經濟上還有力量來壓制中國，免得過了十年、二十年後，會更難做」之類的訊息。這麼做，會比由台灣政府自己做效果更好。

同樣的建議，我以前曾提出過，但阿扁並未採納。現在，阿扁聽了我的建議，表示認同。

後來，我又向阿扁提出一個一直未實現的舊想法：說服美國秘密成立一個委員會，成員可以包括美國國安會、中情局、國務院……等代表。這委員會研究的主要項目是：「如果美國有一天突然承認台灣，而不是承認中華民國，看中國會有何反應？美國如何因應？」

這件事確實不容易，除非能配合美國的利益進行。但我說，至少可以勸說美國，趁中國未坐大前，趕快研究看看，不要等中國勢大之後再來做這些事。如看到中國勢力愈來愈大，美國可能再度聯合日、韓，對中國採取圍堵政策，則此事成功的機會也水漲船高。

聽了我的建議，陳總統口頭同意：「好啊！好啊！」

不相信阿扁會貪污

阿扁執政後期，遭到紅衫軍豎起「反貪腐」的大旗，發起「天下圍攻」，扁珍運用權力貪污、收賄、關說……各種說法層出不窮，名聲敗壞至無以復加的地步。我心裡雖然對他失望至極，但老實說，阿扁貪污、收賄，我打從心裡不相信。

在我看來，阿扁愛權，但他不是個愛錢的人。如果愛錢，他一上任，何必堅持落實當初的承諾，自動減薪一半，八年少領四千萬。同樣的承諾，馬英九也做過，但他就未兌現。

以專供元首使用的秘密費用為例。這筆錢從蔣介石時代就有了，是國安局下的秘密費用，總統直接批准後動用，沒帳也沒法律依據。李登輝執政後，將國安局這些秘密預算集中、法制化，冠以「奉天專案」名稱，但仍是總統說了算。「奉天專案」總經費約三十億元，歷年累計孳息十多億。這筆錢供總統自由控制，不受規範，也沒有帳。即使他把這筆錢放進口袋，也沒人管得了他。阿扁上任後，卻自我要求說：「以後總統要錢，得照規矩來。」取消了「奉天專案」，將專案中剩餘的四十幾億元繳回國庫。如果他愛錢，垂手可得，何必自找麻煩，還自討苦吃？

選票補助金也是一筆龐大收入。他兩次總統大選，共得票一千一百四十四萬多票，一票補助三十元，共得三億四千多萬。這筆錢，如果他放進自己口袋，大家即使心裡不高興，也只能摸摸鼻子，畢竟那是他的合法收入。結果，兩千年大選後，他除了拿這筆錢給民進黨中央黨部用來補助民進黨籍候選人競選經費外，並拿出三千萬元，創立凱達格蘭學校，用來培養人才、推廣教育及研究政策。這機構掛在「凱達格蘭基金會」下，獨立運作，不屬於任何政黨、團體或個人。

凱達格蘭學校一年支出約三千多萬元，學費收入不多，主要靠捐獻。阿扁曾經找我去擔任凱達格蘭基金會董事，我的第一個念頭是他找我募款。怕阿扁期望過高，我不太好意思地說：「自從返台後，收入不似從前寬裕……」阿扁馬上打斷我的話：「你不用擔心錢的事。我希望你和彭先生這樣的人，能幫助凱達格蘭學校做台灣最好的發展。這裡的學生都是菁英，希望能夠走對方向。錢我已經準備好了。」他告訴我，他會從選票補助金中拿錢出來捐給學校。我接受了他的邀請。

這樣的阿扁會去貪污？至少我不相信。

從阿扁競選台北市長連任起，我在美國成立海外阿扁之友會，支持阿扁。他第一次選總統時，大家募集了三百萬美金助選。第二次競選連任，他主動告知：「錢應該夠了，不需要勞煩海外鄉親來捐錢給我。」這些政治捐獻，垂手可得，不拿白不拿，但他沒拿。最後我們還是募了一些錢，去拍了三部廣告，在電視上播放。

阿扁連任成功後，海外扁友會功成身退。我將剩下的十七萬多美金，開了一張支票，要交給阿扁。阿扁推辭不受，他說：「這錢不需要給我，扁友會也不需要解散，偶爾我出國訪問，你們也是要花些錢，就從這裡花，不要花自己的錢。」二〇〇八年阿扁卸任後，我們把剩下的錢全部轉入民進黨美西黨部。

根據我太太唯一一次登門拜訪吳淑珍的經驗，那天吳淑珍抱怨最多的一件事，就是阿扁拿了三、四億元給台聯，補助台聯的競選費用，卻未獲得善意回應。據說阿扁在八年總統任期內，募款政治獻金贊助黨內及友黨同志大小選舉的費用，約為十四億元。這消息都是二手傳播，我不敢說百分之百正確，但我想，至少這證明阿扁不是貔貅，只進不出。

從我和阿扁接觸的經驗，我不覺得阿扁是那麼愛錢的人。愛錢的人做不出那些大方的事。而所謂的侵占國務機要費一億七百四十二萬的案子，經過多年偵查，特偵組並未查到犯罪事證，在二〇一四年八月二十九日宣告全案簽結，不起訴。

陷入洗錢案泥淖

將近三個星期沒消息，但到了二十二日，我忽然接到國外銀行的通知，從荷蘭銀行新加坡分行的Awento Limited帳戶轉進我指定的帳戶總數是美金一百九十一萬八千元的匯款。因爲阿扁說是兩百萬美元，於是我打電話給阿扁，表示錢收到了，但金額短少，阿扁說他知道，這件事就暫時這樣了。

收到匯款幾天後，我再次登門。針對這筆錢，我做了一個簡單的財務收支平衡表，想拿給阿扁看。但他根本不看，只說：「這筆錢，你認爲該怎麼花就怎麼花！不用報告。」換句話說，這筆錢交到我的手上後就任我支配。我心想：「阿扁總算表現了大氣的一面。」但在我堅持下，他最後還是收下了這張手寫的報告。

沒想到我卻因此身陷泥淖，惹來滿身麻煩及纏訟三年的官司。

本來，這是個我這輩子不能說出的秘密。當時我再三強調：「機密外交是極爲敏感的事務，這件事只有你知、我知、天知、地知即可，無論如何不可公開宣布。」阿扁點頭答應。因爲美國也有傾中的力量，願接受我們請託的人士也不願曝光，曝光後事情會很難做。我和阿扁在官邸談話時沒有旁人在場，整個對話就這麼簡單。

但後來陸續爆出吳淑珍用假收據報國務機要費之事，總數大約台幣一千多萬。這筆錢是在台灣花的，和我與阿扁談的美金兩百萬數目差很多，同時我帳戶的錢是由阿扁的海外帳戶匯入，兩者並不相干。我雖不以爲意，但媒體名嘴們對扁家有著嚴厲的批判，謠言滿天飛。

阿扁主動洩漏風聲

卸任後的阿扁以證人身分在葉盛茂洩密案中作證。法官當場追問阿扁在新加坡銀行的一筆款項，他回答：「我很高興你問起，這一筆錢，我準備卸任後推動民間外交，而且錢也已交給綠營的一位大老，他對國際外交非常熟悉，是我非常倚重的人。」出法庭後，回到看守所，他又跟記者再說一次。記者當然要問這個「大老」是誰？阿扁也妙，說：「這個人是個大老，對美國事務非常熟悉，也是我非常信賴的一位大老。」

媒體開始猜了，先後找到彭明敏、蔡同榮等，但他們都否認了。很多人打電話給我，我都不接。後來是邱毅用排除法，說除了我以外，不會有別人。我知道這件事情瞞不住了，不願被別人斷章取義，於是我於十月九日接受了《自由時報》鄒景雯的訪問，把整件事情從頭到尾給講清楚。

這件事爆出來，坊間的各種揣測都有。沒幾天特偵組就找上門來了。

❶楊甦棣（Stephen M. Young），時任美國在台協會處長。

從證人變爲被告

負責偵辦陳水扁總統案子的特偵組，起初以「證人」的名義來傳喚我，我才知道證人不能有律師陪同，也無法享有緘默權。律師告訴我，講事實，但無關的話，少講爲妙，免得特偵組最後拿這些話來對付我。果然一語成讖。

特偵組檢察官周士榆問我的問題，我幾乎全在鄒景雯專訪內說過。他又問我過去是否幫阿扁處理金錢之事？我問他，是私人，或是公務的？私人的，沒有。公務的，有。阿扁當總統時要我做的事，我詳述一番，但涉及國家機密的部分，則不便觸及。他還問我，爲何匯款要化整爲零？我回答，過去機密外交的金額爲掩人耳目，都是這樣分批處理的，這次要做機密外交的錢也是一樣。

本以爲一切說明白，我就沒事了，其實大不然，我的惡夢才剛剛開始。

檢察官語帶威脅

在我說明阿扁交給我的錢是如何匯至我的四個海外帳戶後，檢察官周士榆暗示我大概沒事，他說：「這件事大概和你無關。」過了幾天，他打電話給我，問我願不願意把錢匯到檢調單位在台銀的帳戶。

「我怎麼可以把錢匯到那裡去！」我一聽，馬上就拒絕了，「如果匯回這筆錢，就違反陳總統委託我做國民外交的本意。而且這筆錢是陳總統私人的，他並未被判罪，我怎能把錢匯給國家？」周士榆語帶威脅，說：「不這樣，恐怕你的身分會改變。」意思是我如不聽話，身分可能由證人轉爲被告。憑著我給不給錢，來決定我的身分，這在法律上講得通嗎？我有一種感覺，怎麼來和我談話的人，像是來收保護費的黑道，而不是國家的檢察官。

其實如果阿扁被判罪，我也被判罪，根本不需要我將錢匯回來，我在國內就有房產和銀行戶頭。而且，檢察官說不將錢匯回來會有事，但並未承諾如果照辦會無事，我無法相信他們。誰知道我交出錢後，這筆錢會到哪裡去？而且，我會不會繼續有事？

我於是想出一招。我說：「那我把錢匯往我個人在台灣的一個外幣帳戶，讓這帳戶只有這筆錢，你們也可以看得到。」檢察官才讓了一步：「這我們可以考慮，我們可以圈存這筆錢。」如此檢方只能凍結這筆錢，但無法沒收這筆錢，這筆錢最後的去向，將憑法律程序決定。於是我於二〇〇八年十二月四日，將這筆錢匯回我在國內的兆豐銀行戶頭，最高法院檢察署特偵組立即圈存。

果然不出所料，即使我願意妥協，後來依舊被當成被告起訴。

搞不清楚的檢察官

在這段時間，我又因爲前國安會秘書長邱義仁涉嫌貪瀆的「安亞專案」而被傳喚去作證。邱義仁在國安會秘書長任內，爲避免中華民國的名稱在世貿組織遭到矮化，執行外交秘密專案「安亞專案」，向世貿組織前泰籍秘書長素帕猜等人所屬的政黨捐款。在邱義仁從事捐款的五十萬美元旅行支票當中，有部分流入拉斯維加斯的威尼斯人賭場，特偵組認爲邱義仁詐領這五十萬美元，然後將侵占的錢拿去賭場玩樂，於是在二〇〇九年將邱義仁等人以貪污罪起訴。但經查證邱義仁等人當時的行蹤後，情況和特偵組所「推理」的結果不合，於是把腦筋動到我身上。

我接到「傳訊證人」的傳票，準時向特偵組報到，檢察官見到我的第一句話是：「我找你找了兩年了！」我很驚訝，「怎麼會呢？」我另一個案子，同樣在台北地方法院，檢察官頻頻叫我。檢察官說，因爲傳票寄到我的舊址，都被退回。我從舊址搬到新址，已有兩年時間，所有的戶籍資料都已更新，檢察官會找不到？我對特偵組這些檢察官的辦事能力有了具體的認知。

「你於×年×月×日，帶了××錢，到過拉斯維加斯嗎？」

「詳細日期不記得，但去過拉斯維加斯。」

「去過永利賭場嗎？」

「去過啊！」

「你有無兌換旅行支票？」

「沒有。」

「你有無和邱義仁到過拉斯維加斯？」

「沒有。」

檢察官問不下去了，於是叫我回去。我回去一問，原來是在調查邱義仁，想將他和那些美金旅行支票聯結在一起。我心裡覺得好笑，檢察官連最基本的證人聯絡處都搞不清楚，連賭場也弄錯，這樣的水準還要來查案子？這件事情過了一年多，特偵組沒再來找我。

二〇一二年，地方法院及高等法院均判決，這筆款項確實用在機密外交上，合法報銷，邱義仁等人皆被判無罪定讞。

法官李英豪和蔡守訓因葉盛茂洩密案，都傳我以證人身分出庭，我心裡納悶，我和葉盛茂又有何牽連？果然法官只問我是否認識葉盛茂？我說「不認識」後，接下來他就一直問阿扁匯款入我帳戶的事。他問我的口氣，就如同對待犯人或被告般地嚴厲，還問我，既然阿扁爆發了這麼多案件，「你還相信他嗎？」我回答，阿扁目前沒被定罪，我也沒正確的資訊，所以沒有理由不相信他。

法官問我，既然錢已在二月就入帳，要做外交，爲何好幾個月都沒動用這筆款項？我認爲這筆錢需要長時間規畫與運作才會見效，因此用錢方面特別謹慎。這段時間，我到過美國兩次做鋪陳的工作。我請張菊惠女士和胡維剛律師安排，會見了一些美國人士。同時我和一些台美人有志之士聚餐。我一向的作風就是公私分明，辦公事時從不用公款支付我私人花費。沒想到這樣的作風也引起法官懷疑，成爲被質問與起訴的理由之一。

法官還問，既然機密外交的對象在美國，爲什麼不把錢放在美國？對這種問題，我實在是啞口無言，頗有秀才遇到兵、雞同鴨講的無奈。就因爲「機密」，所以錢才不能放在美國啊！

後來李英豪法官在判葉盛茂有罪當天，同時告發我。他的告發書，就是重複他質問我的陳述。我的辯解，我的解釋，完全被忽視。顯然法官的心證早定，就是要告發我。他還指我跟阿扁關係密切，又是銀行家，「理當」會替他洗錢。這種「推理」太無稽，豈不指控所有銀行家都有洗錢的嫌疑？我強調我和阿扁只有公誼無私交，我有四封辭資政的信，都是不滿阿扁的施政政策而公開批評，倘若有私交，又何必如此呢？

李英豪起訴書上有兩句話，直到今日，我仍然想要和他爭個道理，「陳水扁對吳澧培『虛稱』這筆錢是海外的捐款」，而「吳澧培『明知』這是阿扁收賄的款項。」這兩句話本身就自相矛盾嘛！既然「虛稱」，何來「明知」？眞難以想像這種邏輯混亂的法官居然職司審判。

第二次被法院傳喚，是爲阿扁的國務機要費案子出庭作證，法官是蔡守訓。這位以宋朝「公使錢」及自創的「大水庫」理論，來爲馬英九特別費案脫罪的法官，卻不肯使用同樣原則及法規來審理陳水扁的國務機要費案，並判處阿扁無期徒刑。

朋友的支持暖人心

蔡守訓法官判阿扁另一案件時又調我以證人身分去問。到了法院，蔡守訓反反覆覆問了一、兩個小時，也是問那兩百萬美元的事。他並企圖挑撥：「你過去在美國有非常好的名譽，非常受尊重，突然被陳水扁陷害，心情如何？」「你不會恨他嗎？」我也只能告訴他，阿扁把錢託付我時是如何和我說的，「目前你們有很多資訊，而我什麼資訊都沒有，我沒什麼理由不相信阿扁講的話，我爲什麼要恨他？」我還說：「我在美國有很好的名譽，那是事實。希望我的事情經過法律程序，還我清白。」

但他們不打算放過我。蔡守訓還問我：「你做過二十幾年的銀行董事長，是否有規定，銀行（交易）多少錢要報？多少錢不用報？」我回答：「我是董事長，這些事自然有承辦人員去報，該報就報，但政府的規定改來改去，美國和台灣的規定也不一樣，我如何得知台灣現在的規定？」

接下來，他又盤問我有關匯款的事：「那你為什麼要分好幾筆匯？」「考慮到事情是越少人知道愈好。但錢也不能太分散，不方便作業。」如果一筆兩、三千地匯，反而會引起人家的注意，等於告知人家你在做些什麼。這些話反反覆覆地問了好幾次。

這段期間，由於我一直被特偵組、法官傳去詢問及作證，朋友們非常關心我。在美國和加拿大許多認識我、熟悉我為人處事的台灣人非常焦慮、不平，結果七十多個社團及熱心友人，在《自由時報》刊登大幅廣告聲援我，他們以人格為我的清白擔保。過去和我在萬通銀行共事的同仁們，也寫了一封公開信聲援我，強調我待人處世的人格特質。彭明敏教授寫信給特偵組，更直述我曾告訴他有這筆資金，並邀他共商大計。甚至連穆考斯基都寫信給特偵組，願意從阿拉斯加飛到台灣，做我的人格證人。這些朋友的熱情，讓我十分感動。

在「葉盛茂洩密案」和「國務機要費案」中，我本來只是證人，但承審的李英豪和蔡守訓，卻在判決時以「洗錢」的罪名告發我，並且由特偵組以「洗錢」的罪名起訴。

官司如惡夢糾纏

古時有一種罪名叫「莫須有」，意思是無論你怎麼解釋，舉出什麼樣的證據，理應公正主持審判的人，卻根本不管你清白與否，隨便幫你安個罪名，定罪了事。我沒想到，這種不公平的事，竟在二十一世紀的台灣發生，而且發生在我自己身上。

我所涉及的「洗錢案」，本無其事，細查其來源，就是兩個異想天開、邏輯不明、是非不分，或者該說是別有所圖、另有用心的法官，以荒謬、脫離事實的「推論」取代證據，羅織而成。

被扣上洗錢的帽子

蔡守訓在陳水扁判決書上寫道：「陳水扁對吳澧培『虛稱』這是海外捐款，吳澧培『明知』這是龍潭案與國務機要費有關的款項……」兩個完全相反的邏輯，卻同時存在，根本是相悖且自以爲是的推論，和事實毫無關係。法官完全以臆測方式在判案。

不僅如此，蔡守訓還臆測：「衡諸常理，以一國現任總統之尊，果有海外捐款，何不大方匯至國內，豈有必須掩人耳目，將捐款置於國外私人帳戶之理？」完全沒有證據，甚至可說少見多怪，他就可以拿出個「常理」，作出「把錢放在海外就是洗錢」的推斷。這是多麼可怕又自以爲是的法官。

被扣上「洗錢」的帽子，實在太冤枉，更是對一個注重清譽的銀行家最大的侮辱。要構成「洗錢」，有幾個要件：一、我知道這筆錢是髒錢。二、我確實幫忙將此髒錢移轉或隱藏，不使人知道。而且，在我的觀念中，「洗錢」一定是在台灣有許多錢拿不出去，所以才要經過洗錢的方法，將錢轉出去。而這筆錢，根本就在國外，還需要洗嗎？

因此，我要證明：一、這是不是髒錢？我根本不知道。阿扁說這是海外捐款，至今依然無法確知。二、髒錢需要移轉或隱藏。而這筆錢進來後，有長達七、八個月的時間，我根本就沒有動用。既未隱藏，也未移轉。二月阿扁錢匯入我帳戶後，在六月和九月，我去美國兩趟，進行鋪陳和聯絡工作。我邀請約四十名僑界人士參加餐會，請大家集思廣義，以成立台灣之友會。我告訴與會的熱心人士：「我這裡有錢！」不過並未說明這錢是從何而來。

這兩趟赴美的所有花費，包括機票、住宿、餐費，以及和美國政要會談的會議場所的租金等，我都依照我的慣例，自掏腰包，沒有動用這筆「公款」中的一分錢。

如此亂來的檢察官

檢查官在簡單詢問我後，問我近期內是否要出國？我說孩子們回台灣，會帶他們到附近國家走走。他說案子很快就會結束，請我留在台灣，我答應了。於是特偵組對我「境管」，即出境前要報備，但不是禁止出境。特偵組對我境管的權力只到起訴爲止，若要延續，須經法官的批准。

李英豪、蔡守訓兩名法官心有靈犀，不約而同在判決書裡將我從證人變成告發的對象。特偵組接受了他們的告發，將我起訴。在我看來這就是一齣安排好的戲碼。雖然我做出折衷方案，將錢匯回國，但顯然不夠。

那年我的孩子和孫子們在聖誕節假期到台灣來看我，那時我已被起訴，也就是說特偵組對我已沒有境管的權力了。我們一行人到墾丁包了一艘觀光半潛艇玩樂，上岸時，兩位穿海巡署制服的人過來，說要找姓吳的，整條船不是吳先生、吳太太就是吳小姐。看到我上岸了，就改口說：「沒事！沒事！」轉身要走。我在後頭追問：「你們是不是要找吳澧培？是不是有關境管的事？」他們回說：「是啦！是啦！」頭也不回地走了。海巡人員魯莽的作法，嚇到我的孩子和孫子們。

在我第一次出程序庭時，我的律師爲我向法官查詢：「吳澧培是否仍被境管？」法官問特偵組，特偵組未通知執行單位，竟然還回答：「起訴後，境管令會自動失效，他們該知道啊！」我實在無可奈何。步出庭外時，我拉高聲音說：「唉！看來只好召開記者會，詳細說明我的人權如何被踐踏。」兩天後，就在我準備開記者會當天，我收到境管失效的通知書副本，這離我的境管失效日已有數十天之久，可見北檢、特偵組這些人是如何罔顧人權。

特偵組檢察官更是奇葩，一點也不肯用心。我問他們：「你們是否有什麼證據？」他們竟回答：「沒有。是他們告發你。」我嚇了一跳，知道台灣的民主尚待進步，但這種程度的公務員，居然是被視爲菁英的特偵組成員！我忍不住抱怨：「原來不用證據就可以起訴人！那萬一案子分到蔡守訓、李英豪兩人手上，我早就被一槍斃命，還需要審判嗎？」他們根本不理我。

特偵組明顯地不顧事實，將李英豪、蔡守訓的觀點和推論照抄一通，那些「虛稱、明知」也成了證據。我心想，你們就算是要入人於罪，也稍微認眞點，做點功課嘛！

潦草敷衍異想天開

特偵組大概習於陰謀論，認定我在做一個長遠的布局，而因爲一切仍在布局階段，所以才暫無動用款項的跡象，所以「沒花錢」居然也成了罪名！這要多「獨特」的觀點，才能做出如此荒謬、有悖常理的判斷。任何詐騙案件中，犯罪者一等錢財到手，第一個動作就是「轉移」，沒有人會傻到把贓款留在身邊。

檢察官所羅織的另一「罪名」是：銀行家應該懂得洗錢。一句話將天下所有銀行家都打成洗錢的嫌疑犯，和「所有男人都可能是強姦犯」的說法有異曲同工之妙。

阿扁要捐出來的錢，當初是以分散的方式，分別匯去四個海外帳號。而這也變成了我的罪名。既然要做秘密外交，尤其是這筆錢和陳水扁有關，當然要盡量秘密行事，避免讓美國的親中共人士知道，橫生波折。

檢察官還說，既然陳水扁總統聘我爲資政，表示我和他關係匪淺。我馬上拿出我曾經寫給陳總統的四封辭職信，讓他看看我到底是哪裡和阿扁關係匪淺？看看陳總統敢不敢讓我爲他洗錢？

即便將事實和證據攤在他們眼前依然沒用，檢察官視若無睹，只講結論不講理由，卻連故事都編不圓，照樣將我起訴。

王牌證人還我清白

本來我以為我已將所有證據都提供給特偵組了，就不想再麻煩一些相關人士來作證。但檢察官起訴之後，我看風頭不對，馬上找了三個人來為我作證。其中最重要的兩人，一是我的志工秘書張菊惠女士，一是胡維剛律師。我的行程，全都由張菊惠安排。而胡維剛相交多年，是我請教法律問題的首要對象。還有一位，就是亦師亦友的彭明敏教授。

既然陳水扁這筆錢要用來從事海外秘密外交，我得著手進行準備工作。在阿扁遭起訴前，我跑了兩趟美國，和鄉親會面，討論成立台灣之友會組織的準備工作，以及如何發展美國政要及工商團體為盟友。我請張菊惠居間聯絡、安排，她最了解此事的推進程度。她證實我和美方見面及談論的內容，也證實我和近百位鄉親見面時，說明我手中有筆資金可以做國民外交之用。

而自從阿扁承諾要捐兩百萬美元之後，我第一個動作，就是請教胡律師，這筆錢要怎麼運用才不犯法？尤其我已放棄美國國籍，要做影響美國人的事，當然不能犯法，否則不但什麼事都不能做，甚至要冒著鋃鐺入獄、身敗名裂的風險。

胡維剛律師證明了我去美國找過他，而他也曾在回台灣時到過我家一趟，所談的事情都有備忘錄，證明我準備拿這筆錢來從事合法的國民外交。當然，張菊惠女士和胡維剛律師當初都不知道，這兩百萬美元來自於陳水扁。

另一位證人就是彭明敏。以前要和阿扁談有關外交事務的議題時，我好幾次請彭先生一同前往。接受阿扁的委託之後，我曾經和彭先生談過我想要做秘密外交的想法。彭教授在特偵組將我列爲被告時，也曾去函特偵組，說明此事，並擔保我的人格。但特偵組理都不理。彭明敏當我的證人，確認他寫給特偵組信上的內容，證明我曾經告訴他，我有一筆錢可以使用來替台灣做外交，並請他思考如何運用這筆基金。

三位證人在台北市地方法院出庭作證時，特偵組就坐在檢察官後面。當證人作證完畢，法官問檢方：「有沒有意見？」時，檢察官既不反駁，也不問問題，一律搖頭。

我無罪！本來就是！

我非常感激一位有正義感的法學界人士。我和他並不熟，他卻主動幫忙潤飾我的「最後陳述」，並指示我在庭上如何辯解，卻又不污辱法庭，可說是我在法律方面的最好顧問。當我做口頭「最後陳述」之前，我站起來面對檢察官，口氣堅定地說：「你們毫無證據，對我濫加起訴，浪費公帑，蹂躪人權，讓我這近八十歲的老人受盡三年煎熬，讓我的家人也同樣受煎熬三年。」想到三年來受的折磨及委屈，心中無限氣憤、淒涼，眼淚幾欲奪眶，卻被我強忍住。說完後，我轉向法官唸我的「最後陳述」文稿，詳述檢察官對我濫訴的反駁及我無罪的理由。

一審開庭時，我請律師向法院提出要求，希望能夠和蔡守訓、李英豪兩位法官及特偵組主任檢察官陳雲南、檢察官蔡宗熙當面對質，但法庭不許。既然他們不用出庭，我也不出庭。

結果法官判證人證詞可信，判我無罪。審判長在宣判書中表示，相信我的論述及三個證人的證詞，並一一加以駁回檢察官對我的起訴，認爲毫無根據，完全是自由心證，想當然爾，沒有證據來支持其論點。

但阿扁匯給我的一百九十幾萬美金，必須圈存。意思就是說，這筆錢被國家凍結了，一天不解凍，我就一天不能用。

搞不懂的大水庫理論

這近兩百萬美元當中，法官認定，其中有一部分和龍潭購地弊案有關，約有四、五十萬美金。法官是如何認定這部分錢會和龍潭購地案有關？我實在搞不懂。阿扁這個設在新加坡的海外帳戶，是從他開始執業律師時就設立，一直有錢匯進去，總數有幾百萬美金。法官及檢察官依龍潭購地案發生的時間，算出比例（眞不知道他們是依據什麼而算出此一比例？）推算出有四、五十萬美元的錢屬於龍潭購地案中的錢。一旦龍潭購地案判決出來，阿扁有罪，這筆錢就被沒收了。

爲了這點，律師和檢察官攻防了很久，錢又沒標明身分證號，如何證明這部分錢就是來自龍潭購地案？在這之前，帳戶裡可有六百萬美元。後來檢方用了一個匪夷所思的理論：一缸清水，滴了一滴醬油，這水就都不乾淨了。這是把美金當作病毒了！怎麼在馬英九的特別費案中，又是全然不同的一套理論？讓馬英九不但是不沾鍋，而且還是病毒絕緣體。

照理說，這一百四十幾萬美元是阿扁給我的，理論上如果法官判我無罪，那就表示這筆錢應該交還給我，而非圈存。檢察官卻說，這要等陳水扁所有的案子都確定後，才會解除圈存的狀態。阿扁還有很多小案子，例如出國時照例拿三萬美元支付種種雜費，也被檢方提告。律師說，待最高法院判決我無罪後，再去行政法院告，但律師收費不貲，要拿一成。我拿不定主意。這筆錢畢竟是阿扁交給我做國民外交的，我受人之託，得忠人之事。

後來阿扁因病被送去榮總評估，可以見客，我請陳唐山以立委身分帶我去見阿扁。我們就在病房外一處空間會面，坐在那裡談。見到阿扁，他手一直抖、口吃，講話也不清楚。我將這筆款項的情況告訴他，雖說這筆款項名義上已屬我所有，但仍得尊重阿扁的意見。阿扁神智很清楚，聽我說完，他說：「這些錢是你的，你可決定怎麼處理。」這段話令我萬分心酸又不忍。

爲一生清白奮戰

一審判決我無罪。法官的判決書寫得很好，條條反駁特偵組的「推論」。大家都很高興，總算還我清白。想不到特偵組卻提請上訴。

檢察官再提上訴眞是沒道理。照理說，檢察官如覺得一審法官的判決不合理，可以提請上訴。但檢察官上訴的起訴書，內容與第一次被起訴時一模一樣，沒有新證據，也未反駁我及三位證人的證詞，甚至連三人在法庭的說詞都隻字未提。這是什麼意思？怎麼會有這樣的檢察官？沒有一點新事證，卻還堅持上訴，這不是擺明了找麻煩，要用程序來拖死人嗎？要不然，你至少反駁一下證人的證詞嘛！完全沒有。

檢察官死皮賴臉，舊飯重炒，起訴書不換湯也不換藥。這是公然浪費司法行政資源，可見這些人濫權到什麼地步。而我別無選擇，只能照他們的規則玩下去。

這件案子一路上訴到高等法院。

二審維持無罪判決

我在二審做被告最後陳述時，忍不住加了幾句話：「中華民國的法律，我不懂。看過全世界的法律，沒看過像這樣的。你們這些檢察官，浪費公帑！提請上訴，連我犯什麼罪都不講，起訴書照抄。你們之前就完全無法證明我有罪。我近八十歲的人，被你們這樣凌遲。我在美國的家人都為我的身心狀況提心吊膽，你們對我名譽損壞多大，難道不覺得羞恥嗎？」對方無動於衷，沒有一點反應。

高等法院的法官維持了一審無罪的判決。特偵組雖然非常不認同法官的判決，但託當時通過不久的《刑事妥速審判法》之賜，當第二審維持一審的無罪判決時，除非該判決牴觸憲法、違背司法院解釋、違背判例，否則檢方不能上訴。本案定讞了。

特偵組還不認輸，竟然宣稱如果沒有速審法，他們會再上訴，而且對於法官判我無罪還深感不服。

遭到「名嘴」凌遲

平白無故沾上這案子，捲進政治漩渦。可能特偵組在一開始洩露了部分消息，媒體上一些所謂的名嘴，以最大惡意揣測，胡說亂講一通，等於公然凌遲。例如邱毅說我是阿扁的掌櫃，阿扁在全世界的錢都是我在管理操盤。他還說要到美國在台協會告我違反美國法律，讓我在美國關到死。又說我這筆錢幾個月來都尚未動用，勢必是在爲扁藏錢。溫紳說，據他了解，我是美國的經濟犯，在美國犯了與財務有關的法律，遭美政府驅逐出境云云。

還有一位喜歡在言談中引經據典，拿歷史當教材的名嘴胡忠信。我和他認識時，他在洛杉磯從事新聞工作，偶有接觸但並無交情。在我捲入洗錢案後，他在電視上談到我時先自稱：「吳澧培，我的好朋友！」然後嘆了一口氣，看似凝重地說：「卿本佳人……」我看了氣得半死，後面話雖沒說，但誰不知道後半句就是「奈何從賊！」，不知這從何而來的「好朋友」，根本沒搞清楚事情眞相，就不分青紅皀白，朝我身上扣了一頂「賊」的帽子。有了這種「朋友」，誰還需要敵人？

一開始，我就問律師，可不可以告他們毀謗名譽？律師卻說：「你都尚未清白，如何告人家妨害名譽？」託朋友向溫紳說明情況，他邀我上電視澄清，但考慮到當時案子正在審理，拒絕了他的邀請。約兩年後，我終於無罪定讞。我請教律師，可否告他們毀謗罪，但已超過六個月的有效追訴期，無法興訟。這法律太不合理了，六個月內法庭不能判我無罪，還我清白，就這樣過了追訴期，我豈不是平白受辱！

種種「莫須有」，竟令意志力一向堅強的我產生一種「有冤無處訴，有氣無法透」的無奈。還好在美國的家人朋友都很支持我，不斷替我打氣。但他們對台灣的情況不了解，尤其當他們聽到媒體指控我替陳總統洗錢，並且檢察官對我起訴後，更是憂心忡忡。在美國，不論檢察官或媒體，在掌握相當證據前，不敢做出如此的指控。他們想不到，在政治惡鬥的操控下，台灣的司法及媒體能惡質到何種地步。

官司糾纏三年多，我的清白就蒙塵了那麼久。

公道自在人心

在發生洗錢事件的風波後，許多朋友站出來替我講話。他們了解我的個性，知道我絕不可能替任何人洗錢。

彭明敏第一時間就寫信給特偵組，強調以我的人格，絕對不可能替陳水扁總統進行海外洗錢。他甚至站上法庭爲我的人格作證。對於彭先生雪中送炭的舉動，我除了感動與敬佩，夫復何言！

媒體問到民進黨主席蔡英文有關我替阿扁「洗錢」的看法時，她也說：「應該不會。照我的了解，吳澧培不會替任何人洗錢。」

倒是有三個我意想不到的人站出來替我講了公道話。這三個人，一個是陳文茜，一個是沈富雄，還有一個是和我沒半點交情的李勝峰。

我和陳文茜早年相識，她是賴文雄的晚輩，又是好朋友。有一段時間，經賴文雄介紹，陳文茜想要寫我的故事，花了很多時間進行訪談，和我全家人都很熟。後來因種種原因，未能完成計畫，但她對我的個性和背景有一定的了解。所以，當大家在談論「海外洗錢案」時，陳文茜很直率地說：「如果阿扁要求吳澧培替他洗錢，吳澧培一定一個耳光就先過去了！」夠犀利！

早年在美國，我就認識沈富雄，他和鄭紹良是好朋友，是朋友當中出名的聰明人，但我們之間並無特殊交情。對於我涉及到「海外洗錢案」這回事，他提出了一個合乎邏輯，而且更合乎現實的疑問：「以前在海外搞台獨，如果有人說要捐錢，三更半夜都過去拿了，唯恐夜長夢多。哪裡還會問這筆錢是哪裡來的？清白不清白？誰管你，拿到錢就要去拚了！」他講得確實沒錯，以前如果有人要捐錢贊助台獨或革命，沒有人會去管錢從哪裡來？更沒人會在乎清白不清白。

沈富雄這番話替我反證，既然我會在陳水扁要給錢時問錢的來源是否乾淨，表示我愛惜羽毛，不會去做犯法的事。另一位我完全不認識的李勝峰先生，雖然未替我辯護什麼，但至少講了一句公道話：「我了解的吳澧培是一位紳士，會做這件事情嗎？」

最令我心寒的是綠營人士的態度，也許是怕受到阿扁的牽連，沒有人站出來替我講一句話。當時擔任民進黨立院總召的是蔡同榮，在我被特偵組與不肖法官折磨得心力交瘁時，還到處消遣我，說等我拿到那筆錢後，就有錢了。從「自己人」口中說出這種話，如被捅一刀般地心痛。他是我的老朋友，所以我見了他就罵他：「想不到我是藍色的？都是一些『藍營』的人幫我講話。」蔡同榮被我一說，即刻出面召開記者會，聲明：「我以生命保證，吳澧培絕對不會洗錢！」

相對於台灣島內的噤聲，反而是我在海外的朋友、同事，都挺身而出。穆考斯基親自寫信給特偵組，並表示願意出庭做我的人格證人。他不知道台灣的法庭全靠法官的自由心證，根本不來這一套。同樣地，我的同事、朋友，很多是專業領域中的佼佼者，都出來替我講話。海外台美人社區中七十多個社團的領導人，在《自由時報》登報嚴正聲明力挺我，願意以人格保證我的清白。他們在這個時候出面來挺我，讓我覺得很溫暖，很受用。

反控檢察官及法官

雖然法院還我清白，但有一口氣，我是忍不下的。我問律師，我可否告這些檢察官、法官濫權對我起訴又上訴？我可不可以依一般民事之例，要求檢察官支付我的律師費和訴訟費？律師回答：「幾乎沒勝算！」

律師黃帝穎告訴我，不管是以「誣告罪」告兩位法官，或以「濫權追訴罪」控告兩位特偵組檢察官，都有一定難度，法院可能不受理駁回。但我說，至少要爭取一個當庭和這些人對質的機會。我說，我已經八十歲了，但依然要以這條老命和這麼惡質的法官拚了，讓他們也來當被告看看。

二〇一三年三月十九日，在律師陪同下，我向台北地院自訴控告兩位法官蔡守訓、李英豪「誣告罪」及特偵組主任檢察官陳雲南、檢察官蔡宗熙「濫權追訴罪」。

次日，我邀請了彭明敏教授、民進黨主席蘇貞昌、新台灣國策智庫董事長吳榮義、義務律師鄭文龍、黃帝穎，舉行記者會，控訴台灣司法的不公。我在記者會中說明了自己由證人變被告的過程，以及法官以「臆測」的方式斷章取義，檢察官異想天開又濫權，充分顯露了台灣司法的不公平及不正義，足證台灣根本就不是一個民主成熟的國家。

我還是高估了台灣的司法。我提告，就是爲了爭取和兩名惡質法官當庭對質的機會，想不到他們根本不出庭。目標落空，我也提不起勁再去和法官囉嗦。

懷疑我幫阿扁洗錢，對我的人格是莫大的侮辱。回顧我這一生，爲了台灣的民主自由，積極推動台美外交，處處爲台灣的民主運動以及在國際間能見度的提升而努力。不僅自己捐錢，也向鄉親有志之士募款。在台美人社區，在美國政界、金融界，我都受到尊敬與推崇。滿腔抱負回台，卻遭到這種司法踐踏。雖然最後我被裁定無罪，但我本來就沒犯罪，這三年來的煎熬、損失，誰來還我公道？這些濫權的法官、檢察官又得到了什麼處置？這是一個非常沒有公平、正義的司法界，難道司法界不該自我檢討嗎？

背負台灣的十字架

阿扁在獄中曾出過一小本書，書名爲《台灣的十字架》，用一頁半的篇幅向我道歉。他稱：「總統任內，在對美工作，我請吳資政爲台灣做了不少事，因此贏得我的充分信任，包括這一次，沒想到連累了他，讓很多事爲此曝了光，將來更難推動，我要向吳資政及家人致歉，並對台灣未來的國際外交工作因此受限感到遺憾。」我和陳唐山到榮總探望他時，阿扁也向我頻頻道歉，我實在沒有理由去懷疑他故意陷我於不義。

雖然我和阿扁在治國理念上有所不同，這三年來也爲洗錢案備受煎熬，但心裡並不怨他，也相信他不是位愛錢的人，更不會知法犯法。

在榮總探望阿扁那一次，看到他虛弱、恍惚的樣子，我心裡很糾結。他曾經是問政犀利，被立法院記者們投票遴選爲第一名的國會議員，也曾是意氣風發，執政滿意度高達七成以上的首都市長，更曾是多數台灣人寄以厚望的總統，如今卻被摧殘得如同廢人般，讓我非常哀傷與不捨。

直到他可以保外就醫，回家暫享天倫之樂，我才鬆了一口氣。

第六部
這些人，一些事

浮沉人生逾八十載，經歷許多事，更結識了不少人，有時細細品嘗其中千萬重關係，倒也有一些趣味，不禁動念和人分享。

因爲工作及志向，我接觸到的人裡有許多政界人士，其中不乏多年老友。大家在一起做一些事，不盡然是「揖讓而升，下而飲」的君子之爭。其中也有些事如骨鯁在喉，多年下來，不吐不快。

在事情的表象之下，也許有錯綜複雜的肌理、內幕，非我所知。我僅就我親身的體驗、感受和認知，來說古一番。

極其重要的一點是，我來往的人以「非國民黨人士」居多，和國民黨的人很少接觸，更無私交。因此，當我抱著「互相漏氣求進步」的態度，對我所認識的人的一些事表達意見，甚至有所批評時，並不表示在我眼裡國民黨的人比較好。

因爲在我心裡，大部分國民黨的人與事，早就腥臭腐朽而不堪聞問了。

好不唏噓謝聰敏

謝聰敏出了一本《台灣自救宣言：謝聰敏先生訪談錄》傳記，厚厚八百七十二頁，只有幾處清描淡寫地提到我們相處的往事，像是在台北將我介紹給包奕明，以及一九六七年中秋節他被捕的晚上，本來約在我家賞月。還有他出獄後，來阿拉斯加找我。

看了這些記述，我忍不住有些唏噓，近一甲子的交情，他似乎不太願意提起我這個老朋友。

曾經共同打拚

從年少輕狂到相濡以沫，我們曾經一起走過很長的路。就連我訂婚時，他還是我「現成」的媒人。

〈台灣人民自救宣言〉由謝聰敏起草，法院的判決書上也是「謝聰敏等涉嫌叛亂案」，他因此被當成主犯判刑入獄，後來獲減刑出獄。但彭明敏於一九七〇年逃亡後，他又被誣告參與台北美國銀行爆炸案，再度被判重刑入獄，吃了很多苦，受了很多罪，一想到此，我心裡總有一絲說不上來的痛和不捨。彭明敏教授因爲在社會上的地位及聲望，被判八年，而且接受了所有的關注及功勞，成了這事件的主角，這本非彭先生所要，只能說彭是謝的老師，所以「有事，弟子服其勞」，功勞就歸給老師了。

謝聰敏出獄後來美國，曾去阿拉斯加找我，在我家住了一段時間。我還記得他因多年坐牢，受了無數嚴酷的刑求和拷打，身體已罹患痼疾，必須常常浸泡熱水，敷擦減輕傷痛的藥物，想起這些，至今仍然令我心痛。後來他又東遊西蕩，到了芝加哥、紐約、休士頓、洛杉磯、舊金山、西雅圖、溫哥華、華盛頓後，又去德國、英國、瑞典……像停不下來的陀螺。直到他在紐約賴文雄家遇到未來的妻子邱幸香，才算定了下來。

那時我已經進了萬通銀行工作，知道他們在紐約生活不易，問他想做什麼生意，我可以幫他。他說看上了美東一帶有家頗富盛名的卡維爾手工冰淇淋，想要加入連鎖。本來以爲他要在紐約開冰淇淋店。沒想到，有一天他忽然出現在我家門口。原來他開了車，帶著家人及家當，一路從紐約開車橫越美國大陸，想來洛杉磯發展。

謝聰敏想，既然這種手工冰淇淋能在紐約大行其道，在四季皆溫暖的洛杉磯一定更可以賣得嚇嚇叫。雖然他事先沒打招呼弄得我有點措手不及，但我本來就是要幫他，老朋友打算在洛杉磯創業，我沒有第二句話，當然只有支持。

問清楚之後，才發覺謝聰敏不是要自己下去做，而是讓太太做，他還是不脫革命分子的浪漫，自己要做「他喜歡做的事」。

一家店只有一個人下去做當然不切實際，於是我太太也跳下去，成了合夥人。她和謝太太兩個人一起去上課，接受做手工冰淇淋的訓練。倉促之下，她們在羅斯密市一個商場租了間店面。太太們受訓完畢，開始進行裝潢，安裝機器、買進材料、試車等。這些我都沒插手，只負責付錢。

我當時萬通銀行的工作忙得不得了，而且這生意主要是想幫謝聰敏創業，以他為主，我沒花太多心思去管經營細節。我們約定都先不拿薪水，店賺到錢後，雙方再對分利潤。當時我實在不夠細心，沒考慮到他們的財務狀況。

冰淇淋店成了雞肋

大概是店面的地點不好，雖然天氣很熱，但百貨商場的顧客不多。而且，這個冰淇淋連鎖店在紐約市很成功，但在羅斯密市的成績卻乏善可陳，幾乎每個月都虧本，當然兩家都沒分到錢。

如此幾個月後，謝太太忽然說他們不做了，打算離開洛杉磯回紐約。對他們來去匆匆，我感到疑惑但並未追問原因。只是未能幫到老朋友創業，心裡感到十分遺憾。事後才從朋友處得知，他們沒分到錢，生活不易。我才恍然大悟，對我的粗心大意感到很懊惱。

謝太太不做了，但店面已簽了長期租約，機器買了，原料還有存貨，我太太就一個人把冰淇淋店扛起來。每天早上，她都要開約一個小時的車程去顧店，爬得高高地，將原料倒進機器裡做冰淇淋，然後還要想辦法把做出來的冰淇淋賣掉。

到了週末，我也會陪她去做生意，坐在冰淇淋店裡等客人上門。每次看到有人朝冰淇淋店的方向走，我就盯著看，滿心期盼，「哎！有客人要來了。」然後眼睜睜看著客人走到隔壁。

後來，一些朋友和銀行客戶知道我週末會在冰淇淋店「坐鎮」，沒事也會跑來找我聊天，畢竟這比去辦公室找我要方便多了。許多朋友看我太太可憐，於是主動提出，可以拿冰淇淋放到他們的餐廳或超級市場寄賣。在大家幫忙下，冰淇淋店的生意仍然無法改善。太太竟然認爲若開分店就能降低平均成本，於是摩拳擦掌，打算開分店。

我立即阻止她，每天爲了一家冰淇淋店就已忙得昏頭轉向，再多一家還得了。冰淇淋店開了兩年後，我勸她收攤，不要再做了。算一算，一共虧了二十幾萬美元。

為李敖事不愉快

一九九二年籌畫彭明敏返鄉之際，我請謝聰敏、鄭紹良和鄭義和負責台灣的辦公室。彭明敏回來前在台灣的前置作業，謝聰敏出了很多力。我在美國不但要籌畫海外一群鄉親陪他返台，還得美國台灣兩地奔走，八方聯絡，組織「歡迎彭教授返鄉主席團」，並造訪李登輝爲彭明敏爭取台灣護照以便返台，爲設立基金會募款等事忙得焦頭爛額。

爲彭先生返台做準備，我們原先計畫新印十萬本《自由的滋味》，謝聰敏找李敖出版社印製，但因價格太高，李敖又不肯比照別家出版社降低價錢，還去信給在美國的彭先生，聲稱彭先生若要聽信「在美國那隻幕後黑手」的操縱，不回台灣也罷。結果我們改印〈台灣人民自救宣言〉小冊子。李敖因此非常生氣。他和謝聰敏是摯友，這件事因爲錢而引起誤會，令人甚感遺憾。

我怎會返台和謝聰敏競選？

謝聰敏返台後，於一九九一年參選國大代表，競選的對手是一位二林地方的黑道人物。謝聰敏和他妹妹在「反暴力、反賄選遊行活動」中被對方聚眾毆打，身受重傷，送到二林博濟醫院救治。二林博濟醫院的院長洪維城，是彰化白派領袖洪挑的兒子，也是台中一中的學長。囂張的流氓打了人還不罷休，衝到醫院叫囂、嗆聲、謾罵、威脅，警察視而不見。洪院長不放心，打電話給我，最後把謝聰敏轉到彰化基督教醫院。

謝聰敏因此和洪維城結為好友。後來謝聰敏競選彰化地區立委，請洪維城做總幹事。洪維城偶爾來美探親也會和我聯絡。後來謝要選連任，有次洪維城來美國，不知何故，兩個人八字不合，洪向我表示，他不願意再參與謝的選舉。我想他們本是好友，還勸了幾句。

後來聽謝太太說，才知道洪維城回台灣後，有一次和謝聰敏爭吵，揚言：「你不要搞怪，不然我叫吳澧培回來彰化和你競選。」謝聰敏很不高興。其實洪維城從沒向我提及回彰化選立委這件事，即使提起，彰化雖是我的故鄉，但我已出國三十年，對那地方人生地不熟，幾次立委選舉民進黨都想徵召我當僑選立委，我都婉拒。怎麼可能跑到彰化去和他競選？為了他的立委競選，我曾發動《太平洋時報》替他競選募款，我捐了五千元美金，回台灣替阿扁競選台北市市長連任助選時，我還去找了賴文雄：「走！我們去看阿騙（謝聰敏）。」偕同幾位扁友會的人到彰化，坐他的助選車掃街拜票。還捐了五千美元給他的競選辦公室，可惜他一九九八年競選立委連任沒有成功。

後來我母親過世，他來拈香。請他上台講話，他重複了好幾次「吳家對地方上的貢獻……」，但對我們的交情卻一句沒提。我覺得怪怪的。

我竟然不知好友在生我的氣

他在和陳定南同時當立委時，因兩個人都不喜歡應酬，個性剛直，所以非常談得來，交情很好。陳定南當法務部長時，聘謝聰敏擔任法務部顧問，還給他一間辦公室。

住在紐約的好友廖梧興有一個弟弟，畢業於警大，是位律師，在警界工作過一段時間。陳定南剛接法務部，調查局內幕重重，很難了解裡面的情況。廖梧興弟弟認爲自己如果進法務部，應該可以對陳定南有很大的幫助，於是廖梧興託我向陳定南從中說項。聽了他的想法，我覺得滿有道理，就請他寄履歷表來。

我和陳定南雖打過幾次交道，但彼此並不熟，於是想到請謝聰敏幫忙。畢竟謝聰敏和廖梧興是台大三舍舍友，大家都是熟人。於是我寫信給謝聰敏，附上履歷，勞煩他。

信一去兩個月，毫無動靜。我要太太打電話向謝太太詢問此事，謝太太才說起謝聰敏聽洪維城說我要回彰化選立委，和謝打對台的事。我萬分錯愕，不知從何辯起。

鄭紹良和每個人都能保持良好關係，很多場合他會特意在謝聰敏面前提起我的名字，但謝聰敏總是不聞不應。

在我的記憶裡，謝聰敏是一個充滿理想，非常開朗的人，國民黨的黑牢和酷刑竟將他折磨得連好友都不能信任。想當年他因〈台灣人民自救宣言〉被捕，他一定沒供出我們兩人的關係，我因此才逃過牢獄之災，有了截然不同的人生，爲此我終生感激，但如此六十年的好友竟演變成陌路人。每想到此，總令我心傷而唏噓不已。

蔡同榮二、三事

一九六八年冬天，我在堪薩斯州海斯堡大學碩士班的課程已修完。待畢業論文完成、通過，我就可以拿到學位，按照之前和阿拉斯加銀行的約定，於翌年五月到安克拉治上班。

既然只剩下畢業論文，妻兒也要到洛杉磯來了。堪薩斯州的冬天又是冰天雪地，於是我搬到洛杉磯，住在賴文雄家，在那裡寫我的碩士論文。賴文雄當時是台獨聯盟的組織部長，他家也被稱為革命基地。那段時間除了寫論文外，每次印好的《台灣青年》從日本運來，我就去當志工，在雜誌上手寫收信人的名字、地址，然後捲起來，寄給美國各地的台獨聯盟盟員及同鄉會人士。

因此我得以和蔡同榮結識，並慢慢熟悉起來。我從洛杉磯到阿拉斯加工作，全家四口的機票還是他太太用她的信用卡先替我們墊付的。雖然他事後常在人前誇口說：「沒有我就沒有今天的吳澧培。」我則以「是您太太不是您」來調侃他，心底卻為此事一直非常感激他。

勤快認真蔡公投

蔡同榮在海外的獨立運動史上占有一席之地，不管是台獨聯盟或台灣人公共事務會，蔡都是創始人之一，並且都是創會會長。他做事非常勤快、認眞，尤其是募款，屬於「使命必達」類型。所以曾有位有錢的朋友開玩笑說死了之後不想葬在蔡同榮附近，免得蔡同榮夜裡上門來募款。

回台灣後，他更大力推動公民投票，鼓吹台灣的前途應由台灣人民以公投方式決定，來表達台灣人民當家作主的心情。這個方式符合美國政要及一般民眾對於「公民自決」的看法。如果無法以公民投票的方式來表達公民意願，台灣獨立建國的夢想，終究是建築在沙地上。

一九九一年，台獨聯盟遷盟回台。有次他回美國，我們在洛杉磯碰面，我對他說：「獨盟遷台，不要去加入民進黨。自己來做一個體制外的社會運動，啓蒙、教育人民，不是更有意義？」我並且承諾他：「如果你們做這件事，我願意負責財務，幫你籌錢。」

我的話，蔡同榮只聽了一半。他回台灣後，努力推動公民投票，後來成了「蔡公投」。但他同時也加入民進黨，參選立法委員，當選為立委。他竟在不同場合說：「不管我要做什麼，吳澧培都會回來負責我的財務。」

幫忙化解師生怨

蔡同榮打算回故鄉嘉義競選立委，但有人放出風聲，要爆他「背叛」彭明敏的事，指的是當年彭明敏擔任台灣人公共事務會第三屆會長，任期滿後要競選連任。但蔡同榮在獨盟支持下，出來和老師競爭。蔡同榮很認眞、積極，親自去拉票。彭教授眼看要輸給學生，心裡很擔心。這時賴文雄站出來，罵蔡同榮背叛老師，和老師打對台。結果彭教授以一票險勝，連任會長。誰知道，蔡同榮他們又去改章程，將會長制改爲中常委制，彭教授不滿而辭職。

爲了「破除傳言」，蔡同榮找上鄭紹良，請他去問彭明敏，可否爲蔡同榮站台。彭先生馬上拒絕。蔡同榮又找上我，拜託我去協調。我說：「讓我試試看。」

我去試探彭先生的意思，他竟回我說：「他在我背後插的那把刀，今天還在流血。」我能感受到彭教授心中的那種痛。我勸他：「不要再計較了。大家都已回到台灣，以你的地位和高度，扶他一把，全台灣的人都看得到。」他還是不願意。

「要不然，」我建議，「你就一大早去他的競選總部，簽個名表示支持，然後就溜掉。」蔡同榮輾轉得知彭明敏要來簽名，一大早就等在那裡。結果彭明敏一現身，他們不由分說，就以簇擁的方式將彭先生架上宣傳車。宣傳車一面放鞭炮，一面在嘉義市區繞行，大聲廣播：「彭明敏來爲蔡同榮加油！」後來蔡同榮以二百多票險勝對手。

由此可見，沒有彭明敏，蔡同榮那一次就不會贏。

似是而非的鳥籠公投

蔡同榮做事一向非常認眞，但有時結果讓人非常無奈。

他經十三年努力，期間使盡了疾呼、推動、遊行、絕食及長跑等諸般手段，〈公民投票法〉草案在立院闖關十次才突圍排上議程。結果，二〇〇三年十一月三十日公投法在立院審議，除蔡同榮提出的版本外，國民黨也提出一個公投法的版本。蔡同榮版本的精神，在公投的適用範圍包括：「一、國旗、國號、國歌、領土變更及國家主權等國家定位議題。二、其他全國性重大政治議題。」意即，連台獨都可以公投。這個草案在立法院一審通過後，當時的總統陳水扁遭到來自美國和中國的巨大壓力，於是最後要求蔡同榮撤案，但遭立法院院會拒絕。

蔡同榮版和國民黨版的公投法在立院付諸表決。在各種壓力下，蔡同榮提的公投法因自己人主動棄權而未通過，立院反而通過國民黨閹割版的〈公民投票法〉，不但對於連署成案及公投都設下難以逾越的高門檻，並且眞正重要的議題如主權等都不能公投，只有不重要的議題才能公投。這個公投法完全和蔡同榮推動公投的精神背道而馳，反而造成用公投來「公民自決」愈發困難。

「公投法」通過後，陳水扁於十二月三十一日簽署，並將簽署的筆送給蔡同榮，稱他爲「蔡公投」。此一外號從此不脛而走，令蔡同榮情何以堪。

率先退出媒體

蔡同榮投入媒體經營民視，突破了統派媒體的包圍，相當成功，期間雖然頗多波折及糾紛，但都被他以強悍的意志力壓制下去。但陳水扁迫於外界要求「黨政軍退出媒體」的輿論壓力，在立法院尚未完成相關立法時，民進黨中常會即通過決議，要求黨員採取高道德標準，自動退出媒體。

我一聽說此事，馬上和彭明敏、李鴻禧分別向陳水扁建言：「當時國民黨幾乎把持媒體所有領域，能和國民黨分庭抗爭的僅有民視一家，只有民視爲公道正義發聲，而民視之所以能這麼做，正因爲有蔡同榮掌舵，如果易人……我們實在擔心沒有任何媒體會再爲公道正義發聲。」我們的論點很簡單，國民黨直接或間接控制的媒體那麼多，除了喊「黨政軍退出媒體」外，根本一點動作都沒有，怎麼唯一可以替台灣主體意識發聲的媒體，我們卻要逼它率先退出？這不是自毀長城嗎？

但陳水扁不爲所動，親自勸說蔡同榮，要他以身作則配合「黨政軍退出媒體」的政策，辭掉董事長一職。他配合陳水扁的意願，辭去民視董事長的職位，退出了媒體，只以民視創辦人的身分繼續關心民視。

結果此「義舉」並未激起國民黨控制的任何媒體跟進，民進黨自毀宣傳利器終於自食其果。不僅陳水扁後來涉入的司法案件被統派媒體一面倒地批判，形成「全國皆曰可殺」的局面，二〇〇八年總統大選，謝長廷的競選造勢也始終被傾向於國民黨的黨、政、軍媒體一路壓制。

啊你沒人緣啦！

蔡同榮對自己遭受的「待遇」不免哀怨，三次參選民進黨黨主席都告落敗。在二〇一二年的第十二屆黨主席競選中敗給蔡英文，心裡很委屈。在國賓飯店二樓請我吃飯，忍不住向我抱怨：「我有哪點輸給蔡英文？她拿博士，我也拿博士。她在台灣當教授，我在美國也當教授。她當過立委，我當立委的時間比她更久。若論對台灣的貢獻和付出，她哪能跟我比。我什麼地方輸她？」

「啊你就是沒人緣啦！」我爲老友解疑：「你講的都對，但是沒辦法，選舉就是靠人緣！」

蔡同榮默然不語，但我知道他心裡一定很不服氣。後來他又失去立法委員和民進黨中常委的職位，我能感受一位英勇的鬥士失去戰場的無奈。如今老友已逝，但我由衷佩服他一生爲台灣獨立與民主所作的犧牲和奉獻。

人稱「變色龍」的許信良

一九七九年，美麗島事件發生的那一年，許信良於九月攜著妻子兒女，身上帶了三千美元來美國。十二月十日，美麗島事件在高雄爆發，當時住在新澤西州的許信良成了局外人。一九八〇年四月十八日，美麗島大審，許信良遭到通緝，從此流亡海外，回不了家。

美麗島事件發生後，許信良想和台獨聯盟合作，將台灣人各個反國民黨政府的團體組織起來，大家都支持他。於是五天後，十個台灣人社團在紐約組成「台灣建國聯合陣線」，並推許信良爲主席。但後來他遭到獨盟的排擠，這個組織也未發揮作用，漸漸就散了。

接著許信良從東部遷至洛杉磯。《美麗島週報》在美復刊，陳芳明任總編輯。這和獨盟機關報的《台灣公論報》的銷路和財源產生衝突，雙方從募款、廣告到訂戶大部分重疊。在利益衝突下，許信良和獨盟漸行漸遠。

我一九八二年到洛杉磯西方航空公司上班，和他的交往也是從這時候開始。

令人眼睛一亮的許信良

在洛杉磯剛認識許信良時，我相當佩服他的勇氣，對他印象很好，覺得他是一條漢子。因爲他在台灣就是有名望的人，脫黨競選，竟能突破國民黨的重重阻難，當選桃園縣長。尤其在「中壢事件」中竟敢造反，採行強硬的縱火警局、翻覆警車等手段，對抗權力者的不公，令人眼睛一亮。雖然他宣稱並非主事者，但光芒豈能被掩蓋。

他口才很好，發言常是滔滔不絕，鏗鏘有聲。我至今還記得他在一次演講結束時的豪語：「一定要戰到最後一口氣，讓國民黨在地球上完全消失爲止。」這話我聽了覺得好痛快！

只是身爲客家人，他講閩南語時難免會有些腔調。演講時會先用閩南語講幾句，再用國語接下去。本來這也沒什麼，但以福佬人爲主的台僑社區有點大福佬沙文主義，對他的腔調有些批評，甚至罵他：「台灣人不會說台灣話，怎麼爲台灣革命！」

以前在堪薩斯州立大學醫學院執教的賴其萬醫師，曾經爲許信良解過一次圍：「恁說閩南話是台灣話，那客家話是不是台灣話？若說客家語，恁攏聽沒，甘會歡喜？」

面對這些批評、嘲笑，許信良卻依然故我，演講時用他那客家腔調很濃的閩南語和大家溝通。

我的好朋友賴文雄、鄭紹良，後來和許信良成爲很熟、很好的朋友，因此我也和他熟起來，但我一直未進入他的核心朋友圈。當時台獨聯盟對他有許多公開的批評、責罵，他也不回應，一笑置之，讓我更欣賞他的肚量，覺得這才像個領導人。

貧窮不改豪情壯志

許信良在洛杉磯辦《美麗島》週報，身兼數職，撰寫社論、送報紙、募款……校長兼撞鐘，搞得一場糊塗。他拜託我從阿拉斯加來洛杉磯替他看看，這雜誌是否有救。

我幫他看了一下，《美麗島》銷路其實不錯，每期都可以銷售約四千本，以僑社的人口來看，銷路算相當好，稱之爲金雞母亦不爲過。許信良還想靠這本雜誌來擴大革命組織。理想雖好，但這本雜誌的人事費用太大，很多人都依賴雜誌社微薄的收入養家。而且，一本雜誌可以養一個組織嗎？

我老實告訴他：「這怎麼有救？所有的錢光付薪水都不夠！」我建議他好好經營雜誌，讓它發揚光大，革命組織再另外想辦法籌款。錢不分開來，兩者都會死。但他沒採納我的建議，繼續做下去。後來《美麗島》內部矛盾衝突，一年不到就收攤。

許信良一直在推動黨外組織，要促進台灣成立反對黨。一九八六年五月一日，許信良、謝聰敏、林水泉在紐約宣布成立「台灣民主黨建黨委員會」，以「突破黨禁、廢除戒嚴、總統民選、國會全面改選、釋放政治犯」爲目標。但這段時間我忙著萬通銀行的工作，沒什麼參與。

他一直保持和台灣的聯繫，並且互動頻繁。那時他和一位旅館業主合作，在美國訓練革命人才，每三、四個月就有二、三十人從台灣來，住在旅館裡上課。許信良還請我去教授有關國際經濟、台灣經濟及國際觀的課程。後來這批人中不少人當上立法委員，還有新竹市長。我二〇〇四年返台定居後碰到他們，他們還以「老師」稱呼我。

那段時間，許信良生活過得非常辛苦，爲了生活，太太鍾碧霞週末還去跳蚤市場擺攤，其他時間幫人做事。即使生活困難，許信良豪爽的個性還是令我感動。有一次，剛出獄的張俊宏和太太許榮淑到洛杉磯來，一群人在我家吃飯，大家募了一些錢。吃飯時，我把錢交給許信良，誰知他轉手就把錢拿給張俊宏，說：「你比我更需要這筆錢。」

我很欣賞他，所以很願意幫他的忙。他的女兒在芝加哥大學念書，私立學校學費昂貴。偶爾鍾碧霞會拜託我幫忙，一次借幾千，我總是二話不說就給了。

冒死闖關覓路返家

一九八六年九月二十八日，黨外人士於台北圓山大飯店宣布成立「民主進步黨」。十月十五日，國民黨中常會通過解除黨禁，解嚴。許信良除將「台灣民主黨建黨委員會」改爲「民主進步黨海外支部」外，並積極籌畫闖關返台。

十一月，許信良、林水泉、謝聰敏三人和數十位同鄉，結伴要闖關返台，需要五十萬美元經費，賴文雄自己沒錢，依然想辦法籌到了這筆錢給許信良，其中我暗中資助不少。後來謝聰敏又要我交給一位流亡在美國的菲律賓前參議員五千美元，因爲馬可仕政權跨台，這位仁兄即將光榮返回菲律賓，我們希望他能幫助許信良順利經過馬尼拉返台。這次闖關勞師動眾，路程迂迴曲折，經東京、馬尼拉，飛往台灣。

許信良闖關的消息在台灣經過有意散播後，上萬民眾前往桃園機場迎接許信良，聲勢浩大。可惜許信良功敗垂成，到了台灣卻被二十多名情治人員圍住，下不了飛機，最後被原機遣返馬尼拉，闖關失敗。之後數次闖關也都以失敗告終。

其中一次鄭紹良帶許信良到我家吃飯，他喝得爛醉。飯後，鄭紹良開車載他到長堤市，從那裡搭機再度闖關，結果還是失敗，最後他被移送台北土城看守所。

許太太鍾碧霞來找我幫忙，我拜託美國參議員穆考斯基、眾議員索拉茲等人持續關注許信良，以及同時因台獨案也被關的曹有德、蔡友全等人。在國際友人不斷施壓下，包括許信良在內的政治犯，終於在李前總統特赦下出獄回家。我記得當時我還提醒鍾碧霞寫信感謝穆考斯基。

本來我一直認爲，許信良回台灣就是要爲台灣做事，所以我能幫什麼忙就幫。但許信良回台後我們就少有聯絡，偶有接觸也是客客氣氣。只是後來，我對他的看法完全改觀。

新科人頭大戶

許信良第一次擔任民進黨黨主席時，邀請我擔任民進黨唯一的顧問，我很高興地接受了。回台灣時，我聽說民進黨內派系林立，內部有人頭黨員的問題，而時任黨主席的許信良是「人頭大戶」之一。

在一次飯局中，我直接問許信良，外面有關民進黨人頭黨員的風聲不斷，很難聽。許信良不置可否，唯唯而已，我不肯放鬆，繼續批判：「我們一輩子要打倒國民黨，其中一個原因就是這種亂七八糟的事，這不是民進黨應該做的。」我不想見到民進黨最後淪爲和國民黨一樣的「亂黨」。

本來我不確定許信良就是人頭黨員大戶，但他唯唯諾諾的態度間接證實了外界的傳言。我才恍然大悟：「原來就是你搞的！」

我又發覺，許信良和他身邊的一些洛杉磯僑界人士堅持推動海外設黨部，並且要和國內的縣、市黨部同級，享有選舉權。我才了解，原來這些人也都成了許信良的人頭。

翌日是民進黨中常會開會的日子。身為民進黨唯一的顧問，我可以參加中常會開會，有發言權，無表決權。我在會上發言，談到人頭黨員的事，要他們不可自甘墮落，「國民黨可以這樣，我們不可以。」並要求由紀律委員會徹查。語重心長，但言者諄諄，聽著藐藐。見沒效果，我就請辭了顧問一職。

民進黨的墮落始自許信良。認清許信良的真面目後，我從此和他不相往來。

寧可損人不利己

一九九六年首次總統直選，民進黨要推出一組總統候選人。彭明敏眾望所歸，但自小有「總統夢」的許信良竟跳出來和彭明敏競選。

民主國家，本來人人都有參政的權利，但許信良當年在和台獨聯盟鬥爭時，把彭明敏捧上了天，大力頌揚他：「彭先生是我們最偉大的台灣人，將來絕對是我們台灣人的第一任總統，我們要全力支持他選總統……」

言猶在耳，態度丕變。才過了十多年，他不但跳出來和彭明敏競逐總統，並且在黨內初選第二階段開放式初選的全台演講場合中，批評彭年歲已高：「走不到一半，人就倒了」「想他體力撐不了太久」云云，結果每場體力不支，打瞌睡的卻是許信良。

自信滿滿的許信良，在第二階段的投票中，除了在桃、竹、苗等客家庄小幅領先外，其他一路往南，都輸給了「七十多歲的老人家」彭明敏。即使有人每次用遊覽車載了大批人頭黨員來投票，也依然無助敗象畢露的許信良。

當時國民黨的候選人實力雄厚，來勢洶洶，我特地寫了一封給許信良的公開信〈信良兄，是息戰止爭的時候了！〉投書各大媒體，勸許信良以大局爲重，急流勇退，把「戰到最後一兵一卒」的能量保留下來，與彭明敏一起和國民黨的總統候選人進行一場「世紀之戰」。

其實，大家心裡都清楚，國民黨的李連配勢不可擋，民進黨推出候選人是爲了表示負責。彭明敏的出戰更表現出一種態度，是他多年來爲民主、自由原則反抗國民黨的終極之戰。

媒體刊出我的公開信，許信良沒有回應，倒是他的一位洪姓「忠貞幹部」從美國傳眞一封公開信回台灣，指責我非民進黨黨員，沒資格干涉民進黨內部的事。我沒回應許信良小弟的挑釁，直接傳話給許信良：「你再講這種屁話，我就要好好打你了！」論起對民進黨的貢獻，我絕對不輸那位洪姓黨員。而且這是選總統的大事，憑什麼只有「民進黨員」才能說話，其他人連建議都不行？

許信良堅持不退讓，民進黨依初選程序產生了彭謝配搭檔競選總統。結果一如預期，由國民黨的李連配獲勝。

我幫的是民進黨主席不是你

選舉之後，第二次再當選民進黨主席的許信良來美國訪問，想見美國國會議員及洛杉磯市長，於是透過曾返國參選台中縣長的楊嘉猷前來拜託。我幫許信良聯絡了洛杉磯市長和兩位國會議員的拜會，但我自己沒去。

過了兩、三天，楊嘉猷忽然從車上打電話給我，說：「現在許主席在此，要和你講話。」我還未來得及說我不想和他講話，楊嘉猷就將電話交給許信良。

許信良倒是很客氣，說：「吳董事長，非常謝謝你幫忙。」

「你給我聽清楚，」我沒跟他客套，直接切入主題：「我不是幫你的忙，我是幫民進黨主席的忙。」一聽這話，他馬上說：「文茜在這裡，你要不要跟她講話！」我之所以對他如此不客氣，主要是因爲他當時也積極鼓吹大膽西進，要把台灣引入中國的陷阱。

二〇〇八年三月十五日，我參加謝長廷、蘇貞昌爲競選總統而舉辦的造勢記者會，許信良也來了。一看到我連稱：「董事長！董事長！」手伸出來要和我握手。但我兩手不動，拒絕和他握手。

既然道不同，那就不要往來吧！

許信良從國民黨菁英到黨外人士。從高喊「台灣獨立」到鼓吹「大膽西進」，遊走兩岸當中國領導人的座上賓。從揚言要國民黨從地球上永遠消失到和國民黨暗通款曲。從推崇彭明敏爲台灣唯一的總統候選人到與他競爭民進黨黨內初選。從民進黨主席到脫黨參選，與民進黨候選人爭總統職位，林義雄甚至還因此公開勸說：「連戰的錢不可拿。」後來又從脫離民進黨到回鍋當二〇一六年民進黨候選人桃竹苗地區的總督導。

這樣的人不是變色龍，那什麼才是變色龍？

眞情漢子義雄兄

離開阿拉斯加到洛杉磯之前，最後一個從台灣來找我的人就是林義雄。

一九七九年九月，他應美國國務院之邀訪問華府。來程經過夏威夷，歸程會在安克拉治停留轉機，他想藉機參觀一下阿拉斯加，於是到處打聽：「有無朋友在安克拉治？」

我的朋友洪耀東律師在華盛頓特區執業，聽到林義雄在找安克拉治的落腳處，自告奮勇地推薦我，洪耀東告訴他：「你可以去找吳澧培，他一定會好好接待你。」然後他打電話拜託我招待林義雄。我雖不認識林義雄，但知道他在省議會的傑出表現，當然欣然答應。後來林義雄在我家住了一個星期。

一封信兩張照片

那星期留給我一段很好的回憶。白天我載他在安克拉治到處走走逛逛，晚上大部分時間，我們手持一杯威士忌暢論天下事，無所不談，非常投機。看法、想法常不謀而合，當然談得最多的就是台灣的事，尤其是台灣的前途到底是革命好？還是國民黨所宣稱的革新好？海外的人不明白，國民黨這樣的獨裁政黨要如何冒著失去政權的可能性去革新改造，追求民主、自由？

林義雄的酒量很不錯，有時一個晚上他喝三分之二，我只喝三分之一，就這樣喝掉一瓶威士忌。我們本不相識，卻在一星期的醇酒交杯暢談後，結為好朋友。

他回台灣後寫了封信給我，說很高興認識我，會依照我們的共識在台灣努力打拚云云。信裡並附了兩張照片，一張全家福，另一張是三個女兒的合照。他開玩笑說：「三個讓你選兩個做兒媳婦。」

想不到，兩個月後發生了美麗島事件，他被捕並接受軍事審判。當時報上登說林義雄最合作，我心裡很不安。我很了解國民黨的手段，他們不會那麼好心，侮辱受刑人唯恐不足，居然會這樣誇讚，一定別有用心。事實上，林義雄是所有政治犯中骨頭最硬、最不配合也最難屈服的一個，即使飽受酷刑、凌虐，依然不肯配合國民黨而「供訴」出他們想要的自白書。

美麗島事件發生後不到三個月，一九八〇年二月二十八日突然爆發林宅血案。他的家發生了慘無人性的滅門血案，正當義雄兄在監獄中頑抗國民黨迫害時，老母和女兒卻在家中遭人血腥屠殺，他六十歲的母親和一對七歲的雙胞胎女兒喪命，九歲的長女奐均也身受重傷。聞知此一消息，我萬分驚愕，頓時哭得不能自己。這是每一個為人子女、為人父母的惡夢。至今想到，心底仍然是一陣悲痛。

毫無疑問，這是一樁政治謀殺，用意是殺雞儆猴，國民黨在其中扮演的角色不言而喻。國民黨用了很多招數，想要塑造林義雄和國民黨合作的假象，如此便可以自圓其說，推說台獨分子因此不滿而引動殺機。國民黨要將凶案栽贓到林家的朋友大鬍子家博身上，誣指他是兇手。還好家博是外國人，國際人權組織即時介入，台灣將他驅逐出境，並且上了黑名單。家博現在在澳洲當教授，黑名單解禁後，近年也常常到台灣來，很關心台灣的民主發展。

美麗島事件引起世界的注意，國民黨政府不敢將這些黨外人士處以死刑，於是想辦法要他們自白、悔罪，國民黨的面子才過得去。林義雄不肯合作，他家庭美滿因此被當作目標，叫其他人看了心裡害怕。

請穆考斯基援救

國民黨本想殺雞儆猴，但這種泯滅人性的殘暴手段反而激起更多台灣人的憤怒和同情。當這些美麗島受刑人的妻子「代夫出征」競選民意代表時，每個人都得到民眾熱情的回應。姚嘉文妻子周清玉選上國代，林義雄妻子方素敏和張俊宏妻子許榮淑，都是最高票當選立委。

當時海外台灣人紛紛寫信給友好的國會議員，請他們關注此事，向國民黨施予壓力。美國的主流報紙要報導林家血案的消息，希望能刊登林家的照片。媒體輾轉找上我，我將林義雄寄給我的那兩張照片寄給他們。結果美國主流媒體刊登的照片，幾乎都是林家三姊妹那一張。

當時穆考斯基是參議院外交委員會亞太小組的主席，我請他持續關注此事，爭取早日將林義雄釋放。我寫信給穆考斯基催他向國民黨施加壓力。李登輝副總統訪洛杉磯時，經文處安排了一個我和他的私人會晤，我也向李登輝施壓，他向我說：「有啦！有啦！我正在努力中。」

一九八四年林義雄被假釋，在報章都未報導前，穆考斯基便打電話通知我：「好了！你可以放心了。」穆考斯基施展他靜默外交的手段，到台灣和蔣經國談。他當時有參院亞太小組主席的身分，蔣家人又想消弭國際上的迴響，買帳了。

雖然台灣努力想要消除林家血案的影響，但這事情和陳文成命案一樣，國際友人很難相信這事情不是國民黨主導的。

落拓海角傷心人

假釋出獄後，安葬了母親和雙胞胎女兒，身遭慘絕人寰滅門血案的林義雄和太太移居美國。起先他們住在一個朋友家，唯一倖存的大女兒奐均則住在聖地牙哥一位朋友的家，後來他們搬到洛杉磯以南的尼古湖市，住在一棟獨門獨院的房子。

那時我萬通銀行的工作很忙，偶爾才能抽時間前往探視。他不想見人，心情十分鬱悶。每次我去都會帶酒，林太太會準備一點下酒菜，然後就退下，很少在場。我們兩人閒聊，絕不碰觸有關家人的話題，那種痛，太沉重。

林義雄的心情很不好，一直在思考下一步該怎麼走。在這段療傷止痛期，他不對外聯絡，也拒絕受訪，完全地自我封鎖、消失。沒多久，台灣一些負面的耳語出來了。連彭明敏都很緊張地打電話來問我：「聽說林義雄瘋了，有影嘸？」種種謠言漸漸傳到美國來了，他才講了一句：「看我一生，不要看我一時。」

後來他先到哈佛進修，又到英國、日本讀書。在這期間，他寫了一本《台灣共和國基本法草案》，是台灣共和國憲法，而非中華民國憲法，他的立場很清楚。一九八九年他回到台灣，發表了《台灣共和國基本法草案》和《心的錘煉：淺談非武力抗爭》兩本著作，並且立刻投入社會運動。

聖雄的信徒反核四

一九九一年林義雄和方素敏捐出大部分的家產，創立慈林教育基金會，在故鄉宜蘭興建慈林文教中心，培養社會運動人才。

他和許信良、施明德帶領民進黨，率領民眾以靜坐及遊行的方式，推動總統直接民選，迫使國民黨將「總統直接民選」安排於政治改革方案中。他還結合宗教、環保及社會運動團體，創立「核四公投促進會」，主張以公投決定是否興建核四外，並喚醒台灣人民的主人意識，培養台灣人行使主人權力。爲了表達以公投決定核四命運的訴求，他和五百名志工兩度環島苦行、靜坐、絕食及發傳單等非武力抗爭方式來宣揚理念。

林義雄是印度聖雄甘地的信徒。他相信以不合作運動來進行「寧靜革命」，希望台灣人能被感動，而起來爭取當家做主的權利，「如果台灣人不能被感動，那就是台灣人的命運。」當時我和他的想法不一樣。我說，雖然慈林文教中心每期能訓練出四、五十位學員（信徒），但單靠這些人抗爭這、抗爭那，場子還是拉不開來，至於像絕食這種行動，國民黨根本不會理會。現在我不得不承認，我錯了。他最近不惜自己的生命，以絕食來表達他對反核的堅持，獲得台灣人民的支持與尊敬，迫使國民黨屈膝承諾不續建核四。這是台灣人民千秋萬世罕有的一次勝利，僅此一項貢獻，他就值得受到台灣人民最高的尊敬。

一九九七年七月，母親過世，我返台奔喪。我沒正式發訃文，喪葬儀式也是在大城鄉下，不記得他是如何得知消息，從宜蘭趕來參加儀式，讓我很感動。

林義雄行事有古風，很多事情都放在心裡而不是嘴上。一九九七年我在洛杉磯捐出一百萬美元，其中一半捐給慈林基金會。對於這事，林義雄從未在我面前提起隻字片語，但大家心知肚明。他後來任命我做慈林基金會的董事，開會就通知我。返台定居後，有時太太返美看孫子們，他便會邀我去他家過年。

後來林義雄當選民進黨黨主席，除了許信良外，大家都有共識讓他出來選總統。但當時阿扁連任台北市長落選，氣勢正旺，全國的知名度大漲，民調也超越了林義雄。林義雄心胸寬大，顧全大局，於是勸陳水扁選總統。阿扁遲疑了一陣，在林義雄不斷勸說下，阿扁才點頭。

確實也只有林義雄有此讓賢的肚量。如果林不主動讓賢，並且爲阿扁更改民進黨內規，阿扁既不能選，也不敢選。

運籌帷幄林義雄

二〇〇〇年總統大選，我帶了海外扁友會一群鄉親返台爲阿扁搖旗吶喊，張威助陣。大選前兩、三天，林義雄突然跑來跟我說，內部評估認爲應該會險勝選上。吳釗燮當時在政大國關中心工作，專管民調，也證實了林義雄的說法：陳水扁會贏，宋楚瑜第二，連戰第三。林義雄擔心第一次政黨輪替，國民黨不肯認輸，不肯讓出政權，要我選舉後馬上趕回美國，請美國對民進黨執政表達支持。

我馬上聯絡穆考斯基，要他注意參議院對台灣選舉的反應，並準備提出支持台灣選舉結果的決議案，以表達美國國會的立場。另一方面，我透過各種關係和美國國務院對台灣友好的官員聯絡上，要他們表態支持政黨輪替。並請他們注意台灣情勢，如有任何異動，美國要馬上表明立場，不能拖延。如有人打算醞釀任何事，美國的態度也會讓他們有所忌憚。

做了很多準備動作，還好都沒派上用場。在卸任總統李登輝的大力支持下，台灣有史以來第一次政權和平轉移。

完成了將陳水扁推向總統大座的任務，林義雄於陳水扁就任後一個月，以「任務已經完成」爲由，辭去民進黨黨主席，並積極投身反對興建核四及宣揚公民投票的理念。他並於二〇〇六年一月二十四日發表公開信，退出民進黨。

他堅持原則，對背離的同志也絲毫不假辭色，例如他在二〇〇〇年大選前曾透過媒體，呼籲許信良不要收取連戰提供的資金。他一手支持陳水扁上位，但最後發現陳水扁還是政客，便立即和阿扁割裂關係。

以必死決心綻放力量

二〇一四年的太陽花學運，義雄兄再次綻放了他的力量。

四月二十二日，他懷抱必死的決心，爲停建核四而於林家舊宅改建的基督教義光教會進行無限期絕食，也爲走到僵局的太陽花學運注入力量。這兩件事對台灣的未來影響極其重大。我相信義雄兄抱著必死的決心，也相信他會堅持到最後，不會中途落跑，而這令我十分擔心。

四月二十八日，我寫了一封信，並到義光教會探視他。知道他在一個帳篷裡，不想打擾他，便將信交給一位在那兒工作的人員。在信中，我寫道：「義雄老弟……我看到你昔日那種當仁不讓的眼神，你說這是你人生的最後一戰，我受了你的感召，也就決定追隨……由於你對反核能電力的堅持已得到全國人民的響應，你的人格和對理想的執著也得到全國人民的認知和尊敬，你現在已成爲全國人民獨一無二、可以信賴的領袖……台灣的問題多多，不只核四一項，這正是台灣需要你出來領導的時候，我們一起拚老命，拚到他們（國民黨）倒下去，好不好？」最後一句則是：「你要活著看他們死，而不是死給他們看！」

起初我很擔心，怕寫了信也勸不了。幸好同一天，國民黨政府的江宜樺留了一張紙條，稱政府同意不續建核四。林義雄遂在當天停止絕食，被送入台大醫院。

對林義雄個人來說，這次的運動確立了他在台灣民主運動的領導地位，他展現了眞正有勇氣以生命去拚搏理想的領袖風格。但對我來說，他是一個充滿鬥志的理想主義者，也是我的兄弟、我的同志。

林義雄支持施明德選總統嗎？

與林義雄相識三十多年，我敬重他的爲人，珍惜這位老友，長年來對他毫無保留地支持。只是萬萬沒想到，二〇一五年五月二十一日，我人在南下的高鐵上，翻開報紙時，我簡直不敢相信眼中所見，新聞標題斗大寫著：「林義雄表示，他的一票會投給施明德。」

林義雄的說法眞教我怵目心驚，心裡希望這又是報紙亂寫。但後來證實他的確說了這些話。隔日我寫了信，向他表達我的震驚與不解，希望他對台灣人民澄清，以免造成誤解，過了幾天他回信：「我當然知道施明德是什麼樣的人，所以十多年來沒有交往。可是，他是我在美麗島時期的老戰友，當年我們共同面對危險，互相支援鼓勵來對付國民黨。那種同志之情是一般人不能了解的。我極爲珍惜這份感情，所以，當年的同志即使目前沒有來往，只要他們有重大的事，我都會表達適當的關切，我想，投他一票是一回事，支持誰競選又是另一回事，我這一票投給他，與我要不要支持誰沒有關係……」

看完信，我沒有釋懷。我的想法是，即使是革命的同志，一旦破壞了共同的理想與情操，那也不再是同志了，所以也不值得投他一票。施明德是什麼樣的人，林義雄比我更清楚，他怎麼可以如此說。我所關心的是，他這樣的表述不僅會傷害到他自己，也傷害了台灣人民對他的尊敬和感情。但多年來他的所做所爲和高貴情操，讓我對他的尊敬和信任不因此事而動搖，我仍然十分珍惜我們之間深厚的友誼。

到聖地牙哥參加林義雄女兒奐均的婚禮，與林義雄夫妻合影。

精於算計的謝長廷

在阿扁競選台北市長連任之前，我對謝長廷的印象相當不錯。因爲在一九九四年，謝長廷和陳水扁競爭代表民進黨出線競選台北市長時，謝長廷在第一階段初選僅在黨員及民調上微幅落後就主動退出初選，並擔任陳水扁的競選總幹事，將阿扁推上台北市長寶座。對照許信良在和彭明敏競逐總統候選人資格時的死纏爛打，我覺得他挺豁達，心胸夠開闊。

後來幾次和他接觸的經驗下來，我認爲他如外界所傳，充滿機變之巧，但我對他本人卻沒有什麼好印象。

第一次是在一九九八年陳水扁競選台北市長連任時，謝長廷同時也在競選高雄市市長。大家都以爲阿扁在台北市長任內政績很好，有口皆碑，連任成功應該沒問題。而對於從台北南下的謝長廷，要對抗在高雄市主政八年半，競選連任的坐地龍吳敦義，大家普遍不看好。

沒想到選舉結果出來，跌破大家眼鏡，北、高兩市競選連任的市長都輸了。阿扁輸了七萬多票，敗選。謝長廷則以四千五百多票勝出，當選。

一張收據那麼難？

當初為了支持阿扁競選市長連任，我組織了海外阿扁之友會，後來配合民進黨改成長扁競選後援會，海外同鄉捐了不少錢給阿扁做為競選經費。為了平衡一下，我們也捐了十萬美元給謝長廷的團隊，作為競選經費。

因為阿扁之友會的所有經費都來自世界各地鄉親樂捐，所以我要求財務一定要把帳作得清清楚楚，捐款進來多少？用在哪裡？都要有依據，才好對捐款者交代。因此我們在一開始就說清楚了，我們一定需要收據來作帳。陳水扁陣營很配合，一捐錢，就拿到了由競選總部出具的正式收據。而捐給謝長廷的錢，過了好久都沒收到收據，因此無法入帳。

志工打電話、寫信、傳眞，三催四請，他們就是沒寄。而且我們連謝長廷都講不上話，都是他的幕僚出來應付。實在沒辦法了，只好請曾和謝長廷搭檔選總統的彭明敏去講。對方答應了，但我們還是未收到片紙隻字。

一直到謝長廷就任市長兩、三年後，我們才收到一張手寫的收據，後來又收到一張打字的收據。這只是一件小事，但連這樣的小事也無法做好，對捐款人及辦事人員不能有同理心，令人遺憾。

麻煩都送到你家

經此一事，我對謝長廷的印象改變了，所以才好奇爲何彭明敏在一九九六年的「四百年來第一戰」總統大選時，最後會選謝長廷做搭檔？我打電話問彭明敏：「當年你不是內定尤清爲副手嗎？怎麼後來把謝長廷拱上去？」

當年，在傳出彭明敏有意選擇尤清爲競選總統搭檔的消息時，有些海外鄉親很擔心，他們對尤清的印象不佳，因他在台北縣長任內「收紅包」的傳聞不斷，大家促我打電話給彭明敏，請他慎重考慮以謝代尤。於是，我特地從美國打電話給彭明敏，推薦以謝長廷爲副手。想不到，一向給人溫文儒雅感覺的彭先生很不耐煩地說：「已經決定了，不要再講了。」這是他的選擇，所以我也不再多問。

多年後再問到此事，彭明敏很無奈地苦笑，才告訴我其中的內幕。當年不僅僑胞聽到很多有關尤清的傳言，在他內定尤清爲副手人選後，也聽到很多尤清不適任的話，令他很頭痛。但彭明敏認爲，既然已經答應了尤清，不好再變卦。

其實當初彭明敏在考慮副總統搭檔人選時，第一個找的就是謝長廷。謝說：「讓我考慮一天，明天再回覆好不好？」彭當然說好。可是第二天的報紙居然刊出來，彭找謝搭檔，已遭到謝拒絕。這件事情僅有數人知道，而報紙居然馬上就刊出謝的反應，甚至未照會彭，令他感到頗爲受傷。因此我致電推薦他找謝爲副手時，他的反應才會那麼激烈。

但隨著彭明敏的聲勢愈來愈高，謝的心思又活絡了。他打電話給彭明敏，說他重新考慮了擔任副總統候選人之事，表示願意接受。彭明敏心裡百般不願意，但他不善言辭，更不願開口傷人，只說已和尤清講好了。想不到，謝長廷說：「絕對沒有問題，我不是要請彭先生去和尤清說，我們都是『福利國連線』的人，我們自己去談，不會讓你爲難。」話都講成這樣了，彭明敏也沒辦法，只好說：「如果你們能夠談妥，那也可以。」

不料謝長廷半夜打電話來，請彭明敏過去一趟。彭還以爲兩人協調好了，沒想到過去一瞧，兩個人臉都拉下來了。兩人說：「我們談不妥，請彭先生指定，選了誰就是誰。」這下彭先生窘了，心中對謝長廷也有些不滿：「你謝長廷一下不要，一下要，還說『不會讓你爲難』。現在這是把我放在火上烤嗎？」但考慮到大局，只好向尤清道歉：「爲了大局，還是長廷合適。」

彭先生因此得罪了尤清。而始作俑者的謝長廷成了彭先生總統大選的搭檔。後來司法證明，那些傷害尤清的傳言，都是空穴來風。

沽名釣譽

二〇〇七年初是我最後一次帶隊前往美國參加祈禱早餐會。當時陳總統已經不受美國歡迎，稱他爲「麻煩製造者」，並且削減對他的禮遇。即使是祈禱早餐會的規模也受到了限制，這次美方只准許一位團長及一位團員。

參加祈禱早餐會的人由總統任命，但人數卻由美方控制。即使我擔任團長，團員也非我能決定。一旦當了團長，除了參加祈禱早餐會外，其後在華府滯留的一個星期，必須肩負起出席座談、控制場面、引介美國官員、進行對話等責任。這次的祈禱早餐會，陳水扁依例任命我爲團長。

在代表團啓程前，外交部長突然打了個電話給我，問我：「謝前院長打電話來，問是不是可以容許他和你做共同團長？」我聞言只覺好笑，兩個人的「團」都還要搶一個「團長」來當。我並不注重表面的名義，對此無所謂，所以回他：「我是沒什麼問題。但這職位是總統任命的，只要總統答應，並先任命他爲團員就可以。」

外交部長這才向我說明，陳總統已經任命謝長廷爲團員，只是謝長廷向陳總統要求擔任共同團長，陳總統要他來和我商量，所以外交部才跑來詢問我的意見。「我是無所謂啦！」我說：「如果總統那邊沒問題，我就可以。」外交部長任務圓滿達成，很高興，請我吃了一頓大餐，並簡報可能發生的狀況和問題。

行前謝長廷向報紙聲稱，他是總統的特使，也是這次早餐祈禱會的團長，此行任務重大，而我這個共同團長似乎已不存在。啓程時，我竟發現謝長廷有好幾位立委和幕僚隨行，還有很多人來送行，而我只是一個人，也沒人來送機。令我納悶的是，隨行人員不能參加祈禱早餐會，謝長廷爲何帶這麼多人。

到了華府下榻的旅館，早有一些台灣的媒體等候，他們圍在謝長廷身邊，聽他指手畫腳，指點江山。此行除了參加祈禱早餐會外，台灣和美國官方安排了好幾個節目，包括拜訪好幾位交情不錯的參、眾議員，聯絡一下感情，互通有無一番。五天的活動行程排得滿滿。

第二天一早，我和謝長廷參加了祈禱早餐會。早餐會結束後他就不見了，之後幾天的活動包括與美國國安會、國防部、國務院及一些智庫，檢討台美中的關係，還有我自己也安排了一些拜會參議員和眾議員的行程，這些他一項都沒參加。

謝長廷的「憲法一中」

我對謝長廷最不能諒解的是他居然主張「憲法一中」，在高雄市長任內，甚至以一中二市的模式和廈門結爲姊妹市，計畫前往廈門訪問，然後由廈門直飛北京，當胡錦濤的座上賓，討論憲法一中的問題。幸好政府最高當局知悉，即時阻止，這件不幸的事件才沒有發生。

謝長廷競選總統失利後，繼續到處宣揚「憲法一中」，並且逼民進黨勞師動眾召開會議，談論黨的兩岸政策和未來的走向。我曾質問時任民進黨主席的蘇貞昌：「民進黨的中國政策已經在『台灣前途決議文』中明述，台灣的前途由台灣人民自決，如果對這黨章有意見，理應循黨內機制修改黨章。哪有以個人身分要求黨主席召開會議討論的道理？」蘇貞昌無言。我更進一步說：「謝長廷怎能以個人身分主張『憲法一中』？他曾擔任過民進黨黨主席、民進黨執政時的行政院長、代表民進黨競選總統，當過民進黨的中常委、中評委和中執委。」對他這些作法，我實在無法苟同。

堅持的呂秀蓮

在第一任副總統任期內，因爲副總統官邸尚未覓妥，所以呂秀蓮暫時住在總統府附近一棟大樓。有一次我回台灣，她透過一位人士邀請我吃飯。當時我在台灣停留的時間很短，行程緊湊，當天晚上已另有他約於是謝辭。但這位人士說呂副總統堅持：「不管多晚，拜託你來一趟。」我想她一定有什麼要事，就答應了。

待晚上吃完飯，這位人士載我去赴約。一開門連鞋子都還沒脫，她就開了一個玩笑，大概是想讓氣氛較輕鬆些。但我實在和她不熟，只好一笑置之。

抱怨陳水扁

在客廳坐定，兩、三句客套話後，她開始向我抱怨陳水扁，包括：「我和他都是一樣多張選票選出來的，而他的國務機要費都是他自己花……他做事也都不跟我商量……」這種雞毛蒜皮的小事，她卻一一道來。可能她知道我次日就要去見陳水扁，希望我傳個話吧！

待她講得差不多了，我才打破沉默說：「我可以把妳的關心傳達給陳總統。但我想，您們兩個人的事情不要公開吵，否則人民對政府的觀感會不好。我建議妳稍微讓一點，畢竟他是總統，妳是副總統。」

不料，這句話可把她惹毛了，她馬上站起來說：「你說，這都是我的錯嗎？」見她翻臉，本來聽了一晚上閒話，心裡極其鬱卒的我也火了，站起來說：「我管你們誰對誰錯！好意勸妳，聽不進去就算了，幹嘛和我大小聲！但妳的話我會傳給陳總統。」我就離開了。

事後我向陳總統提起她的抱怨，阿扁卻辯稱：「哪有！我每個月都分十五萬給她。」

後來她成立了一個「太平洋地區國會議員聯誼會」，邀請了資政、國策顧問出席，但我卻沒被邀請。

在此之前，呂秀蓮過境洛杉磯，美國政府對她諸多限制，不讓她隨便見人、招待記者。但她很想見一些人。這事情找上了我幫忙。於是我安排她和一位知名的專欄作家湯姆普芮特見面。普芮特是羅耀拉大學教授，也是東南亞專家。

陪呂秀蓮見普芮特那一天，我想呂副總統曾在哈佛念書，就沒有特別安排翻譯。普芮特問了很多問題，呂副總統可能心有成竹，以致有兩、三次答非所問。我怕引起不必要的誤會，只好點她兩句：「伊是在問……」她很聰明，一點就通，便將話又硬生生地轉回去，繼續回答。普芮特後來果然寫了一篇訪談呂秀蓮的文章。

怒氣沖沖離席

二〇〇三年，陳水扁第一任總統任期將滿，我剛好回台灣，呂秀蓮透過當時擔任總統府副秘書長的姪子吳釗燮邀請我吃飯。我不想去。但吳釗燮在呂秀蓮手下工作，拜託我勉爲其難，我只好答應赴約，和她共進午餐。

餐後她約我到她的辦公室，談話間才知道她過一段時間要到美國訪問，會在洛杉磯停留，希望我屆時能替她辦一個大型的歡迎餐會。我沒有馬上答應並照實告訴她，因爲自從她和陳水扁當選後，政府的作爲和台僑的期待有落差，所以洛杉磯的台僑社團這段時間對於台灣去的人，熱忱降低，漸趨冷淡。因此在了解情況之前，沒有把握能滿足她的期待。

我回到洛杉磯後，發現呂秀蓮停留洛杉磯的第一天晚上，國府駐洛辦事處將出面舉辦一場僑宴，邀請所有的老僑、新僑齊聚一堂，歡迎副總統呂秀蓮。知道這情況後，我對吳釗燮直言，既然第一天僑宴是由政府買單，呂秀蓮想講什麼大可以在這場僑宴上講。我沒有能耐另外辦一場餐宴，讓大家自掏腰包來聽呂秀蓮講話。

被我拒絕後，據洛杉磯的朋友告訴我，呂秀蓮轉而去找王桂榮太太王賽美主辦。王賽美了解情況後也不敢承辦。呂秀蓮沒辦法，只好再找回吳釗燮，還是要我替她辦餐會，但規模可以不用那麼大。看事情轉了一圈還是回到我身上，我於是建議一個比較有意義的作法，就是找南加州台美人社區中有代表性的人士來和她齊聚一堂，吃一頓便飯，然後舉行座談，呂秀蓮連聲答應。

我很認眞地聯絡了七、八十位南加州地區的台美人領袖，在呂秀蓮下榻的世紀大飯店舉辦餐會兼座談會。這些前來參加餐會的，不只要自掏腰包付餐費，有些人還開了好幾個小時的車程遠從聖地牙哥、貝克斯菲爾德趕來參加。

餐會開始之前，呂秀蓮很開心地提議：「我們不一定要等吃完飯再談，其實可以一邊吃、一邊講。大家有意見隨時可以拿出來談。」

既然她表現出開放的態度，自然也有人響應。僑領李木通馬上站起來發言，他說：「在台灣，大家都在猜陳總統到底會任命誰做副總統。我們當然期望呂副總統連任，但萬一陳總統未任命妳，我們也很期待妳以大局爲重，好好支持陳總統及他的搭檔，這是我們對妳的期待！」李木通是我的好朋友，爲人樸實，他坦率地說出了大家心裡的話。

呂秀蓮的臉色頓呈鐵青，聲音也很冷峻：「這樣好了。大家有問題一起講，我一併回答。」這時還有誰敢講話啊！呂秀蓮又大聲問：「有什麼問題一起拿出來講，我待會兒一起回答。」大家你看我，我看你，現場一片肅靜。

這時，呂秀蓮做出一個出乎大家意料的動作，她說：「既然沒有什麼問題，好了！謝謝你們！」然後站起來轉身離席。

這突如其來的反應令大家都愣住了。跟著呂秀蓮一起來參加餐會的一位民進黨立委忙不迭地對我說：「副總統要走了！趕快去送她！」要我恭送呂副總統。

本來還有些發呆，正想：「怎麼會發生這種事情？」的我被一位立委催促，一下子火大起來，忍不住大聲飆罵。

在場所有人，包括正在等電梯的呂秀蓮都聽到了，也都傻了。怒氣稍平後，我為我的火爆和粗魯向現場的來賓道歉。連飯都還沒吃，餐會就結束了，我當然得道歉。

先問一問比較保險

後來呂秀蓮大概聽說了我向阿扁上「萬言書」及民調結果，建議他不要再和呂秀蓮搭檔之事。她把這兩件事連起來。從此，我和呂秀蓮的關係更糟。即使我返台擔任資政，偶爾在總統府的電梯遇到，她也從來不正眼看我一眼，更不要說打招呼了。有時參加一些婚喪喜慶，被主人安排同坐主桌，即使是相鄰而坐，除了打個招呼，彼此也不交談。

呂秀蓮到處拿這兩件事說事，說我設陷阱讓她跳，又說我支持蘇貞昌才故意給她難堪，找李木通當打手，故意在台僑領袖前羞辱她。這眞是太冤枉我和李木通了，李木通沒料到一個副總統會如此大失風度，而當時我和蘇貞昌根本還不熟，僅於十多年前見過一次面，怎麼可能為了蘇貞昌設陷羞辱她？

後來陳水扁總統和她任滿卸職後，她辦了《玉山週報》。前行政院副院長吳榮義去幫忙，為她籌款。有一天，吳榮義忽然打電話給我，說：「呂秀蓮要請你吃飯。」我覺得有點奇怪，問他：「這樣哦！她和你這樣說嗎？」「沒有。她讓我全權處理，先請你們這些老人家吃一頓飯，當然由我來請，再跟她說就好了。」我想，果然不出所料，於是對吳榮義說：「你最好去問她一下，眞要請我，再來跟我說。」

結果沒下文了。

我再認識的呂副總統

二〇一四年的一天，我接到張旭成打來的電話，他說呂副總統希望我能幫忙她推動「台灣永久中立國」運動。我問他這是呂前副總統的想法還是他自己的，他反問：「這有什麼不一樣？」我於是將過去和呂副總統幾個場合接觸的經驗告訴他，他說這些他都前所未聞。後來張旭成又打電話來說，上次我告訴他的都是誤會，呂前副總統要親自來向我說明。我實在不敢勞煩她來我家，告訴張說：「若有任何吩咐，以電話告知就可以。」但她還是堅持要來。來的前一天，我們居住地區的警局主管帶了二、三個警員來檢視我家和整棟公寓的安全設施。

她來後十分客氣，送我一些她自己寫的，和有關她訪問世界各國的書。進入正題後，她向我說明推動「台灣永久中立國」的宗旨和理念，我婉轉地提起，我不樂見任何人以這運動做為重返政壇的踏板。她表示她把這個運動視成終生的志業，甚至若在她有生之年，即使不能見到這個目標達成，她也期待有人接棒繼續努力。她這番話令我十分感動。但我仍然說出我心中的疑慮：「未先建國，怎能成立中立國？」我建議這運動要有配套設施，建國和成立中立國必須同時進行，互為表裡，她也贊同。我問她我如何幫上忙，她很客氣地說，以我的人脈和經驗，這個運動很多方面都可藉助我的支持，目前的急務是籌款，她的目標是一萬人每人至少一萬元。她探知我在世界商會總會和各地商會都有很好的人脈，在商會極具影響力的重量級人物包括創會總會長蔡仁泰、剛卸任的世界台商會總會長楊信和剛上任的北美洲台商會會長田詒鴻，都是和我關係很密切的好友，因此她希望我能幫忙在台商會的各種聚會，讓她有機會宣揚「永久中立國」的理念並勸募資金。我欣然答應。呂副總統便東奔西走，到世界各地的台商會宣揚她的理念。

近日在電視上看到她條理清晰地闡述她推動「台灣永久中立國」的理念，令我衷心佩服。過去我對呂副總統認識不深，覺得她容易動怒，不適合做政壇上的人物。雖然現在我仍然不覺得她適合從政，但經過多次和她接觸後，她對台灣和這塊土地的熱愛，對理想的執著，和從事運動堅毅不拔的精神讓我折服。心想如果她不踏進政壇，終身致力於台灣獨立、人權和公平權的運動，那麼在台灣的歷史上，她的成就應該會有更輝煌的一頁紀錄。

我所見到的國民黨官僚

雖然來美留學前，在台灣已見識了國民黨官商勾結、吃拿都要、貪污腐敗的樣子，但國民黨官僚做作矯情的一面，卻是來美國後才有機會大開眼界。

想做總統的邱創煥

一九九六年台灣第一次總統直選前，有一次我應銀行董事之邀，參加時任考試院院長邱創煥參選總統的造勢餐會。本來這種場合我向來不參加，但邀約的董事一再拜託，要我「給他一個面子」，以銀行董事長的身分參加。後來想起，我和他也算略有淵源，他曾在彰化大城教書，當過我妹妹的老師，於是就去了。

餐會在帕沙迪娜一幢占地六英畝的豪宅舉行。我過去和邱創煥打個招呼：

「邱院長，你好。我是大城人。」「你爸爸是誰？」

「吳瀛士。」小地方，很少人不認識我父親。

「哦！」我聽不出他是否記得。

「你那時當老師，還教過我妹妹，吳季珍。」我提醒他。

不料他糾正我：「不是老師，是教務主任呢！」喔！原來我搞錯重點了。

當時邱創煥有意角逐代表國民黨參選一九九六年總統大選，來美國就是爲了爭取海外支持。餐會中，主辦人說明餐會的主題，並且舉杯提議：「大家來爲邱總統敬一杯！」邱創煥樂壞了，呵呵地笑道：「還沒啦！」

吃完飯，大家赴佛光山西來寺參觀。在參觀途中，邱的隨扈來催他去機場。「邱總統」不高興了，眼睛一瞪，說：「你急什麼！我沒到，飛機敢飛嗎？」官僚之氣表露無遺。

整個晚上我僅聽了他三句話，但句句都令我起雞皮疙瘩，這大概就是國民黨的文化吧！

我和妹妹說起此事，妹妹大爲感嘆：「人怎麼一做官就變了？他以前教書時還很不錯……」我趁機發表心得：「國民黨就是一個發臭的大醬缸，誰進去都會變得又臭又鹹。」

後來返台碰到舊識施啓揚，才知道我對國民黨的了解還不夠深刻，否則怎麼一個活潑開朗、令人喜愛的有志青年，會變成一個令我不得不以三聲台罵來表達我厭憎他虛僞做作的官僚。

三聲台罵施啓揚

施啓揚是我大學時的老朋友，當年他是一個活潑開朗、令人喜愛的有志青年。我大二時，擔任台大的台中一中同學會總幹事。當時我覺得同學會沒有什麼活動，於是想辦一份以「育才」（台中一中校訓）爲名的刊物。時任省政府秘書長，同時也是台中一中校友會總會長的謝東閔和父親是同窗，於是我去官邸拜訪他，爭取到籌辦刊物的經費。

施啟揚是個用功的好學生，不但法律知識鑽研甚深，而且文字修養也好，於是我找他來擔任編輯。

當謝聰敏因〈台灣人民自救宣言〉被捕時，施啓揚已在德國海德堡大學留學。我還聽說施啓揚在德國念書時，宿舍中放滿了馬克斯、毛澤東、列寧的書籍。後來他和李鍾桂結婚，開始參與國民黨的黨務工作，當了國民黨的官。當官後，施啟揚和我有三次交集，每次我都忍不住用台罵罵這位年輕時的老友。

記得第一次罵他，當時我人在阿拉斯加，國府駐外單位不肯給我赴台簽證，阻擾我參加中美經濟合作會議。我正運用種種關係，包括政界和媒體，將國府不顧人權把我放上黑名單的事情曝光。有一天，我忽然接到施啓揚從美國打來的電話。當時他應該是國民黨海工會的副主任。

多年故友，他的第一句話卻是：「老大，嘜鬧啦！以後這不都還是咱的。」我一聽，馬上不客氣地罵他：「×恁娘哩！恁的啦！不是咱的！」然後掛上電話。對這種國民黨的官，我沒有什麼好客氣。

第二次是在一九八三年，我突破黑名單的限制返台探親。但一到台灣，我不但被特務公然跟監，家人也被警方及國安單位騷擾。我依錢復在我返台前的指示，有任何問題就找程建人。程建人爲了表示國家在進步，氣象一新，安排我和一些青年才俊聚餐，並稱：「這些人以後都是國家的領導人。」

餐會設在馥園，來了好幾個青年俊彥，和他們比，我算是老一輩的。

正這麼想時，忽然來了個和我同年代的施啓揚，當時他已高居法務部政務次長。他看到我便上來打招呼，像演戲般地說：「唉呀！很面熟，很面熟，好像是學長，是不是？」拙劣的演技讓我聽得快吐了。太誇張了，雖然十多年未見，但我那時和大學一樣瘦，體型、樣貌都沒什麼變，哪會認不出來。而且，程建人請吃飯，怎麼可能不告訴你要和誰一起吃飯。說事先不知道，騙鬼吧！

當年的青春陽光小學弟怎麼變成了這般官僚令人噁心？忍不住大聲斥罵他：「你以爲我這麼笨嗎？你還在這裡跟我演戲，×恁娘！」想不到他居然沒生氣，還笑著自我解圍：「沒有啦！對不起，經過那麼多年，我不太敢認。」

國民黨有這樣的人才，而且居然還是我的老朋友，讓我啞口無言。

第三次是一九九〇年，我接受李登輝總統的邀請，返國參加國是會議，有一百多位代表參加，我是所謂的「海外異議人士」之一。第一天報到是在圓山飯店，從會議手冊上得知，國是會議的執行秘書正是我認識，時任行政院副院長的施啓揚。我有預感，我會再遇到他。

果然報到後，正拿了招待人員遞上的一杯雞尾酒。施啓揚看到我從遠處跑過來，還一路揮手提著嗓子叫：「學長！學長！」我那時已經發福，多了十幾公斤，不只身材變圓了，臉型也由長轉圓，而他居然能從遠處一眼認出來，我半驚訝半開玩笑地「打招呼」：「×恁娘，我這樣子你還認得我哦！」，他笑嘻嘻地握著我的手，毫不生氣。我想，他還是有肚量的，演技也有進步。

我和他握手、談話的照片，第二天就在各報上登出來了。記者還用一種「恍然大悟」的口氣，說「神秘的」吳澧培為什麼會被邀請回來參加國是會議的謎底解開，「原來因為他是施啓揚的同學……」

看了新聞，我眞想再罵他一聲。不過，從此我們再也沒碰過面。

樸實剛直蘇貞昌

第一次和蘇貞昌見面是在一九九二年，我爲籌備彭明敏返鄉事宜回台灣，當時蘇貞昌是屏東縣長，又是彭明敏在台大法律系的學生，謝聰敏安排我去見他，請他擔任「歡迎彭教授返鄉主席團」的委員之一。

可能因爲素不相識，和蘇貞昌見面時，我並沒有感受到什麼熱情或高興。他以一種公事公辦的語氣說：「這件事情應該是由黨中央安排。黨中央怎麼安排，我就怎麼做。」我當時覺得奇怪，這明明就是個人的決定。願意，你就以個人立場去歡迎彭教授返鄉，不願意，那就算了吧！爲何還需要民進黨同意，聽從黨中央的安排？和黃信介、許信良一聽就答應擔任主席團一員的態度比較，實在相去甚遠。而和同樣出身台大法律系，並擔任美麗島審判中，黨外人士義務辯護律師的陳水扁相較，那就差得更遠了。

未見面就吵了起來

二〇〇四年陳水扁競選連任時，海外比台灣還積極、熱情。海外鄉親想要替阿扁競選連任募款。我和阿扁商量，請他派人來參加募款餐會，激勵僑胞的士氣。於是阿扁派了時任總統府秘書長的蘇貞昌。

一聽蘇貞昌要來，我們四處接洽，安排各種節目活動。但蘇貞昌一下飛機就被姚嘉文事先安排好的陳大昇接走，我們的工作人員撲了個空，懊惱又著急。接著，我又聽說蘇貞昌第二天下午要接受電視台訪問，並且還安排一個小型的聚會，將占掉不少時間，使我們當天晚上所籌畫的大型募款活動時間非常緊張。

我很不高興，在電話上就和蘇貞昌吵了起來。按我的想法，阿扁派你來，就是因爲海外扁友會需要你來替海外僑胞打氣，接著還安排你到美加四個城市訪問，事前聯絡籌畫的工作牽涉許多細節，任何突然冒出的變卦都可能影響整個流程，讓工作人員措手不及。你怎麼可以突然跑去參加不在我們計畫中的活動呢？我說：「我們請你來，來了之後你又另有計畫，那你還不如不來。你不來，我還可以找別人來。」他很無奈地說：「姚資政這樣講了，不去對他不好意思。」後來我們才談妥一些折衷的時間表。

那場募款餐會在洛杉磯市中心的波那文丘大飯店舉行，現場就募到了六、七十萬美金。

樸實自律要求嚴

那一次的募款行程除了洛杉磯外，還包括舊金山、紐約、休士頓及加拿大溫哥華。我陪同蘇貞昌巡迴募款，旅途中一個星期的相處才對他有些了解。

蘇貞昌在飲食上相當節制，而且樸實到「龜毛」的地步。他不茶、不酒，都是喝白開水，在外不隨便喝飲料，餐食清淡，不吃蔥薑或任何刺激性的食物，所以有時都要特別準備。

在旅行期間，發生了一件令我印象深刻的事。因為他女兒要去紐約讀書，他那一次順便要把女兒送去學校，所以太太也隨行，並且帶了很多件行李。由洛杉磯搭機往舊金山時，在機場因為行李超重要補繳費用。我想幫他付，他卻馬上拒絕，說：「沒有什麼重要的東西。」然後催女兒把皮箱裡的東西拿一部分出來，改用手提。他太太急著打開皮箱，我冷不防看見裡面的東西，嚇了一跳。竟然大半是非常普通的日常用品，像是衛生紙和盥洗用品一類的，其實這些在美國都買得到，很方便，只是貴一點。他太太和女兒急著將皮箱裡的東西拿出來，改裝到隨身行李袋中。

對我而言，這場面很震撼。這個人當過屏東縣縣長，立法委員、兩任全國最大縣（台北縣）縣長、現在又是總統府秘書長，居然如此節省樸實！可見這個人不貪污，夠清廉。

再仔細看他本人、他太太和他女兒的穿著和用的東西，都非常樸素、平實，一點都沒有官宦人家的奢華之氣。

蘇貞昌代表陳水扁到美國募款。

我陪蘇貞昌到各地募款。

深入交談話投機

在舊金山時，當地僑民安排了一場記者招待會。主流媒體的記者也來了，蘇貞昌拜託我幫他翻譯。在回答主流媒體的問題時，我幫他將話修飾得更圓滑，更適合美國人的口味。會後他特別謝謝我：「多謝你還幫我修飾了一下。」原來他英文相當不錯。後來我才了解，他和太太都很努力在學英文。

在旅行當中，蘇太太說我和蘇貞昌比較談得來，所以都讓我和他坐在一起。每段航程二至六小時不等，我們有很多交談時間。整個巡迴行程下來，也比較了解彼此個性，連蘇貞昌都說我們的個性「攏同款」，做事情也同樣是嚴格、賞罰分明。我們談得非常投機，幾乎無話不談。

蘇貞昌是個很樸實的人，蘇太太也很謙卑客氣。我們回台灣助選後，蘇太太特別弄了一台小巴士，陪我們參觀蘇貞昌在台北縣長任內所留下的政績，我們參觀了八里的十三行博物館、淡水漁人碼頭的情人橋……每到一地，蘇太太談起蘇貞昌的政績時，臉上總是充滿了驕傲。不過和她談起政治上的事，她就說：「這我都不知道。」這些細節讓我對蘇貞昌夫婦的印象很好。

追蹤考核講效率

後來我返台定居，加上姪子吳釗燮在他手下工作，大家接觸的機會較多。有一次穆考斯基訪台，我除了安排他和陳水扁總統會面外，也爲時任行政院長的蘇貞昌保留一段時間，讓蘇貞昌在官邸舉辦歡迎宴會。當天行政院大大小小的官都來了。

蘇貞昌接任民進黨黨主席時，民進黨沒錢了，於是進行募款。我募了一百萬台幣。拿給他，他不拿。他說：「你們在海外時一直無怨無悔支持我們。這筆錢，台灣可以募得到。」他堅持不拿，我覺得他滿有人情味，會考慮到海外僑胞的感受。

曾分別在謝長廷、蘇貞昌主掌內閣時擔任閣員的吳釗燮曾向我說，蘇貞昌做任何事情，只要交代下去一定會追蹤考核，看看事情的成效、結果如何。謝長廷擔任行政院長時比較率性，很多事情只是講講並未落實。比較起來，蘇貞昌花費在管理上的精神比較多。

蘇貞昌非常廉潔耿直，有決心，執行力強，這些都是他的優點。但一個人的強項在不同的領域，可能就成為他的弱點。

個性剛強當仁不讓

二〇〇七年民進黨總統候選人初選在即，蘇貞昌和謝長廷爭取成為民進黨的候選人。《壹週刊》披露謝長廷在任高雄市長期間涉高捷弊案，高雄檢方內部公文外洩，引起台灣政壇一陣騷動。蘇貞昌時任行政院長卻沒有立即嚴厲譴責，追究到底是誰把指稱謝長廷貪污犯行明確的公文外洩給《壹周刊》。他不僅失去一次機會展現他剛正不阿的作風，反而讓人民有種他乘機打擊對手謝長廷的觀感。事後他不由得承認：「這是我政治生涯中最大的敗筆，但後悔也來不及了。」

二〇一〇年，我受林義雄之託去協調五都市長候選人人選，其中主要是北市及新北市兩地的市長候選人。我去見蘇，問他是否再選一次新北市市長？他一口就拒絕了：「我已經做過兩任新北市市長（即台北縣縣長），我不打算參與這次五都市長的選舉。」話講得如此明確，我也只能尊重。

但不曉得爲什麼，事後他忽然跳出來選台北市長，打亂了所有的布局，因此很多人批評他不顧黨、不顧台灣、只想選總統。

蘇貞昌偶爾會來我家，詢問我一些看法和意見。有次我忍不住問他，怎麼會忽然跳出來選台北市長？他才告訴我其中原委。

「我也不一定非選不可，只是表達意願而已，主席可以決定要不要提名，民進黨也有內規。」我反駁：「但外面都說，你根本沒和任何人商量，直接就講出來，哪有這種道理！」他最後才說，他也曾去蔡英文辦公室想找她商量，但在蔡英文辦公室外等了好久，最後卻只談了不到五分鐘，事情都沒談清楚就結束了，而且他的隨員都被擋在門外。

「這是一回事，但我講的是社會觀感。」我不客氣地說，這種事怎麼講都講不清，而社會觀感已經形成。「你至少要讓人民知道你已經和中央有很好的溝通後，才能公開宣布你的決定。」這話他聽進去了，但社會觀感早已形成。

二〇一三年初，蘇貞昌擔任民進黨主席，主辦民進黨「一一三火大遊行」花了兩千多萬元，這錢暫時挪用了在華府設民進黨辦事處的專款。爲了將這筆專款補回來，蘇貞昌展開一場海外募款之旅，打算向台僑募款以補空缺。他力邀我同行，陪他一起去美國募款。我答應了。

這是我最後一次的募款之行。以前爲了台灣、彭明敏、民進黨、陳水扁，常常可以召集數百人，甚至上千人參加的募款餐會，在阿扁八年執政後，僑胞的熱情冷淡了，雖然我努力找了許多朋友來參加，但要用一人兩千美元的餐費來贊助民進黨，很多人也不願意。一場募款餐會下來，三百多人參加，募到了三十幾萬美元的款項，這其中還包括一個朋友願意一年贊助五萬美元，連續贊助三年的捐款在內。

後來我綜觀大局，環顧台灣的政治氛圍，與彭教授一起去找他。想勸他不要在民進黨初選角逐民進黨總統候選人，宣布無意爭取翌年黨主席連任，從政治的前台裸退，從此當民進黨的全職志工，繼續爲台灣的民主自由打拚，無怨無悔。但是他不願意放棄。後來情勢比人強，事情的發展一再令他失望。最後他不得不宣布放棄總統候選人的黨內初選和黨主席的連任。但爲時已晚，人民的感受已大不相同了。

蘇貞昌的個性剛直讓我欣賞，他一生清廉，對台灣的民主、自由和人權的爭取貢獻很多，但因他對政治和人民的感受不夠敏感，可能使他在台灣的歷史上得不到應得的推崇和尊敬。想到此，不禁令我黯然神傷。記得有次他曾感慨地向我說：「一個人一生的劇本早已寫好，只是我們不能事先偷看。」人生的境遇眞是無數的巧合，還是早已注定？

鄰家小妹蔡英文

九一一的晚餐

二〇〇一年蔡英文要到華府訪問，期間會在洛杉磯停留一、兩天。我輾轉得悉她希望能安排一場演講或對話和美國主流社會溝通。於是我透過關係找了一些智庫的人，準備開一場市廳會議。日子就選在九月十一日。

市廳會議前一、兩天，我到舊金山兒子家，打算九月十一日當天再坐飛機返回洛杉磯。一大早起床，打開電視就看到飛機撞擊紐約世貿大樓不斷重播的鏡頭。我一開始有點看不懂，以爲是電影的宣傳片，過了一會才發現原來是恐怖分子殺到美國，進行恐怖攻擊。

我想到當天晚上的市廳會議，趕快打電話聯絡，看市廳會議是否如期舉行？結果怎麼都聯繫不到主持人。想要搭飛機回洛杉磯，結果所有飛機停飛。沒辦法，只好請兒子開車載我回洛杉磯。

車行途中，我不斷打電話聯絡。事情不由我不急，晚上的市廳會議是請美國西部最大的智庫「太平洋國際政策協會」幫我安排，包括演講及問答。

同時，我也不斷聯絡下榻在洛杉磯市區巴爾的摩旅館的蔡英文，一方面擔心她的狀況，一方面要和她商量應變計畫。但電話一直打不通，聯絡不上。

從舊金山開車到洛杉磯約需六、七個小時，一直快到洛杉磯，我才聯絡上主持人，知道所有的活動都取消了，我才鬆了口氣。蔡英文也終於聯絡上了，對於突發的九一一恐怖攻擊事件，我們全然無策。我問她：「晚上有沒有什麼安排？」「沒有。」「那我陪妳吃飯。」

後來我在美國籌備成立福爾摩莎基金會，我當時有一個構想，想出版一本和國際事務有關的刊物，請國內外這方面學有專精、有造詣的人執筆。因此我返台尋覓這方面的人才。有人介紹我去找時任陸委會主委的蔡英文。

她很客氣，馬上答應，並辦了一個早餐座談會，找了一些對美國事務熟悉的人來參加。彭明敏教授也很有興趣，臨時決定和我一起前往。雖然事先沒告知她彭教授會出席，但見到彭教授來，她還是很高興，脫口說：「彭老師，很高興你能夠來。」早餐座談會相當成功，我很感念她花時間促成此事。

可惜我能造訪台灣的時間有限，回到美國又要忙公私事務，創辦刊物的事也因此無疾而終，但我對蔡英文的誠意和風度很欣賞。

我做你妹妹，好不好？

之後我們的交往多半和「吃」有關。返台定居之後，在無意中碰到過兩次，都在圓山的美僑俱樂部，兩次我都吃牛排，兩次她都先替我付了帳。

印象最深的一次是在二〇〇四年阿扁競選連任，當時我與一群海外扁友會的鄉親來到台北市中山運動公園，參加海內外大團結的造勢晚會。我們幾個人，包括吳釗燮、蔡英文和我在內，坐在後台聽著司儀陳菊以高亢的音調主持晚會。

蔡英文突然跑到我身邊，把手放在我的肩膀上說：「我做你妹妹，好不好？」我一下有點傻了，心想，我做妳叔叔還差不多吧！於是我說：「做妹妹？我的年紀和妳爸爸差不多吧！」她卻笑了起來說：「一定要做妹妹才可以。」然後她馬上轉過頭對一旁的吳釗燮說：「釗燮，你要叫我姑姑。」我也跟著笑了，想不到這個女孩子還有調皮的一面。

比較熟了之後我才發覺，原來我們還是「鄰居」，都住在遠企附近的公寓，從我家到她家走路只要三分鐘。我有糖尿病，有時從美國帶了一些無糖的巧克力，我會請太太拿一些過去給她母親。他們也會投桃報李，彼此就比較有往來。

宇昌案造成遺憾

我一直有投資生藥科技的念頭，在她卸任行政院副院長後，有一次我們聊到生藥科技，她向我介紹宇昌生技公司，這公司的成員有以研發愛滋病新藥聞名世界的何大一、陳良博和楊育民等，她希望連結國際的專業技術和國內的投資來發展台灣的生藥科技。我希望投資，但最低投資額是五百萬美元，這數目對我這退休的人來講實在太大，思考再三後想投資少一些，但和負責集資的創投公司談不攏，便不了了之。二〇一四年宇昌推出的新藥Ibalizumab通過美國FDA審查上市，股票增值好幾倍，我錯過了一個賺錢的大好機會，只能自嘆沒賺錢運。而蔡英文因爲二〇〇八年扛起民進黨黨主席的職位，把她家族所擁有的宇昌生技公司股票全部賣給了潤泰集團總裁尹衍樑，蔡英文家族也因此少賺了十幾億。但她卻無怨無悔。

因爲有曾經想投資的這一段，所以我對宇昌生技公司的籌資過程有相當程度的了解。二〇一二年總統大選後期國民黨政府炮製了所謂宇昌案。明明是蔡英文爲扶助台灣發展生技產業，不但動用國家基金注資，並且還動用家族財源來大力促成的一件好事。卻被對手僞造日期的公文和一干不問是非或別有居心的名嘴、媒體、民代、官員狂轟濫罵，抹黑成圖利自家的陰謀分子。雖然特偵組在選後做出宇昌案查無不法而簽結的裁定，但傷害已造成，馬英九得以連任，生藥科技產業遭受重創，科學家對國家失去信心。這些傷害所造成的遺憾，令人痛心。

對政治險惡體會不深刻

二〇一〇年五都選舉前，林義雄十分關心選情，希望我找蔡英文、蘇貞昌談一下五都市長規畫的候選人，以便即早就位，有利選戰。我告訴蔡英文，林義雄希望她能去選台北市長，讓蘇貞昌選新北市長。她當下的回應是，如有此必要，她願意出來選，但林義雄必須回到民進黨，參加五月黨主席的選舉，她希望林義雄能替民進黨的選舉操盤。

我又去找蘇貞昌，蘇貞昌認爲他已擔任過二屆的台北縣縣長，沒有意願再去角逐新北市市長，因此他不想參與這次的五都選舉。後來可能因爲來自支持者的壓力，蘇貞昌竟表態要選台北市長，蔡英文於是去選新北市長，結果雙雙落敗，但蔡英文因此人氣大盛。高人氣的她於二〇一二年代表民進黨出來選總統，似乎也順理成章，只是這些都出乎我意料之外。和蔡英文相處的機會雖不多，但種種接觸讓我覺得她是一個頭腦清晰、講話平和的人，對長者也有一定的尊重。

二〇〇四年陳水扁競選連任勝選時，國民黨以三一九槍擊爲藉口，號召其支持民眾到總統府前遊行抗議，長達一個多月的時間讓台灣陷入動盪不安的狀態。當時的國民黨雖然在野，仍然能策動美國於陳水扁當選一個多月後才接到美國總統布希的賀函。現在國民黨在朝，掌握所有黨、政、軍和情治單位的資源，如果蔡英文當選總統，國民黨一定會找碴。甚至以不成理由的理由製造軟性政變，二〇〇四年陳水扁當選連任後的社會動亂恐再出現，以目前的社會氛圍，蔡的支持者很可能會出來對抗，情況可能比二〇〇四年更壞，那該怎麼辦？另一種情形，如果國民黨以「奧步」的手段勝選，支持蔡英文的群眾一定不服，可能發起抗議，和國民黨的支持者發生衝突，那又該怎麼辦？我十分憂心，於是和她見面道出我的憂慮，我還交給她一封信，詳述我的想法。後來我看到她在倫敦和僑界人士見面時就有台僑問她，台灣民主尚未成熟，萬一她選贏，國民黨不認輸怎麼辦？她卻答稱：「現在是民主時代，而台灣是一個成熟的民主國家，不可能發生這種事！」我便知道蔡英文並不認同我的憂慮。深知台灣的選舉不公平、司法也不公正，二〇一一年年底，彭明敏、蔡同榮和我還是促成台灣公平選舉國際委員會，在選舉期間邀請國際知名的人士來台觀選。選後，這委員會提出一份報告，對台灣的選舉分析得相當深入，結論寫道：「台灣不是一個完全民主的國家，台灣的選舉並非完全公平、公正。」他們將報告送呈給麗莎穆考斯基，她於美國國會、參議院提出，成為美國的國會和參議會的紀錄。

蔡英文有很多優點才會得到綠營支持者的喜愛。但在我看來，她二〇一二年總統大選時，對於政治的險惡體認尚不夠深刻，才會堅信理想，忽視了現實的險惡。

宇昌案是對手國民黨惡意操作的負面議題，打壓人氣正高的蔡英文。國民黨極盡栽贓抹黑、造謠誣陷、移花接木之能事，蔡英文竟然毫無防備，無法及時反攻。

投票給她的選民就是不滿國民黨的執政、不滿國民黨控制國會。如果這時她和國民黨組聯合政府，等於一半讓國民黨繼續執政，那人家為什麼要選妳？我猜測她可能要以理想、正義、公平、風度等高道德來戰勝對方，因此對政治的現實過度樂觀。選後民進黨檢討二〇一二年總統選舉，一致認為中國利用台商和企業家影響選情是蔡英文落選的主因。換句話說，需要檢討的就是與中國的關係。但我認為除此之外，競選團隊未能對宇昌案及時反攻止損，支持者對蔡英文提出組聯合政府的政見感到的失望等因素也不容忽視。

二〇一六年總統大選，蔡英文憑著高人氣成了民進黨的候選人，看見她發言溫和平順、論述清晰犀利，充分展現身為領導者的自信和風格，令我非常欽佩。我相信她二〇一六年會勝選，成為台灣第一位女性總統，我更期待她能把台灣的政治導向正途，帶領台灣成為一個主權獨立，眞正自由民主的國家。

Eurasian Publishing Group
圓神出版事業機構
用心與你對話．網野無限寬廣
圓神出版社
Eurasian Press

http://www.booklife.com.tw reader@mail.eurasian.com.tw

圓神文叢 183

一個堅持和無數巧合的人生

作　　者／吳澧培
發 行 人／簡志忠
出 版 者／圓神出版社有限公司
地　　址／台北市南京東路四段50號6樓之1
電　　話／（02）2579-6600．2579-8800．2570-3939
傳　　真／（02）2579-0338．2577-3220．2570-3636
郵撥帳號／18598712　圓神出版社有限公司
總 編 輯／陳秋月
主　　編／吳靜怡
專案企畫／賴真真
責任編輯／吳靜怡．韋孟岑
校　　對／吳靜怡．韋孟岑．韓宛庭
美術編輯／王　琪
行銷企畫／吳幸芳．陳姵蒨
印務統籌／劉鳳剛．高榮祥
監　　印／高榮祥
排　　版／杜易蓉
經 銷 商／叩應股份有限公司
劃撥帳號／18707239
法律顧問／圓神出版事業機構法律顧問　蕭雄淋律師
印　　刷／祥峰印刷廠

2015年10月　初版
2015年12月　4刷

定價 350 元　ISBN 978-986-133-552-0

我的經歷爲我帶來了榮譽和財富，讓我能爲台灣的自由民主做一些我一直想做的事。

——《一個堅持和無數巧合的人生》

國家圖書館出版品預行編目資料

一個堅持和無數巧合的人生／吳澧培 作
-- 初版. -- 臺北市：圓神，2015.10
480 面；16×23 公分 --（圓神文叢；183）
ISBN 978-986-133-552-0（軟精裝）

1. 吳澧培　2. 銀行家　3. 臺灣傳記

783.3886　　104016237